中国智能投顾的行业发展与监管重塑

郭雳 著

图书在版编目(CIP)数据

中国智能投顾的行业发展与监管重塑/郭雳著.—北京:北京大学出版社,2024.1
(北大法学文库)
ISBN 978-7-301-34329-6

Ⅰ.①中… Ⅱ.①郭… Ⅲ.①人工智能—投资—金融法—研究—中国 Ⅳ.①D922.287.4

中国国家版本馆CIP数据核字(2023)第153959号

书　　　名	中国智能投顾的行业发展与监管重塑 ZHONGGUO ZHINENG TOUGU DE HANGYE FAZHAN YU JIANGUAN CHONGSU
著作责任者	郭　雳　著
责任编辑	冯益娜　钱　玥
标准书号	ISBN 978-7-301-34329-6
出版发行	北京大学出版社
地　　　址	北京市海淀区成府路205号　100871
网　　　址	http://www.pup.cn
新浪微博	@北京大学出版社　@北大出版社法律图书
电子邮箱	编辑部 law@pup.cn　总编室 zpup@pup.cn
电　　　话	邮购部 010-62752015　发行部 010-62750672 编辑部 010-62752027
印 刷 者	大厂回族自治县彩虹印刷有限公司
经 销 者	新华书店 965毫米×1300毫米　16开本　27.75印张　440千字 2024年1月第1版　2024年1月第1次印刷
定　　　价	89.00元

未经许可,不得以任何方式复制或抄袭本书之部分或全部内容。
版权所有,侵权必究
举报电话: 010-62752024　电子邮箱: fd@pup.cn
图书如有印装质量问题,请与出版部联系,电话: 010-62756370

序

郭雳教授的新书《中国智能投顾的行业发展与监管重塑》即将出版，嘱我写序，这也让我有机会先睹为快。先睹为快的"快"字，可以有两层含义：一是快乐，二是快看。这两层含义，我都体会到了。

看完之后，浮想联翩。这样说，在别人看来，或许觉得我有些夸张，可我一点儿都不这样认为。

人工智能的最新发展，在网上可以看到很多资料。但金融投资顾问领域的人工智能发展，我是读了这本书才了解到的。

许多年前，我国金融监管部门曾经对股市计算机"高频交易"进行过处罚，当然处罚的理由不是直接针对计算机高频交易软件的使用，而是资金流转中出现了违规操作。这是没有问题的。不过那次处罚"猛药"的副作用，是将计算机智能买卖股票的大胆尝试给抑制了。

在金融领域还有一些其他的计算机智能化操作，包括这本书中所写的智能投顾。我认为这是信息化在金融领域发展的必然，其优点很多，例如节省人力和时间、提高服务效率、扩大服务对象范围等。随着人力成本的逐步升高，计算机智能金融服务成为一项重要的解决方案。有人担心"机器淘汰人"，好像当年英国工业革命初期曾经出现过的那样。然而后来的工业发展史已经证明，人非但没有被淘汰，大机器生产反倒给不断增加的人口提供了丰富的产品和服务。

如今计算机智能软件等在金融领域的发展，特别是在投资顾问智能化服务方面的发展，应该也是同样的道理。如果仅依靠"人对人"的投资顾问服务，随着人力成本升高，只有少数高净值人群才能享受得起投资顾问服务。广大民众因为投资额小，付不起咨询费而望而却步。智能化投资顾问服务可以很好地满足广大民众对投资顾问的需求。

由此观之,智能投顾不仅是一项金融产品,还包含着市场伦理道德因素。我国人口众多,为广大顾客提供服务,始终是我国各类金融机构的职责。特别是对于那些数量多、层次广、投资额小的小客户,智能投顾的意义更加重大。就好比"五一"小长假的高铁网上售票,也是一种智能售票服务。假如今天现实中没有这项服务,那各地高铁站要修建多大面积的售票大厅,要有多少位售票员,各地旅客要排多长的队,才能买到车票?现在的网络智能售票服务不但节省了车站的人力物力,更节省了广大旅客的体力和时间;不仅如此,还节约了大量纸张,为我国环保事业做出了贡献。

这本书不仅对金融投资顾问行业有意义,更对我国金融监管部门有参考价值。书中详尽梳理和比较了境外智能投顾领域的最新做法和有益经验,可以为我们更好地开展这方面工作提供借鉴。

例如,我在书中读到这样一个情况,就很有感触,即新加坡智能投顾业务额不仅超过我国香港地区,也超过了日本。20世纪80年代中期,我在香港学习和教学的时候了解到,那时香港包括银行在内的金融机构密度居世界第一,素有"银行多过米铺"的说法。而到如今,只有几百万人口的新加坡在智能投顾发展上却后来居上。

智能投顾正在成为无疆界的金融服务行业,并且快速形成高度集中的互联网金融"独角兽"。上述现象给我国的金融中心建设,如上海等金融中心的建设,会带来怎样的启示?我国的金融监管部门又将如何考虑和应对?……

所以我说的"浮想联翩",一点儿都不夸张。不过我不能多写了,不好意思再占用大家的时间,还是快看书吧。

吴志攀　谨致

北京大学博雅讲席教授、原常务副校长

2023年4月30日

导　语

传统的投资顾问服务不断地被新兴科技所改造、革新,在此过程中形成的一系列创新的业务模式、金融服务和金融产品,常被称为"智能投顾"。智能投顾源起于科技与金融的结合,具有服务费用相对低廉、投资门槛低、客户操作成本小等独特优势,契合"普惠金融"之追求。智能投顾自问世以来蓬勃发展,已经成为现阶段最为典型的金融科技业务形态之一。

智能投顾在全球范围内的发展情况及业务模式不尽相同,但基本遵循"客户分析画像—大类资产及投资标的(及账户类型)选择—执行交易与投资组合调整—投资组合再平衡—提供投后管理与附加服务"这一基本路径。在我国,智能投顾的发展道路则坎坷一些:其并非遵循"投资顾问—智能投顾"这一演化路径,而是以不能代客理财的"基金投资组合"为基础业务模式,随着政策的逐步开放,有条件地逐步升级成为能够提供账户管理服务的"智能(基金)投顾"。

通过分析业务流程可以发现,我国智能投顾行业发展存在诸多问题,包括但不限于智能化程度不足、数据合规风险以及人工智能责任承担能力。除此之外,掣肘智能投顾发展的两大制度障碍是:法律定位存在争议及展业标准模糊。我国投资顾问行业一直以来被狭窄地限定为"证券投资顾问",且在高压监管态势中难以得到正常发展。因此,当不断扩张的财富管理市场需求与严格的投资顾问监管政策发生碰撞时,市场便转而利用我国"证券与基金行业监管二元独立"这一制度窗口,发展出具备中国特色的"基金产品咨询与管理"市场。由于长时间以来仅有"咨询型投顾"与"资产管理服务"的分类,我国不存在"管理型投顾",于是对于具备账户管理功能的智能（基金）投顾究竟属于"投资顾问"还是"资产管理"，学术争议层出不穷。通过理论、实践与制度等三方面论证，本书将我国目前的智能投顾界定为一种"类资管产品"，认为尽管其个性化程度较低，但也符合我国市场与投资者的阶段性特征。由于我国尝试在基金领域开放管理型投顾服务，在证券/基金二元分立的格局之上又增添了管理/咨询这一分类标准，我国投资咨询行业呈现独特的（也是复杂的）四象限分类格局。

与其他国家和地区一样，我国智能投顾同样面临算法监管阙如与信义义务缺失两方面的问题。在算法治理方面，应当以完善信息披露制度为核心，建立算法备案制度，并着重强化内部算法治理机制与算法审查机制。在信义义务方面，应当明确运营者的责任主体地位，强调平台应当向投资者披露利益冲突（忠实义务）、进行全面画像与程序局限性警示（注意义务）。

概言之，本书以我国智能投顾的业务及法律监管问题为研究对象，同时探讨基金投顾在我国面临的法律障碍和现实困境，以期为后续研究提供有益的思路与参考。

本书共分九章。第一章是智能投顾行业概述，为不熟悉"智能投顾"这一术语或者未体验过"智能投顾"这一产品的读者，提供基础性的知识背景与框架定位，内容包括智能投顾的工作原理、优势及其在我国语境下的法律属性。第二章细致梳理了全球智能投顾发展状况及业务模式，深入阐释了该服务在境外的发展状况。其中第一节回顾了智能投顾在美国、英国、德国、日本、新加坡及我国香港地区的发展历程，第二节具体分析了 Betterment、Wealthfront、先锋集团（Vanguard）、嘉信理财（Charles Schwab）等智能投顾平台的业务流程，并总结归纳出它们各自的特点。

第三章至第六章聚焦中国智能投顾实践，按照由模型到概念、由实务到理论、由法律问题分析到监管规则述评的逻辑线索，详细剖析了我国智能投顾面临的法律风险与监管挑战。其中，第三章呼应前文脉络，对我国智能投顾的发展历史与模式变迁做了较为详尽的刻画。第四章从内部因素与外部因素两个维度，检视了掣肘我国智能投顾发展（除制度供给外）的多重原因。

第五章探讨了智能投顾行业亟待解决的法律问题。第一节以全权委托禁止为切入点,沿着全权委托禁止的法律渊源——危害——破局这条主线来行进,并着力辨析:(1)基金与证券的二元立法与二元监管结构;(2)智能投顾、基金投顾、智能基金投顾在我国现有立法体系下的关系。第二节集中讨论智能投顾行业展业合规即牌照问题。

第六章回应现实,着眼未来,给出我国智能投顾未来发展方向与监管路径的整体思考。研究结论将我国目前的智能投顾产品视为一种"类资管产品",指出本土的市场发展历史与既有的法律监管框架共同塑造了充满中国特色的"类资管产品"模式,该模式既有其独特的适应性优势,也存在着不容忽视的弊端。

查找分析问题是为了最终有效解决问题。第七章至第九章再次以国际化的视野,借鉴全球范围内的监管经验,助力"我国智能投顾的监管重塑"。其中,第七章追踪研究不同金融监管体系下的国家及地区针对智能投顾的最新监管动向和策略。最后两章直面智能投顾监管领域颇受关注的两个难点问题,给出了自己的认识。具体而言,第八章是"智能"部分有关算法治理与算法责任的讨论,第九章则重点探究智能投顾作为投资顾问所应承担的信义义务,以及该等义务在自动化服务程序语境下应如何落实。

目录
CONTENTS

第一章 智能投顾行业概述 /001
 第一节 源起:科技与金融的结合 /001
 第二节 智能投顾的服务流程与优势 /007
 第三节 智能投顾的法律界定 /011

第二章 全球智能投顾发展状况及业务模式 /019
 第一节 漫步:境外智能投顾行业发展概览 /019
 第二节 聚焦:美国智能投顾业务模式分析 /029

第三章 智能投顾在中国(一):发展历史与模式变迁 /064
 第一节 试点前:以基金组合模式为主流 /064
 第二节 试点后:以基金投顾业务为依托 /073

第四章 智能投顾在中国(二):现有问题 /103
 第一节 智能化程度不足 /105
 第二节 数据信息合规面临挑战 /120
 第三节 人工智能的责任承担与专业资质审查问题 /124

第五章 智能投顾在中国(三):投资咨询业监管 /130
 第一节 全权委托禁止 /131
 第二节 投资咨询展业合规 /144

第六章 智能投顾在中国(四):未来发展 /177
 第一节 中国智能(基金)投顾的"类资管产品"化 /177
 第二节 智能投顾发展路径展望 /190

第七章　智能投顾业务境外监管经验　/193
  第一节　美国智能投顾监管　/193
  第二节　澳大利亚智能投顾监管　/219
  第三节　欧盟地区智能投顾监管　/255
  第四节　英国智能投顾监管规则　/262
  第五节　中国香港地区智能投顾监管　/278

第八章　从算法黑箱到算法治理　/322
  第一节　算法黑箱与算法透明原则　/322
  第二节　算法权力的兴起与异化　/329
  第三节　算法歧视　/335
  第四节　算法同质化　/338
  第五节　算法治理　/340

第九章　智能投顾的信义义务　/356
  第一节　信义义务基本理论　/357
  第二节　投资顾问的信义义务　/361
  第三节　智能投顾的冲击与投资顾问信义义务的更新　/381

结　语　/407

主要术语翻译、缩略语目录　/409

词汇索引　/411

参考文献　/414

后　记　/429

图　目　录

图 2-1　2016 年第一季度美国前五大智能投顾公司资产管理规模　/020
图 2-2　美国主流智能投顾运营模式总结　/029
图 2-3　Wealthfront 客户效用公式　/044
图 3-1　基金组合模式服务流程　/070
图 3-2　基金组合模式发展时间线　/078
图 3-3　某鸟平台介绍　/091
图 5-1　智能投顾服务板块示意图　/138
图 5-2　全权委托账户在我国的监管变革历程　/141
图 5-3　基金投顾与智能投顾的概念关系　/143
图 5-4　《公募投顾业务试点通知》颁布后，我国基金投顾与智能投顾之间的关系　/143
图 5-5　基金组合模式与基金投顾　/154
图 5-6　基金投顾准入合规监管历程　/158
图 5-7　我国投资咨询顾问"四象限"分类　/161
图 6-1　美国财富管理服务模式示意图　/180
图 6-2　两种"投顾"模型的运行逻辑对比　/181
图 7-1　外部机构合作安排　/241
图 7-2　英国金融监管体系　/265
图 7-3　中国香港地区金融科技试行项目涉及技术分布（截至 2021 年 10 月底）　/288

表 目 录

表 2-1　智能投顾运营商资产管理规模排名　/021
表 2-2　Betterment 底层资产 ETF 一览　/035
表 2-3　Betterment 智能化资产管理业务费率情况　/038
表 2-4　Betterment 为新客户提供的注册奖励　/038
表 2-5　初始 ETF 推荐　/042
表 2-6　Wealthfront 直接指数编制介绍　/046
表 2-7　VPAS 费率与人工服务情况　/052
表 2-8　VPAS 资产配置模型信息　/053
表 2-9　VPAS 与 VDAS 比较　/055
表 2-10　嘉信理财智能投顾服务比较　/060
表 2-11　美国主流智能投顾业务模式对比　/061
表 3-1　某财投资者测评问卷　/066
表 3-2　获批基金投顾试点业务资格机构一览　/075
表 3-3　第一批公募基金投顾试点机构展业情况　/077
表 3-4　各机构业务编码一览　/079
表 3-5　三类浮动费率机制　/087
表 3-6　各类机构优劣对比　/088
表 3-7　YM 财富三类产品介绍　/089
表 3-8　四笔钱理财板块　/090
表 3-9　某达基金三类投顾业务　/092
表 3-10　各类投顾策略介绍　/095
表 5-1　市场与监管的博弈　/169

表 6-1　基金投顾与 FOF 比较　/183
表 6-2　"资管新规"正式稿及其征求意见稿对比(一)　/185
表 6-3　"资管新规"正式稿及其征求意见稿对比(二)　/186
表 7-1　ASIC 发布的与智能投顾相关的监管指南　/221
表 7-2　MDA 的核心特征　/228
表 7-3　责任经理人条件选项一览　/232
表 7-4　英国沙盒监管准入标准　/273
表 7-5　英国监管沙盒各批次运行情况　/277
表 7-6　中国香港地区主要智能投资顾问机构概况　/279
表 7-7　中国香港地区受规管活动的类别　/281
表 7-8　《网上分销及投资咨询平台指引》中规定的六项核心原则　/295
表 7-9　《证券及期货事务监察委员会持牌人或注册人操守准则》规定的一般原则　/308
表 8-1　算法透明与可责性原则　/328
表 8-2　新加坡、荷兰和中国香港地区针对金融领域中人工智能运用的指导性原则　/348

第一章 智能投顾行业概述

第一节 源起:科技与金融的结合

一、金融科技的兴起

金融在广义上即"资金融通"的过程。资金作为一种稀缺资源,通过金融体系中各种直接或间接的方式从盈余方转移到短缺方,由此得以提升资源的跨期配置效率,润滑经济的运转并促进经济的发展。① 金融的发展与科技进步、技术创新向来密不可分,金融的发展史在一定程度上就是金融与科技不断融合、不断促进的过程。从这个角度来看,金融与科技不断结合演化的过程可以被分为三个阶段:1866—1967 年,电报、电话、铁路等科技的进步促进了国与国之间的金融联系,体现为以电报和电话等模拟信息科技为主的工业时期;1967—2008 年,计算机和自动取款机(ATM)先后问世,通讯和交易处理程序的日益数字化将金融从类工业转型为数字化行业,金融行业通过信息技术(IT)硬件逐步实现办公和业务的电子化;2008 年之后,云计算、大数据与人工智能等技术创新迎来爆发式增长,科技与金融业务的融合程度不断加深,融合方式更加多样,融合的领域也贯穿于金融业务的前台及中后台全流程、全生命周期。②

近年来,伴随着信息技术的迅猛发展和拓展运用,数据资源成为经济

---

① 参见〔美〕兹维·博迪、罗伯特·C.默顿、戴维·L.克利顿:《金融学》(第 2 版),曹辉、曹音译,中国人民大学出版社 2018 年版,第 3、22 页;〔美〕弗雷德里克·S.米什金:《货币金融学》(第 11 版),郑艳文、荆国勇译,中国人民大学出版社 2016 年版,第 21—23 页。

② See Douglas W. Arner *et al.*, "The Evolution of FinTech: A New Post-Crisis Paradigm?", 47 *Georgetown Journal of International Law* 1271 (2016). 转引自杨松、张永亮:《金融科技监管的路径转换与中国选择》,载《法学》2017 年第 8 期。

活动中关键的生产要素。"数字经济"作为一种继农业经济、工业经济之后的主要经济形态正在重塑我们的经济生活。① 在这样的背景下,金融与科技的结合进一步引发了激烈的讨论,"金融科技"(FinTech)的概念应运而生。根据国际权威机构金融稳定理事会(Financial Stability Board)的定义,金融科技指的是"技术驱动的金融创新,其能够创造新的业务模式、应用、流程或产品,从而对金融市场、金融机构或金融服务的提供方式造成重大影响"②。金融科技在各类不同的金融行业和部门中都产生了广泛的影响,冲击、优化甚至革新了传统的金融业务模式与金融活动。例如,数字银行与金融科技平台融资的发展对传统的存贷款业务及银行业形成了冲击,数字支付和数字货币的兴起给传统的支付、清算和结算体系以及货币制度带来了挑战,而前沿的"保险科技"则据称能够颠覆保险业务的商业模式并不断扩展可保风险的边界等等。③

智能投顾同样属于金融科技的范畴。金融科技在资产管理和投资顾问相关领域中所产生的创新业务模式、流程或产品,在广义上都可以被统称为"智能投顾"。

在智能投顾尚未面世之前,以人工服务为主要服务模式的传统投资顾问服务往往存在以下几方面的痛点。第一,在传统财富管理行业中,投资顾问服务依赖于线下面对面的运作模式,在当下难以跟上数字经济潮流的趋势。第二,线下运作模式进一步加剧了专业化人工服务的稀缺性,进而导致传统投资顾问服务的费用昂贵,因此其受众范围较为狭窄,客户群体主要为高净值人群,不符合"普惠金融"的发展理念。第三,尽管费用不菲,但传统投资顾问服务的业务模式却通常呈现为同质化的销售导向,不能为客户提供个性化、特色化的投资咨询服务。

不过,大数据、人工智能、云计算等技术的进步发展及其在投资顾问

---

① 国务院《关于印发"十四五"数字经济发展规划的通知》(国发〔2021〕29号);《二十国集团数字经济发展与合作倡议》(G20 Digital Economy Development and Cooperation Initiative)。

② Financial Stability Board, "Fintech: Describing the Landscape and a Framework for Analysis" (March 2016). 金融科技的该等定义由金融稳定理事会于2016年首次提出,目前已成为全球共识,例如参见中国人民银行《金融科技(FinTech)发展规划(2019—2021年)》(银发〔2019〕209号)。

③ See Johannes Ehrentraud et al., "Policy Responses to Fintech: A Cross-country Overview," FSI Insights on Policy Implementation No 23 (January 2020).

领域中的落地运用,针对性地弥补了传统投资顾问服务的缺陷。从技术层面来看,以机器学习、语言识别、自然语言处理等作为核心驱动力的人工智能无疑具有关键地位,其能够对金融数据进行更为高效的运用,替代人工重复性工作,使得提供大量的定制化服务成为可能,进而提升金融服务的效率和客户体验。具体到投资顾问服务中:高度线上化的服务模式克服了传统线下面对面服务的不足;科技助力使得投资门槛大幅降低,进而拓展了客户群体,促进了金融服务的普惠性;人工智能算法能够精准识别客户需求、描摹客户画像,实现服务内容差异化的同时却又能保证服务质量的标准化;在后续开展投资和财富管理的过程中,人工智能算法得以构建有效的投资组合,并基于客户的特点进行动态化的调整……如今,智能投顾已然成为现阶段最为典型的金融科技业务形态之一。据估算,2020 年美国智能投顾的资产管理规模达到 2.2 万亿美元;Statista 预估中国智能投顾行业资产规模超过 800 亿美元,位居全球第二。①

总而言之,智能投顾源起于金融与科技的结合。从横向上来看,智能投顾和数字银行、平台融资、数字货币等概念,都是不同金融部门中新兴的金融科技形态;从纵向上来看,智能投顾滥觞于科技进步对传统投资顾问服务之不足的回应,是传统投资顾问服务被科技所改造和升级的过程。

二、智能投顾的工作原理

智能投顾在技术层面依赖于大数据、人工智能以及云计算等新兴科技,在金融理论层面的基础则主要是现代投资组合理论(Modern Portfolio Theory)及其他相关的投资理论与投资策略。

从技术层面来看,大数据与人工智能在智能投顾领域发挥了重要作用。高德纳咨询公司(Gartner Group)给出了这样的定义:"大数据"是需要新处理模式才能具有更强的决策力、洞察发现力和流程优化能力来适应海量、高增长率和多样化的信息资产。而人工智能是指对人类智能的研究、模拟、延伸和拓展,是一门运用计算机研究不同类型、来源、质量的数据,并试图从中提取有价值信息的学科。事实上,人工智能并非一个新概念,神经网络等基础理念早在 20 世纪 60 年代初就已被提出,但当时囿

---

① 参见郭雳:《智能投顾开展的制度去障与法律助推》,载《政法论坛》2019 年第 3 期。

于计算能力和数据集的匮乏并未取得良好效果。直至21世纪初,随着计算能力的迅猛提高以及大规模、高复杂度数据集的出现,人工智能与大数据等技术才迎来革新性的发展。此外,人工智能的一个重要分支是机器学习——专门研究计算机如何模拟或实现人类的学习行为,从而获取新的知识和技能,重新组织已有知识结构并不断改善自身性能。机器学习根据自动优化能力由低到高可进一步分为监督学习、无监督学习、强化学习和深度学习四类,其中深度学习的自动优化能力最强,是一种试图使用包含复杂结构或由多重非线性变换构成的多个处理层对数据进行高度抽象的算法,近年来在图像识别、自然语言处理等多个领域取得重要进展,从而为智能投顾等金融科技的蓬勃发展奠定了基础。① 例如,智能投顾平台会获取客户的个性化风险偏好、投资目标等数据信息,进而利用大数据和人工智能等技术展开分析和计算,形成不同的客户画像。又如,智能投顾平台可以运用大数据与人工智能技术对舆情进行监控,通过对文字、图像、语音等非结构化信息的处理和计算,从中挖掘出市场的变化趋势,进而对投资组合进行针对性的调整与再平衡。再如,智能投顾平台可以利用大数据分析技术,构建与资产配置相关的知识图谱,用可视化技术描述知识资源及其载体,挖掘、分析、构建、绘制和显示知识及它们之间的相互联系。②

与作为智能投顾核心技术要素的大数据与人工智能相比,云计算更多地扮演了智能投顾之基础设施的功能。简单地说,云计算是一种任务处理的模式,其将网络上的服务资源虚拟化,进行智能调度、管理和维护,从而形成一种有效的计算使用范式。云计算服务是分布式计算、效用计算、虚拟化、Web服务等技术的融合与发展,具有服务资源池化、客户可扩展性、可度量性、可靠性等特点。③

从金融理论层面来看,智能投顾的原理与人工专业投资者的决策逻辑在理论基础上具有一定的相似性。现代投资组合理论不仅是传统投资

---

① See Financial Stability Board, "Artificial Intelligence and Machine Learning in Financial Services: Market Developments and Financial Stability Implications" (November 1, 2017). 中文摘译,参见黄灏、吕士瑛:《人工智能和机器学习在金融服务市场中的发展及其对金融稳定的影响》,载《金融会计》2018年第5期。
② 参见王倩、徐亚钊:《智能投顾是否智能?》,载《金融市场研究》2019年第10期。
③ 参见李乔、郑啸:《云计算研究现状综述》,载《计算机科学》2011年第4期。

顾问服务的理论基础,也是智能投顾中投资算法的逻辑根基。具体而言,1952年,美国经济学家哈里·马科维茨(Harry Markowitz)改变了此前金融学研究中往往只聚焦于一两个单个资产的思路,而是将所有可选资产视为一个整体。同时,马科维茨提出应当利用资产回报率的波动程度,即回报率的方差,来衡量资产投资组合的风险,进而创立了"均值—方差"分析方法,成为现代投资组合理论的鼻祖。[①] 该理论开创性地提出了投资组合的"有效前沿"(efficient frontier)、"资本市场线"(capital market line)、"市场组合"(market portfolio)等重要概念。[②] 根据该理论,只要证券的收益不完全相关,就可以通过分散投资的方式降低风险或者提高收益,进而提高投资组合的有效性。现代投资组合理论虽然具有数量众多的假设条件且难以在现实中达成,但仍是大多数智能投顾平台设计算法、进行投资建议的理论前提,其重要性不言而喻。

随着现代经济学理论的不断发展和量化技术的不断进步,智能投顾平台也会综合性地运用其他投资理论和投资策略以期找到更优的投资组合,如风险平价(risk parity)策略、Black-Litterman 策略、Smart Beta 策略等等。风险平价策略指的是在确定组合中各类资产权重时,将组合的风险平均分配在各类资产上,使得组合对每类资产的风险暴露程度相同,旨在实现真正的组合风险分散化。[③] Black-Litterman 策略由高盛的经济学家费希尔·布莱克(Fischer Black)和罗伯特·利特曼(Robert Litterman)创建,是对现代投资组合理论的一种改进。该策略克服了现代资产组合理论仅包含历史市场数据的局限性,在后者的基础上加入投资者对于特定大类资产的预期收益这一项变量,进而根据投资者的倾向性意见优化资产配置。[④] Smart Beta 策略结合了主动投资策略和被动策略各自的优点,以"因子投资"(factor investing)作为理论基础,策略收益

[①] See Harry Markowitz,"Portfolio Selection," *The Journal of Finance*,Vol. 7,No. 1 (1952).

[②] 参见徐高:《金融经济学二十五讲》,中国人民大学出版社 2018 年版,第 5 讲"均值—方差分析",第 63—79 页。

[③] 参见高见、尹小兵:《风险平价策略及其在投资管理中的运用》,载《证券市场导报》2016年第 12 期。

[④] See Will Kenton, "Black-Litterman Model," Investopedia (February 10,2021),accessed December 1,2022,https://www.investopedia.com/terms/b/black-litterman_model.asp.

来自因子的风险溢价。Smart Beta 常用的因子包括相关资产的波动性、流动性、质量、价值、规模和动量等。① 概言之,智能投顾平台在开发、设计投资算法的过程中,凭借大数据、人工智能等科技的助力,综合性地运用了各种投资理论和投资策略,这就是智能投顾在资产组合构建以及后续动态调整过程中的工作原理。

此外,值得一提的是,在智能投顾业务蓬勃发展、业务模式相对成熟的美国,较多智能投顾在投资管理方面的工作原理呈现为专注被动投资领域、争取获得被动收益,以长期收益和有限管理作为投资的出发点,并通常将交易型开放式指数基金(exchange traded fund,ETF)作为投资标的。ETF 既可以与指数共同基金一样追踪大盘股票、债券指数或一篮子资产,也可以在上市交易所中进行交易。ETF 的开放式是指对其发行或赎回股票没有任何限制。而传统的投资顾问或资产管理人通常凭借自身的经验及其对金融市场的分析理解,进行证券种类的选择和择时操作,以期通过主动投资获取超额收益。与主动投资相比,智能投顾所采取的被动投资策略和工作原理能够有效地降低服务成本,从而降低智能投顾的服务门槛,扩大投顾服务的客户群体。但该工作原理在我国主流的智能投顾服务中并不适用。我国的智能投顾在实践中主要表现为智能基金投顾(详见本书第三至第六章),而且,由于我国的 ETF 基金市场和证券市场相对不够成熟、存在较多超额收益机会,我国的智能基金投顾并非仅专注于被动投资领域并以 ETF 基金为投资标的,而是更多采取传统上更加主动的投资策略。

总而言之,分析智能投顾的工作原理需要区分技术支持层面和金融理论层面。现代投资组合理论等传统金融理论和投资策略是智能投顾开展投资的理论基础,而大数据、人工智能等新兴科技则有助于将上述理论基础转化为算法、运用于实践、服务于智能投顾客户。在大数据、人工智能等科技的帮助下,运用投资理论以指导投资实践的过程依赖于人工智能算法的运作,其效率更高、成本更低,具有可推广性和可复制性。

---

① See Tim Smith,"Smart Beta,"Investopedia(April 18,2021),https://www.investopedia.com/terms/s/smart-beta.asp;参见徐高:《金融经济学二十五讲》,中国人民大学出版社 2018 年版,第 13 讲"多因子模型与套利资产定价理论",第 190—205 页。

第二节 智能投顾的服务流程与优势

一、智能投顾的服务流程

如本章第一节所述,智能投顾源起于科技与金融的结合,目前难以对其给出一个精确的、严格的定义。在实践中,由于科技水平的参差,不同法域下金融监管制度及其他法律制度的差异,以及智能投顾平台的发展策略和目标客户群各有侧重等,智能投顾的具体服务流程和运作方式也各有不同,呈现出多样性。但抛开实践中这些细节上的差异和外部制度环境的制约不谈,从功能组成要素的角度出发,笔者认为一项完整的、理想状态下的智能投顾服务应当包含以下几个环节:(1)客户分析与画像描摹;(2)大类资产配置与投资组合选择;(3)交易执行;(4)投资组合动态调整与再平衡;(5)其他附加服务,如税负管理和投资组合分析等。[①]需要指出的是,此处所论述的智能投顾的服务流程是理想状态下的情形,其前提是智能投顾所依赖的人工智能算法已经发展到相当程度,能够在自动进行客户分析与画像描摹后为客户提供"千人千面"的投资组合,而现有状态下的智能投顾尚不能做到这一点。[②]

(一)客户分析与画像描摹

智能投顾平台会通过调查问卷或询问打分的形式,要求投资者回答一系列涵盖金融学、投资学、财务状况和投资目标等方面的问题,了解投资者的投资偏好、风险容忍度和理财投资目标等信息,并在此基础上进行分析与计算,进而形成客户画像的描摹和构建。例如,美国智能投顾平台Betterment在客户画像环节要求客户在网站上填写年龄、职业、收入和资产水平、纳税情况等基本信息,并要求客户从稳定保值型、退休金规划型、一般投资型和计划消费型四种类型中选择一个或多个投资目标。[③]

[①] See Financial Industry Regulatory Authority, "Report on Digital Investment Advice, FINRA" (March 2016), p. 2, accessed December 1, 2022, https://www.finra.org/sites/default/files/digital-investment-advice-report.pdf.
[②] 详见本书第二章至第六章内容。
[③] 详见本书第二章第二节关于美国智能投顾业务模式的分析。

(二) 大类资产配置与投资组合选择

智能投顾平台通常会以现代资产组合理论、资本资产定价模型及 Black-Litterman 模型等作为理论基础实现大类资产配置，并结合前一流程中对客户投资目标和风险偏好的刻画为客户生成或推荐具体的投资组合。

不同智能投顾平台与服务在这个环节中存在许多细节上的差异。例如，从个性化程度高低的角度来看，有的智能投顾个性化程度更高，允许客户在一定范围内自行调节某类特定资产在组合中的比例；而有的智能投顾个性化程度则相对有限。又如，从是否存在人工干预的角度来看，有的智能投顾人工参与程度较低，在完成客户信息收集和画像描摹之后由算法自动推荐针对性的投资组合；有的智能投顾服务则需要人工的参与或审核来最终决定客户所使用的投资组合。再如，就投资组合中的投资标的而言，在投资组合构建中有的智能投顾主要的投资标的范围限于 ETF，而有的智能投顾的投资范围则更为广泛。尽管细节各异，但大类资产配置和投资组合选择是智能投顾的服务流程中所必须具备的一个关键环节。

(三) 交易执行与投资组合的动态调整

完成投资组合选择后，智能投顾平台通常会利用自有券商或合作券商提供交易执行服务。此后，智能投顾平台还需要对投资组合进行后续跟踪、风险管理和组合调整。当组合与投资者预先设定的目标明显偏离或个别资产价格达到风险阈值时，平台通常会对投资组合进行动态性和针对性的调整。

需要指出的是，智能投顾自动实现对投资组合的动态调整的前提，是金融监管法律法规允许提供全权委托型账户服务。所谓全权委托型账户服务，简单来说，即在投资者与经纪商（投资顾问）签订全权授权协议之后，经纪人得以在未经客户同意或确认的前提下就自行对账户进行管理、买卖资产的一种服务。我国于 2019 年之前对全权委托予以禁止，因此智能投顾服务无法发挥后续自动调仓和投资组合自动再平衡的功能，而是通常会将调仓情况推送给客户，由客户决定是否跟投；2019 年我国以试点的形式部分放开全权委托禁止，一部分智能投顾才得以实现投资组合的自动化动态调整。①

（四）其他附加服务

前述为智能投顾的核心服务流程和基础功能环节，在此基础上，部分智能投顾还为投资者提供其他附加服务。例如，由于美国的税收法律制度（特别是个人所得税体系）颇具特色，美国智能投顾通常还会为投资者进行税收规划纳入其增值服务范畴，包括税收亏损收割（tax loss harvesting）及税收优化组合设计（tax optimized portfolio design）等，其中前者最为常见。具体而言，税收亏损收割是指利用美国税法允许投资者在出现亏损时申报抵税的规则，卖出投资者亏损的资产，同时买入其他相关性系数较高的资产，以确认的亏损额来抵扣投资收益应缴纳的资本利得税，并将节省的税款进行再投资以实现收益最大化。这不仅能够保证客户投资组合的风险和回报的稳定性，也能够更好地避免美国法上的"洗售"禁令。② 例如美国智能投顾平台Betterment就为客户提供税收亏损收割服务，根据2000年至2013年的数据测算，此项服务能够为客户的年化税后收益带来0.77%的提升。③

此外，部分智能投顾还为客户提供投资组合分析功能，一般包括业绩展示、业绩归因、风险因子分析、组合描述性统计分析、回测和模拟等。特别地，我国长期以来存在"基金赚钱基民不赚钱"、投资者频繁操作、追涨杀跌等现象，而智能投顾恰恰可以成为投资者教育的绝佳载体。我国目前的多数智能基金投顾也通常会为客户定期提供投顾周报、投顾月报等作为增值服务的一部分，其内容一般包含市场回顾、运作表现、后市展望等。

二、智能投顾的优势分析

根据智能投顾的工作原理及服务流程，笔者认为，相比于传统投资咨询服务，智能投顾具有以下几项优势。

---

① 详见本书第三章至第五章内容。
② 所谓"洗售"禁令，是指若纳税人在30天之内反复出售或购买一只相同的证券产品，其任何用于抵税的亏损都将不被认可。
③ See Boris Khentov (SVP of Operations & Legal Counsel, Betterment), "Tax Loss Harvesting＋Methodology, Betterment"（July 2021）, accessed December 1, 2022, https://www.betterment.com/resources/tax-loss-harvesting-methodology.

第一,服务费用相对低廉,投资门槛降低,增强了服务的普惠性。传统投资顾问为了向客户提供个性化的投资建议,依赖于一对一的人工服务,需要消耗大量人工时间与精力,因此成本高昂。由此,传统投资顾问服务的费率也相对昂贵,并且通常会设置较高的投资门槛,往往只有高净值人群才会成为投资顾问服务的客户群体。对比之下,智能投顾通过提供在线问卷等方式完成客户信息的收集、分析与客户画像的描摹,凭借大数据、智能算法等技术的助力完成对投资组合的构建和动态调整,由此实现了服务全流程的电子化、智能化,有效地降低了服务管理成本。因此,智能投顾平台向客户收取的服务管理费率也相应降低,并且投资门槛也较低,进而将投资顾问的客户群体拓展至长尾群体,切实提升了金融服务的普惠性。

第二,满足投资者个性化需求,优化资产配置。智能投顾服务能够通过在线问卷等形式了解客户的年龄、学历、工作经历、风险承受能力、投资偏好、历史投资状况等信息,进而在此基础上为客户推荐定制化的投资组合,满足客户的个性化需求。部分智能投顾还允许客户自行调节投资组合中特定类别资产的比例,进一步提升了投顾服务的个性化程度。此外,智能投顾在算法设计中综合性地运用现代投资组合理论、风险平价策略、Black-Litterman策略、Smart Beta策略等金融理论和投资策略,并凭借大数据、人工智能等技术的助力,提升了资产配置和投资组合构建的效率,以期在客户的风险承受范围之内为其提供最有效、最合适的投资组合选择。

第三,自动调仓以应对变化,提高投资效率的同时降低客户的操作成本。智能投顾的优势不仅体现在投资组合的初始构建方面,还体现在投资组合后续的动态调整更新方面。一方面,智能投顾根据不同投资者的个性化特征推荐投资组合后,仍会实时关注市场动态,根据市场情况的变化自动地对投资者账户进行持续性管理,不断调整投资策略,保证投资组合能最好地满足投资者的个性化需求。另一方面,智能投顾不仅关注市场的变化,也会关注投资者自身情况的变化。智能投顾对投资者的风险测评并非是静态测评,智能投顾平台会提示投资者根据自身情况对风险测评的结果进行更新,不断调整投资方案、制定投资策略,确保投资组合始终与投资者的风险类型相适应。概言之,智能投顾的自动调仓功能确保投资组合始终是最符合客户需求的、最有效的投资组合选择,由于不需要客户的额外操作或确认,其有助于提高投资效率,降低客户的操作成本。①

第三节 智能投顾的法律界定

一、不同法域对于智能投顾的法律界定

不同法域对"投资顾问"的理解有狭义和广义之分。采狭义解释的法域会将全权委托服务纳入资产管理业务的框架进行规范;而采广义解释的法域则将其纳入投资顾问业务的框架之中。现行的日本《金融商品交易法》与韩国《资本市场法》都是采狭义解释的典型代表,全权委托投资不属于投资咨询业,而是被归入资产管理业务。② 而美国则是采广义解释的典型代表。我国的智能投顾起步较晚、发展较慢,因此了解不同法域对于智能投顾的法律界定对于更深入地理解智能投顾具有重要的参考价值。

(一) 美国

在美国,智能投顾涉及的监管部门主要包括证券交易委员会(Securities and Exchange Commission,SEC)和金融业监管局(Financial Industry Regulatory Authority,FINRA),在两部门出台的文件中,描述智能投顾的术语经历了从"自动化投资工具"(automated investment tool)、"数字化投资建议"(digital investment advice)到"智能投顾"(robo-advisers)的变化。③

首先,SEC 于 2015 年发布了《投资者公告:自动化投资工具》,其中将自动化投资工具定义为一系列设置在手机或电脑上,具有费用低、使用便

---

① 智能投顾自动调仓功能的前提是金融监管法律法规允许"全权委托服务"。我国在2019 年之前对于全权委托持禁止态度,智能投顾行业在规范层面长期处于失语状态;2019 年 10 月之后,我国以试点的形式部分放开了对全权委托的禁止,我国的智能投顾逐步发展为智能基金投顾。详见本书第三章内容。
② 参见钟维:《中国式智能投顾:规制路径与方案选择》,载《中国人民大学学报》2020 年第 3 期。
③ 参见钟维:《中国式智能投顾:本源、异化与信义义务规制》,载《社会科学》2020 年第 4 期。

利、易于获取等诸多优势的投资工具,包括私人财富管理工具、资产配置服务、在线财富管理程序等。① 其次,FINRA 于 2016 年发布了《关于数字化投资建议的报告》。该报告认为,数字化投资建议是指具有客户画像、资产配置、投资组合选择、交易执行、投资组合再平衡、税务规划以及投资组合分析等多项功能的投资咨询工具,其中,包含前六项活动(从客户分析到税务规划)的面向客户的工具通常被称为智能投顾。② 最后,SEC 于 2017 年发布了《智能投顾监管指引》。该指引将智能投顾定义为"通常是一类注册投资顾问,运用创新技术通过在线算法程序为客户提供全权委托的资产管理服务"③。

（二）澳大利亚

澳大利亚证券投资委员会(Australian Securities & Investments Commission, ASIC)于 2016 年发布《向零售客户提供金融产品数字化顾问》的监管指导意见。④ 在该指导意见中,ASIC 采用了"数字化建议"(digital advice)、"智能顾问"(robo-advice)以及"自动化投资建议"(automated advice)等术语,并将其定义为在没有人类投资顾问的直接参与下,通过算法和科技向客户提供自动化的金融产品投资建议。⑤ 此类建议既有一般的建议,也有特定的个性化建议,建议内容的范围可宽可窄,大到全面的金融规划,小至投资组合的构建。ASIC 指出,仅有 20%

---

① SEC, "Investor Alert: Automated Investment Tools," SEC (May 2015), accessed December 1, 2022, https://www.sec.gov/oiea/investor-alerts-bulletins/autolistingtoolshtm.html.

② Financial Industry Regulatory Authority, "Report on Digital Investment Advice," FINRA (March 2016), p.2, accessed December 1, 2022, https://www.finra.org/sites/default/files/digital-investment-advice-report.pdf.

③ SEC, "Guidance Update: Robo-Advisers," SEC (February 2017), p.1, accessed December 1, 2022, https://www.sec.gov/investment/im-guidance-2017-02.pdf. 原文为: "Robo-advisers, which are typically registered investment advisers, use innovative technologies to provide discretionary asset management services to their clients through online algorithmic based programs."

④ Australian Securities & Investments Commission, "Providing Digital Financial Product Advice to Retail Clients," ASIC (August 2016), accessed December 1, 2022, https://asic.gov.au/regulatory-resources/find-a-document/regulatory-guides/rg-255-providing-digital-financial-product-advice-to-retail-clients/.

⑤ 原文为:"[t]he provision of automated financial product advice using algorithms and technology and without the direct involvement of a human adviser."

的澳大利亚成年人寻求过专业的投资个人建议,而智能投顾有潜力为更多的零售投资者提供方便且低成本的投资顾问服务。该指导意见进一步强调,对于智能投顾,ASIC 并没有引入任何新的监管概念,而是以其原有的监管规则为基础。背后的理念是,因为法律应当对技术持中立态度(technology neutral),所以金融产品提供传统顾问服务或数字顾问服务所应遵循的义务在本质上应当是一致的。①

（三）加拿大

加拿大证券管理委员会(Canadian Securities Administrators,CSA)于 2015 年发布了《对投资组合经理关于在线投资顾问的指导意见》。② CSA 指出,已被批准在加拿大开展业务的在线投资顾问(online advisers)与美国的智能投顾存在重大差别:后者可以在极少或没有人工投资顾问的干预下为客户提供服务,而加拿大境内的在线投资顾问仍然需要人工投资顾问的高度参与,呈现出人工与智能相混合的服务模式。同时,CSA 认为,出于技术中立的考量,对于传统人工投资顾问服务的要求于在线投资顾问服务中同样适用,因此,人工投资顾问在参与在线投资顾问服务时同样需要对其决策承担相应的法律责任。具体而言,CSA 认为,就投资者适当性的判断以及落实"了解你的客户"(Know Your Customer,KYC)之义务而言,在线投资顾问可以通过交互式的网站收集信息,但随后必须要由人工投资顾问审核;就投资组合的建构与推荐而言,在线投资顾问可以通过算法生成投资建议,但随后仍然必须要由人工投资顾问复核以确保其正确地匹配了客户的风险承受能力。

（四）日本

日本证券业协会(Japan Securities Dealers Association,JSDA)于 2017 年 1 月发布了《证券业与金融科技研究调查组报告》。③ 该报告认

---

① 有关澳大利亚对智能投顾的监管制度与规则的分析,详见后文第七章第二节内容。

② Canadian Securities Administrators, "CSA Staff Notice 31-342—Guidance for Portfolio Managers Regarding Online Advice," CSA (September 2015), accessed December 1, 2022, https://www.osc.ca/sites/default/files/pdfs/irps/csa_20150924_31-342_portfolio-managers-online-advice.pdf.

③ Japan Securities Dealers Association, "Report of the Survey Group for the Research on the Securities Industry and FinTech," JSDA (January 2017), accessed December 1, 2022, https://www.jsda.or.jp/en/activities/research-studies/files/FinTechReport2017.pdf.

为,智能投顾包含客户画像以及全权委托管理及其他相关资产管理这两大功能。具体而言,客户首先需要回答关于年龄、年收入、投资目的和风险承受能力等一系列问题,算法进而会在客户回答的基础上自动生成最优的投资组合,并在后续的管理期间内自动对组合进行持续性地优化和再平衡。该报告指出,智能投顾服务成本低廉、投资门槛低,因此可以让更多过去无法享受到投资顾问服务的投资者参与其中;同时,其也为高净值投资者带来了好处,因为高净值投资者可以有效结合投资顾问服务与人工服务进而获得更高效的投资建议(即混合服务模式)。

从金融监管法律法规的角度来看,日本在过去的《投资顾问业法》中分别规定了进行投资咨询的投资顾问和进行全权委托投资的投资顾问,并对二者分别实行注册制和审批制。不过,日本新制定的《金融商品交易法》将全权委托投资业与投资信托委托业等一起归为投资运用业,并统一实行注册制,但在财务规制和兼业范围上存在一定差异。概言之,在日本现行《金融商品交易法》的框架下,投资咨询业务并不包含全权委托投资业。由于智能投顾通常以自动交易与账户再平衡作为核心优势之一,包含全权委托账户服务,因此智能投顾实际上被划归为资产管理业务。①

(五)新加坡

新加坡金融管理局(Monetary Authority of Singapore, MAS)于2017年6月发布了《数字化投顾服务相关规定的征求意见稿》。② 该征求意见稿指出,数字化投顾工具(digital advisory tools)分为两种类型:其一为金融专业人士用以服务客户的工具,即面向专业人士的工具(professional-facing tools);其二为客户可以直接使用的投资顾问工具,即面向客户的工具(client-facing tools)。智能投顾指的通常是后者。从金融监管法律法规的角度来看,MAS认为,由于不同的智能投顾所提供的具体服务内容和商业模式各有差异,因此其所适用的监管要求取决于智能投顾服务的具体运作方式。例如,如果客户能够在智能投顾平台直

---

① 参见朱大明、陈宇:《日本金融商品交易法要论》,法律出版社2017年版;转引自钟维:《中国式智能投顾:规制路径与方案选择》,载《中国人民大学学报》2020年第3期。
② Monetary Authority of Singapore, "Consultation Paper on Provision of Digital Advisor," MAS (June 2017), accessed December 1, 2022, https://www.mas.gov.sg/-/media/MAS/News-and-Publications/Consultation-Papers/Consultation-Paper-on-Provision-of-Digital-Advisory-Services.pdf.

接执行证券交易,那么根据新加坡《证券与期货法案》(Securities and Futures Act, Cap, 289),智能投顾平台将被视为开展证券交易业务。如果智能投顾平台对客户的账户享有全权委托的控制权,那么其将被视为开展《证券与期货法案》下所规定的资产管理业务。

总而言之,不同法域对于智能投顾的界定各有不同,金融监管机构在各自的监管指引或报告中所关注的重点问题也各有侧重。但是,不同法域对智能投顾的界定也体现出了若干共同点:其一,尽管对是否需要人工干预存在不同认识,但智能投顾必须在提供投资建议的过程中运用算法和人工智能等技术;其二,智能投顾必须根据客户的投资目标、风险承受能力等特点提供个性化、针对性的服务,而此类个性化服务的前提是对客户进行充分的询问与了解;其三,智能投顾可以提供交易执行和投资组合自动再平衡等功能,即实现全权委托型的账户管理服务。其中,最后一点既是智能投顾服务得以实现自动化、智能化,降低客户成本并实现一站式投资服务的核心环节,也是各法域对智能投顾施加金融监管时适用不同框架的关键所在。

二、我国对于智能投顾的法律界定

(一) 主流观点与未尽的问题

主流观点一般认为,在我国法律语境下,应当将智能投顾纳入投资咨询业务的框架中加以理解和规范。[①] 但结合我国智能投顾的发展现实,该等法律界定仍然遗留了许多未尽的问题,有待进一步讨论。

首先,尽管从学理的角度来看,基金属于广义上的证券;但在我国的监管体系中,基金与证券分属两个产品,各自拥有独立的法律法规体系,适用不同的监管规则。此前,大部分观点都认为我国的智能投顾就等同于证券投资顾问,却忽略了我国的证券概念较为狭窄,所谓的"证券"投资顾问并不能涵盖所有的投资顾问业务。因此,有必要根据投资标的的不同,区分证券领域的投资咨询和基金领域的投资咨询。

其次,我国一直以来对投资咨询行业中的全权委托持禁止态度。就

---

① 参见郭雳、赵继尧:《智能投顾发展的法律挑战及其应对》,载《证券市场导报》2018年第6期。

证券投资咨询领域而言，不管是作为上位法的《证券法》，还是作为规范性文件的《证券、期货投资咨询管理暂行办法》（证委发〔1997〕96号）及《证券投资顾问业务暂行规定》（中国证券监督管理委员会公告〔2020〕66号），它们均规定证券投资顾问不得代客作出投资决策或从事证券买卖。这可能是出于防止证券投资机构人员利用投资者账户操纵市场，以及保护投资者利益的考量。① 就基金投资咨询领域而言，监管规则实际上长期处于缺位状态，未能提供明确的规则与指引，进而在实践中留下了灰色地带。然而，不管是证券投顾还是基金投顾，对全权委托的禁止实际上损害了投顾行业的基本盈利模式，导致了投顾行业的异化。②

最后，不同法域对"投资顾问"的理解有狭义、广义之分，由此产生将全权委托服务纳入资产管理业务或投资顾问业务框架的区别。随着对智能投顾认识的不断深入，我国的研究者们也逐步认识到基于全权委托的自动交易执行与投资组合再平衡等功能方为智能投顾之核心，进而意识到智能投顾除了提供投资建议之外，还可能兼具资产管理的属性。而我国的监管规则对于智能投顾的认识不清、定位不明，相关规范处于失语状态。

例如，2018年由中国人民银行、中国银行保险监督管理委员会、中国证券监督管理委员会、国家外汇管理局联合发布的《关于规范金融机构资产管理业务的指导意见》（以下简称"资管新规"）第23条第1款规定："运用人工智能技术开展投资顾问业务应当取得投资顾问资质，非金融机构不得借助智能投资顾问超范围经营或者变相开展资产管理业务"；第2款规定："金融机构运用人工智能技术开展资产管理业务应当严格遵守本意见有关投资者适当性、投资范围、信息披露、风险隔离等一般性规定，……，为投资者单独设立智能管理账户……"本条看似对智能投顾作出了初步回应，但考虑到"资管新规"的总体内容都是围绕金融机构的资产管理产品展开，因此本条实际上只是区分了投资建议型智能投顾和运用人工智能进行资产配置的资产管理产品，并未给全权委托型的智能投顾留下空间。此外，该条第2款一方面强调应为投资者"单独设立智能管

---

① 参见李飞主编：《中华人民共和国证券法（修订）释义》，法律出版社2005年版，第257页；姚某与某证券股份有限公司财产损害赔偿纠纷上诉案，江苏省南京市中级人民法院民事判决书（2015）宁商终字第1193号。

② 详见本书第五章内容。

理账户",另一方面却又将其确认为资产管理产品,存在一定模糊之处。就此,有论者认为"资管新规"留下了解释的空间,智能投顾的规制存在纳入投资顾问监管框架和资产管理监管框架两种路径选择,但不同的规制路径意味着需要对现有法律、法规进行不同的修改或解释。①

（二）以试点形式在基金领域松绑"全权委托禁止"要求

2019年10月,中国证监会发布《关于做好公开募集证券投资基金投资顾问业务试点工作的通知》(中国证券监督管理委员会机构部函〔2019〕2515号)(以下简称《公募投顾业务试点通知》),开始松绑"全权委托禁止"的要求,提出"管理型基金投资顾问业务"的概念。根据该通知第3条的规定,基金投资顾问试点机构从事基金投资顾问业务,可以接受客户委托,按照协议约定向其提供基金投资组合策略建议,并直接或者间接获取经济利益;根据试点机构与客户协议约定的投资组合策略,试点机构可以代客户作出具体基金投资品种、数量和买卖时机的决策,并代客户执行基金产品申购、赎回、转换等交易申请,展开管理型基金投资顾问业务。截至2021年10月,已有两批共计59家机构取得了基金投顾试点业务资格。2020年4月,证监会发布《证券基金投资咨询业务管理办法(征求意见稿)》(以下简称《投资咨询业务管理办法(征求意见稿)》),第7条指出,符合中国证监会规定条件的从事基金投资顾问业务的机构,可以向客户提供管理型投资顾问服务,在客户授权范围内代理客户办理交易申请等事项。

由此可见,我国正以试点的形式在基金领域松绑"全权委托禁止"的要求,这也意味着投资标的必须限定为公募基金产品或其他中国证监会认可的同类产品。所以,我国其实试图有限度地将全权委托服务纳入证券投资顾问业务的框架。从法律规则的角度来看,如果承认证券投顾与基金投顾的区分,那么该试点的出台既避免了违反《证券法》中关于禁止全权委托之规定,同时又解禁了全权委托这一对于智能投顾而言至关重要的功能。而从实践的角度来看,将全权委托服务纳入证券投资顾问业务的框架的逻辑前提,应当是包含全权委托功能的智能基金投顾服务能够和资管产品在个性程度、客户干预程度、客户持有内容等方面均有所差

---

① 参见钟维:《中国式智能投顾:规制路径与方案选择》,载《中国人民大学学报》2020年第3期。

别,可以对二者进行有效的区分。而我国实践中的智能基金投顾服务是否符合这些特点,有待进一步观察和讨论。

(三) 小结

本节分别从比较法的视角和我国法律语境的视角分析了智能投顾的法律属性与界定问题,并特别指出"投资顾问"的概念有广义和狭义之分,不同法域对于是否将全权委托服务纳入投资顾问的框架存在差异。在我国法律语境下,主流观点认为应当将智能投顾纳入投资咨询业务的框架中加以理解和规范,然而是否要区分证券投顾和基金投顾,如何理解投资咨询行业的全权委托禁止,以及智能投顾究竟是投资咨询还是资管产品等问题,均有待进一步讨论和研究。

事实上,无论是对于智能投顾的概念,还是对于智能投顾的法律界定,笔者都不希望在讨论的开端就对其提出一个具有严格限定条件的定义;恰恰相反,笔者对智能投顾之概念的界定是描述式的,其在某种程度上所代表的是一种现象、一种趋势。更进一步地来看,为智能投顾下一个精确的定义或许本身就是不可行的。一方面,智能投顾作为科技与金融紧密结合的产物,其具体运作流程和操作方式高度依赖于科技的发展程度。随着人工智能和机器学习等技术的不断完善,智能投顾服务流程的自动化、智能化程度也许会进一步提升。如果为智能投顾下一个严格定义,反而可能不利于科技与金融的更好结合,妨碍智能投顾行业的发展。所以,对智能投顾进行描述式的界定不仅能避免讨论范畴过度狭隘,也能更好地包容其未来的可能变化。另一方面,智能投顾的具体运作方式还与不同法域的金融监管法律法规以及其他相关的法律制度密切相关。例如前文提及,我国于2019年之前禁止全权委托账户管理服务,因此真正意义上的智能投顾窒碍难行,取而代之的是"基金组合"模式。① 又如,美国的税收法律制度颇为独特,因此美国的智能投顾通常会为投资者提供税负管理和税收亏损收割等特色服务。从这个角度来看,对智能投顾进行描述式的界定能够帮助我们更精确地聚焦于智能投顾的核心功能,进而分析不同法域的金融监管制度及其他法律制度作为外部环境的一部分,是如何对智能投顾的发展产生影响的。

---

① 详见本书第三章至第五章。

第二章 全球智能投顾发展状况及业务模式

第一节 漫步:境外智能投顾行业发展概览

一、美国智能投顾行业发展情况

美国智能投顾业务的发展历程基本上呈现了智能投顾创业公司先行,传统金融机构后来居上的局面。得益于美国市场量化投资和 ETF 基金的蓬勃发展,2008 年至 2010 年,美国第一批智能投顾创业公司 Betterment、Wealthfront、Personal Capital 及 Future Advisor 陆续成立,依托低成本、自动化、个性化和高透明度等优势深耕细作,稳健增长。

2015 年以后,随着以大数据为基础的深度学习技术取得突破性进展,智能投顾呈现爆发式增长态势。传统金融机构开始意识到智能投顾对传统投顾市场的威胁,纷纷成立智能投顾部门或收购涉足智能投顾领域的创业公司,这些都带动了美国智能投顾资产管理规模迅速扩张。2015 年 3 月,嘉信理财(Charles Schwab)推出智能投顾服务 Schwab Intelligent Portfolios(SIP);同年 5 月,先锋集团(Vanguard Group)推出人机结合的智能投顾业务 Vanguard Personal Advisor Service(VPAS);同年 8 月,全球最大的资产管理公司贝莱德(Blackrock)收购了智能投顾初创公司 Future Advisor;次年 3 月,高盛收购线上退休账户理财平台 Honest Dollar;2017 年 2 月,美林证券推出智能投顾平台 Merrill Edge Guided Investing……美国智能投顾市场由此形成了创业公司与传统金融机构并存的局面。

尽管智能投顾创业公司在传统金融机构未入局前凭借着操作上的"便捷性",投资门槛、管理费用和增值服务方面的"普惠性"以及无法推荐自有产品的"中立性"身份吸引了大批中低净值人群——"长尾客户",获得了一定的先发优势,但在智能投顾以 ETF 为主要投资标的,采取被动投资策略而收益率优势并不显著的背景下,传统金融机构的渠道、人力、资金及品牌优势成为市场中的决定性因素:第一,相比于初创公司,传统金融机构在推出智能投顾服务前,已经具备了坚实的客户基础,获客成本大大降低,系统中已经积累的大量数据能够帮助它们更加全面地了解客户。第二,与初创公司以发展科技导向的纯智能投顾模式不同,传统金融机构可以充分利用其投研能力以及人工顾问团队的专业性,在程序化投资之上有选择性地附加人工顾问服务,针对不同资产规模和投资经验的客户,提供纯智能投顾和混合投顾两种模式。混合投顾模式尤其能有效满足中高净值客户的需求,且该类人群的资产水平在长尾客户与私人银行客户之间,能够提供可观的在管资产规模。第三,传统金融机构旗下的智能投顾平台背靠雄厚的资本实力,相较初创公司具有更强的抗风险能力,不仅可以在短期内大量投入自有资金以支持研发及营销经费的支出,还更容易撬动外部融资。充足的资金保障也意味着拥有更多"试错"的机会和勇气,传统金融机构推出的智能投顾服务因而更能在发展中放开手脚,大胆尝试新的模式、把握新的机会。

因此,传统金融机构虽然"入局"较晚,但其凭借资源禀赋的优势,迅

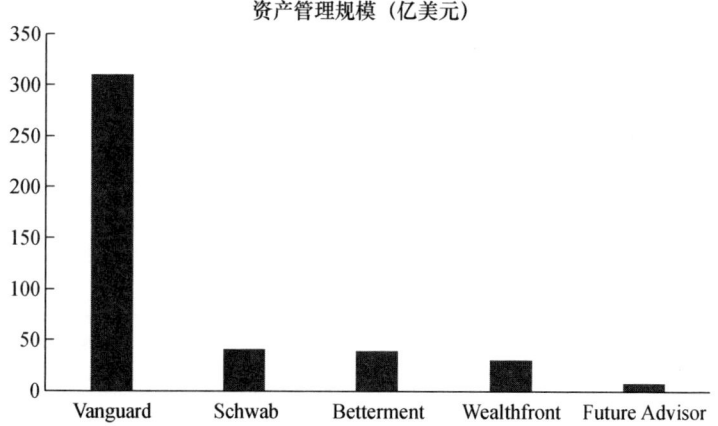

图 2-1　2016 年第一季度美国前五大智能投顾公司资产管理规模
资料来源:公开资料;兴业证券研究所:《智能投顾:下一个万亿蓝海》

速占据了智能投顾市场的主导地位,在短短一年时间内就实现了对创业公司的反超。

在传统金融机构入局后,美国智能投顾行业也迎来了真正意义上的飞速发展,资产管理规模从 2014 年的 140 亿美元一跃提升至 2017 年的 1900 亿美元,增长约 12.5 倍。除已经具备相当规模的 Betterment、Wealthfront 之外,大部分智能投顾创业公司几乎都面临着或被巨头收购或被市场淘汰的命运。

表 2-1　智能投顾运营商资产管理规模排名

排名	智能投顾运营商	类别	资产管理规模（单位:10 亿美元）	账户数量
1	Vanguard Personal Advisor Services	传统金融机构	231	未公开（先锋集团客户数量为 3000 万）
2	Schwab Intelligent Portfolios	传统金融机构	63.6	未公开
3	Betterment	智能投顾创业公司	26.7	61.5 万
4	Wealthfront	智能投顾创业公司	25	44 万
5	Personal Capital	智能投顾创业公司	18.9	2.76 万名付费客户;免费客户超过 290 万

注:数据统计时间集中于 2021 年 3 月至 5 月
资料来源:Barbara A. Friedberg, "Robo-advisors With the Most Assets Under Management-2021"

不同机构提供的智能投顾服务既拥有相同的底层逻辑,又分别根据各自优势采取了不同的策略参与市场竞争。目前形成的差异化竞争格局表现为:初创企业聚焦低门槛、低费率和高质量的纯智能投顾服务,注重算法与特色服务的开发,持续挖掘长尾市场,提供全新便捷高效的投资模式;传统金融机构则侧重于混合投顾,充分发挥自身原有优势,并通过纯智能投顾方面的尝试继续扩展受众。尽管服务的对象略有不同,但二者均不满足于简单的资产配置建议,致力于拓展服务范围,向投资者提供涉及整体财务规划的综合性金融服务。这种差异与共识将在本章第二节介绍四个智能投顾服务的典型代表时得到清晰的体现。

二、英国智能投顾行业发展情况

除美国以外,世界其他国家和地区的智能投顾业务也在如火如荼地发展。英国同样涌现出了以 Nutmeg、Wealthify、MoneyFarm 等为代表的智能投顾创新公司。

以 Nutmeg 为例。Nutmeg 成立于 2011 年,是英国第一家具有全权委托功能的在线智能投顾平台。① Nutmeg 为客户提供了四种不同的投资风格,包括"完全托管"(Fully Managed)、"智能阿尔法"(Smart Alpha)、"社会责任投资"(Socially Responsible)以及"固定配置"(Fixed Allocation)。不同的投资风格对应着不同的投资组合策略和不同的人工专家干预程度,同时也对应不同的收费方案。其中,"完全托管"投资风格意味着会有人工专家团队实时地检测与调整投资组合,其投顾费率也相对较高,10 万英镑以下的部分为 0.75%,超过 10 万英镑的部分为 0.35%;而"固定配置"投资风格每年只会进行一次调仓,其投顾费率也相对较低,10 万英镑以下的部分为 0.45%,超过 10 万英镑的部分为 0.25%。由此,Nutmeg 为对投资组合调整频率、投顾费率等有不同要求的投资者提供了多样化的选择,也通过投资风格的分级进一步拓展了客户资源。在每一类投资风格当中,Nutmeg 又区分了从 1 至 10 共 10 类风险等级,随着风险等级的提高,投资的预计回报率会上升,但波动性和不确定性也会进一步增大。就投资标的而言,Nutmeg 主要投资于 ETF,不同投资方案均为来自全球的、多样化资产类别的组合。

概言之,Nutmeg 基于客户的个性化需求,为其提供不同投资风格、不同风险等级的智能投顾服务,并通过投资于多样化的 ETF 以规避风险。Nutmeg 宣称其投资理念包括:其一,每一位投资者在投资方面都应当有机会得到专家的帮助;其二,投资决策应当基于证据分析而非直觉,因此其构建的投资组合呈现高度分散化的特点;其三,追求透明化,最大程度地向客户披露相关的投资组合与投资策略。目前,Nutmeg 的客户数量超过 15 万,是英国规模最大的在线财富管理平台。

---

① See "Introduction to Nutmeg," Nutmeg, accessed December 1, 2022, https://www.nutmeg.com/about/the-nutmeg-story.

Wealthify 是英国另一家知名的智能投顾平台。Wealthify 为客户提供从"谨慎"(Cautious)到"激进"(Adventurous)共 5 种不同的投资风格，其间的预期收益率和预期波动率逐步递增。与其他智能投顾相比，Wealthify 最大的特色在于彻底取消了最低投资门槛，哪怕只有 1 英镑亦可享受它所提供的智能投顾服务。在费用方面，不管客户投资金额是多是少，Wealthify 都向客户收取固定比例 0.6% 的投顾费用。①

除 Nutmeg、Wealthify 等智能投顾创新公司之外，英国传统金融巨头也纷纷开始布局智能投顾领域。例如，英国最大的银行——苏格兰皇家银行(Royal Bank of Scotland)于 2017 年推出智能投顾服务，是英国第一家推出智能投顾的银行。② 据称，苏格兰皇家银行还采取了一系列的配套措施，旨在吸引更多客户从使用传统投资顾问服务转变为使用智能投顾服务，包括裁减 220 个人工投顾岗位，将人工投资顾问的服务门槛从原来的 10 万英镑大幅提升至 25 万英镑等。③ 又如，英国巴克莱银行(Barclays)与总部位于慕尼黑的金融科技公司 Scalable Capital 合作，为客户提供名为"Barclays Plan & Invest"的智能投顾服务。不过该项服务的准入门槛仍然高达 5000 英镑，并且每年收取 1.39% 至 1.59% 的投顾费用。④

三、德国智能投顾行业发展情况

在介绍德国智能投顾行业发展情况之前，需要先简要介绍德国居民在金融投资方面的概况。首先，德国有着较高的居民储蓄率。据统计，德国 2018 年的储蓄率为 11%。其次，随着德国近年来推行"零利率"政策，部分投资者对储蓄的回报并不满意，因此希望将资金从储蓄转化为金融

---

① See Kane Pepi, "How To Buy Shares UK—Online Guide for Beginners," BayShares (August 8, 2022), accessed December 1, 2022, https://buyshares.co.uk/.
② See Tatjana Kulkarni, "RBS Launches First Investment Robo-Advisor in the U.K. through NatWest Invests," accessed December 1, 2022, https://bankautomationnews.com/allposts/rbs-launches-first-investment-robo-advisor-in-the-u-k-through-natwest-invests/.
③ 参见李劲松、刘勇：《智能投顾——开启财富管理新时代》，机械工业出版社 2018 年版，第 33—35 页。
④ See Ruby Hinchliffe, "Barclays Launches Robo-advisor for £5k Investments with Scalable," Fintech Futures (July 2020), accessed December 1, 2022, https://www.fintechfutures.com/2020/07/barclays-launches-robo-advisor-for-5k-investments-with-scalable/.

投资,但所选择的投资标的主要是主动管理型基金。① 概言之,一方面,德国有着较高的居民储蓄率,但储蓄的回报相对较低,因此德国投资者存在一定的理财需求。另一方面,被动投资的理念在德国尚未普及,德国的散户投资者主要投资于主动管理型基金,达到了633亿欧元的基金规模,而散户投资者对ETF的关注较低,仅持有30亿—35亿欧元的ETF资产。

上述因素为智能投顾的发展与普及提供了良好的契机和广阔的空间。这是因为,智能投顾能够以较低的成本为客户提供个性化、智能化的投资顾问服务,帮助其取得更高的投资回报。同时,智能投顾强调分散化投资和资产多样化配置的理念,投资标的通常为ETF,因此德国ETF行业的发展与智能投顾可以相辅相成、互相促进。

根据德意志银行(Deutsche Bank)的统计,德国第一家智能投顾初创企业成立于2013年,截至2019年,德国已经有25家智能投顾平台。同时,智能投顾平台管理的总资产规模(asset under management,AuM)也急剧增长,从2016年的0.3亿欧元增长为2018年的3.8亿欧元,短短两年之间增长为原规模十倍,并占据了欧洲智能投顾市场27%的份额。② 调查显示,德国智能投顾客户的平均年龄为48岁,且多为男性和收入较高的人群。随着智能投顾的进一步发展,未来可能会有更多的女性、青少年或老年人,以及收入较低的"长尾人群"进一步成为智能投顾的客户。③ 因此,智能投顾仍有较大的发展空间。

从智能投顾的投资表现来看,在2017年,8家德国代表性智能投顾所取得的投资回报率的中位数为3.9%(已扣除费用),8只德国代表性主

---

① See Deutsche Bank, "German Robo-advisors: March of the Machines Driving Passive Investments," Dbresearch (February 2020), accessed December 1, 2022, https://www.dbresearch.com/PROD/RPS_EN-PROD/PROD0000000000505172/German_robo-advisors%A3_March_of_the_machines_drivin.pdf.

② See Deutsche Bank, "German Robo-advisors: Rapid Growth, Robust Performance, High cost," Dbresearch (February 2019), accessed December 1, 2022, https://www.dbresearch.com/PROD/RPS_EN-PROD/PROD0000000000487351/German_robo-advisors%3A_Rapid_growth%2C_robust_perform.pdf.

③ See Deutsche Bank, "German Robo-advisors: March of the Machines Driving Passive Investments," Dbresearch (February 2020), accessed December 1, 2022, https://www.dbresearch.com/PROD/RPS_EN-PROD/PROD0000000000505172/German_robo-advisors%A3_March_of_the_machines_drivin.pdf.

动管理型基金所取得的投资回报的中位数为2.9%,而散户投资者如果直接投资于ETF市场并构建一个分散化的投资组合,其投资回报为8.4%;在2018年,上述投资回报率数据分别为-5.5%、-8.5%、-5.7%。由此可见,智能投顾的回报率在总体上高于主动管理型基金的回报率,但并不必然高于直接投资于ETF市场并构建分散化投资组合所能取得的回报率。尽管如此,智能投顾仍然有其独特的价值,能够帮助投资者克服投资上的偏见与错误,并尽量使投资者实现资产配置上的多样化以分散风险。此外,德意志银行在报告中还指出,德国智能投顾目前最大的不足在于其收费过高,每年的投顾费率通常高达1%;对比之下,美国智能投顾每年的费率通常仅需0.3%左右。[①]

就具体的智能投顾平台而言,Ginmon、Cashboard、Quirion等都是德国智能投顾平台的典型代表。以Ginmon为例,这是一家于2014年成立于法兰克福、以超级算法著称的智能投顾平台。该平台的投资策略主要依托于著名经济学家尤金·法玛(Eugene Fama)提出的"Fama-French三因子模型",追求包括市场风险溢价、规模溢价、市值溢价在内的超额收益。就收费标准而言,客户需要缴纳的费用包括每年0.39%的投顾费率及按照盈利部分的百分比上交给Ginmon的提成。值得一提的是,在投资交易过程中,银行交易、账户管理等方面所产生的费用由Ginmon而非客户承担,且Ginmon收取的提成仅在客户盈利超出初期确定的某一标准时才会触发,这无疑极大地激励了平台为客户提供更加有效的投资策略,减缓了平台与客户之间的利益冲突。就服务流程而言,客户首先需要填写Ginmon的调查分析问卷,Ginmon通过问卷结果评估客户的风险偏好及风险承受能力,并作为确定投资组合的依据;随后,客户可以获得包括历史表现在内的相关投资组合信息,还可以灵活跟踪所选风险等级对组合走势的影响从而按需调整风险等级;开户后,客户可以随时自由查阅自己的账户及资金投向、标的信息,也可以在客户中心自主决定加仓或减持,更改定投金额或自主选择投资策略。在这一过程中,Ginmon会根据

---

① See Deutsche Bank, German Robo-advisors: Rapid Growth, Robust Performance, high cost, Dbresearch (February 2019), accessed December 1, 2022, https://www.dbresearch.com/PROD/RPS_EN-PROD/PROD0000000000487351/German_robo-advisors%3A_Rapid_growth%2C_robust_perform.pdf.

客户最初选择的资产配置和市场的实际情况实时调整投资标的,保证投资组合的分散化及符合客户的相关投资要求。在客户的投资持有期接近尾声时,Ginmon会按需将高风险资产转换为低风险资产,从而确保结算时的收益。此外,Ginmon还提供其他附加服务,如客户可以为投资组合设置定投计划等。①

四、亚太地区智能投顾行业发展情况

亚太地区的智能投顾行业也正处于高速发展之中。截至2018年,亚太地区的智能投顾客户有1790万人,智能投顾平台所管理的AuM高达86亿美元。下面简要介绍日本、新加坡及中国香港地区的智能投顾发展概况及其代表性的智能投顾平台。②

(一)日本

截至2018年,日本智能投顾的客户人数达到20.3万,智能投顾平台所管理的资产总规模达到3亿美元。③ 目前,日本最具代表性的智能投顾为日本Money Design股份有限公司于2016年2月推出的名为"THEO"的全权委托型智能投顾服务。截至2019年10月,THEO管理的资产超过500亿日元,客户数量超过10万。THEO投资组合中的标的主要为ETF,并且THEO将分散化投资作为其最重要的投资理念之一。分散化投资具体体现在三个层面:其一,地域上的分散,即在全球范围内进行投资;其二,资产类别的分散,THEO将投资标的分为发达国家股票、新兴市场股票、发达国家债券、新兴市场债券、房地产与房地产投资信托基金(real estate investment trusts,REITs)和大宗商品六大类,通过投资这些资产相对应的ETF,降低某一类资产标的的相关风险;其三,时间上的分散,即分阶段买入资产而非一次性投入全部资金。

就服务流程与运作模式而言,THEO将其投资组合分为三个类型,

---

① 参见〔德〕维克多·提比略、克里斯托夫·拉舍主编:《金融业颠覆式创新商业模式——德语国家金融科技案例》,郑磊、刘子未译,上海财经大学出版社2020年版,第114—119页。

② See Deloitte, "Robots Are Here: The Rise of Robo-advisers in Asia Pacific," p. 10, Deloitte, accessed December 1, 2022, https://www2.deloitte.com/gu/en/pages/financial-services/articles/robo-advisers-asia-pacific.html.

③ See Deloitte, "Robots Are Here: The Rise of Robo-advisers in Asia Pacific," p. 11, Deloitte, Ibid.

分别为增长型、收入型和抗通胀型。① 客户首先需要回答五个问题，THEO 根据答案所反映出的客户需求，将以上三种投资组合按照一定的比例推荐给客户。客户可以选择采纳 THEO 的建议，也可以自行调整该三种投资组合的占比。但值得注意的是，客户只能调整这三种投资组合之间的比例，不能调整某一组合内部 ETF 的构成，而且每年调整组合比例的机会只有十次。

（二）新加坡

截至 2018 年，新加坡智能投顾的客户人数达到 12.2 万，智能投顾平台所管理的资产总规模达到 2 亿美元。②

成立于 2016 年的 StashAway 是新加坡最具代表性的智能投顾平台之一。该平台为客户提供"一般投资"（general investing）、"特定目标投资"（goals-based investing）、"主题投资"（thematic）、"收入投资组合"（income portfolio）、"补充退休计划投资"（SRS funds portfolio）等不同的投资方案，并在每一项投资方案中根据客户的实际情况为其推荐不同风险等级的具体投资组合。③ 就投顾费率而言，StashAway 根据客户的投资金额采取累退式的收费方案，边际投顾费率从每年 0.8% 至 0.2% 不等。④ StashAway 最大的特色在于其提出了一种名为"基于经济状况的资产配置"（economic regime-based asset allocation，ERAA）的投资策

---

① 增长型投资组合的目的是获得可与全球股票市场增长相媲美的回报，主要投资于具有高长期回报率的股票型 ETF；收入型投资组合的目的是获得相对稳定的收益，用于保证整个投资组合不会发生重大的损失，只投资于债券型 ETF，用于和其他类别的投资组合搭配，产生多样化的投资效果；抗通胀型投资组合的目的是满足投资者资产保值的要求，投资于大宗商品、REITs 等与通胀挂钩的 ETF 类别，在配置上通常降低与世界股票市场的相关性，避免重大不确定事件所带来的相关风险。

② See Deloitte, "Robots Are Here: The Rise of Robo-advisers in Asia Pacific," p. 11, Deloitte, accessed December 1, 2022, https://www2.deloitte.com/gu/en/pages/financial-services/articles/robo-advisers-asia-pacific.html.

③ See Ian Lee, "Comparing The Returns & Fees Of The Top Robo-Advisors In Singapore (2022)," SingSaver (August 1, 2022), accessed December 1, 2022, https://www.singsaver.com.sg/blog/best-robo-advisors-singapore.

④ 具体而言：低于 2.5 万新加坡元的部分为 0.8%，2.5 万至 5 万新加坡元的部分为 0.7%，5 万至 10 万新加坡元的部分为 0.6%，10 万至 25 万新加坡元的部分为 0.5%，25 万至 50 万新加坡元的部分为 0.4%，50 万至 100 万新加坡元的部分为 0.3%，100 万新加坡元以上的部分为 0.2%。参见 StashAway 官网，https://www.stashaway.sg/pricing，最后访问日期：2022 年 12 月 1 日。

略。具体而言,StashAway认为,投资收益主要取决于大类资产配置而非个别金融资产的选择,而大类资产配置则取决于所谓的经济状况。StashAway用经济增长和通货膨胀率之间的组合情况来定义4种不同的经济状况,包括兴盛时期(经济正增长、低通胀)、通胀增长时期(经济正增长、高通胀)、衰退时期(经济负增长、低通胀)以及滞涨时期(经济负增长、高通胀)。基于对当下经济状况的识别与判断,StashAway在此基础上根据客户的个性化需求与风险承受能力为客户提供最佳的资产配置方案。此外,StashAway还注重时刻对投资组合风险进行谨慎控制,并利用中期估值差距及其均值反转来对不同类别资产的回报率进行甄别。[①]

(三)中国香港地区

截至2018年,中国香港地区智能投顾的客户人数达到6000人,智能投顾平台所管理的资产总规模达到9000万美元。[②]

于2018年起开始提供智能投顾服务的AQUMON是香港地区最具代表性的智能投顾平台之一。根据投资标的的不同,该平台为客户提供SmartGlobal和SmartGlobal Max两种不同的投资组合方案:前者是以香港交易所上市的ETF作为底层资产的投资组合,以港币计价;后者则是以美国交易所上市的ETF作为底层资产的投资组合,以美元计价。为了降低准入门槛、服务更多的长尾客群,AQUMON就上述两种方案分别提供标准版和基本版方案,后者的入场门槛及咨询费更低。就风险等级划分而言,AQUMON结合客户的投资目标和风险承受能力,将投资方案划分为保守型、稳健型、平衡型、成长型以及进取型;不同风险等级的投资组合中股票类资产、债券类资产和另类投资资产的比例各不相同。[③] 最后,就收费标准而言,AQUMON根据客户的投资组合的价值采取累退式的收费方案,边际投顾费率从每年0.8%至0.5%不等,可见和美国等地的智能投顾相比,AQUMON的投顾费率仍然较高。

---

① See Freddy Lim, "StashAway's ERAA® (Economic Regime-based Asset Allocation)," StashAway (March 2017), accessed December 1, 2022, https://www.stashaway.sg/r/stashaways-asset-allocation-framework.

② See Deloitte, "Robots Are Here: The Rise of Robo-advisers in Asia Pacific," p. 11, Deloitte, accessed December 1, 2022, https://www2.deloitte.com/gu/en/pages/financial-services/articles/robo-advisers-asia-pacific.html.

③ 参见AQUMON官网,https://www.aqumon.com/zh-cn/learn/how-we-invest,最后访问日期:2022年12月1日。

第二节 聚焦：美国智能投顾业务模式分析

美国是世界范围内智能投顾业务发展最为成熟的市场，对其业务模式展开深入探讨，并将其与我国模式进行比较，具有较强的借鉴意义。如前所述，美国智能投顾市场中主要包括初创公司与传统金融机构两类参与者，形成了各凭自身优势差异化竞争的格局：智能投顾创业公司相对注重技术开发，倾向于选择模式"较轻"的纯智能投顾模型，即使有人工顾问加入，也往往仅承担辅助作用。传统金融机构则多基于现有业务进行拓展，应用混合投顾模式，将人工投顾在建立客户关系、促进销售等方面的优势与机器服务的低成本特征相结合，降低服务门槛；得益于在人才和资金方面多年的积累，人工顾问的高额成本往往并不构成传统金融机构开展混合投顾模式的障碍。

图 2-2 美国主流智能投顾运营模式总结

在本节中，笔者分别选取智能投顾创业公司的典型代表 Betterment 和 Wealthfront 以及传统金融机构的典型代表先锋集团和嘉信理财，对其智能投顾业务的开展情况进行详细介绍。其中，Wealthfront 仅提供纯智能投顾服务，没有人工顾问参与；Betterment、先锋集团（Vanguard Group）和嘉信理财（Charles Schwab）均提供纯智能投顾与混合投顾两种服务模式，但 Betterment 同样以纯智能投顾为基础，混合投顾作为"进阶版"服务仅仅属于"附加人工服务的智能投顾",人工参与度仍较为有限;先锋集团虽然分别推出对应两种服务模式的两种产品,但其纯智能投顾产品的局限性较为明显,目前更类似于一种"试验",在作为核心业务的混合投顾之中,人工顾问需要在投顾服务中的每一个关键节点进行"把关",因而也被认为是由人工顾问在实际管理客户投资组合;嘉信理财提供的"免费"纯智能投顾服务一经推出就迅速在资产管理规模上实现了对创业公司的超越,其混合投顾服务则开启了订阅收费模式的先河,但嘉信理财对外宣传的"零费率"仅意味着不收取管理费,并未排除其他的盈利方式,这也因此引发了不小的争议。

一、Betterment 的智能投顾模式分析①

Betterment 成立于 2008 年,并于次年取得开展投资顾问业务的资格。2010 年,Betterment 开始正式提供线上智能投顾服务,并由旗下折扣经纪商 Betterment Securities 提供经纪业务支持,这也标志着智能投顾的正式诞生。随着业务的不断发展,Betterment 以其独特的理念不断扩张,丰富产品与服务类别,实现了管理规模的指数增长,并于 2016 年 7 月首次突破 50 亿美元大关。截至 2021 年 4 月,Betterment 的 AuM 达到 290 亿美元,客户账户数量超过 60 万,资产管理规模仅次于传统金融机构先锋集团和嘉信理财,排在全球第三位,是目前全球最大的独立智能投顾企业。

(一)投资理念与模型构建

Betterment 的投资理念来自于两位诺贝尔经济学奖得主尤金·法玛的多因子模型和罗伯特·席勒(Robert J. Shiller)的行为金融理论。法玛认为战胜市场是不可能的,投资的最好方法是选择那些紧跟市场表现的产品,例如指数型基金;席勒则专注于普通投资者的行为模式,他关注到在市场经济低迷时期,尽管股票通常相对于历史平均水平折价,但投资者仍倾向于实施退出市场的不理智行为。基于这样的理念,Betterment 希望利用指数基金为投资者创造持续的回报,并通过自动化降低人为情

---

① 主要参考华鑫证券私募研究中心报告:《美国智能投顾 Betterment 解析》,2020 年 5 月 26 日;Barbara A. Friedberg, "Betterment Review 2021-Should I Sign Up for Betterment," Robo-Advisor Pro (July 21, 2022), accessed December 1, 2022, https://www.roboadvisorpros.com/betterment-review/.

绪的影响。为此,Betterment 坚持在交易日的前 30 分钟内不进行交易的投资理念,以保护投资者不受市场颠簸的影响。在英国公投脱欧时,Betterment 直到中午才开始交易而没有通知散户投资者,这一饱受争议的决定也进一步证实了公司坚守其投资理念的决心。

为了实现最优投资决策,Betterment 综合利用 Black-Litterman 预期回报模型和下行风险最优防范措施构建投资组合:首先通过 Black-Litterman 预期回报模型,使用贝叶斯方法将投资者对大类资产的观点和市场均衡收益相结合,从而对每类资产形成科学的预期回报。其后,采用将市场潜在下行可能与预期波动相结合的方式有效测量每类资产的风险可能,并将其与该类资产收益一一对应,形成一个包含资产收益与风险水平的投资资产集合。最后,通过下行风险最优防范措施,逐一将各类资产加入资产配置的投资组合中,完成预期收益下最优风险的投资组合构建。

目前,Betterment 主要拥有三大业务板块,即面向零售投资者的智能化资产管理业务、面向投资顾问的 Betterment for Advisor 资管科技平台以及针对美国退休储蓄计划 401(k)的 Betterment for Business 退休账户管理业务。以下将对智能化资产管理业务的服务流程、投资标的选择以及投顾费率的确定等方面的内容进行重点介绍,并在其后对另外两个业务板块作简要说明。

(二) Betterment 智能化资产管理业务模式介绍

1. 投顾服务流程

Betterment 智能投顾服务流程包括 6 个步骤:

客户画像:

首先,客户需要在网站上填写年龄、职业、收入和资产水平、纳税情况等信息。

投资目标选择:

其后,客户需要从 Betterment 提供的四个选项中选择一个或多个投资目标,四个选项分别为稳定保值型(safety net)、退休金规划型(retirement)、一般投资型(general investing)和计划消费型(smart saver)。

① 稳定保值型主要投资对象为日常生活中的流动资金。股票、

债券的配置比例分别为40%和60%且长期保持不变,能够在获得稳定收益的同时保证较高的流动性。

② 退休金规划型的主要投资来源为用于退休后日常开支的资金,客户需要输入其对退休后每年可支配收入的期望,Betterment将根据目前的年收入,规划如何达到目标值,是否需要减少开支或增加收入。平台所制定的投资策略会随着客户年龄的增长而渐趋于保守(即股票配置比例下降,债券配置比例提高)。

③ 一般投资型主要用于投资储蓄,资产增值。投资者可获得最高的收益,相应也承担着较高的风险。该类型适合于45岁以下的客户,股票、债券的初始配置比例分别为90%和10%。Betterment认为,随着年龄的增长,客户的不可预见支出将会增加,导致其风险承担能力不断下降,因此给予其股票配置的比例也逐渐降低至58%,之后长期维持在该水平。

④ 计划消费型储蓄资金主要用于购买家庭大宗商品,如房产、汽车、家具等,该资金分为长期型与短期型两种,随着期限变短,流动性增加,风险降低,收益也相对减少。长期型股票配置的比例为90%,随着期限的临近,股票的配置比例最终将降至0。

账户类型选择:

接下来,投资者需要选择其账户类型,具体包括个人应税账户(individual taxable account)、传统个人退休金账户(traditional individual retirement account,简称为传统IRA)、罗斯IRA(roth IRA)、滚存IRA(rollover IRA)、简化员工养老金IRA(SEP IRA)和Betterment信托账户(Betterment trust account)六个选项,不同类型的账户对投资者的资质有不同要求[①],并适用不同的税收和提款规则,这为Betterment后续提供税收优化服务保留了可能性。

投资组合生成与调整:

完成上述步骤后,Betterment会根据这些条件生成推荐的投资

---

① 例如,个体纳税人(individual taxpayers)可以申请传统IRA和罗斯IRA账户,但只有小企业主和个体户(self-employed individuals)可以申请简化员工养老金IRA,参见Investopedia官网,https://www.investopedia.com/terms/i/ira.asp,最后访问日期:2022年12月1日。

组合,并向客户展示预期收益、风险系数、投资期限、资产比例等信息。目前,据 Betterment 披露,其投资组合策略中包含 101 个风险等级不同的投资组合,能够为客户提供充分细致的颗粒度水平。①

除了允许客户选择推荐投资组合相邻范围内的其他组合之外,为了满足客户进一步的个性化需求,Betterment 提供了灵活投资组合(flexible portfolio)功能,客户可以依据自己主观的投资见解或客观的实际情况(例如账外投资②等),直接对投资组合内各 ETF 的配置比例进行微调③,该功能会计算并展示调整后组合的风险水平和多样化程度供投资者参考。尽管前述调整意味着客户并未完全遵循 Betterment 预先设定的投资组合建议,但其仍可以享受同等水平的投资组合再平衡与税收优化功能。

由于上述资产配置根据客户的投资目标而设计,也被称为目标型投资组合(goal-based portfolio)。

投顾服务开通:

当客户完成账户开设并投入资金后,资金将被转入关联经纪商 Betterment Securities 的账户,并由它根据投资组合信息完成标的资产的购买和销售,客户还可设置自动转账功能,在日后定期向账户中注入资金。

投资组合再平衡:

为了避免投资组合偏离初始投资目标和配置比例,Betterment 提供自动平衡账户的服务,通过定期审查投资组合中各项资产的比例,出售权重超出预设的资产,并买入权重低于预设的资产,将组合复原到客户初始选择的目标投资配置比例。

在该过程中,Betterment 也会考虑税收因素,例如优先选择将新

---

① 在设计投资组合时,Betterment 还会充分考虑税收因素对于组合收益的影响。例如,考虑到市政债券利息免征所得税的特征,Betterment 会倾向于在应税账户的投资组合中选择市政债券,并允许居住在税率较高的州(纽约州或加州)的投资者与之联系,改用该州特定的市政债券从而进一步节省税收。

② 例如,客户可能在 Betterment 账户之外持有很多大盘股,因此希望提高原有推荐组合中的小盘股和中盘股的权重。

③ Betterment 对比例的调整幅度不作限制,但不允许客户自行挑选投资标的。

入资金投入到低于预设权重的资产的方式,使投资组合中的资产比例调至最初设定,尽量避免发生需要出售某类资产的情况,防止由资本利得产生的应税利润影响整体资产组合的税后收益。

2. 投资标的选择

Betterment 投资组合中的底层资产全部为 ETF。

(1) 选择 ETF 的理由。

ETF 具有诸多内在结构优势:首先,其被动地追踪大盘基准指数,具有与基准指数相同的投资多元化水平,绩效相对可预测,且能够减少与主动管理者决策相关的特殊风险。其次,ETF 在公开市场时间可被广泛交易,流动性较高且流动性溢价较低,更易于按需创建新的投资组合或平衡现有投资组合。相比之下,共同基金每日仅能交易一次,从而在期望价格和实盘价格之间造成了巨大的滞后,且不利于实现某些投资组合管理策略。[①] 最后,ETF 具有低廉的费用结构。根据投资公司协会(Investment Company Institute)于 2018 年发布的数据,Betterment 推荐投资组合的平均费用比率范围为 0.07% 至 0.15%。这一方面是由于 ETF 成分更新的频率较低,另一方面,ETF 的资金和管理结构也消除了由共同基金使用标准销售和访问渠道方面的潜在利益冲突引起的担忧。另有数据显示,Betterment 配置的先锋集团的全美股票市场 ETF 组合比类似的共同基金便宜近 95%,低廉的费用结构能够帮助客户有效节约投资成本。此外,ETF 还具有税收效率和投资灵活性等优势。

(2) 甄选 ETF 的过程。

尽管 ETF 具有上述诸多优势,如何从丰富的市场上选取合适的 ETF 构建投资组合仍是一大难题。Betterment 试图选择一组可提供所需资产类别敞口的基金或工具,使基础资产类别行为与投资组合绩效之间的差异最小——即最小化 ETF 与其基准之间的"摩擦",这也是 Betterment 投资方法的核心目标之一。为此,Betterment 采取年度总拥有成本(total annual cost of ownership,TACO)作为计分方法,对投资组合中的 ETF 进行评级。TACO 由交易成本(cost-to-trade)与持有成本

---

① 如税收亏损弥补功能可能需要通过一日数次交易来完成,对于税收亏损弥补功能将在后文予以说明。

(cost-to-hold)两部分组成,前者是指在定期投资活动(现金流入或提取、税收亏损收割、再平衡)过程中与资金进出相关的成本,即在公开市场上买卖基金有关的成本,受到交易量①和买卖价差②的影响;后者是指持有基金所产生的年度成本,受到费用比率③与追踪差异④的影响。

  Betterment 每季度运行一次选择分析,以评估现有选择的有效性、基金管理人的潜在变化以及特定 ETF 市场因素的变化(包括更严格的买卖差价、更低的追踪差异、不断增长的资产基础或更稳定的市场表现等)。此外,投资组合选择变更的税收影响也被纳入考量,为客户估算在投资工具之间进行转换能够实现的净收益。

(3)底层资产情况。

  Betterment 的底层 ETF 资产包括 6 只股票类 ETF 和 7 只债券类 ETF,主要供应商为先锋和安硕(iShare),组合收益情况和风险水平由不同 ETF 的占比决定。从地域上来看,大部分 ETF 投资于美国,此外还投资于英国、法国、日本、中国、迪拜、墨西哥、澳大利亚等全球一百多个国家和地区,通过高度分散化的配置来降低投资风险。对于具体基金类别,Betterment 通常会在主要基金之外选取同类基金以便后续实现税收亏损收割功能。

表 2-2 Betterment 底层资产 ETF 一览

股票类 ETF		
基金类别	主要基金	同类基金(简称)
美国全品类股票市场	Vanguard U.S. Total Stock Market Index ETF(VTI)	SCHB、ITOT
美国大盘股	Vanguard U.S. Large-Cap Value Index ETF(IVTV)	SCHV、IVE

---

  ① 用于评估每天可以交易多少股票的历史度量,有助于评估将来找到买家或卖家的难易程度。
  ② 是指给定时间购买证券的价格与可以出售同一证券的价格之差。
  ③ 股东每年支付给基金管理人的单股价格的设定百分比,费用是减少投资者回报的主要组成部分,因此费用较高的 ETF 通常表现较差。
  ④ 基金相对于其寻求追踪的基准指数的表现情况,追踪差异可能会导致整个投资组合的长期收益出现系统偏差。

(续表)

股票类 ETF		
基金类别	主要基金	同类基金（简称）
美国中盘股	Vanguard U. S. Mid-Cap Value Index ETF (VOE)	IWS, IJJ
美国小盘股	Vanguard U. S. Small-Cap Value Index ETF (VBR)	IWN, IJS
国际发达国家股票市场	Vanguard FTSE Developed Market Index ETF(VEA)	SCHF, IEFA
新兴市场国家股票	Vanguard FTSE Emerging Index ETF (VWO)	IEMG, SCHE
债券类 ETF		
基金类别	主要基金	同类基金
美国短期国债	iShares Short-Term Treasury Bond Index ETF (SHV)	—
美国通胀保值国债	Vanguard Short-Term Inflation-Protected Bonds Index ETF(VTIP)	—
美国市政债券	iShares National AMT-Free Mum Bond Index ETF(MUB)	TFI
美国高收益企业债券	Xtrackers USD High Yield Corporate Bond Index ETF	JNK, HYG
美国短期投资级债券	iShares Short Maturity Bond ETF	—
国际发达国家债券	Vanguard Total International Bond Index ETF(BNDX)	—
新兴市场国家债券	iShares JP Morgan USD Emerging Markets Bond Index ETF(EMB)	VWOB, PCY

（4）其他定制化投资策略。

除前述目标型投资组合外，Betterment 还为退休人员、积极投资者和社会责任投资者三类人士提供专属定制化策略。

退休人员多为保守派投资者，寻求稳定的现金流，Betterment 为其设计了贝莱德目标收益投资组合（BlackRock Target Income Portfolios），组合中的资产完全由债券构成；Betterment 推出的高盛智能 Beta 投资组合（Goldman Sachs Smart Beta Portfolios）则适合试图战胜市场并愿意承担更高风险的积极投资者;对于社会责任投资者(socially responsible investors),Betterment 允许其根据自己的价值观,将资金投入到具有社会责任感的公司中,并为此设计了三个投资组合。①

3. 投资门槛与服务费率

Betterment 为客户提供基础版(Betterment digital plan)和进阶版(Betterment premium plan)两种智能投顾方案,并为此收取不同的管理费率。

对于基础版方案,Betterment 不设置最低投资额度,仅按客户所投资的资产规模计算管理费,并根据资产规模差异采取二级费率模式:对于投资金额在 200 万美元以下的客户,年费率为 0.25%,而对于超过该金额的客户,年费率降至 0.15%。② 在基础版方案下,客户仍可以免费享受下文将予以说明的资产再平衡服务(smart rebalancing)和税收亏损收割服务,Betterment 允许其通过短信功能向注册金融理财师(certified financial planner,CFP)进行咨询,相关问题通常可在一天内得到答复。

如果客户希望获得更加全面和深入的投顾服务,可以选择进阶版方案,即附加人工服务的智能投顾。该服务的基础管理费率为 0.40%,对于超过 200 万美元的资产部分适用 0.30% 的费率,Betterment 还为其设定了 10 万美元的最低投资额度限制。进阶版方案在基础版方案的基础上添加了人力顾问组件,提供更多的服务选项。Betterment 搭建了第三方个人投顾平台 Betterment Advisor Network,供客户向人工顾问就包括婚姻、生育、退休、养老等所有影响资金的生活规划进行咨询,交流次数不设上限,Premium 客户还可就其在 Betterment 账户内外所有的投资取得人工财务建议,包括 401(k)账户、个股投资和房地产等。

---

① 其中,广泛影响投资组合(Broad Impact Portfolio)侧重于对所有环境、社会和治理(ESG)标准上排名前列的公司的投资;气候影响(Climate Impact Portfolio)和社会影响投资组合(Social Impact Portfolio)则分别侧重于对 ESG 标准中特定领域内有积极影响公司的投资。

② 此前,Betterment 曾采取三级费率模式:投资金额低于 1 万美元的客户可选择每月 3 美元或 0.35% 的年付方式,后者需开通智能定存功能(Smart Deposit)且每月投资不低于 100 美元。智能定存功能是指客户可以设置每月花销预算上限,Betterment 每月自动将客户银行资金账户中超过上限的金额转入投资账户,以最大化客户的资产收益;投资额在 1 万至 10 万美元之间的适用每年 0.25% 的费率;10 万美元以上适用每年 0.15% 的费率。

表 2-3 Betterment 智能化资产管理业务费率情况

智能投顾方案	资产规模(单位:万美元)	适用年费率
基础版方案 Betterment Digital	0—200	0.25%
	200—	0.15%
进阶版方案 Betterment Premium	10—200	0.40%
	200—	0.30%(超出部分)

除投顾管理费外,智能投顾与传统基金公司一样,还需要根据其所投资的 ETF 的管理费(费率在 0.09%—0.17% 之间)收取费用比率(expense ratio),每一个组合的平均费率约为 0.13%,这在行业内属较低水平。

为了吸引更多客户,Betterment 推出了注册奖励(sign up bonus)和推荐奖励两种方案。注册后 45 日内完成投资的新客户可以获得至多 1 年的管理费免除奖励,在老客户推荐新客户完成投资的情形下,双方均可以取得不同期限的管理费免除优惠。

表 2-4 Betterment 为新客户提供的注册奖励

注册后 45 日内投资金额(单位:万美元)	管理费免除期限
1.5—10	1 个月
10—25	6 个月
25—	1 年

(三)资管科技平台与退休账户管理业务[①]

1. 资管科技平台

Betterment for Advisor 是一个帮助投资顾问(包括提供投资顾问服务的个人、信托机构和其他法人机构)对其客户进行规模化管理的平台,功能包括帮助投资顾问进行交易管理、处理文书和账单等具体工作。通过 Betterment for Advisor,投资顾问的客户可以随时跟踪其投资动向,

---

① 本部分参见中欧财富、腾讯金融研究院、华锐金融科技研究所《基金投顾业务平台化发展研究报告(2021)》,载微信公众号"中欧财富投顾"2021 年 7 月 13 日,https://mp.weixin.qq.com/s/Kp0r0405ihw0cFNz8rt9hA,最后访问日期:2022 年 12 月 1 日。

缓解了信息不对称问题。

投资顾问在 Betterment 平台注册之后可以向投资者发送专属链接，邀请投资者完成注册过程。注册完成之后，投资者与 Betterment for Advisor 及投资顾问同时具有合同关系，但是 Betterment for Advisor 向投资顾问保证其并不会主动联系投资者进行相关的营销推广，投资者也无法同时在前述提供智能化资产管理业务的平台与 Betterment for Advisor 平台上进行注册。

Betterment 允许投资者在平台上添加其相关账户、设定理财目标，并基于投资顾问与投资者的"咨询协议"（advisor agreement）及投资顾问的指示来对投资者的账户进行投资。投资顾问在 Betterment for Advisor 平台上对其投资者账户拥有以下权限：增加理财目标、查看账户余额及回报、设置自动转存及提款、查看资产组合的具体组成及表现等，可以实现对其服务的投资者账户的规模化管理。

2. 退休账户管理业务

2015 年推出的 Betterment for Business 对美国企业雇主为员工提供的退休账户（通常是 401(k) 账户）提供投资管理服务。传统的 401(k) 账户一般由雇主在市场上选择合适的金融机构来管理，这些金融机构会推出一系列投资组合供员工选择，投资标的主要为共同基金。相比之下，Betterment 的退休账户管理业务与智能化资产管理业务类似，也将投资标的确定为 ETF，从而确保更低的费率和更高的透明度。

在 Betterment 与雇主合作推出的计划中，Betterment for Business 会根据员工提供的家庭收入、目前退休储蓄余额等信息为其推荐个性化的 ETF 投资组合，帮助员工在不同风险水平上取得更好的回报。

据 Betterment 自行估计，与自主投资的投资者相比，使用 Betterment 退休建议的投资者能在退休后多赚得 38.8% 的税后收入[①]，与此同时 Betterment for Business 仅按年收取退休计划资产规模的 0.25% 作为管理费用，这低于绝大部分从事同类业务投资顾问的收费水平。优步（Uber）曾于 2016 年 8 月 24 日宣布与 Betterment 合作为司机

---

① 参见 Betterment 官网，https://www.betterment.com/resources/investor-returns/，最后访问日期：2022 年 12 月 1 日。

提供退休账户管理业务,Uber 司机即使并非全职员工,也可以通过 Uber 开通 Betterment 账户(包括传统 IRA 和罗斯 IRA 账户)享受一年的免费服务。

(四) Betterment 的特色服务与投资工具

如前所述,在资产配置方案之外,Betterment 还向客户提供税收优化工具等特色服务、账户外组合分析和退休储蓄计算器(retirement savings calculator)等一系列创新型智能化投资工具以及财务咨询套餐。

1. 税收优化工具

Betterment 提供三种税收优化工具,包括税收亏损收割、最小税负售出(taxmin lot selling)和税收优惠投资(tax-advantaged investing),均是服务于美国个人所得税体系的税收服务。税收亏损收割在前文已有提及,不再赘述。

最小税负售出是通过策略实现资产出售时的最优节税。区别于行业一般的先进先出(FIFO)操作,Betterment 将待售资产分为四类:① 出现短期损失;② 出现长期损失;③ 出现长期利得;④ 出现短期利得;并按从 ① 至 ④ 的顺序出售资产,这是由于短期持有比长期持有需要适用更高的税率。Betterment 的内置算法可以对同一资产的不同买入价格进行排序,并将应税最少的部分率先出售。

税收优惠投资是一种"资产定位"策略,根据不同账户的征税特征来分配资产。例如,将税负较重的投资放入退休计划中以享受税收优惠,而将自动节税型投资放入应税账户,不过为使该策略生效,投资者需在 Betterment 同时拥有应税账户和退休账户。

此外,Betterment 还提供投资组合的实时税务信息,方便投资者了解税后回报。投资组合再平衡和税收优化工具均适用于智能化资产管理业务与退休账户管理业务。

2. 账户外组合分析

Betterment 允许客户链接其在第三方机构的账户,并就其在该机构下的投资组合进行费用节省分析并提供投资组合建议。为此其特别推出资产聚合工具 All-in-one Dashboard,将客户在 Betterment 内外的资产集合起来以提供完整的投资建议。

3. 退休储蓄计算器

Betterment 推出的退休储蓄计算器能够综合考虑投资者的整体资产情况（包括其在 Betterment 之外的所有账户），对未来进行预测，消除退休计划中的不确定性，帮助投资者制定个性化退休储蓄和投资方案。该工具向包括未在 Betterment 开户投资的所有人开放。

4. 财务咨询套餐

客户还可以单独购买 Betterment 提供的财务咨询套餐（Financial Planning Package），类型包括新手入门套餐（Getting Started Package）、大学规划套餐（College Planning Package）、婚姻计划套餐（Marriage Planning Package）等 5 种，费用从 199 美元到 299 美元不等。

二、Wealthfront 智能投顾模式分析

Wealthfront 公司成立于 2008 年 12 月，其前身是一家名为 Kaching 的社会投资网站[1]。2011 年 12 月，Kaching 更名为 Wealthfront 并发布官方网站，转型为一家在线财富管理公司，致力于为客户提供与传统财富管理行业具有同等质量但进入门槛更低、费用更加低廉的财富管理咨询服务。

Wealthfront 将目标客户定位于中产阶级细分市场，不仅针对每个客户的需求量身定做投资方案，还可根据客户需求的变化调整投资方案，从而避开了与传统财富管理业务的直接竞争，利用互联网低边际成本的优势扩展中产阶级细分市场，一方面有效地提高了企业的核心竞争力，另一方面更好地满足了中产阶级客户的财富管理需求。

Wealthfront 目前主要提供三种服务：数字化投资组合理财咨询服务、现金管理服务（包括与传统银行合作提供的高息现金账户以及信用贷款服务）和财务计划服务，其中前两类服务形成了有效联动，构成了公司快速发展的核心驱动力。

---

[1] Kaching 在成立之初即与美国证券交易委员会（SEC）签约，取得注册投资顾问资格。会员在 Kaching 注册后可以获得 1000 万美元的虚拟货币。会员既可以投入真实的资金进行交易，也可以使用虚拟货币进行模拟投资。会员可以公布自己选择的股票和投入的金额，其投资业绩会随着股市的波动表现出来，业绩优秀的投资人便会引来诸多跟随者。这些跟随者可以免费获取优质投资组合信息，也可以选择通过支付一定比例的佣金将其股票账户与投资人的投资组合相连接，自动跟踪投资人进行交易。而这笔佣金则会按照一定的比例在平台与投资人之间分配。

(一)数字化投资组合理财咨询服务

1. 投资标的选择

Wealthfront的投资理念是使用多样化资产配置来分散风险、提高收益,力图使不同风险等级的客户的收益都能达到最大化。在投资标的的选择上具体包括以下两个步骤。

第一,Wealthfront会将不同的资产按其对应的功能进行分配,目前已有11种资产类别被纳入考量。Wealthfront指出其还将评估其他可用低成本流动性ETF所代表的资产类别,继续改善其资产配置。

第二,作为一项被动投资工具,Wealthfront会根据不同资产的功能来选择跟踪该种资产的ETF。Wealthfront会对1400多种ETF进行定期调查,综合考虑低费用率、最小跟踪误差、充足的流动性、以客户为中心的证券借贷政策以及与其余总体客户投资组合较低的相关性等一系列标准对每种资产类别进行排名。

目前涵盖的资产类别、对应功能以及核心ETF情况如下表所示:

表2-5 初始ETF推荐

资产类别	对应功能	ETF代码
美国股票	资本增值、长期抗通胀、节税	VTI/SCHB
国外发达市场股票	资本增值、长期抗通胀、节税	VEA/SCHF
新兴市场股票	资本增值、长期抗通胀、节税	VWO/IEMG
股息成长性股票	资本增值、固定收益、长期抗通胀、节税	VIG/SCHD
美国政府债券	固定收益、低波动率、分散多样化	BND/BIV
美国公司债券	固定收益、低波动率、分散多样化	LQD
新兴市场债券	固定收益、分散多样化	EMB
市政债券	固定收益、分散多样化	VTEB/TFI
国库通胀保值债券	固定收益、低波动率、分散多样化、抗通胀	SCHP/VTIP
房地产	固定收益、分散多样化、抗通胀	VNQ/SCHH
自然资源(能源)	固定收益、抗通胀、节税	XLE/VDE

2. 投顾服务流程介绍

Wealthfront数字化投资组合理财咨询服务主要包括五个步骤。

客户画像：

客户首先需要通过填写调查问卷接受风险容忍度评估，评估内容既包括其客观的风险承受能力（如收入情况、家庭状况），也包括其主观的风险承受意愿。相比于 Betterment 等其他智能投顾企业，Wealthfront 设计的客户调查问卷更为细致，没有采用传统财务顾问的惯常问题，而是以行为经济学家的研究为基础，将风险识别过程简化为十个问题，其中包括六个主观风险问题和四个客观风险问题。

主观风险问题中包括一些假设性的场景问题，例如：如果一个月在某个市场您的投资组合价值损失了 10%，您将如何应对？或是：以下哪种投资结果更能让您接受？Wealthfront 认为，通过设置更具体的场景，让客户"身临其境"地设想在遇到风险时的心理活动，能够更准确地评判其风险承受能力。除了单个问题的答案所反映的客户愿意承担的风险级别之外，Wealthfront 还特别关注答案之间的一致性。举例而言，如果客户在某种情况下表现为风险喜好而在另一种情况下表现为风险厌恶，系统会自动认定客户无法正确认识自己的风险承受能力，赋予其比答案简单加权平均值更低的风险承受力得分。此外，主观问题中还涉及两个投资社区受众较关注的问题：客户是否拥有股票期权或进行了天使投资。Wealthfront 认为，这两个问题的答案对于准确评估个人冒险的意愿至关重要。Wealthfront 还在每个问题旁边都设计了"为什么就该场景/个人状况进行提问"的链接，详细解释了所提问题背后的逻辑，帮助客户更好地了解提问的目的。

客户对调查问卷的反馈决定了其综合风险评分，分值范围在 0.5（最厌恶风险）至 10.0（最能承受风险）之间，并以 0.5 为增量，这意味着所有客户将对应 20 种综合风险评分。Wealthfront 后续还会定期向客户发送电子邮件，确定其财务状况是否发生了可能影响其风险承担能力的变化，客户也被建议每年自行对风险评分进行审查，考虑是否需要进行更新。①

---

① 但 Wealthfront 并不建议客户频繁更新其风险评分，其提出的合理频率为三年更新一次。

投资账户选择：

与 Betterment 类似，Wealthfront 也为客户提供多类投资账户的服务，包括：① 需要纳税的投资账户（适用于个人账户、联合账户和信托账户）；② 退休金投资组合（适用于传统 IRA 账户、401(k)滚存 IRA 账户、罗斯 IRA 账户与简化员工养老金 IRA 账户）[1]；③ 大学投资账户[2]。

投资组合构建：

账户类型确定后，Wealthfront 会根据风险容忍度的测评结果，向投资者推荐以 ETF 为载体的投资组合。Wealthfront 以"最大化客户效用"为目标，使用均值方差优化构建投资组合，试图在每一个目标风险水平上获取最大回报，客户效用被定义为其投资收入与资产方差比个人风险容忍度的差。对于风险忍受度低的客户，Wealthfront 会向其推荐其低风险、收益适中的产品以缩小主要影响因子资产方差比个人风险忍受度的大小（公式中的后一项）；对于风险忍受度高的客户，则为其推荐高风险、高收益的产品以增大投资收益。

$$\text{Max}_{(r, \sigma)} r - \sigma^2 / 2\tau$$

where:

r denotes a portfolio's expected return,
σ denotes a portfolio's standard deviation,
τ denotes Wealthfront's risk tolerance metric, which is calibrated to a scale of 0-10, where 5 corresponds to the market portfolio and the asset classes are in the proportion to global capital markets.

图 2-3　Wealthfront 客户效用公式

Wealthfront 目前为应税账户和退休账户分别构建了 20 个投资组合，被称为传统投资组合。每个组合中包含 5—8 种资产类别，对应不同的目标年化波动率，并恰好与 20 种客户的综合风险评分一一匹配。[3]

---

[1] 前两类与 Betterment 的模式相类似。
[2] 将该账户独立的理由是客户在教育方面的支出或收取的利息无须缴税。
[3] 目标年化波动率范围在 5.5%（对应风险评分为 0.5）至 15.0%（对应风险评分为 10.0）之间，增量为 0.5%。

在传统投资组合之外，Wealthfront 还围绕着可持续发展、平等及多样性等主题定制了社会责任投资组合（social responsibilities portfolios），力图使得投资者的社会责任投资能够取得与传统投资组合相似的风险收益，实现多元化投资组合中社会责任与长期业绩的平衡。

Wealthfront 允许投资者对推荐的投资组合进行更改，也允许其直接自行创建投资组合，并有数百种多元化的 ETF 可供选择。除前述传统投资组合中包含的基金之外，备选 ETF 广泛覆盖金融、医疗、科技等行业，人工智能、机器人等新技术，黄金产品，社会责任，以及 Greyscale 提供的比特币和以太坊基金。[①]

开户及投资组合购买：

Wealthfront 会要求客户决定开户类型，决定是否选择避税方案（若是，选择何种避税方案）。在此之后，客户需要经过填写基本信息、个人信息（例如雇用情况和每年的净收入）、排除的股票清单、资金支付方式及检查核对五个步骤，即可完成开户。开户完成后，平台会代客户向其合作的证券经纪公司 ApexClearing 发送交易指令，进行 ETF 的交易。

投资组合的后续调整：

Wealthfront 认为初始构建的投资组合随着资本市场的发展与变化而可能产生两种不利结果：第一，随着投资组合中的资产比例偏离原先的设计，组合所具有的风险水平会发生变化；第二，投资组合在风险水平上只能获取次优而非最优回报。为了维持预期的风险水平和资产配置，Wealthfront 会持续监测并通过算法定期对客户的投资组合进行重新平衡，将高价资产卖出并购入低价资产，从而调整投资账户内资产权重以满足投资产品分散多样化，算法在调整资产权重时会充分考虑市场行情、交易成本、个人所得税情况以及分红再投资等因素。此外，客户也可以随时评估、检查自己的投资组合，并可主动要求平台更新其投资组合。

---

① Wealthfront 是首个允许投资者投资加密货币基金的智能投顾。

3. Wealthfront 的避税方案

Wealthfront 为客户提供的避税方案目前由其于 2020 年发布的最新技术套件 PassivePlus 提供，避税方案包括股票级税收亏损收割（stock-level tax-loss harvesting）、智能 Beta（smart Beta）以及风险平价（risk parity）。

Wealthfront 的税收亏损收割服务以往仅适用于账户金额超过 500 万美元的客户，现在已推广至所有纳税账户的客户。在传统税收亏损收割服务的基础上，由于美国法律对 ETF 和指数基金的税收亏损收割施加了一定的约束，Wealthfront 进一步推出了 US direct indexing（美国直接指数编制）提供加强版的股票级税收亏损收割服务，旨在捕获指数中单个股票的损失来进一步抵扣所获投资收益的应交税款。US direct indexing 不再通过单个 ETF 或指数基金来投资美国股票，而是通过购买多达 100、500 或 1000 只（取决于账户大小）以市场加权为基础的、市值最大的美国股票，以及规模较小的公司的 ETF 来代表美国市场。通过购买大量的个股，客户将有更多机会进行税收减免，进一步改善投资业绩。按客户的资产总额划分，Wealthfront 提供三种级别的直接指数编制[①]：

表 2-6　Wealthfront 直接指数编制介绍

产品级别	适用对象	主要功能
Wealthfront 100	资产总额为 10 万美元至 50 万美元的应税账户	使用 100 只美国最大公司的股票，以及 Vanguard Extended Market ETF（VXF）和 Vanguard S&P 500® ETFs（VOO）来代表较小的公司。
Wealthfront 500	资产总额为 50 万美元至 100 万美元的应税账户	使用 500 只大型公司股票，以 Vanguard Extended Market ETF（VXF）代表非标准普尔 500 强小型公司。
Wealthfront 1000	资产总额至少为 100 万美元的应税账户	使用多达 1000 只大型公司股票，以 Vanguard Small-Cap ETF（VB）代表小型资本股。

Wealthfront 的一项最新研究表明，超过 96% 的应税账户在税收亏

---

① Larry Ludwig, "Wealthfront Review 2022 Improving on Passive Investing," Investor Junkie（May 27, 2022), accessed December 1, 2022, https://investorjunkie.com/reviews/wealthfront/.

损收割方面的收益已经足以覆盖其管理费用。①

此外,当客户资产达到50万美元时,Wealthfront将自动为客户开通智能Beta功能;根据市值比重以外的其他因素(动量、价值、股息收益率、市场Beta和波动性等)更加智能地加权投资组合中的证券,以增加投资组合的预期收益。

风险平价又称为均值—方差优化,是一种用于在多个资产类别之间分配资本的方法,类似于现代投资组合理论。现代投资组合理论根据资产的预期收益和风险找到理想的资产类别组合,而风险平价则通过均衡每个资产类别的风险来分配投资组合,较少考虑资产的预期收益。研究发现,在相同水平的投资组合波动率下,这种方法可以带来较高的回报。Wealthfront近年来推出的风险平价基金在金融产品设计的角度上类似于桥水基金,但与后者设定的1亿美元门槛不同,Wealthfront的风险平价基金将在客户的应税账户金额达到10万美元时自动激活,年费仅为0.25%,实现了"民主化"的目标。

4. 投资门槛与顾问费率

Wealthfront设置了500美元的最低投资额度,为了吸引新客户加入,平台为账户价值不足1万美元的客户免费提供服务,对超过1万美元的客户收取资产管理规模的0.25%的顾问费,这极大地提高了对中小投资者的吸引力。客户每邀请一名新客户,邀请人和被邀请人都将获得5000美元额度的顾问费减免优惠。Wealthfront还会对于客户原有经纪公司向客户收取的转账费用予以补偿。除顾问费外,客户还需缴纳平均费率为0.12%的ETF管理费。

(二) 现金管理服务

现金管理服务主要为前述数字化投资组合理财咨询服务提供辅助支持,包括高息现金账户和信用贷款服务,帮助客户解决现金流动问题。

1. 高息现金账户

Wealthfront现金账户业务于2019年推出,Wealthfront就该账户与

---

① Barbara A. Friedberg, "Is Wealthfront Worth it? Wealthfront Review 2022," Robo-Advisor Pros (December 5, 2021), accessed December 1, 2022, https://www.roboadvisorpros.com/is-wealthfront-worth-it/.

美国的四家传统银行合作,客户短期或大额投资资金可通过 Wealthfront Brokerage 转入合作银行的存单,客户可以免费转账和提款,该账户也不收取顾问费和管理费,最低 1 美元即可开户。在收益上,与传统银行平均 0.1% 的存款利息相比,目前现金账户的年利率为 1.78%,约为一般银行的 18 倍(公司会将贷款利息收入部分分享给存款客户)。在具有高收益率的同时,该现金账户甚至还比传统银行"更安全":美国联邦存款保险公司(FDIC)承保了最高 100 万美元保额的保险,是传统银行提供保险的四倍①,有效降低了公司客户的资金风险。对于客户而言,该账户不受任何市场风险的影响,并且免费提供无限制的转账,相当于变相提高了收益。

除此之外,现金账户还具有包括借记卡、账单支付和自动付款等在内的诸多附加功能,储蓄目标分类工具 Self-Driving Money™ 是其中最为突出的亮点。Self-Driving Money™ 允许客户在其账户中设置消费类别,例如紧急资金、房屋首付、度假等,并分出优先级。平台会对账户中的现金流进行监控,并根据客户设置的优先级,将相应的资金转入到设置的类别之中(甚至可以自动支付账单),并自动将多余的现金转移到投资账户中,帮助客户实现自动化的财务规划。

事实上,开设高息现金账户无疑是 Wealthfront 战略上非常成功的一步,在美国股票市场较为动荡的形势下,更多的客户希望找到更为安全的投资渠道,Wealthfront 则借助自己数字化技术的优势开拓了与传统金融机构合作的通道。该账户上线后,仅用不到一年的时间便吸引了 10 亿美元的银行存款,为其增加了 200 万美元的现金流量,这是 Wealthfront 自成为注册投资顾问以来历经五年时间才达到的规模。

2. 信用贷款服务

Wealthfront 为账户中投资金额达到 2.5 万美元的客户提供了信用贷款额度,客户至多可以借入其投资组合价值的 30%,用作短期灵活周转的资金,如房屋翻新装修、支付税金或学费等。这种贷款方式可在客户不抛售现有投资组合的情况下满足其短期资金需求,避免长期投资策略

---

① FDIC 的一般保险范围限制为每个银行机构每个合格客户账户 25 万美元,由于 Wealthfront 与四家银行机构合作为 FDIC 担保,使其能为公司单个客户提供高达 100 万美元保额的保险。

中断和产生额外税费。此外,由于贷款是由客户的投资组合担保的,因此利率往往低于其他种类的债务(例如信用卡或房屋净值信贷额度)。

该信用贷款申请流程简便,无需填写申请表,也无需进行信用检查或支付任何费用。Wealthfront 当前收取的年利率在 2.40% 到 3.65% 之间(可浮动)。[①] 客户可通过手机在 30 秒内完成贷款操作,合作机构进行放贷,资金最快可以在 1 个工作日到账。

(三) 特色工具:财务计划服务

Wealthfront 自建的财务咨询引擎 Path 可以提供定制化财务管理服务,帮助人们进行个人整体财务计划,包含购买房屋、退休、储蓄大学教育费用和旅行等,并动态更新因一个计划变动而对其他计划造成的影响。客户仅需下载 Wealthfront 应用程序就能使用财务计划服务(即不以开设投资账户为前提),并可免费得到超过 1 万个关于个人财务状况的问题解答。Path 的具体工作流程为:

第一,连接到客户的各种财务账户(包括储蓄或支票账户、退休、投资账户和信托、房贷和抵押、股权补偿、信用卡和贷款、健康储蓄、加密货币等账户),综合考虑各种因素(包括储蓄率、通货膨胀等)以预测一段时期后客户将拥有的资产;第二,收集基础数据,准确计算客户探索每个方案的成本及其对整体财务的影响;第三,反映客户的总费用,考虑到不同阶段的特定成本,Path 会自动填补空白,为客户提供每种情况的综合费用。

此外,Path 会根据其收集的财务习惯数据,为客户提供更可行的储蓄金额预测,更合适的账户和存入金额,合适的(Wealthfront 对应的)投资产品及投资额度。作为目前唯一一个提供免费财务计划的智能投顾企业,Wealthfront 成功通过 Path 实现了引流功能。

三、先锋集团智能投顾模式分析

先锋集团是全球最大的共同基金公司和第二大 ETF 供应商,其创始人 John C. Bogle 是世界上第一支指数基金的开发者。先锋集团投资顾问业务的开展历史与美国资产管理行业的进程密切相关:20 世纪 80 年

[①] 参见《Wealthfront:"坚守初心"的智能投顾平台》,载微信公众号"中国金融案例中心"2021 年 9 月 27 日,https://mp.weixin.qq.com/s/ckH73skVCSEWQMH4lffOMw,最后访问日期:2022 年 12 月 1 日。

代,先锋集团带头推出免佣基金,使得美国资产管理业务开始向买方投顾转型。免佣基金对卖方投顾模式的冲击使得后者的销售费用和交易费用不断下降,部分机构开始尝试以客户资产规模为基础收取顾问管理费的买方投顾模式,于是投资顾问开始以客户为中心提供投资咨询服务,关注客户的费率和最终收益。

1995年,先锋集团通过集团子公司Vanguard Advisers, Inc.开始开展投资顾问业务,截至目前已有6大投顾服务板块,根据服务对象的不同可以划分为(1)机构类投顾业务VIAS;(2)零售类投顾业务VPAS及VDAS;(3)其他类投顾业务VMAP&POA、Stable Value和Vanguard ETF Strategic Model Portfolios。其中,2015年5月推出的智能投顾和传统人工投顾相结合的VPAS以及2019年推出的纯智能投顾业务Vanguard Digital Advisor Services(VDAS)共同组成了先锋集团的智能投顾业务模块。此外,先锋集团还于2019年末在中国市场与MY金服开展合作,成立合资公司先锋领航投顾(上海)投资咨询有限公司并推出"BN投"为国内的个人投资者提供智能基金投顾服务。

虽然涉足智能投顾领域较晚,但凭借其在指数基金领域的专业化程度、成熟的资产配置策略、庞大的客户基础和广泛的市场认可度,先锋集团迅速后来居上,其资产管理规模目前已遥遥领先。

(一)先锋集团投顾服务的基础:成熟的资本市场模型

先锋集团所有的投顾服务均基于公司的资本市场模型VCMM(Vanguard Capital Markets Model)展开,VCMM由两个主要元素组成:(1)一个全球动态模型,能够模拟各种资产类别的收益分布;(2)一系列资产配置工具,可以辅助投资者寻求合理的组合构建方案。VCMM模型会利用一系列历史月度数据,包括利率、通胀、全球股票、固定收益、商品市场的历史数据,基于蒙特卡罗回归,给出未来收益的预期,即通过衡量资产相对于基准的波动性(即β)来预测收益。VCMM模型的收益预测功能包括三个过程:首先,通过核心模型在不同的时间范围内对经济和金融风险因素进行预测;其次,通过归因模型将各种资产类别的收益与核心模型中风险因素的同期变化进行映射;最后,通过模拟模型分别为前两个过程中的风险因素和资产类别构建场景,创建未来回报的分布,实现收益预测。

在提供投顾服务时,先锋集团会根据投资者的目标、风险承受能力和投资范围,运用VCMM进行评估,从而给出定制化的解决方案。但由于VCMM生成的预测既基于估计的历史关系,也基于对各种资产类别风险特征的假设,其预测的准确性取决于历史样本在模拟未来事件中的相关性。为了使预测尽可能准确,先锋集团一方面会对历史数据和核心模块进行定期更新,另一方面还组建了人工团队采用额外的定性分析来补充模型的原始定量预测。

(二)混合投顾服务(VPAS)

在推出智能投顾服务前,先锋集团前期一直以投资额超过50万美元的客户作为服务对象。受到Betterment等初创智能投顾企业的启发,先锋集团曾尝试性地在2013年对投资额在5—50万美元之间的客户推出个人投顾服务,并最终于2015年5月对投资额在5万美元以上的客户全面推行VPAS服务。

1. VPAS特点介绍

VPAS采取"智能投顾+人工顾问"的混合模式,其最低投资门槛为5万美元。与Betterment一样,VPAS也根据不同的资产管理规模设置梯度投顾费率,并向高净值客户提供更高水平的人工顾问服务。

费率方面,资产规模在5万至500万美元的客户适用0.30%的费率,在500万美元之上,VPAS还设置了1000万和2500万两个节点,最低费率仅为0.05%,尽管绝大部分零售投资者的资产水平落在0.30%这一费率区间,这也远远低于传统人工顾问产业1.01%的平均费率。①

在人工顾问服务方面,先锋集团会为资产规模在500万美元以上的客户指定一名专门的个人顾问(individual advisor)提供服务,协助其处理与投顾账户相关的全部事务;资产规模在5万至500万美元之间的客户则只能定期与集团的专业顾问团队(超过100人)进行接触。② 考虑到先锋集团素以出色的客户服务闻名,每位顾问均接受过与其投顾系统和低成本指数基金投资方法相关的全面培训,团队服务能够提供的帮助对于

---

① 参见先锋集团官网:https://investor.vanguard.com/advice/financial-advisor/personal-advisor-services,最后访问日期:2022年12月1日。
② 为了确保客户与人工顾问的有效交流,先锋集团推出的视频聊天功能可以满足远程条件下的面对面沟通,讨论中的可视化辅助说明能够对问题的解决提供较大助益。

大多数投资者而言已然是足够的。根据投顾合同,客户增加或撤出资金时必须通过人工顾问进行操作,以减少非理性投资行为带来的操作失误。

下表展示了资产规模与费率水平和人工顾问服务的对应情况:

表 2-7　VPAS 费率与人工服务情况

资产规模(单位:万美元)	费率	人工顾问服务
5—500	0.30%	专业顾问团队
500—1000	0.20%	专门投资顾问
1000—2500	0.10%	专门投资顾问
2500—	0.05%	专门投资顾问

在投资标的方面,VPAS 的底层资产全部为先锋集团管理的基金,后者产品丰富且在费率上极具竞争力。2019 年,先锋集团在美国市场的资产加权平均费率低至 0.10%,远低于除先锋集团以外的行业平均费率 0.57%,这也是如 Betterment、Wealthfront 等其他智能投顾平台选择其基金作为投资标的的重要原因。除了对 ETF 进行投资外,VPAS 也会对先锋集团旗下低费率的主动管理型基金进行一定的配置,例如全股市指数基金(VTSMX)、全债市指数基金(VBTLX)、中期投资级基金(VFIDX)以及中期免税基金(VWIUX)等。

2. VPAS 业务模式

客户画像:

在提供服务前,先锋集团首先会以线上问卷和电话沟通相结合的方式进行客户画像,线上问卷会收集客户姓名、配偶信息、投资策略[1]、收入与税务状况以及资产情况等信息,完成该问卷后,客户需要与人工顾问进行第一次电话会议,进一步了解客户的详细情况。

制定投资计划:

在获取客户各项数据的基础上,先锋集团可以计算客户的财务

---

[1] 平台会向客户提出一系列问题以确定其风险承受能力,问题例如:(1)"一般情况下,我更喜欢价值波动很小或没有波动的投资……?"客户可以选择非常不同意、不同意、有点同意、同意和非常同意五个选项;(2)"您当前和未来的收入来源有多稳定?"客户可以在非常不稳定和非常稳定之间选择相应的程度;(3)"您对市场风险还有什么顾虑?"允许客户通过文字自由地简述。

需求,为其设定合适的投资目标①;对客户进行风险分级,包括非常保守、保守、中等、进取和非常进取五种级别;最终结合客户的投资期限为客户选择适合的资产配置模型,包括收入型、平衡型和成长型三类。

表 2-8 VPAS 资产配置模型信息

资产配置模型	风险承受能力	投资期限
收入型	弱	短期
平衡型	中	中期
成长型	强	长期

值得一提的是,由于不同时期客户可能具有不同的投资目标,先锋集团为客户提供的资产配置具有动态性,随着时间的变化而进行调整。② 在具体模型的资产配置上,先锋集团采取股票基金和债券基金相结合的模式,对具体基金的筛选有一套成熟的逻辑:股票基金的筛选会综合考虑基金的投资区域、投资风格、行业配置情况等,并将其划分为美国大盘股基金、美国中小盘基金和国际市场股票基金三类。债券基金的筛选会综合考虑基金的久期、评级、税收等情况,并将其划分为短期债券基金、中期债券基金、长期债券基金和国际债券基金四类。先锋集团会使用 VCMM 模型来预测各类型资产的收益率,从而模拟投资组合的收益率供客户参考。

最终,先锋集团将其分析结果汇总成一份投资计划报告,并在人工顾问与客户进行的第二次电话会议中予以说明。一份完整的投资计划报告包括客户当前的资产配置情况总结、建议的资产配置比例、特殊的买卖建议、对于投资目标的总结以及推荐的储蓄目标等多项内容,非常全面。

投资组合再平衡与税收优化工具:
先锋集团会对客户的投资情况进行持续跟踪。人工顾问会以季

---

① 客户还可通过账户链接(Yodlee connection)功能,将其在先锋集团之外的账户数据提交给集团,使得对其财务需求的刻画更为合理。
② 例如,随着退休的临近,VPAS 会逐步降低股票基金的配置比例,提升债券基金的配置比例。

度为单位回顾投资计划的表现,更新客户的近况,并根据其需求变化调整投资组合。计算机则会在每季度采用阈值法(设定上下限)进行实时调仓,当资产配置偏离目标值超过5%的时候,系统会自动进行调整,这一调仓频率较其他智能投顾而言较低。

在税收优化工具方面,与其他智能投顾不同的是,VPAS缺乏税收亏损收割功能,仅为客户提供税收优惠投资,即在应税账户和税收递延性账户之间有效分配资产。例如,将纳税义务更高的利息和股息投资纳入税收优惠退休计划,而将增长型投资置于应税账户中,以取得更为有利的长期资本利得税率。

尽管与Betterment Premium同为混合投顾服务的代表,但在VPAS中,实际掌管客户投资组合的是人工顾问,后者深度参与自开户、投资组合的构建至后续调仓的全过程,需在投资的每一个关键节点进行"把关",这与Betterment Premium中人工顾问仅具备辅助作用的模式相反。尽管更高的人工参与度所带来的成本使得VPAS在低资产规模对应的费率方面并不占优势,但在几乎与Betterment和Wealthfront等纯智能投顾的费率保持在同一水平的同时,又优于Betterment Premium的费率水平。[①] 由于市场波动往往使得投资者对其长期投资计划的信心不足,此时人工顾问的深度参与对其带来的安抚和稳定效果就显得格外重要(在市场失灵时,人工顾问能够缓解投资者的恐惧,避免其作出错误投资决策的作用更是纯智能投顾难以提供的)。

(三)纯智能投顾服务(VDAS)

VDAS的推出进一步将先锋集团针对零售客户提供的智能投顾服务门槛从VPAS的5万美元降低至3000美元,并将费率从VPAS的0.30%降低至0.15%。值得一提的是,投资者不能同时使用VPAS和VDAS,这也说明先锋集团对这两种服务的目标客群作出了不同的定位。

在业务模式上,VDAS首先通过为客户提供六种假设的风险/回报场景,评估客户在这些决策中的权衡以衡量客户的风险容忍度和决策一致

---

① Betterment Premium对于资产规模在10万美元至200万美元的客户收取0.40%的顾问费用,对资产规模超出200万美元的部分收取0.30%的顾问费用。

性,并将这两个参数结合起来,识别客户对待风险的态度,包括非常保守、保守、适度、激进和非常激进。VDAS 会向客户提供五种风险态度的信息,其中包括相应的资产配置情况,允许客户根据自身判断,选择偏离评估结果的风险态度。

VDAS 的底层资产较为有限,仅使用四只低成本自有 ETF 为客户构建投资组合:包括先锋总股市 ETF、先锋道达尔国际股市 ETF、先锋总债市 ETF、先锋道达尔国际债市 ETF,这四只 ETF 的费用率从 0.03% 到 0.08% 不等,尽管它们一定程度上实现了对美国和国际股票及债券市场的广泛覆盖,但仍存在着较为明显的局限,例如对小盘股和中盘股的关注不足。

相比于 VPAS,VDAS 具备更高的调仓频率,系统会每日(在市场开放交易的每个工作日)评估投资组合是否需要再平衡。在正常市场情况下,如果任何资产类别(股票、债券或现金)偏离目标资产配置超过 5%,则投资组合将重新平衡至其目标配置。此外,VDAS 亦不提供税收亏损收割功能。

VDAS 的服务对象包括零售投资者以及雇主退休计划的参与者,在投顾服务之外,VDAS 还提供退休计算器、债务偿还策略等功能,力图像 Wealthfront 一样实现客户的财务整合。VDAS 界面和网站的所有浏览者均可以通过在线财务规划工具,输入财务目标,预览 VDAS 提供的初始建议资产配置和特定基金建议以决定是否加入,该工具面向的对象并不局限于现有 VDAS 客户。

表 2-9　VPAS 与 VDAS 比较

性质	VPAS	VDAS
	混合模式:智能投顾+人工顾问	纯智能投顾
投资门槛	5 万美元	3000 美元
投顾费率	0.05%—0.30%,以 0.30% 为主	0.15%
底层资产	先锋集团的低费率股票和债券基金的多元化组合,包括 ETF 和主动基金。	4 只低费率先锋集团 ETF
组合再平衡	人工+机器 每季评估与再平衡 偏离阈值:5%	机器 每日评估与再平衡 偏离阈值:5%
税收亏损收割	不提供	不提供

四、嘉信理财智能投顾模式分析

嘉信理财（Charles Schwab）由查尔斯·施瓦布于 1971 年创立，早期从事传统证券经纪业务。1975 年美国证券业的固定佣金制取消后，嘉信理财凭借着低佣金战略取得了初期发展，至 1985 年年底已成为全美最大的折扣经纪商。[①] 在 1987 年于纽交所上市后，嘉信理财推出针对独立投顾的服务，并在不到一年内即积累了逾 10 亿美元的客户资产规模。经过四十多年发展，嘉信理财已经发展成为美国综合性金融服务公司，尽管业务领域广泛，但嘉信理财将公司定位为专注个人投资者，尤其在进入千禧年后，顺应时代和政策环境特点不断拓展对应的产品与服务条线，依托大量原始客群和不断的技术创新，实现了业务重心从经纪业务向财富管理的转型。

目前，嘉信理财旗下共有三家公司开展投资顾问业务，分别是 Charles Schwab Investment Advisor（CSIA）、Charles Schwab Investment Management（CSIM）和 Schwab Private Client Investment Advisory（SPCIA），涉及智能投顾业务的包括 CSIA 提供的纯智能投顾服务 SIP，被称为"进阶版"SIP 的混合投顾服务 Schwab Intelligent Portfolios Premium（SIPP）以及 CSIM 提供的混合投顾服务 Schwab Managed Portfolios（SMP），以下分别介绍。

（一）纯智能投顾服务 SIP

1. 服务流程

客户画像：

投资者首先需要从"长期规划"和"支持现有消费"两个大类投资目标中进行选择，并进一步回答 8 个问题，这些问题主要从投资目标、风险承受能力及投资周期三个层面提取客户特征。

资产配置建议：

完成客户画像后，系统会给出初步的大类资产配置建议，资产类别包括股票、固定收益、大宗商品和现金四类[②]，客户可以在其基础

---

① 参见《Charles Schwab：纵横捭阖之中锐意革新》，载未央网 2020 年 3 月 18 日，https://www.weiyangx.com/353507.html，最后访问日期：2022 年 12 月 1 日。

② 保守的投资组合将拥有更高比例的现金和固定资产，而激进的投资者将拥有更多的股票基金。

上对资产比例做一定范围内的调整,平台也会向客户展示各大类资产对应的风格和区域配置明细,例如股票资产下细分大中小市值、发达市场与新兴市场等。

再平衡调仓与税收亏损收割服务：

投资者的一揽子组合会受到每日监控,但仅在配置比例偏离程度较高的时候才会触发再平衡调仓,这意味着市场的剧烈波动会使得再平衡调仓的频率增加,反之亦然。SIP希望通过再平衡调仓使得各项资产的配置比例保持稳定,从而持续反映客户最初的风险和目标偏好。价值超过5万美元的应税账户有权取得税收亏损收割服务,SIP会在给出资产配置建议前向客户提供是否接受税收亏损收割服务的选项。

2. 投资标的

嘉信理财坚持风险分散理念,在将客户的资金投资于广泛的ETF产品的同时,还会为每一个投资组合设置相应的现金头寸。

(1) ETF的筛选。

SIP会定期在官网上公布代表20种资产类别的53只备选ETF名单,其中约有60%的ETF为嘉信理财旗下的产品,其他产品则来自于先锋集团和安硕公司等第三方。嘉信理财通常会对每一类资产配备两只相应的ETF,即主要ETF和次级ETF,以避免亏损收割功能的运行触犯洗售规则,还允许投资者进行至多三次ETF替换(即以次级ETF替换主要ETF),实现其定制化需求。

SIP在挑选ETF时主要有以下几点考量标准：

- 管理规模：偏好规模较大的ETF,避免清算风险;
- 流动性：偏好流动性较高的ETF,历史买卖价差指标是其重要参考依据;
- 追踪误差：合适的ETF应当具备尽可能低的跟踪误差,从而更好地反映其跟踪资产的价格变动;
- 管理费率：合适的ETF不仅能清晰地传递资产属性,还需要有较低的运营成本。

SIP还会在官网上介绍每种资产的属性特征、风险敞口、在投资组合中扮演的角色以及选择这两只ETF而不是其他产品的理由，非常注重ETF的管理费率问题①，以尽可能为投资者降低成本。整个ETF筛选流程透明度较高，信息披露环节重视投资者教育。

（2）现金头寸的配置。

在ETF之外，SIP还会为客户配置一定的现金比例，具体区间为6%—29%②，这部分现金将通过转存计划（Sweep Program）转移到嘉信银行（Schwab Bank）的存款账户，并可按照全国平均货币市场利率水平赚取利息。嘉信理财认为，持有一定的现金头寸能够进一步提升投资组合的稳定性和多样化程度，并可在股票和债券基金下跌时提供缓冲保护；但较高的现金头寸在一定程度上也会拖累组合的收益，使得策略过于保守，这一特征也因此遭到了部分投资者诟病。

3. 投资门槛与服务费率

SIP的投资门槛为5000美元，相比于其他智能投顾平台，服务费率为0是其一大亮点，客户只需承担较低的ETF管理费用。尽管如此，SIP仍可以通过三种方式取得盈利：第一，对于投资组合中配置的嘉信理财ETF产品，客户承担的ETF管理费用实际上构成SIP的收入；第二，对于投资组合中配置的非嘉信理财ETF产品，嘉信理财会通过其ETF OneSource投资平台收取服务费用；第三，投资或者存放在嘉信银行的现金可能被用于其他商业贷款活动来产生息差收入，为嘉信理财带来净收益。

因此，嘉信理财一直以来对外宣传的"零费用"可能涉嫌违背美国证券交易委员会（SEC）在《智能投顾监管指南》（IM Guidance Update：Robo-Advisers）③中所提出的"智能投顾应当披露其商业模式、透明收费规则"要求，实践中也已招致SEC的调查和投资者的集体诉讼。

---

① 53只ETF的管理费用在0.03%—0.65%不等，根据嘉信理财的披露，相对保守、比较温和和较为激进的投资组合所对应的ETF管理费率的加权平均值分别为0.07%、0.16%和0.20%，可见投资者需支付的管理费率通常与投资组合的风险水平呈正相关关系。

② 其中，有诸多账户的现金头寸组合高于6%，但根据嘉信理财的披露，极少有客户持有最高的现金比例。

③ SEC, "IM Guidance Update: Robo-Advisers," SEC (February 2017), accessed December 1, 2022, https://www.sec.gov/investment/im-guidance-2017-02.pdf.

4. 特色服务：嘉信理财智能收入功能

嘉信理财还面向智能投顾客户提供智能收入（Intelligent Income）功能，供客户设计从投资组合中提取现金的系统性方案，该功能主要适用于退休人员。客户可以了解具体方案的节税效率，通过在线仪表监控提款进度，并可随时开始、停止或调整提款计划。嘉信理财会将智能收入账户与智能投顾账户相连接，以前者为依据调整后者的资产结构，确保具备相应额度的现金或固定收益资产以应对每年的提取需求。

（二）混合投顾服务 SIPP

SIPP 在前述 SIP 服务内容的基础上增加了人工咨询板块及交互式规划工具的"进阶版"投顾服务。SIPP 增加的人工咨询服务允许客户不限次数地、随时通过电话或网络接受 1 对 1 理财规划专家咨询服务，这些专家均是已取得专业资格认证的理财规划师，在全美共有 30 名。他们平均拥有 10 年的工作经验，使用相同的规划软件（planning software），因而能够为客户提供一致的服务。

SIPP 提供的人机交互式个性化规划工具则可以满足客户的一些个性化定制需求。客户不仅可以了解目前账户资产水平在规划路径的位置及相较于其投资目标的距离，还可以通过情景假设服务工具 Play Zone 调整各种变量参数（例如退休年龄、存款比率等），对自己的理财方案进行压力测试。此外，客户还可模拟市场周期、通胀率等市场环境变量的变化，了解其对规划方案的影响。

SIPP 将起投门槛提升至 2.5 万美元，并采用订阅模式收取费用。客户需一次性缴纳 300 美元的订阅费用，并按月缴纳 30 美元的咨询费，这与 Netflix 等流媒体平台的订阅付费模式相近，是美国智能投顾行业收费模式的一大创新。该种模式具有两点优势：其一，客户通过每月缴纳 30 美元即可获得不限次数的人工咨询服务，性价比较高；其二，付费比率将随着客户投资账户资金的增加而不断降低，这能够为 SIPP 从现有客户群体中吸引到更高的资金量。①

（三）混合投顾服务 SMP

与 SIP 和 SIPP 不同，SMP 由嘉信理财旗下的另一家子公司 CSIM

---

① 根据计算，当客户的资产达到 10 万美元时，则年费率仅为 0.36%，这对于混合投顾服务来说已经相当可观。

开发，不同于 SIP 和 SIPP 的标的资产均为一揽子 ETF，SMP 还为客户提供了主动基金作为标的资产以供选择，客户可以选择共同基金组合或 ETF 组合进行投资。

如果客户选择共同基金组合，即默认投资组合里的标的资产为主动基金产品。SMP 称其设计了 24 种投资模型，覆盖了从保守风格到成长风格的一系列策略。SMP 的职业管理团队会在充分参考客户风险承受能力的基础上，为客户配置合适的主动基金并且监控资产状况，并根据经济和市场周期对客户的资产配置比例进行适当调整。在调仓方面，SMP 目前采取年度频率并定期向客户更新资产状况。以共同基金作为投资标的意味着客户有更大的概率可以获得超额收益，但是管理难度也随之提升，主动基金产品的挑选显得尤为关键。

如果客户选择 ETF 组合，即默认投资组合里的标的资产为一揽子 ETF。SMP 称其设计了 12 种投资模型，这些模型可以帮助客户在固定收益和成长之间取得平衡，调仓信息和共同基金组合类似。SMP 为 ETF 组合提供的策略多样化程度低于 SIP，但二者均强调 ETF 低费率的重要性。

上述两种投资组合的起投门槛均为 2.5 万美元，与 SIPP 一致，投顾服务费率标准则均按资金规模递减，其中 ETF 组合的费率略高于共同基金组合。

表 2-10　嘉信理财智能投顾服务比较

所属公司	CSIA		CSIM	
投顾服务	SIP	SIPP	SMP	
			共同基金组合	ETF 组合
性质	纯智能投顾	混合投顾	混合投顾	
投资门槛	5000 美元	2.5 万美元	2.5 万美元	
投顾费率	0 费率	订阅费用：300 美元 咨询费用：30 美元/月	<10 万：0.90% 10 万—25 万：0.70% 25 万—50 万：0.50% 50 万—100 万：0.30% >100 万：0.20%	<10 万：0.90% 10 万—50 万：0.75% 50 万—100 万：0.65% >100 万：0.50%
底层资产	ETF+现金		共同基金	ETF
组合再平衡	每日调整 严重偏离时调仓		按年调整	

表 2-11 美国主流智能投顾业务模式对比

企业	Betterment		Wealthfront	先锋集团 Vanguard		嘉信理财 Schwab		
投顾产品	Digital Plan	Premium	Investment	VPAS	VDAS	SIP	SIPP	SMP
性质	纯智能投顾	混合投顾	纯智能投顾	混合投顾	纯智能投顾	纯智能投顾	混合投顾	混合投顾
投资标的	投资于不同资产类别的ETF，目前包括6只股票类ETF和8只债权类ETF，主要由先锋供应	不同资产类别的低费用ETF和股票ETF，主要由先锋供应	11种资产类别对应的ETF，初始主要由先锋供应	由先锋管理的低费率基金，包括ETF与主动管理型基金	由先锋管理的4只低费率ETF	53只备选ETF，60%由嘉信供应，其他供应商包括先锋和安硕等，每个账户还会被配备一定的现金头寸	用户可选择共同基金组合以及ETF组合，底层资产分别对应共同基金以及ETF
投资门槛	无	10万美元	500美元	5万美元	3000美元	5000美元	2.5万美元	2.5万美元
服务费率	0—200万美元：0.25%；>200万美元：0.15%	10万美元—200万美元：0.40%；>200万美元：0.30%	≤1万美元免费服务；>1万美元：0.25%	5万美元—500万美元：0.30%；500万美元—1000万美元：0.20%；1000万美元—2000万美元：0.10%；>2500万美元：0.05%	0.15%	免费服务，但嘉信可通过其他方式取得收入	订阅模式，用户需缴纳300美元订阅费用以及每月30美元咨询费	共同基金组合：0.20%—0.90%；ETF组合：0.50%—0.90%

(续表)

企业	Betterment		Wealthfront	先锋集团 Vanguard			嘉信理财 Schwab	
投顾产品	Digital Plan	Premium	Investment	VPAS	VDAS	SIP	SIPP	SMP
性质	纯智能投顾	混合投顾	纯智能投顾	混合投顾	纯智能投顾	纯智能投顾	混合投顾	混合投顾
人工参与程度	允许短信咨询并在一天内答复不限次数的交流	就单项或整体财务规划与人工顾问进行不限次数的交流	无	为资产规模大于500万美元专门匹配的个人顾问，其余客户可定期与人工顾问团队沟通；人工顾问全程参与用户画像、投资组合计划制定、投资再平衡等关键节点上均需其"把关"	无	无	允许用户随时，无限次接受1对1理财规划专家咨询服务	由职业管理团队为用户配置组合，监控资产状况以及执行调仓
调仓情况	定期审查投资组合并调仓，考虑税收因素		通过算法定期对客户的投资组合进行重新再平衡，充分考虑市场行情，交易成本，个人所得税情况以及分红再投资等因素	每季采用阈值法进行调仓，调仓频率较低	每日评估投资组合是否需要再平衡，超出阈值时进行调仓	每日监控，配置比例偏离较高时触发再平衡调仓		采取年度频率

（续表）

企业投顾产品	Betterment		Wealthfront	先锋集团 Vanguard			嘉信理财 Schwab		
	Digital Plan	Premium	Investment	VPAS	VDAS	SIP	SIPP	SMP
性质	纯智能投顾	混合投顾	纯智能投顾	混合投顾	纯智能投顾	纯智能投顾	混合投顾	混合投顾
税收优化工具	税收亏损收割,最小税负售出及税收优惠投资		股票级税损失收割,智能Beta及风险平价	无税收亏损收割功能,仅为用户提供税收优惠投资服务	无税收亏损收割功能	账户价值超过5万美元的用户有权接受税收亏损收割服务	—	—
其他特色服务	为退休人员、积极投资者定制专属策略;出售责任投资咨询套餐;提供账户外组合财务咨询服务、退休储蓄计算器等工具。		现金管理服务(高息现金账户、信用贷款服务)、财务计划服务	退休计算器、债务偿还策略、在线财务规划工具		智能收入功能	人机交互式个性化规划工具	

第三章 智能投顾在中国(一)：
发展历史与模式变迁

以 2019 年 10 月中国证监会下发《关于做好公开募集证券投资顾问业务试点工作的通知》为界，可将我国智能投顾的发展历程划分为试点前与试点后两个阶段。

在试点前，由于监管缺位，我国在智能投顾行业的规范长期处于失语状态。尽管 2018 年 4 月中国人民银行、中国银保监会、中国证监会、国家外汇管理局颁布的《关于规范金融机构资产管理业务的指导意见》明确了智能投顾的"投资顾问"性质并要求其取得投资顾问资格，但其时我国的投资顾问行业制度供给不足，在模糊的监管政策之下，业内智能投顾模式呈现出"百花齐放"的格局。笔者尝试总结出了经典模式、基金组合模式以及创新模式三种类型，它们均涉及在监管灰色地带进行的探索与尝试。

试点推出的基金投顾丰富了原有的基金组合模式这一细分，并在基金投顾领域放开原本对于证券投顾领域施加的全权委托限制，顺应了投资顾问智能属性的要求。"智能基金投顾"迅速取代试点前的多种模式，成为我国智能投顾行业的主流，至今已有 5 批共计近 60 家机构取得了试点资格。2021 年 11 月，多地下发的《关于规范基金投资建议活动的通知》要求各金融机构对基金组合业务进行整改，结束了试点后"基金投顾业务"与"基金组合业务"并存的局面，进一步巩固了"智能基金投顾"的地位。

第一节 试点前：以基金组合模式为主流

国内最早的智能投顾平台出现在 2014 年，由五家初创企业尝试复制美国智能投顾商业模式,之后传统金融机构和大型科技公司开始跟进,ZS银行、GF证券、JS基金、某东金融等在2015—2016年期间陆续推出各自的智能投顾产品。随着2015年的股市爆发,智能投顾服务迅猛发展,2017年其资产管理规模达到289亿美元,年增长率高达261%。

然而在2017年后,随着金融市场"严监管、去杠杆",股票市场进入熊市,宏观大环境的变化对智能投顾行业的发展产生了巨大影响,智能投顾行业开始回落,并逐渐进入低谷期。即便如此,据清华金融研究院统计,截至2018年1月1日,提供智能投顾服务或者正在研发智能投顾产品的互联网理财平台也已达到50家①,展业机构包括智能投顾创新企业,银行、券商、基金等传统金融机构以及部分互联网巨头。在这一阶段,我国智能投顾行业主要存在三种模式:经典模式、基金组合模式以及创新模式。

一、经典模式:美国模式的中国移植

经典模式与Betterment和Wealthfront相仿,能够直接实现"代客理财",采此种模式的多为智能投顾初创企业,以YX旗下的某米RA、某海财富和某财等为典型代表。受到国内对全权委托的政策限制,它们通过对接海外证券公司规避监管,根据投资者的风险偏好和投资目标,直接在全世界范围内筛选合适的投资标的,尽最大可能实现风险的分散化,向客户提供多区域、跨类别、综合性的最佳资产组合投资路径,并根据与客户的约定实现对投资组合的后续调仓,达成资本配置的目的。该种模式可能产生海外证券公司经营证券的合法性问题,中国证监会2016年7月曾发布风险警示:境内投资者通过境内互联网公司平台网站或移动端参与境外证券市场交易,没有法律保障。②

以某米RA③以及某财为例:某米RA、某财分别对接嘉唯证券和盈

---

① 清华大学国家金融研究院研究报告:《中美智能投顾现状及未来发展》,载清华五道口网2018年1月1日,https://www.pbcsf.tsinghua.edu.cn/_10cal/F/BE/91/8883e229F30B5C004F/A2861224_B74f2269_77E9F.pdf?e=pdf,最后访问日期:2022年12月1日。
② 参见《证监会警示风险:互联网平台买卖境外股票无法律保障》,载中国证监会官网2016年7月27日,http://www.csrc.gov.cn/tianjin/c105376/c1329781/content.shtml,最后访问日期:2022年12月1日。
③ 某米RA的智能投顾服务包括海外投资(即某米RA美元投资组合)和国内投资(某米RA人民币投资组合)两大板块,其中"某米RA"第一期从美元ETF起步,本部分介绍其海外投资模式。

透证券两家海外证券公司以提供服务。客户在开户时通常需要接受一个简单的问卷测评(某财问卷中的6个问题如下表所示)。

表 3-1 某财投资者测评问卷

序号	问题
1	您年龄是多少？
2	您有孩子或者有准备要孩子么？
3	您的可支配年收入(如扣掉贷款)大概是多少？
4	您的总流动资产(如储蓄、理财)大概是多少？
5	各国股市通常是波动的,如果您的所有投资在一次震荡中贬值了10%,您会做什么？
6	您的投资策略是什么？

平台可以根据测评结果,基于算法向其推荐对应的风险组合(如某米RA设置了风险等级为Lv1-Lv9的九种组合),投资方向以美国股票及债券ETF产品为主[①];某财的投资组合由6只股票ETF及3只债券ETF组成,追踪的指数具体包括：

- 新兴市场股票指数(VWO)
- 亚太地区股票指数(VPL)
- 欧洲股票指数(VGK)
- 美国整体股票市场指数(VTI)
- 新兴市场债券指数(EMB)
- 美国债券投资指数(LQD)
- 国际综合债券指数(BNDX)
- 美国市场债券指数(BND)

---

① 根据某信财富总经理的观点,选择ETF是出于其成本低廉、买入后可以随时卖出、产品种类多样、高度安全透明等特点。而之所以选择美国ETF资产,原因主要有二：第一,美国ETF资产规模较大、资产类别覆盖面较广,能够真正实现投资的分散化和全球化；第二,美国的金融数据全面且历史周期长,适合量化分析。参见《某信王福星:某米RA需要"中国特色"目前零费用为客户服务》,载微信公众号"共享财经"2016年7月18日,https://mp.weixin.qq.com/s/QRtriI9cbZVVR1qUZlyQgg,最后访问日期：2022年12月1日。

在投资门槛和费率上，某米 RA 的投资门槛较低，仅为 500 美元，不收取任何管理费率，属于"免费服务"①；某财的投资门槛则高达 5000 美元，并按年收取 0.5% 的管理费率。某米 RA 和某财均可以为客户提供后续调仓服务，但某米 RA 的调仓频率较低，通常为数月一次。

事实证明，采经典模式的平台普遍能够为客户提供质量较高的投顾服务。某米 RA 于 2017 年 5 月 31 日公布的周年业绩报告显示，其客户盈利比率高达 99.6%，其中风险最低的投资组合 Lv1 获得了 4.23% 的收益，而表现最为出色的投资组合 Lv8 累计取得 9.40% 的收益。得益于出色的业绩，某米 RA 也成为顶尖财经垂直媒体 Fund Selector Asia 于同年 8 月发布的首份智能投顾案例专题报道中唯一一家国内智能投顾平台。不过，该类平台面临的共同问题是，我国国家外管局规定的居民每年 5 万美元的换汇额度限制了其资产管理规模。从长期来看，伴随着国内理财需求的提升，由于海外资产配置业务具有明确的天花板，其最终仍需回归国内市场，面对全权委托禁止的困局。

二、基金组合模式：提供资产配置建议

由于监管方面存在诸多限制，试点前我国主流的智能投顾仅能提供建议，其服务过程分为"资产配置建议"与"一键购买"两种功能，后续也无法自动实现调仓。由于我国特殊的监管环境，绝大部分标的资产均为公募基金（包括 QDII 基金）②，笔者在此将其称为"基金组合模式"。

（一）基金组合模式的提供主体

基金组合模式源于实盘组合产品，产品主理人会通过互联网平台对外公布自己当前的投资管理策略，包括底层标的资产品种、配置比例，并实时更新后续调整情况，供投资者进行参考乃至"复制"，这本质上是一类"资讯"。基金组合模式则在其基础上将标的资产限定于公募基金，并借助于互联网技术提升了"复制"的便捷性，包含组合主理人和组合销售方两类服务提供主体。

---

① 某米 RA 认为，智能投顾的盈利来源主要包括管理费用和规模效应带来的衍生收益，希望首先通过提供免费服务教育市场扩大规模，待市场成熟后再考虑相应的盈利模式。
② 尽管投资标的还包括其他银行理财产品、P2P 等，但由于其份额极低，在此不作重点考虑。

其中，组合主理人负责基金组合的构建和持续维护，这与原先实盘组合产品主理人的职能并无区别，组合主理人会与具备基金销售资格的"组合销售方"展开合作，在其基金销售平台的"基金组合"板块上线其主理的基金组合策略供投资者直接进行购买，有效降低了投资者的"复制"成本。①

前述组合主理人既包括机构主理人（以基金公司为主，还包括其他基金销售机构，相关职责一般由其研究机构承担），也包括个人主理人（通常是因其组合收益较好而具有影响力的"投资大 V"）。机构主理人构建基金组合的目标是促进基金的销售，其中基金公司希望促进公司旗下基金产品的销售，因此其投资管理策略中的产品全部或绝大多数为公司内部产品；而缺乏内部产品的第三方基金销售机构则力图扩大基金代销收入，通常会从其代理销售的全部基金产品中进行选择来完成基金组合的构建。

根据平台上线的基金组合策略情况，组合销售方会选择"推荐式"与"货架式"两种模式与平台客户进行交互。

（二）基金组合模式的服务流程

1. 提供资产配置建议

根据平台上线的基金组合策略情况，组合销售方会选择"推荐式"与"货架式"两种模式向客户提供资产配置建议。

（1）推荐式基金组合模式。 推荐式基金组合模式与经典模式类似，一般通过调查问卷了解客户的风险偏好和投资目标，并向客户推荐适合的基金组合策略，包括基金名称及配置比例等；

（2）货架式基金组合模式。 货架式基金组合模式则将经筛选和分类的全部基金组合策略展示给客户，后者可以根据分类标准、策略名称、标明风险等级、历史表现等信息自行挑选。不过，即便是在货架式基金组合模式下，投资者通常也需要接受适当性测评，以确保其自行挑选的策略并未严重偏离其风险等级。

在货架式基金组合模式下，由主理人将基金"打包"为基金组合并贴上"标签"交给组合销售者，后者仅向投资者展示全部或部分组合的信息，

---

① 若平台为组合主理人的自有平台，则组合主理人与销售方存在重合。

不进行推荐,需要客户根据自身情况进行选择。在货架式基金组合模式之下,无论是主理人基金进行的"打包",还是销售者对"打包"好的基金进行的展示,似乎都不包含对于投资者个体情况进行的考量,更接近于一种销售行为,似乎不应与推荐式基金组合模式相并列,且与智能投顾的定义及其本源[①]相去甚远。但考虑到我国的特殊监管背景[②],仅仅从实践而非理论的角度出发,笔者认为货架式基金组合模式亦可以构成资产配置建议的一种提供方式,并事实上与推荐式基金组合模式具有紧密的竞争关系,因而在此一并介绍。

货架式基金组合模式虽然只展示基金组合而不向客户进行任何推荐,但由于基金投资顾问向客户提供的个性化基金配置建议最终也需要以各只基金按一定比例组合的形式呈现,因此与传统的单只基金销售相比,销售基金组合本身已不再是单纯的销售,可以说是"部分"实现了基金投顾的功能,且该功能还会因主理人对组合的命名和销售者对组合风险等级的标注与分类而得到强化。[③]

2. 进行"一键购买"

在确定资产配置策略后,平台会引导投资者通过"一键购买"功能完成资产配置,但无法直接代理投资者进行交易并提供后续自动调仓功能,这是推荐式基金组合模式与经典模式以及美国主流智能投顾模式的核心差别。部分平台在投资者完成交易后不再对其账户进行任何操作,其他平台则会将主理人的调仓情况推送给客户,客户可以决定是否跟调。

基金组合模式是试点前国内智能投顾的主流模式,除部分智能投顾创新企业(如 LC 魔方、NT 财经、QJ 财富等)外,包括传统金融机构(如 PA 银行推出的 PA 一账通、ZS 银行推出的 MJ 智投、GF 证券推出的某塔牛等)、互联网巨头(如某东智投等)以及第三方基金销售平台(如 TT 基金、X 球旗下的 DJ 基金、YM 基金等)等均通过此种模式开展业务,但具体业务模式略有不同。

---

① 即美国的 Betterment、Wealthfront 等企业的智能投顾模式。
② 简单地说,在 2019 年试点开放前,原则上在我国无法运营基金投顾业务。事实上,各个机构以公募基金为底层资产开展的"智能投顾"业务事实上依托于基金销售牌照,自定位为基金销售行为。有关我国智能投顾准入资质方面的内容将在第五章详述。
③ 笔者认为,由于投资者具备一定的评估自身风险等级与投资目标的能力,基金组合的命名和分类方式越清晰易懂,越有利于投资者实现对符合自身情况的基金组合策略的自行选择。

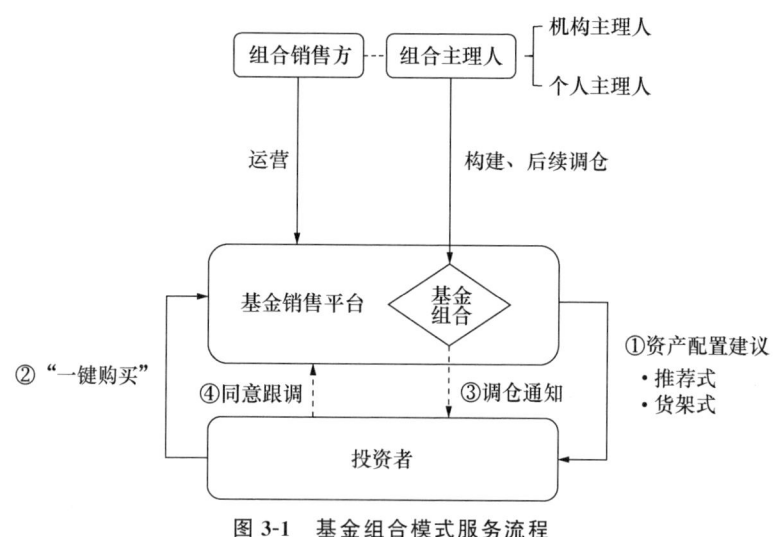

图 3-1　基金组合模式服务流程

（三）基金组合模式的不同业务模式

1. 智能投顾创新企业：以 LC 魔方为例

智能投顾创新企业一般不持有基金销售牌照，实质上作为"导流工具"存在。它们通常会与流量的出口，即基金销售平台合作，选取后者代销的基金产品构建基金投资组合，并采取推荐式向投资者提供资产配置建议。投资者需跳转到基金销售平台上完成后续购买，智能投顾创新企业可从交易费用中得到"分成"，并不直接向投资者收取费用。

例如，LC 魔方采取与 YM 基金合作的方式，在对投资者进行两轮测评后[①]，给出建议的风险等级，推荐对应的基金组合，并列出组合配比的历史表现、基金产品名称、配置比例、起购金额、预估申购费率、调仓记录等信息供投资者参考，投资者可以直接使用界面中的"一键购买"功能跳转到 YM 财富完成购买。LC 魔方还会基于全球大类资产的表现情况适时提供后续调仓建议，如在港股短期风险较大时建议清仓港股，在 A 股大幅震荡后建议加大 A 股配置，在美国大跌触发风控预警后建议降低美股配置等，投资者可自行决定是否跟调。值得一提的是，由于缺乏基金销

---

① 在进行包括客户年龄、税后收入、家庭可投资资产等 9 个简单问题的测试并得到初步测评结果后，LC 魔方还提供继续测评功能，其问题更为复杂，能够收集投资者更多更为具体的风险偏好信息，得出最终风险测评结果。

售资格,LC魔方曾于2017年4月被山西证监局点名批评为"涉嫌构成非法销售基金"①,但该批评仅仅出现在"投资者保护"栏目中,后续未见相应处罚措施的公布,笔者认为这可能是出于对金融创新的保护。② 根据LC魔方App的最新信息,其在遭到点名批评后应已完成整改,目前的基金销售服务由某元保险代理有限公司提供。

其他拥有基金销售牌照的主体所提供的智能投顾服务则类似于"基金超市",资产配置建议的提供和一键购买功能可在同一平台上实现。

2. 传统金融机构:以 ZS 银行为例

商业银行中率先展业的是 ZS 银行,其于 2016 年 12 月上线 MJ 智投,为客户提供以主动管理型基金为基础的,可在全球进行资产配置的"智能基金组合配置服务"。MJ 智投将客户的风险级别分为十个等级,结合短、中、长期三类投资期限,构建了 30 个基金组合向客户进行推荐,基金组合中包含部分招商基金管理的基金,投资门槛为 2 万元。③ 客户在一键购买后,可享受后续风险预警、调仓提示、一键优化及售后服务报告等功能。④

2020 年,MJ 智投将原先的 30 个策略组合进一步聚焦为 3 个策略,客户只需回答涉及投资期限和可容忍亏损幅度的两个问题便可完成客户画像,获取策略推荐。客户仅需要缴纳申赎费等与基金交易相关的费用,MJ 智投并不收取"投顾费用"。除此之外,ZS 银行还通过"组合优选"板块,以货架式向客户提供其他主理人的基金组合。与 LC 魔方不同的是,

---

① 根据《证券投资基金销售管理办法》第 2 条的规定,基金销售行为包括基金销售机构宣传推介基金、发售基金份额、办理基金份额申购、赎回等活动。笔者认为,LC 魔方的导流功能可能涉及非法宣传推介基金。该办法因 2020 年发布的《公开募集证券投资基金销售机构监督管理办法》而废止,后者的第 2 条规定,本办法所称基金销售,是指为投资人开立基金交易账户,宣传推介基金,办理基金份额发售、申购、赎回及提供基金交易账户信息查询等活动。

② 《智能投顾卖基金涉嫌违规遭证监会严查 LC 魔方等被"点名"》,载中国网财经 2017 年 4 月 13 日,http://finance.china.com.cn/news/20170413/4174054.shtml,最后访问日期:2022 年 12 月 1 日。

③ 参见普益标准:《银行智能投顾的发展现状和对比分析》,载普益标准官网 2020 年 10 月 15 日,http://www.pystandard.com/newsview.aspx?ContentID=11134&t=11,最后访问日期:2022 年 12 月 1 日。

④ MJ 智投会实时进行全球市场扫描,根据最新市场状况,计算最优组合比例,若客户所持组合偏离最优状态,MJ 智投将为客户提供动态的基金组合调整建议,并在客户认可后自主进行一键优化。参见人大金融科技研究所:《国内商业银行智能投顾业务发展探讨——以 MJ 智投为例》,载微信公众号"人大金融科技研究所"2021 年 1 月 18 日,https://mp.weixin.qq.com/s/BRljgzKa1pYDUbIBZ1dd-g,最后访问日期:2022 年 12 月 1 日。

由于 ZS 银行于 2001 年 12 月即取得公募基金销售牌照，因而不存在被认定为非法销售基金的风险。

3. 互联网巨头：以某东金融为例

某东金融同样为客户提供推荐式基金组合模式的某东智投和货架式基金组合模式两种服务。其推荐式基金组合模式包含客户画像、财务分析、资产配置、产品筛选和再平衡投后管理五个板块，投资组合的标的资产广泛涵盖股票型、货币型、债券型基金，QDII 基金及商品基金等。① 在 MJ 智投的收费基础上，某东智投还计划向客户收取费率为 1% 的智投管理费，但在推广期中暂不予收取。

4. 第三方基金销售平台：以 YM 基金某慢为例

第三方基金销售机构是开展货架式基金组合业务的典型代表。YM 基金旗下的"某慢"自成立起就专注于组合策略推荐②，在跟投模式下，平台会对 YM 自身、其他基金公司及大 V 等主理人创建的组合进行严格筛选后向客户展示，并提供"一键跟投"服务。客户也可以自行创建投资组合并成为主理人，平台会向其展示该投资组合的历史收益、未来收益预测情况以及内部基金的相关性等信息。某慢要求所有主理人针对每一次调仓记录调仓理由，通过此种透明化的操作提升平台客户的自主性，实现对线上跟投客户的"投资陪伴"；而对于自建组合的客户来说，记录下每一次对于仓位和持仓基金的调整，也有利于其日后回溯基金投资历程中的得失。③

三、创新模式：按约定调仓的"类智投模式"

针对投资于国内资产的投顾公司无法为客户实施后续账户操作这一问题，DJ 基金另辟蹊径，走出了一条利用基金约定交易方式为客户进行后续智能调仓的"类智投模式"路径，值得一提的是，该模式还受到了监管机构的肯定。

---

① 如前所述，由于某东并无基金管理人资质，某东智投配置方案之下的标的资产均来自于其销售的其他基金公司管理的基金。
② 某慢不针对单只基金作任何推广，投资者只能自主搜索申购。
③ 除跟投模式外，某慢还有另一个"四笔钱理财"功能，四笔钱包括"活期现金""稳健理财""长期投资"及"保险保障"。某慢会在对投资者进行一系列互动问答后为投资者推荐每一笔钱适合的投资策略，这些策略均包含于跟投模式之中。

DJ基金推出的"某牛二八轮动"选取代表A股大盘股的沪深300ETF、代表A股中小盘股的中证500ETF和国债ETF作为投资标的,并可根据事先与投资者在协议中约定的规则在这三只基金中切换,实现"在持续上涨中持有股票基金获得预期年化收益,在持续下跌中持有债券基金控制回撤"的效果。尽管该模式下可以通过简单、透明的方式采用机器操作以规避人工的方式代客理财,从实际运作情况来看基本也达到了策略目标,不失为一种好的尝试,但由于其可选的标的资产匮乏,仅能通过事先预设简单情形实现自动化调仓,智能性比较有限,未能得到推广。

总体来看,在试点前,国内智能投顾行业虽然在管资产和客户数量已初具规模,参与主体众多,但其整体智能化程度较低。主流的基金组合模式以促进基金产品的销售为目标,属于典型的"卖方投顾",因而无法对投资者形成长期的陪伴,缺乏"温度";部分对标美国智能投顾企业的参与者面临业务模式的合规性问题,也注定无法打造出一家本土领军企业。在这一背景下,我国智能投顾一度发展停滞,迫切需要政策的支持。

第二节 试点后:以基金投顾业务为依托

2019年10月24日,中国证监会下发《关于做好公开募集证券投资基金投资顾问业务试点工作的通知》,正式推出公募基金投资顾问业务试点。基金投顾业务是指合格金融机构接受客户委托,按照协议约定向其提供基金投资组合策略建议,直接或间接获取经济利益的业务模式。该《公募投顾业务试点通知》允许试点机构根据与客户协议约定的投资组合策略,代客户作出具体基金投资品种、数量和买卖时机的决策,并代客户执行产品申赎转换等交易申请,开展管理型基金投顾服务。

2020年4月17日,中国证监会进一步发布《证券投资基金投资咨询业务管理办法(征求意见稿)》,明确将基金投资顾问业务区分为建议型和管理型。[①] 其中第7条规定,符合中国证监会规定条件的从事基金投资

---

① 征求意见稿将证券投顾与基金投顾进行区分并分别予以监管的立法模式也一定程度上印证了前文"从事基金投资顾问行为并不必然需要取得证券投资咨询牌照"这一论断的合理性。

顾问业务的机构,可以向客户提供管理型投资顾问服务。

一、政策变革对于我国智能投顾市场的重塑

(一)基金投顾模式的诞生

《关于做好公开募集证券投资基金投资顾问业务试点工作的通知》和《证券投资基金投资咨询业务管理办法(征求意见稿)》明确将"基金投顾"与原有的"证券投顾"并列为我国投顾市场的两大业务板块,而有关管理型投顾规则的出台打破了原有证券投顾只能提供投资建议而无法代客交易(即全权委托服务)的限制,基金组合模式开始向基金投顾模式转化,带动国内以公募基金为主要投资标的的智能投顾向"智能化的基金投顾"模式发展。

相比于原先的基金组合模式,基金投顾产生了两方面革新:第一,基金组合模式仅能向投资者提供建议,主要包括组合构建与调仓两方面建议,但投资者需自行完成申购、赎回和调仓等交易操作;基金投顾模式则在此基础上进一步允许试点机构代理客户投资交易,按照确定的投顾组合完成交易的执行和后续调仓,实现了对客户的全程陪伴。第二,基金组合模式下仅向客户收取底层基金的交易费用,而基金投顾模式可进一步向客户收取投顾服务费用(管理费)。管理费普遍与客户资产规模挂钩的安排,能够让投顾机构与客户利益绑定在一起,推动了传统上以产品销售为导向的"卖方投顾"向以客户利益为中心、服务导向的"买方投顾"的转变,开启了智能投顾的新纪元,使得美国智能投顾市场中主流的业务模式得以在中国落地。相应地,试点前"经典模式"能够代客理财、进行自动调仓的优势也已不复存在。

自试点推出以来,据统计,截至 2021 年 10 月已公布了两批共计 59 家取得基金投顾试点业务资格的机构,其中包括 3 家银行、29 家券商、24 家基金公司(包括其子公司)及 3 家第三方基金销售机构。

表 3-2 获批基金投顾试点业务资格机构一览

批次	公布日期	机构性质	机构名称
第一批	2019年10月	基金公司	华夏基金、嘉实基金、南方基金、易方达基金、中欧基金
	2019年12月	第三方基金销售机构	蚂蚁基金、腾安基金、盈米基金
	2020年2月	券商	银河证券、中金公司、中信建投证券、国泰君安证券、申万宏源证券、华泰证券、国联证券
		银行	平安银行、工商银行、招商银行
第二批	2021年6月	基金公司	工银瑞信基金、博时基金、广发基金、招商基金、兴证全球基金、汇添富基金、华安基金、银华基金、交银施罗德基金、鹏华基金
		券商	兴业证券、招商证券、国信证券、东方证券、中信证券、安信证券、浙商证券
	2021年7月	基金公司	华泰柏瑞基金、景顺长城基金、民生加银基金、申万菱信基金、万家基金、建信基金、富国基金、国泰基金、国海富兰克林基金
		券商	光大证券、平安证券、中银证券、山西证券、东兴证券、南京证券、中泰证券、华安证券、国金证券、东方财富、财通证券、华西证券、华宝证券
	2021年8月	券商	渤海证券、华创证券

取得试点的基金公司、券商、第三方基金销售机构等陆续推出管理型基金投顾服务,伴随人工智能、大数据的快速发展,叠加客户需求向线上迁移,智能投顾以基金投顾试点为依托,获得了一片坚实且肥沃的发展土壤。数据显示,截至 2021 年第二季度,第一批试点机构的投顾服务资产超过 500 亿元,服务投资者超过 200 万户,客户中保有 3 个月以上的客户复投率超过 40%。[①]

---

① 参见《紧急暂停!某宝、TT 基金、某浪……集体出手:这项投资功能迎来巨变!》,载《中国基金报》2021 年 11 月 7 日,https://mp.weixin.qq.com/s/b72gAR88DjaosGadmN72QA,最后访问日期:2022 年 12 月 1 日。

不过,或因业务及人员的多头监管、基金投顾方案与银行理财在部分领域的产品交叉、基金投顾方案的投资风险以及证监会、原银保监会的监管场景考虑①,目前监管层对银行开展基金投顾业务资格试点持相对谨慎的态度,两批试点机构中仅首批试点有三家银行。尽管在试点前,前述三家银行均已推出各自的智能投顾品牌,如 GS 银行的"某某投",ZS 银行的"MJ 智投"以及 PA 银行的"PA 智投",且均以公募基金作为主要投资标的,但在试点推出后,三家银行却进展较为缓慢,前述智能投顾品牌均未被"改造"为基金投顾业务,其原有模式得到维持,仅 ZS 银行通过发文宣布通过与某达合作在"Z 银通"平台上线了基金投顾,但尚未开通入口。②

笔者认为,造成银行展业缓慢的原因有三:其一,基金投顾业务涉及的投资标的主要是公募基金与证监会认可的相关产品,这或许与基金公司的产品线十分吻合,但银行则可能希望其智能投顾业务的投资标的更加广泛,囊括银行理财产品、证券类信托产品、结构性存款产品等。这意味着,银行若全力推进基金投顾业务,可能会牺牲掉部分产品的推介销售业绩;而如何权衡基金投顾与智能投顾的业务边界,既是银行目前面临的主要问题,也是亟待原银保监会等相关部门通过出台政策予以厘清的内容,由此尚不明确的监管政策构成了银行开展基金投顾的第二个障碍。其三,部分银行缺乏专业人才,其投研实力与基金组合资产配置能力不如基金券商机构,担心业绩不如人意反而会损坏品牌形象和客户认可度,因此也对申请基金投顾试点资质较为犹豫。

---

① 在我国金融机构的分业监管模式下,银行由原银保监会监管,而基金投顾业务试点资格由证监会审批。参考《关于做好公募基金投资顾问业务试点工作通知》第二条的规定:"经中国证监会备案,可以从事基金投资顾问业务……中国证监会将……确定具备试点条件的机构。"

② 参见财信证券:《基金市场深度报告:70 页深度全面梳理》,载微信公众号"财信证券研发中心" 2021 年 10 月 8 日, https://mp.weixin.qq.com/s/dw6dt07l24mEGTr7XFKkvQ,最后访问日期:2022 年 12 月 1 日。

表 3-3 第一批公募基金投顾试点机构展业情况*

试点颁布时间	试点机构类型	试点机构	投顾品牌	展业时间
2019年10月25日	基金公司	南方基金	司南智投	2019年12月3日
		华夏基金	查理智投	2019年12月16日
		中欧基金	水滴智投	2019年12月20日
		嘉实基金	嘉实财富投顾、"嘉贝智投"及"财富盈投"	2019年12月30日
		易方达基金	易方达智投	2020年9月21日
2019年12月13日	第三方销售机构	蚂蚁基金	帮你投	2020年4月2日
		腾安基金	一起投	2020年8月12日
		珠海盈米基金	且慢	2020年10月22日
2020年2月28日	证券公司	国联证券	基智投	2020年4月21日
		银河证券	财富星—基金管家	2020年5月15日
		国泰君安证券	君享投	2020年8月8日
		中信建投证券	蜻蜓管家	2020年9月7日
		中金公司	A+基金投顾	2020年9月9日
		申万宏源证券	星基汇	2020年9月22日
		华泰证券	涨乐星投	2020年10月22日
	商业银行	工商银行	展业进度缓慢	—
		招商银行		
		平安银行		

* 关于试点机构基金投顾模式的更多细节,请参见下一节的详细介绍

(二)基金投顾模式:智能投顾的未来形态

1. 基金组合模式的消亡

由于《关于做好公开募集证券投资基金投资顾问业务试点工作的通知》并未明确原有基金组合业务的性质,在试点开展后的近两年内呈现出试点机构开展基金投顾业务、未取得试点的基金销售公司继续经营基金组合业务的并行局面①,后者仍然处于监管的灰色地带。为了使基金组

---

① 例如,未能取得试点资格的某东金融仍在以基金组合的方式运营某东智投,部分试点机构还同时开展两类业务,并通过"跟投模式"开展基金组合业务。

合业务得到进一步规范,持续深化基金投顾试点工作的成果,2021年11月1日,广东证监局下发《关于规范基金投资建议活动的通知》,禁止不具备基金投资顾问业务资格的基金销售机构提供基金投资组合策略建议,包括提供基金组合中具体基金构成比例建议、展示基金组合业绩和提供调仓业绩等行为。该通知在明确了基金销售机构与基金投顾机构身份界限的同时,还提出了"禁止增量、整改存量"的规范措施,包括北京在内的多地证监局也随后纷纷跟进。通知一出,各基金销售机构迅速暂停旗下平台上不合规基金组合的跟投功能并发布告知客户书。在前文提及的智能投顾品牌之中,未取得投顾试点的某东智投暂停了基金组合的购买功能,而试点机构如YM基金某慢则暂停了"跟投模式",并引导客户前往其"四笔钱理财"的基金投顾业务板块进行投资。

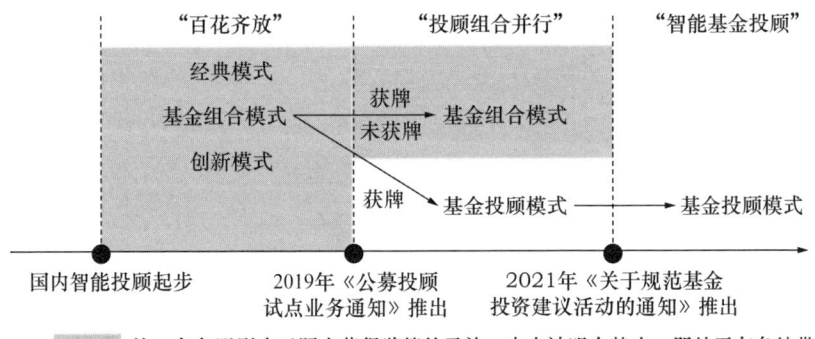

图 3-2 基金组合模式发展时间线

商业银行如ZS银行、GS银行等也在《关于规范基金投资建议活动的通知》出台后立刻关闭了其App中的基金组合业务板块,但对原有智能投顾服务是否需要根据通知的要求进行相应整改保持了一定的观望态度,当时有消息称某基金投顾试点银行已经向原银保监会反映了其顾虑,希望监管部门之间协商制定相应的操作指引。[①]

---

① 《银行为何按下基金投顾试点"暂停键"?》,载新浪财经2021年12月3日,http://finance.sina.com.cn/tech/2021-12-03/doc-ikyamrmy6491674.shtml,最后访问日期:2022年12月1日。

最终于 2021 年年底,银行纷纷为原有智能投顾业务按下了暂停键。①

2. 基金投顾的逐步规范

与此同时,行业层面也在不断对基金投顾的各项指引进行细化与规范。2021 年 8 月 31 日,中国证券投资基金业协会下发《公开募集证券投资基金投资顾问业务数据交换技术接口规范(试行)》,对系统框架、交易模式、业务数据交换接口传输文件的内容和格式等内容进行了规范,全国金融标准技术委员会证券分技术委员会相应开发并于 9 月 30 日发布了基金投资顾问业务编码,信息显示已有 58 家机构取得了正式的业务编码。②

表 3-4 各机构业务编码一览

序号	机构名称	编码
1	嘉实财富管理有限公司	A001
2	南方基金管理股份有限公司	A002
3	上海华夏财富投资管理有限公司	A003
4	上海中欧财富基金销售有限公司	A004
5	易方达基金管理有限公司	A005
6	珠海盈米基金销售有限公司	A006
7	腾安基金销售(深圳)有限公司	A007
8	先锋领航投顾(上海)投资咨询有限公司	A008
9	国泰君安证券股份有限公司	A009
10	中国国际金融股份有限公司	A010
11	华泰证券股份有限公司	A011

---

① 三家试点银行中,GS 银行于 2021 年 12 月 4 日率先下架了"某某投"并表示正在对其进行规范改造;12 月 13 日,ZS 银行也对外发布温馨提示,表示"MJ 智投"正在进行规范化改造;另一家试点银行 PA 银行此前推出的"PA 智投"也未能在其手机银行 APP 中显示。在试点银行之外,包括 JS 银行、ZG 银行、XY 银行、PF 银行、ZX 银行等在内的多家商业银行也对自己的智能投顾服务进行了调整。参见张冰洁:《智能投顾业务迎来大调整——多家银行宣布暂停智能投顾产品申购功能》,载《金融时报》2021 年 12 月 20 日,第 4 版。

② 参见《基金投资顾问业务编码》,载资本市场标准网 2021 年 9 月 30 日,http://www.csisc.cn/zbscbzw/jjtzgw/202109/f1e411bef5f64a0595ed9aa09a4f030f.shtml,最后访问日期:2022 年 12 月 1 日。

(续表)

序号	机构名称	编码
12	中信建投证券股份有限公司	A012
13	银河证券股份有限公司	A013
14	国联证券股份有限公司	A014
15	申万宏源证券有限公司	A015
16	山西证券股份有限公司	A016
17	中银国际证券股份有限公司	A017
18	国信证券股份有限公司	A018
19	中信证券股份有限公司	A019
20	兴业证券股份有限公司	A020
21	光大证券股份有限公司	A021
22	招商证券股份有限公司	A022
23	中泰证券股份有限公司	A023
24	东方证券股份有限公司	A024
25	东兴证券股份有限公司	A025
26	华宝证券股份有限公司	A026
27	华西证券股份有限公司	A027
28	南京证券股份有限公司	A028
29	安信证券股份有限公司	A029
30	平安证券股份有限公司	A030
31	渤海证券股份有限公司	A031
32	国金证券股份有限公司	A032
33	浙商证券股份有限公司	A033
34	华安证券股份有限公司	A034
35	华创证券有限责任公司	A035
36	财通证券股份有限公司	A036
37	东方财富证券股份有限公司	A037
38	广发基金管理有限公司	A038
39	汇添富基金管理股份有限公司	A039
40	博时基金管理有限公司	A040
41	银华基金管理股份有限公司	A041

(续表)

序号	机构名称	编码
42	鹏华基金管理有限公司	A042
43	招商基金管理有限公司	A043
44	华泰柏瑞基金管理有限公司	A044
45	华安基金管理有限公司	A045
46	交银施罗德基金管理有限公司	A046
47	工银瑞信基金管理有限公司	A047
48	申万菱信基金管理有限公司	A048
49	万家基金管理有限公司	A049
50	国泰基金管理有限公司	A050
51	兴证全球基金管理有限公司	A051
52	国海富兰克林基金管理有限公司	A052
53	景顺长城基金管理有限公司	A053
54	富国基金管理有限公司	A054
55	建信基金管理有限责任公司	A055
56	民生加银基金管理有限公司	A056
57	农银汇理基金管理有限公司	A057
58	中国中金财富证券有限公司	A058

2021年11月,中国证券投资基金业协会进一步就《公开募集证券投资基金投资顾问服务协议内容与格式指引(征求意见稿)》和《公开募集证券投资基金投资顾问服务风险揭示书内容与格式指引(征求意见稿)》向社会公开征求意见。

无论是对不合规的基金组合业务进行负面限制,还是通过一系列文件对基金投顾业务加以正面规范,均有利于基金投顾业务长期的健康发展。在日趋完善的监管体系的加持下,我国的"智能化的基金投顾"模式有望在线上财富管理市场的蓝海中持续取得突破。

二、基金投顾业务发展现状

在本部分笔者将对基金投顾业务的发展现状进行详细的介绍。尽管理论上基金投顾显然并不等同于智能投顾,但考虑到我国的特殊监管环境,笔者认为,对基金投顾的讨论也是对智能投顾的讨论,对智能投顾的分析亦无法跳出对基金投顾分析的范畴。[①]

考虑到试点机构业务开展的成熟度情况,笔者仅选取第一批取得试点资格并正常展业的15家机构(即不包括3家银行),对其运作情况进行总结与分析。

(一)基金投顾业务运作情况概览

1. 基金投顾策略与标的资产

如前所述,基金投顾模式以原有基金组合模式为基础。在基金组合模式下,基金组合策略由机构或个人主理人构建,并同时在多个组合销售者的平台上线;组合销售者将平台上的基金组合策略向客户予以展示或推荐,待客户完成选择后,允许其一键完成购买,并根据主理人的后续调整提醒客户跟调。

与基金组合模式不同的是,在《关于规范基金投资建议活动的通知》出台后,仅试点机构有权构建基金组合策略并进行后续调仓,不具备试点资格的机构及大V等则必须与试点机构合作提供服务,这限定了"组合主理人"的范围。为了与基金组合模式相区别,在以下对基金投顾模式的分析中,笔者将符合条件的基金组合策略称为"基金投顾策略"。

(1)基金投顾策略方式。

试点机构构建的基金投顾策略既可以在自有平台展示(是为"自主展业"),也可以向外部机构进行输出(是为"策略输出"),前述"外部机构"并不局限于试点机构(相应地,其进行了"外部引进"),诸多基金投顾策略也接入了TT基金、某宝等有一定客群、代销产品数量优势的第三方平台以拓展流量。从展业情况看,不同类型机构会根据自身风格和资源禀赋在前述方式中进行选择或组合选择,例如:

【自主展业】证券公司均以自主展业模式为主,仅GL证券作为首批7家取得基金投顾试点资格的券商中唯一的中小券商,率先展业并探索差异化发展路径,通过策略输出弥补自身客户规模不足的缺陷。例如,GL证券目前与LC魔方达成了合作关系,由GL证券提供基金投顾策略,LC魔方则提供基金销售服务,在LC魔方上购

[①] 对于智能投顾与基金投顾之间的关系,将在第五章中详细分析。

买具体的投顾策略前需要阅读的风险揭示书显示,客户参与的是 GL 证券管理型基金投资顾问业务。

【外部引进】TA 基金通过某讯理财通小程序提供投顾服务,与四家基金公司合作,基金投顾策略完全采取外部引进的模式。

【自主展业＋策略输出】基金公司在进行自主展业的同时,也积极对外进行策略输出,拓展外部客户,但在第三方平台上线的策略的丰富程度一般低于自有平台。

【自主展业＋外部引进】YM 基金通过某慢平台提供服务,除自主构建基金投顾策略外,还从其他基金公司引入,将自主展业与外部引进相结合。尽管部分基金投顾策略的提供者仍显示为投资大 V,但根据笔者的调查,这些大 V 目前均为 YM 公司的内部员工,因此这些策略在《关于规范基金投资建议活动的通知》出台后也未遭下架。① 又例如,MY 基金则在某宝平台推出"BN 投",具体组合策略由 MY 集团与美国先锋集团成立的合资公司提供,完全采取自主展业的方式。② 此外,如前所述,某宝作为第三方平台也是策略输出的对象,其投顾管家模块目前已上线超过 30 款基金投顾策略。

(2) 标的资产选择与披露情况。

根据《关于做好公开募集证券投资基金投资顾问业务试点工作的通知》的规定,投资组合应当为公募基金产品或经中国证监会认可的同类产品等投资标的的组合,各机构的底层资产主要由股票型和混合型股票类基金、债券型和货币型固收类基金组成。从现有策略的投资范围来看,其大部分覆盖了全市场的公募基金,仍有少部分仅从自有产品中进行筛选,例如 JS 基金旗下的部分策略目前仅投资于 JS 基金旗下产品。

目前试点机构对持仓基金的信息披露相对透明,大部分平台对外披

---

① 例如,其"长期投资"方案中的"长赢指数投资计划—150 份"和"长赢指数投资计划—S 定投"的策略提供方均为一位名为"ETF 拯救世界"的大 V,"春华秋实"策略则是由另一位名叫"静静聊吧"的微博大 V 提供。

② 2019 年 6 月 5 日,MY(杭州)基金销售有限公司(MY 基金)与先锋领航投资管理有限公司(先锋投资)合资成立先锋领航投顾(上海)投资咨询有限公司(先锋投顾),其中先锋投资为美国先锋集团在中国设立的全资子公司。2019 年 12 月 16 日,MY 基金取得第二批公募基金投资顾问试点资格,作为其子公司,先锋投顾有权开展基金投顾业务。

露持仓情况（如 CL 智投、SD 智投等）或可投基金池（某达、YH 证券等），少部分平台仅向持有人发送持仓（BN 投、SW 宏源）。

2. 投顾服务流程

而根据笔者对各试点机构基金投顾服务的总结，基金投顾的服务流程主要包括客户画像、基金组合策略选择、交易执行与后续调仓及投后服务四个板块。

客户画像：

正式使用投顾服务前，各平台首先需要了解投资者的基本信息、资产负债状况、投资态度、投资经验及知识、投资计划等信息，挖掘客户理财需求，综合评估投资者的风险识别能力和风险承受能力，完成客户画像。客户画像的方式包括线上问卷调查与系统匹配两种：

a. 线上问卷调查

大部分机构采用线上问卷调查机制，问卷的问题数量集中在 10 至 15 个，但题目同质化程度较高。[①] 若平台曾在向客户提供其他产品或服务的过程中进行过适当性测评，且该客户画像满足时效性要求，则无需再次测试。

b. 系统匹配模式

系统匹配模式主要由 MY 基金借助大数据在其推出的"BN 投"中实现，在取得客户授权后，BN 投可以直接使用某集团应用所掌握的客户理财习惯和消费数据等信息进行画像[②]，形成客户标签，无需客户另行填写问卷，互联网平台丰富的数据基础能够使得其客户画

---

① 根据笔者的统计，问卷问题包括：（1）投资者的基本情况（税收情况、学历、职业）；（2）资产负债状况（收入来源、家庭年收入、家庭年收入中可用于金融投资的比例、重大负债情况、是否有不良诚信记录）；（3）投资态度（除要求投资者选择与其最为相符的风险收益态度外，通常要求投资者提供针对一项高风险高收益的投资与一项低风险低收益的投资的资金配置以及不能承受的本金损失比例）；（4）投资经验与知识（投资品种、投资历史、投资知识）；（5）投资计划（计划投资期限、计划投资品种）。部分平台仅针对客户本次投资的期限、可承受风险和预期收益进行调查。

② 客户画像的一个示例如：积极型、职场追梦人、每月有房贷、财富积累期、风险偏好较高、自身投资人。参见《基金小讲 | 某宝"BN 投"服务之基础功能介绍》，载微信公众号"霍霍小哥"2020 年 5 月 8 日，https://mp.weixin.qq.com/s/Mpp23tHEmayjrxtwuCEcIQ，最后访问日期：2022 年 12 月 1 日。

像更加立体和完整。

基金组合策略选择：

客户画像完成后，与试点前的基金组合模式类似，平台会采取推荐式或货架式两种模式向客户展示已上线的基金投顾策略（以下简称"策略"）供其选择。系统推荐是指平台根据客户画像直接匹配合适的策略；大部分平台允许投资者自行选择其他策略，平台会相应提示投资者该选择可能与其风险偏好和投资目标不符，不过除非存在严重偏离，平台一般不会拒绝；但对于部分平台如某贝智等，投资者仅可看到推荐的最优策略，除非其重新进行问卷测评以改变风险偏好和投资目标，否则无法自行更换策略；货架式则需要客户在平台提供的全部策略中自行选择，并不针对客户情况推荐适合的方案，只需确保投资者的选择符合自身的风险等级即可，其优点在于简单便捷，被第三方平台广泛采用。

不同平台会根据不同标准对投资策略进行分类展示，便于客户寻找并理解其特点，前述分类标准主要包括投资场景[①]、投资期限、投资目标（包括预期收益与风险）、资产类别等。部分平台也将推荐式作为选项提供，客户既可以直接选择心仪的基金投顾策略，也可以寻求系统的推荐。实践中，平台往往同时选取多个分类标准对策略予以展示，不同标准之间往往具有紧密联系，并非截然区分：如"养老"作为一种投资场景，同时意味着长期的投资期限；"现金"作为一种资产类别，则直接与低风险、低回报的投资目标相对应。

交易执行与后续调仓：

在投资者完成基金投顾策略选择并确认投资金额后，资金转入第三方托管，试点机构将代理其进行投资交易，按照选定的基金投顾策略代理客户发出基金交易申请。初步完成投资组合的构建之后，试点机构会对客户的资产组合进行定期或实时监控，根据组合风险、收益及市场情况对组合进行调仓，不断优化组合表现。

与美国智能投顾中由机器实现客户账户的调仓不同，我国大部

---

① 例如，TA基金推出的一起投资策略分为"四笔钱理财"和"专项理财"两个大类；其中，四笔钱理财可进一步分为生钱的钱、求稳的钱、要花的钱和兜底的钱；专项理财则包括养老理财和教育理财。

分的基金投顾机构的调仓指令来自于主理人,即调仓决策由人工作出。例外情况是"BN投",得益于MY集团在云计算、智能分析等方面的优势,在由人工团队实现的"资产优化调仓"之外,BN投还能通过机器实现"再平衡调仓",定期对各只基金的持仓比例进行检测,若其严重偏离策略的原有分配,系统会自动进行基金的申赎,以恢复到原有比例。调仓的操作方式包括自动调仓和客户跟调两种。大部分试点机构采取自动调仓模式,无需事先取得客户同意,其便利性得到明显提升,GL证券在默认自动调仓的同时还赋予客户调仓拒绝权,在每次调仓前向客户发送调仓公告,客户在规定时间内有权拒绝调仓;客户跟调则通常表现为平台向客户发送调仓提醒,并在得到客户确认后予以执行,部分机构为客户提供"自动跟调"功能选项以提升调仓的及时性。

在调仓频率上,有定期调仓、不定期调仓以及二者相结合的三种模式。此外,为了避免过度调仓,部分平台对调仓频率进行限制,如NF基金调仓频率不超过每季度一次,TA基金则规定不超过每月一次。

投后服务:

为了维护与客户之间的良好关系,树立品牌形象,各机构在提供策略建议、代理客户交易及调仓等基础投顾服务的基础上,也积极探索其他投后服务:既包括线上的定期账户报告和调仓报告、策略与市场分析报告及投资者教育等,也包括线下服务人员与客户的沟通与交流,在"投"得理想的同时,通过精心的"顾"提供更加完整的客户体验。

3. 服务客户群体

从服务客户群体上来看,目前15家试点机构推出的基金投顾业务的服务对象主要是个人客户,但大部分机构未能实现对个人客户的分层。其中,NF基金区分普通客户(10万以下)、中高净值客户(10万以上)和高净值客户(100万以上)提供不同的投顾产品,但也仅限于产品层面,在服务上并不存在明显的差异;某达基金则针对高净值客户提供专属人工服务,这与美国Betterment的模式相类似。

试点机构与机构客户的合作较少,其中某达基金作了相对较多的尝试,通过上线 ZS 银行"ZY 通"平台、某煜"JG 通"平台以服务于公司企业、金融同业等各类机构客户,还与恒生电子签署投顾服务协议,为其提供全权委托的管理型基金投顾服务。

4. 投资门槛与收费模式

(1) 投资门槛。

各平台的投资门槛集中在 1000 元以内,相对亲民,其中某慢的投资门槛最低,仅为 100 元,TA 基金"一起投"的投资门槛也在 500 元以内,能够较好地吸引长尾客户。相对特殊的门槛要求例如,NF 基金的"某南定制"系列投资门槛达到 10 万元,GL 证券则要求客户的投资金额必须为 1000 元的整数倍,某讯、SW 宏源等平台会对不同的策略设置不同的投资门槛。

部分机构还对客户的账户总资产和追加投资数额有一定要求:

- 在账户总资产方面,ZX 建投要求总资产需保持在 5 万元以上,其他机构均无此类要求;
- 在追加要求方面,各平台要求不一,GT 君安、ZX 建投、NF 基金"某南定制"等的要求分别为 500 元、1000 元及 1 万元,部分策略如某夏的"某目标盈"等则不接受客户后续追加投资。

(2) 收费模式

目前基金投顾业务的收费模式主要是投顾费。根据《关于做好公开募集证券投资基金投资顾问业务试点工作的通知》第 14 条的规定,投顾费的年化标准不得高于客户账户资产净值的 5%,而目前已上线品牌的投顾费率远低于这一上限,集中在每年 0.15%—1.5% 之间,并普遍针对不同投资策略设置不同的费率,费率高低与策略的风险程度相关。

部分机构还根据持有时间、投资金额和二者的结合设置了浮动费率机制。其中投资金额与投顾规模成反比的模式较为接近美国智能投顾的主流收费模式。

表 3-5 三类浮动费率机制

浮动费率机制	内容	代表机构
按持有时间设置	持有时间越长,投顾费率越低	ZX 建投
按投资金额设置	投资金额越高,投顾费率越低	NF 基金"某南定制"
结合持有时间与投资金额设置	综合考虑客户的资产规模和参与期限,阶梯式收取管理费	HT 证券

收费模式较为特殊的两家机构是 YM 基金与 JS 基金。YM 基金的收费模式仍以基金代销佣金为主,不面向客户收费。YM 基金对此的解释是,由于国内投资市场目前仍缺乏接受投资顾问服务的习惯,当下直接向客户收取顾问费相对困难,而经过两到三年发展并逐渐培养起客户的付费习惯后,再收取顾问费用的方式应具备更高的可行性。JS 基金推出的 JS 财富投顾则是国内首家会员制投顾服务,其不考虑资金投资规模,统一对会员收取 118 元/年的会员费,并免收会员理财计划内的认/申购费、赎回费及转换费,根据某贝智投的数据测算,自 2018 年 9 月 28 日至 2020 年 10 月 18 日期间,平均为每位客户节省的交易费用高达 1173.86 元。

为了增加吸引力,很多投顾机构还给予底层基金申购手续费以及投顾费不同程度的折扣优惠。例如,某讯"BN 投"不收取调仓产生的基金申购手续费,某达基金为投资者提供 0—1 折的认申购费率优惠,NF 基金则对投资公司自有产品部分免收投顾费。

5. 不同机构优劣分析

基金投顾顾名思义同时需要"投"与"顾"两方面的能力,"投"考察投资顾问的投资能力能否长期为投资者带来收益,"顾"则考察投资顾问的服务水平能否提高客户的投资体验。无论是"投"与"顾",最终都是以建立投资顾问与客户之间的共赢信赖关系,提升客户黏性,扩大资产管理规模为目标。从不同机构开展业务的优劣对比来看,通常可以从四个维度评价:投研能力、投顾服务能力、产品丰富程度及客户基础。

表 3-6　各类机构优劣对比

机构类型	自身投研能力	投顾服务能力	产品丰富程度	客户基础
基金公司	☆☆☆☆	☆☆	☆☆	☆☆
第三方基金销售机构	☆	☆☆	☆☆☆☆	☆☆☆
券商	☆☆☆	☆☆	☆☆☆☆	☆☆☆
银行	☆☆	☆☆☆☆	☆☆☆☆	☆☆☆☆

其中,基金公司拥有专业的投研能力,但原有客户积累较少且缺乏销售渠道;第三方基金销售机构拥有金融科技和客户流量优势,并与全市场进行合作,可提供的基金品类丰富,但本身缺乏投研能力;券商作为投顾

业务的先行者,拥有固定的客户群体,且一直不断培育投研能力,各方面相对均衡;银行在客户体量、渠道优势、人力储备等方面有明显优势,有助于根据客户画像推荐适合客户风险偏好的基金组合,但投研能力也有所欠缺。

各类机构需要在发展自身核心竞争力的同时,也通过内部经验积累或外部机构合作等方式补齐短板。如前所述,基金公司目前广泛与其他试点机构和第三方平台合作,输出投顾策略,弥补自身客户基础的不足;第三方基金销售机构则普遍与外部机构合作获取策略,如 TA 基金直接从投研能力较强的基金公司直接引入策略,MY 基金则与先锋集团合作以构建基金组合。

(二) 部分机构业务模式分析

1. YM 基金——定位"买方投顾"

YM 财富成立于 2015 年 5 月,自成立起就定位自己为"买方投顾",站在客户的角度为其提供解决方案。在于 2018 年取得基金销售资格后,YM 财富依次推出"某明""某慢""某鸟",服务对象涵盖了中小投资者、To C 机构和资管机构。

表 3-7　YM 财富三类产品介绍

产品	服务对象	业务类别	业务介绍
某明	持牌金融机构	B2B2C	为持牌金融机构提供集账户、支付、交易、组合、运营、资讯的一站式基金投顾解决方案
某慢	C 端投资者	B2C	严选策略的投顾平台,为个人资者提供可持续、跟踪评价的基金投资
某鸟	专业投资机构	B2B	为专业资管机构提供场外基金电子化交易及服务、FOF(Fund of Funds)产品一站式解决方案

(1) 经营理念。

在中国基金行业存在着"基金赚钱基民不赚钱""权益类产品规模不增反降"等问题,以及广大投资者在浩如烟海的基金产品之中面临"择基、择时"难题的背景下,YM 基金的战略目标为做最受欢迎的买方投顾服务商,将买方投顾业务标准化、自动化,最终发展到智能化,站在买方角度一站式解决投前、投中和投后问题,帮助更多的老百姓将短线变成长线,在解决广大中产阶级群体财富焦虑的同时,推动财富管理业务和资本市场的健康发展。

YM 基金认为,投顾的本质是信任,需要通过长期的投资者教育不断地和客户触达交互,进而影响投资者的认知,最终通过提高投资者的认知水平来改善投资结果。

(2) 零售投顾服务:某慢。

"某慢"是于 2016 年 7 月推出、向个人投资者提供严选策略的平台,其名称的含义是"慢就是快,投资与时间为伴",反映了 YM 基金试图向客户灌输的投资理念。某慢原有"四笔钱理财"与"跟投模式"两大板块,但在基金组合模式遭到限制后,"跟投模式"目前已经关闭。

四笔钱理财将投资者的资金分为"活期现金""稳健理财""长期投资"及"保险保障"共四笔钱,为每一笔钱推荐对应的投资策略。

表 3-8　四笔钱理财板块

四笔钱	定义	投资组合来源
活期现金	主要用于日常支出,随时要用的钱	自主研发,货币基金组合
稳健理财	半年以上、三年以内,有具体用途但无需随时动用的钱	根据客户不同的资金投资期限,匹配对应风险收益特征的组合,包括外部基金公司构建的投资组合以及定期券商理财产品推荐
长期投资	三年以上才有可能会用到,留给未来的钱	外部合作机构/签约大 V
保险保障	在不确定的未来中,给生活托底的钱	自主研发,保险服务

得益于在买方投顾的长期深耕,某慢在基金投顾试点之中交出了亮眼的答卷。截至 2021 年 7 月 1 日,其投顾签约客户已经超过 15 万人,投顾签约资产超过 100 亿元,成为行业内首家基金投顾签约规模突破 100 亿元的试点机构。在这 15 万客户中,盈利的客户比例高达 96.67%,3 个月复投比例达到 89%。

(3) 机构投顾服务:某明与某鸟。

"某明"平台采用 YM 自主研发的公募基金核心交易系统,向合作方提供账户、交付、交易、组合、运行、资讯的一站式基金投顾解决方案。平台还向合作方提供中后台的使用服务,通过连接开放平台,合作方可以在较短的时间内耗费较低的成本实现投顾服务,实现对中小投顾机构的孵化。YM基金通过标准化流程和技术手段来对接上游的基金公司及资管机构,凭借规模化的运营提升整体议价能力,帮助合作伙伴降低业务门槛和成本,提高运作效率。同时,YM基金提供的各种销售创新和差异化的支持,将投顾服务"精选产品"及"基金组合交易"产品化后输出,帮助合作伙伴改善客户投资基金的体验。

"某鸟"是面向机构投资者提供的FOF投资管理系统,可以提供投顾、交易、交易系统和交易通道等服务。截至2020年年初,"某鸟"已经为超过100家专业机构的资产配置、量化及固守团队提供了一整套可根据机构具体投研需求、交易需求、运营管理流程和技术系统规划情况灵活定制的专业级、全流程、一站式的场外基金交易解决方案,已执行机构交易金额累计超千亿,并保证无一差错。

图3-3 某鸟平台介绍

(4)优势分析:

其一,YM基金自2016年起就开始布局投顾行业,伴随着近年来基金投顾的法律框架不断完善,其先发优势明显。

其二,YM基金没有将其投顾服务局限于2C端,除在通过某慢平台建立起线上基金销售生态之外,还通过"某明"和"某鸟"向机构提供交易平台实现引流,从而扩大整个投顾平台的客户流量及基金销售量。三大平台将个人投资者、机构投资者和机构管理人三者连接起来,增加客户黏性,从而发展成更为长远的循环生态。

其三，YM基金重视客户体验，重视投顾结合。例如，在使用过程中，"某慢"会先向投资者解释为什么要分成四笔钱，然后从年限、作用、功能和收益等方面介绍四笔钱的不同。平台为其投资小管家设置了交互式的聊天界面，通过连续的互动式问答而非固定的问卷了解客户的投资目标、资产状况等信息，并设置信息选项供客户在作出选择前了解相关理财知识。除此之外，系统还能对投资者前后矛盾的回答予以识别并提醒。① 这种用心的陪伴使得其客户留存率高达80%。

2. 某达基金——覆盖各品类客户

某达基金投顾业务始于2016年，起初主要面向机构客户。2018年初，其开始通过旗下智选理财平台为个人投资者提供基金组合配置服务，投资者可以根据特定策略规则一次买卖多只某达旗下的基金，前述投资标的在2018年末扩展至全市场基金。

（1）业务概览。

目前，某达基金投顾业务共分为三条线，分别面向零售客户、高净值客户及各种机构客户。

表3-9 某达基金三类投顾业务

客户类型	业务开展方式	业务特点
零售客户	通过第三方平台提供线上投顾服务	例如，在某宝投顾管家上线5个投顾策略，底层资产覆盖全市场公募基金。
高净值客户	与HM基金合作提供线下专属投顾服务	面对面详细了解资产配置需求，提供投资指导和专业市场解读，签约后持续跟踪客户账户并提供账户报告。
金融机构、公司企业	布局ZS银行"ZY通"平台及某煜"JG通"平台	除通用策略外，可根据客户实际情况定制服务。

（2）特点分析。

相比于其他机构而言，某达提供的投顾服务主要有三大特点。

---

① 例如，若客户选择稳健理财选项，设置目标为买房——在一年半内筹集目标金额200万元，但选择采用每月定投5万元的方式予以实现，"某顾"会通过计算得出"达到该目标需要近150%的年化收益率，超出这笔钱所能安全达到的范围"的结论，并建议投资者以降低目标金额、提升每月定投金额或提高久期等方式调整投资需求。

其一，资产配置能力强。在"ZY通"平台上，某达通过负面清单制度和打分评价体系筛选出其底层资产。所谓负面清单制度是指综合市场和监管信息对全市场基金产品进行"背景调查"，形成"负面清单"并对其中的产品加以剔除，形成基金产品基础池，其中有2200多只基金；接下来，投顾团队将进一步根据不同产品类型及特征选取不同评价指标，形成一套庞大、周密的打分系统，最终筛选出800多只基金放入某达基金池。为了提升筛选效率，投顾团队还会根据研究对基金产品贴上各种"标签"，并根据市场情况实时更新。

其二，客户范围不局限于零售客户，而是广泛覆盖各类机构客户。某达在"JG通"平台上线的投顾服务主要面向中小城商行的机构投资者，依托某达机构客户投顾服务系统开展。该系统充分考虑了机构客户与个人客户的差异，能够为前者提供更具针对性的服务。某达输出投顾策略并提供投顾服务，某煜通过执行交易和账户管理服务为投顾服务保驾护航，二者形成了良好的资源互补型业务合作关系。

其三，区分客户类型，提供差异化服务。某达基金与HM基金合作推出投顾服务平台，针对高净值人群的投资需求和投资特征，专门构建了一系列投顾策略，并向客户提供线下专属服务。在投资策略构建上，由于高净值客户相比于一般零售客户的偏好更为广泛和多样，因此某达为其提供的投资策略覆盖的风险范围更广，权益类基金仓位最高甚至可达近100%，有效匹配了其需求。这种差异化服务模式与Betterment提供的基础版和进阶版服务相类似。

3. MY金服——"强强联合"

2019年6月5日，MY金服与先锋领航投资管理有限公司合资成立先锋领航投顾（上海）投资咨询有限公司（即"先锋投顾"）[1]，其中先锋领航投资管理有限公司是美国先锋集团在中国设立的全资子公司。先锋投顾于同年12月取得基金投顾业务试点资格并于2020年4月推出"BN投"，该产品结合MY金服的金融科技水平、流量基础与先锋集团在资产管理和投资顾问服务方面的专长，致力于通过简单、普惠、可信赖的方式

---

[1] 根据公开信息，MY金服旗下的MY（杭州）基金销售有限公司与先锋领航投资管理有限公司分别持有先锋领航51%和49%的股权。

为广大投资者提供新一站式的基金投资顾问服务。

(1) 全球资本市场模型的引入。

"BN投"引入了先锋集团的独家专利"全球资本市场模型"(VCMM)对各类资产的未来收益率、波动率和相关性进行预测,以作为策略定制和基金优选的依据。VCMM目前不仅在全球超过3000万投资者的资产管理之中得到应用,对于中国市场的预测能力也已得到了检验。"BN投"表示,其将VCMM对中国各类资产的长期测算和市场实际收益率数据相对比,结果显示实际收益率基本落在模型测算的区间之内,说明了模型对各资产测算的可靠性。与先锋集团的合作及VCMM的引入也有效地解决了前文提到的MY金服在开展基金投顾服务过程中自身投研能力不足的缺陷。

(2) 基金优选与组合构建。

"BN投"通过"四维定性"与"三维定量"相结合的方式,对全市场6000多只公募基金进行了筛选,最终形成其"优选基金"名单。所谓"四维定性",是指先锋集团提出的科学化评估基金收益与风险所需要考虑的四个维度,包括基金预期超额收益、基金的主动风险、基金的费率与客户的风险承受能力。在前述原则的指导下,"BN投"会从基金能否反映相应大类资产类别的风险收益特征、基金的超额收益能力和产生超额收益的"代价"三个方面整体考量基金的性价比,由于这一过程采取定量的方式,因此也被称为"三维定量"。

"BN投"目前对外披露的"优选基金"名单中的公募基金包括股票类基金和固收类基金两大板块,前者又可分为股票型和混合型,后者则可分为债券型和货币型。"优选基金"名单会保持动态更新,目前总数不足100只。

基于"优选基金"名单,"BN投"以年化收益率作为投资目标,构建了10项基金投顾策略。年化收益率的可选范围从2.5%到11%不等,随着年化收益率的提升,投顾策略中股票类基金的比重不断提高,投顾服务费率也呈上升趋势。①

---

① 此前,"BN投"曾经对所有投顾策略统一适用0.50%/年的投顾费率,但或许是考虑到该费率水平对于如投资目标仅为2.50%的低风险策略而言过高,难以有效吸引投资者,因此最终调整为了目前"高风险策略对应高服务费率"的模式。

第三章　智能投顾在中国(一):发展历史与模式变迁　095

表 3-10　各类投顾策略介绍

策略名称	风险等级	投资目标	组合资产情况	服务费率
安睡增值策略	低风险	2.50%	固收类 100%	0.25%/年
稳步增利策略	中低风险	3.00%	固收类 96% 股票类 4%	0.25%/年
安逸求盈策略	中低风险	4.00%	固收类 91% 股票类 9%	0.25%/年
安稳回报策略	中低风险	5.00%	固收类 80% 股票类 20%	0.25%/年
步步为营策略	中低风险	6.00%	固收类 65% 股票类 35%	0.25%/年
稳中求胜策略	中风险	7.00%	固收类 50% 股票类 50%	0.40%/年
攻守兼备策略	中风险	8.00%	固收类 60% 股票类 40%	0.40%/年
动态进攻策略	中风险	9.00%	固收类 70% 股票类 30%	0.40%/年
锐意进取策略	中高风险	10.00%	固收类 80% 股票类 20%	0.50%/年
全面进攻策略	中高风险	11.00%	固收类 90% 股票类 10%	0.50%/年

除上述策略之外,先锋领航还在其投顾管家模块上线了两项基金投顾策略,分别是针对上表中"稳中求胜"和"动态进攻"的专业版本。[①]

(3)服务流程介绍。

如前所述,"BN 投"可直接采取系统匹配模式实现客户画像,通常无需客户填写问卷。根据风险测评的结果,平台会向投资者推荐适合的投顾策略,展示投资目标、资产配比以及收益测算等信息。投资者可以切换到其他策略进行投资,但在进一步操作前,平台会通过弹窗方式提醒投资者注意策略风险与其风测等级的不匹配性。

目前"BN 投"的投资门槛较低,起投金额仅为 800 元,后续追加投资的门槛则为 100 元,在转入资金前,投资者还需阅读风险揭示书。

---

① 其中,先锋领航稳中求胜专业版的资产配置为股票类 46.29%,固收类 53.71%;先锋领航动态进攻专业版的资产配置为股票类 67.23%,固收类 32.77%。

完成初步投资后,"BN 投"会密切跟踪市场状况和基金表现,对组合进行持续优化,力求提升长期收益。"BN 投"提供两种自动调仓服务:一是由人工团队实现的"资产优化调仓",二是通过机器定期实现的"再平衡调仓",后者所表现出的智能性是"BN 投"相比于其他基金投顾机构的另一大特色。"再平衡调仓"的频率为每 90 日一次,除了对现有持仓直接进行操作之外,若客户存在追加投资,系统可以按照平衡后的比例目标对其进行分配,尽可能通过"购买"而不是"转换"的方式实现再平衡,以降低基金申赎费用对于组合收益的影响。

(4)重视"顾"的体验。

在"投"之外,"BN 投"也依托技术优势持续优化其"千人千面"的"顾"的能力。自上线以来,"BN 投"陆续在某宝内推出包含客户报告、投资笔记、市场资讯、投资理念等在内的超过 160 期的投教内容。通过数据算法,"BN 投"对于处于不同的投资经验、风险偏好、账户配置情况、持有时间等维度的客户,推送不同的资讯服务和投教内容,例如,新手客户能够获取基础理财知识,而成熟客户则会了解到更多市场资讯和模型测算等信息。在不同的时间和行动节点,"BN 投"会适当地对客户进行提醒,若其可能存在不理性的频繁交易,"BN 投"会根据分析对比,给出有用的参考建议,帮助客户更好地决策,通过长期持有理性地获得目标收益。[①]

得益于流量、技术及投顾水平等多方面优势,"BN 投"仅推出 100 天就达到了 22 亿的管理规模并绑定了 20 万投资者。[②] 根据先锋投顾于 2021 年 3 月 18 日公布的数据,"BN 投"上线近一年时间客户数即已超百万,作为参考,同时期 Betterment 的客户数不过 60 万。[③] 这样的成绩也促使先锋集团选择放弃在中国申请公募基金牌照,集中资源专注于国内基金投顾赛道。根据研究机构 Research and Markets 最新报告显示,到

---

① 参见《基金投顾业务迎来密集监管,"BN 投"积极拥抱买方投顾时代》,载中华网 2021 年 12 月 1 日,https://hea.china.com/article/20211201/122021_939499.html,最后访问日期:2022 年 12 月 1 日。

② 参见《基金投顾"BN 投"管理规模达 22 亿元》,载中证网 2020 年 7 月 20 日,https://www.cs.com.cn/tzjj/jjdt/202007/t20200720_6078142.html,最后访问日期:2022 年 12 月 1 日。

③ 参见《"BN 投"上线一年服务用户超百万:投资者教育内容覆盖 1000 万人次》,载腾讯网,https://new.qq.com/omn/20210318/20210318A04F3800.html,最后访问日期:2022 年 12 月 1 日。

2027年全球智能投顾规模预测将增长至6.2万亿美元。其中,中国智能投顾同年预计将增长到1.1万亿美元,中国基金投顾市场存在有待发掘的巨大潜力,"BN投"作为市场头部机构未来可期。

三、我国基金投顾与美国智能投顾模式比较分析

公募基金投资顾问试点的推行解决了长久以来基金投顾合规性不明的问题,放开了全权委托业务的限制,实现了我国投顾业务由"卖方投顾"向"买方投顾"模式的转变。但从目前的发展情况来看,我国基金行业的智能投顾产品尚处于探索初级阶段,其在投资端的个性化水平、智能化程度、底层投资标的的选择、创新性服务的提供以及收费模式等方面仍与美国智能投顾的发展水平存在差距。

(一)个性化水平低下

我国的基金投顾模式与美国主流的纯智能投顾模式在个性化水平上存在较大差距。主流的基金投顾模式下,试点机构通常预先准备好多个基金投顾策略,通过一个简单的问卷测试投资者的风险等级,并将符合其风险等级的策略向投资者进行推荐,投资者只能在策略之间进行更换,而无法对具体策略内的资产比例进行微调(原有的基金组合模式尚且允许投资者根据自身情况在不变更投资策略的基础上修改资产比例,构建更为个性化的投资组合)。由于策略数量相当有限①,平台基于客户画像划分的风险颗粒度很低,"同质化"投资的情况严重,"千人千面"根本无从谈起。

此种"标准化"的投顾服务模式实际上与资产管理产品的销售并无二致,因为选择同一种资产管理产品的所有投资者都将拥有统一的投资方案,投资者对初始投资策略本身只有选择而没有干预的权利,后续调仓更是完全脱离了投资者的掌控,这正是持有代表资管产品权益份额证券的核心特征。

而在全权委托智能投顾对账户进行管理的情况下,客户仍然是账户的直接持有人,并未完全让渡对账户投资策略的合理限制、干预和最终决

---

① 根据财信证券的统计,试点机构在任何平台上提供的策略数量均未超过16款,除第三方基金销售机构之外,一般在自有平台上线的策略数量最多,但数量集中在10款上下。

定的权利。① 例如,在美国纯智能投顾模型中,预先构建的策略数量更为丰富,如 Wealthfront 拥有 20 种风险水平不同的 ETF 组合,Betterment 中则包含 101 种策略。在推荐策略本就更为丰富的同时,投资者还被允许根据自身情况对策略中的资产配比进行调整。Betterment 会向投资者展示调整后的风险水平和分散化程度,嘉信理财公司推出的一款智能投顾服务 SIP 允许投资者以资产池中的次级 ETF 替换主要 ETF,Wealthfront 甚至为投资者准备了更为丰富的 ETF 资产池,组合的个性化程度因而得到显著提升。

(二)智能化程度有限

尽管受限于人工智能发展水平的不足,中美智能投顾仍主要由人工参与组合的构建,但在投资组合的后续监控以及调仓方面,智能化水平的差距得以清晰地体现。在我国基金投顾模式下,主要由构建策略的主理人实时监控策略的运行并根据市场情况进行调仓②,其调仓逻辑与单只基金管理人调整持仓的逻辑相似,即在保持现有风险水平的情况下赚取超额收益,由于客户不被允许选择,这一过程无需对客户的具体情况予以关注。试点机构则仅需执行调仓,或将主理人的调仓情况向客户进行推送,若客户的风险等级发生变化,则试点机构无法根据其现有风险水平在原有的投资组合基础上进行调整,客户也不被允许自行改变组合内的产品配比,只得选择更换策略,这甚至不及原有"跟投"模式所赋予投资者的调整空间。部分取得试点的机构仍然拒绝自动进行调仓,这与原有基金组合模式无二,笔者认为这可能是出于对我国投资者尚不够成熟的担忧:即使在投顾服务协议中对自动调仓进行约定并对投资者进行了相应的提示,一旦调仓决策在短期内的效果并不理想,仍可能招致投资者大范围的质疑和声讨,从而在宣传上产生负面影响。而保留投资者对是否跟调的决策权能够使其"自负其责",有利于避免前述问题的发生。

相比之下,Betterment 和 Wealthfront 通过设计复杂的算法执行调仓,使得该功能可以覆盖全部客户账户,包括未完全遵循预设的投资建议而自行调整的情形。算法能够实现更高的调仓频率,调仓决策也可以将

---

① 钟维:《中国式智能投顾:本源、异化与信义义务规制》,载《社会科学》2020 年第 4 期。
② 如前所述,"BN 投"还可定期通过机器进行再平衡调仓。

客户个体的实际情况如个人所得税等因素纳入考量。此外，Betterment 和 Wealthfront 均接受客户主动的调仓申请。

由此可见，在基金投顾服务的全过程中，无论是策略的构建还是后续调整均由主理人的专业团队完成，系统仅仅需要执行将客户的问卷测评结果与预先构建的策略进行对应这一任务①，且这种对应也可通过穷举法由人为预先设置。因此笔者认为，相比于"智能投顾"而言，"线上投顾"似乎是更为准确的描述。② 但这种智能化程度上的差异也不应仅仅被归咎于技术上的不足。《关于做好公开募集证券投资基金投资顾问业务试点工作的通知》第 8 条规定：基金投资组合策略的产生应当由试点机构集中、统一实施，投资决策委员会负责审议基金投资组合策略的产生和调整，并评估形成基金投资组合策略的风险特征。基金投顾策略的产生和调整均需要事先审核，意味着策略只能以标准化的形式提供，并需以牺牲一定的个性化作为代价，对应规模性操作的"智能化"自然失去了存在的空间。考虑到现阶段我国投资者以散户投资者为主，投资理念和水平参差不齐，且对于投资顾问的接受程度本就不高，对基金投顾的智能化程度的限制应具备一定的合理性，随着线上投顾的普及程度和规范性的不断提高，期待基金投顾假以时日也能得到"松绑"，向智能投顾的方向发展。

（三）投资标的不同

我国智能投顾业务一直都以国内公募基金作为主要的底层投资标的，遵循主动投资策略，试点的推出则进一步巩固了这一局面。相比之下，美国智能投顾企业主要以 ETF 作为投资标的，遵循被动投资策略。笔者认为，这种差异与中美 ETF 行业的成熟度不同有关。

美国是全球最大的 ETF 市场，无论是产品数量还是资产规模都遥遥领先。截至 2020 年年底，美国 ETF 市场资产规模达到 5.49 万亿美元，占全球市场份额的 69.5%，产品数量 2281 只，占全球市场约 30%。相比之下，尽管我国 ETF 市场在 2020 年经历了爆发式增长，但截至 2020 年年底，也仅有 371 只 ETF 挂牌交易，资产总规模刚刚突破万亿人民币大关（约合 1700 亿美元）。从占比上看，中美两国的 ETF 均主要为股票型

---

① 在货架式基金组合模式下，甚至无需实现这一功能。
② 值得一提的是，我国目前的基金投顾模式与美国嘉信理财旗下的 SMP 服务较为相似。

ETF 和债券型 ETF，并以股票型 ETF 为核心①，而商品型资产 ETF 的资产规模较小。但由于总数上存在巨大差距，美国智能投顾仍有种类丰富、覆盖多类型和多地区资产的 ETF 可供选择，能够在有效分散风险的同时提升组合收益，我国 ETF 则呈现出产品结构简单、无法充分分散风险的特征。因此，相比于美国，我国 ETF 存在数量少、金额小、种类不足、流动性较差等问题，而公募基金则品类丰富、门槛较低、运作透明、管理规范，更适用于智能投顾的资产配置机制。② 同时，现阶段我国以散户为主、追求短期收益的投资风格也与追求长期稳健收益的 ETF 投资并不相容，而更适合于具备实现超额收益可能性的公募基金。

但同时，以公募基金作为投资标的也意味着交易的申购费和赎回费增加，影响投资者的收益水平；不同基金的赎回到账时间不同，有 T+0、T+3 甚至 T+7，调仓的时效性也无法得到有效保证；此外，主动投资策略对于投研能力提出了更高的要求，也给基金投顾机构带来了两方面挑战与制约。其一，公募基金原则上并不适合投研能力相对较弱的机构——例如国内第三方基金销售机构——用以构建投资组合，根据前文的介绍，这些机构在当前的实践中均通过外部合作的方式弥补了这一劣势。其二，相比于 ETF，公募基金投顾的"智能化"必须有更高层次的技术水平予以支撑，这也从另一个侧面解释了无论是业界还是监管方现阶段都倾向于"线上投顾"而非"智能投顾"的合理性。

（四）创新性服务缺乏

受到制度、技术等多方面因素的制约，美国智能投顾中所包含的部分创新性服务和工具尚未在中国出现。例如，税收亏损收割作为美国智能投顾的重要增值服务之一，是智能投顾降低投资成本、提高税后收益的有效工具，根据 Wealthfront 的研究报告显示，其税收亏损收割服务可每年提高 1.55% 的税后收益。但由于国内交易税收结构的单一性特征，该功

---

① 截至 2020 年末，股票型 ETF、债券型 ETF 和商品型 ETF 的资产规模占美国 ETF 市场的总体规模的比例分别为 77%、19% 和 2.7%。参见上海证券交易所：《ETF 行业发展报告（2021）》，2021 年 1 月发布，http://www.sse.com.cn/aboutus/research/report/c/5308684.pdf，最后访问日期：2022 年 12 月 1 日。

② 2021 年初，公募基金管理规模已突破 20 万亿元。参见华创证券研究报告：《基金投顾：实现普惠理财自由，告别理财焦虑》，2021 年 6 月 27 日发布，https://www.djyanbao.com/preview/2793140，最后访问日期：2022 年 12 月 1 日。

能无法在我国落地。

Betterment 和 Wealthfront 等智能投顾初创企业在自动化的投资工具之外,还会为客户提供多种智能化组件和配套服务。例如,Betterment 推出的资产聚合工具 All-in-one Dashboard 将客户的账内账外资产进行整合分析,通过退休储蓄计算器帮助客户制定个性化的退休储蓄投资方案,并针对客户的场景需求设计了专项财务咨询套餐供付费选择。Wealthfront 则开设了高息现金账户和信用贷款服务帮助智能投顾客户解决现金流动问题,其自建财务引擎 Path 也能为客户提供个性化的整体财务计划服务。这些智能化组件和配套服务能够与自动化投资工具的功能有效结合,为客户提供综合性的财务规划,部分智能化组件如 Betterment 的退休储蓄计算器和 Wealthfront 的财务引擎 Path 可供所有人免费使用,从而向其付费服务进行引流。而我国目前的基金投顾服务还处于初级阶段,专注于投顾策略的构建与调整,目前尚未开发出多种多样的附加服务。

(五)收费模式存在差异

我国的基金投顾费用由两部分组成:一是买卖基金的交易费用,包括认/申购费、赎回费及销售服务费等;二是基金投顾服务费。①

在传统的基金销售模式中,前述交易费用由基金公司直接收取,并根据其与基金销售机构之间的《销售协议》向后者支付佣金。在试点前的基金组合模式下,佣金是基金销售机构的主要收入来源,基金销售机构的收益与投资者的交易金额、频率而非资产规模相关,反而催化了客户资金的周转率,加上投资者本身偏好追涨杀跌、短期持有、放弃定投等投资行为,造成了"基民不赚钱"的现象,这也是基金组合模式被称为"卖方投顾"的重要原因。而在基金投顾模式下,虽然各试点机构可以按照资产管理规模收取投顾服务费,但原有交易费用并未被完全免除,例如 YM 基金仍然采用仅收取交易费用的盈利模式,可见"卖方投顾"向"买方投顾"的转化尚不充分。不过,近年来随着基金市场分工的精细化程度提升,互联

---

① 除此之外,根据《公开募集证券投资基金运作管理办法》以及《开放式证券投资基金销售费用管理规定》的规定,基金公司还可从基金财产中列支管理费、托管费等费用,并可从管理费中列支向基金销售机构支付的客户维护费,但本部分不对此展开讨论。

网信息技术的应用渗透幅度增强,公募基金的销售费率总体已呈下行趋势[1],加之大部分试点机构采取了免除、部分免除或对交易费用给予一定折扣的优惠措施,投顾服务费已取代交易费用成为试点机构的主要收入来源。但理论上,其仍具有通过频繁交易获利的动机,尽管这可能并不符合客户的最佳利益。

美国主流的智能投顾企业则更进一步,不再收取投资顾问费之外的其他费用。例如 Betterment 和 Wealthfront 均在其官方网站披露,除需向 ETF 管理人支付的 ETF 管理费之外,其收取的投资顾问费已经涵盖了投资者所需缴纳的所有费用,客户无需另行缴纳 ETF 的申购和赎回费等。这意味着,智能投顾的盈利完全是基于资产而非交易的,不适当的频繁交易只会"害人害己"。

---

[1] 参见中国证券投资基金业协会:《中国证券投资基金业年报(2020)》,中国金融出版社2020年版,第81—84页。

第四章 智能投顾在中国(二):现有问题[①]

智能投顾在我国拥有巨大的发展空间。改革开放四十多年来,我国经济高速发展,居民总财富与可投资资产总额迅速增长。自2000年以来,中国家庭用20年的时间,实现了相当于美国家庭85年的财富增长。预计到2023年年底,中国居民可投资金融资产将突破243万亿元,并持续释放可观的增长潜力。[②] 据麦肯锡咨询公司分析,截至2020年年底,以个人金融资产计算,中国已成为全球第二大财富管理市场、第二大在岸私人银行市场。未来5年中,预计个人金融资产将维持以10%的年复合增长率高速增长,到2025年市场规模有望突破330万亿元人民币。[③]

除却庞大的财富管理市场体量,同时随着"房住不炒"政策的出台使得实物资产趋向饱和,我国居民对金融资产配置的需求也正逐步快速提升。长期以来,我国居民总资产以实物资产为主,金融资产为辅,房地产和银行存款分别在这两类资产中占据主流,是国内财富管理的主要方式。近年来,伴随着我国经济的快速发展,居民财富规模持续增长,中产阶级规模逐步扩大,从而产生了巨大的理财需求。与美国相比,中国居民的金融资产占比明显偏低,中国的资产配置仍存在优化空间,这意味着未来财富管理市场拥有广阔的发展前景,智能投顾仍存在着巨大的成长

[①] 当然,除了将在本章中叙述的各种业务困境外,智能投顾在我国仍面临诸多法律困境。有关监管部分的内容,参见第五章。

[②] 参见叶攀:《业内:预计2023年底中国居民可投资金融资产突破243万亿元》,载中国新闻网2020年9月5日,https://www.chinanews.com.cn/cj/2020/09-05/9283473.shtml,最后访问日期:2022年12月1日。

[③] 参见倪以理、曲向军等:《全速数字化:构建财富管理新护城河》,载《中国金融业CEO季刊》(2021年秋季刊),https://www.mckinsey.com.cn/wp-content/uploads/2021/08/2021秋季财富管理季刊精简版_vFinal.pdf,最后访问日期:2022年12月1日。

空间。① 2013年,余额宝的快速普及唤醒并满足了大众的理财意识,也激发了金融机构理财产品和渠道创新的热情,一批标准化、低门槛、高收益的理财产品快速涌现,我国居民可投资资产中银行存款的占比从2013年的62％下降至2017年的48％,整体资产管理业务总体规模在2017年也达到了近百亿元。②

此外,我国居民投资者的风险意识快速增强。伴随着2018年P2P风险集中爆发、信托项目违约事件频频发生,我国居民对金融风险的防范意识有了明显提高,对正规金融产品的需求也迎来了新的高峰。居民财富的快速积累、可投资资产的增加以及互联网普及下居民理财意识和风险意识的快速提升,使得原先单一的财富管理目标向个性化、多元化的方向发展,催生出对专业性投资顾问的需求。

然而,专业性投资顾问很难满足当前我国大部分投资市场的整体需求。一方面,我国投资顾问市场本就鱼龙混杂、发展混乱,大部分投资者几乎不可能获得满意甚至是合格的投顾服务;另一方面,银行业、券商等提供的专业化理财服务具有较高的资金门槛,只能服务于资产净值较高的人群。在这种背景下,使用门槛低、相对规范的"智能投顾",凭借其低成本的优势有效填补了新兴中产阶级、中低收入人群等"长尾客户"的财富管理需求,服务一经走入广大投资者的视野,便迅速获得了他们的青睐。

另外值得一提的是,见证互联网技术腾飞的80后、90后近年来正逐渐成为投资主力军,他们在投资理财服务上对科技驱动型工具的信任度更高,兴趣更为浓厚。公开数据显示,互联网理财渗透率已从2015年的13.1％上升至2020年的17.2％,在新冠疫情尚未在全球得到根治的背景下,投资者线上理财需求预计将得到持续提升,居民对线上投资的渠道

---

① 参见曲向军、周宁人等:《未来十年全球财富管理和私人银行的趋势及制胜战略》,载《中国金融业CEO季刊》(2021年春季刊),https://www.mckinsey.com.cn/wp-content/uploads/2021/04/未来十年全球财富管理和私人银行的趋势及制胜战略.pdf,最后访问日期:2022年12月1日。

② 参见平安证券研究所:《智能投顾专题报告:匹配需求,化繁为简》,载微信公众号"平安研究"2020年12月4日,https://mp.weixin.qq.com/s/tn8qDWcxGdqUoAd-yp3Q4Q,最后访问日期:2022年12月1日。

偏好也为基于线上理财的智能投顾服务的普及提供了有利条件。① 此外,我国资本市场上以个人投资者为主的投资者结构,相比于美国以机构投资者为主的股票市场,也更利于以零售客户为服务对象的智能投顾业务的发展。②

从天时地利到人和,智能投顾正迎来一个"最好的时代"。上市咨询公司埃森哲(Accenture)将智能投顾这一财富管理模式视为"余额宝"之后的下一个"爆品",并认为巨大的潜在客户市场规模将使得智能投顾成为未来理财市场的主流工具。③ 伴随着基金投顾试点工作的展开,以银行及公募基金为代表的传统金融机构凭借强大的客户资源和产品资源优势占据先机;互联网巨头企业则利用自身流量优势及技术优势吸引个体投资者,获得试点资格的投资咨询机构纷纷上线智能投顾产品,智能投顾行业发展进入了第二个快速增长周期。

第一节 智能化程度不足

正如第三章所介绍,我国智能投顾尚处于"有限智能阶段",智能化程度较为不足。但同时,也正如前文所提及,有限智能并不应当完全归咎于技术处理问题。在某种意义上,投资市场环境不佳、投资者素质亟待提升、专业投资顾问人才缺乏等外部问题,正掣肘着智能投顾的智能性发展。在接下来的内容中,笔者将从内部因素与外部因素两个方面,对我国智能投顾智能化程度不足的问题进行详细分析。

一、我国智能投顾自身智能性的匮乏

随着人工智能技术的不断深化,伴随基金投顾试点工作的展开,各投

---

① 参见中欧财富、腾讯金融研究院、华锐金融科技研究所:《基金投顾业务平台化发展研究报告(2021)》,载微信公众号"中欧财富投顾"2021年7月13日,https://mp.weixin.qq.com/s/Kp0r0405ihw0cFNz8rt9hA,最后访问日期:2022年12月1日。
② 参见李文莉、杨玥捷:《智能投顾的法律风险及监管建议》,载《法学》2017年第8期。
③ 参见埃森哲研究报告:《智能投顾在中国》,载埃森哲官网,https://www.accenture.cn/cn-zh,最后访问日期:2022年12月1日。

资咨询公司优化收入结构、转型财富管理的趋势愈加明确。在理想的模式下,智能投顾能够驾驭多种分析策略与分析工具,通过建立客户画像与产品标签体系,实时追踪市场动态,在风险阈值控制下平衡投资策略,为投资者提供全方位的财富管理服务。然而,科技进步与传统业务的融合不是一蹴而就的,在实际业务中,智能投顾的应用和推广遇到了许多预期外的问题。

(一)客户画像(问卷)不达预期

目前我国智能投顾机构(基金投顾试点机构)在对客户进行画像的过程中,是通过问卷调查或系统匹配的模式为客户生成投资方案的。在客户画像阶段,上述方法均存在各自的问题。

1. 以问卷调查模式进行客户画像

我国大部分的智能投顾机构(基金投顾试点机构)选择采用经典的问卷调查的方式辅助投资者画像:客户在回答完十几道问卷问题后,由机构给出投资者风险偏好倾向。问卷调查在客户画像过程中,也会产生诸多问题。市场上使用的调查问卷基本上是以中国证券业协会发布的《投资者风险承受能力评估问卷(适用于自然人投资)》为母版的,整体包括财务状况、投资知识、投资经验、投资目标、风险偏好、其他信息六个板块,下辖主要收入来源、预计进行证券投资的资金占家庭现有总资产的比例、未清偿债务情况、可投资资产总额、金融行业经验、投资经验、投资计划、投资期望收益、损失承受能力、预期投资回报用途、年龄、学历以及五年内需要承担的法定抚养、扶养和赡养义务等问题。出于风险规避的考量,投顾机构往往不会选择在模板上做较大的改动,这就引发了客户画像(问卷)同质化的问题。

除此以外,投资者成熟度低是问卷评估产生偏差的又一重要原因。目前我国市场上大部分投资者没有受过专业的训练,无法明确自己的真实风险和投资偏好,当问题相对简单或者比较模糊时,投资者可能因为对语词内涵的认识不同(如满意、较大、厌恶、偏高等)、对描述场景的认识不足,而无法作出恰当的回答。越是经验不足的投资者,依赖简单问题生成科学准确的投资者画像的概率越低,而恰恰是这些投资经验不足的投资者更需要投顾机构辅助他们定位风险偏好。

《投资者风险承受能力评估问卷(适用于自然人投资)》

一、财务状况

1. 您的主要收入来源是( )：

A. 工资、劳务报酬

B. 生产经营所得

C. 利息、股息、转让证券等金融性资产收入

D. 出租、出售房地产等非金融性资产收入

E. 无固定收入

2. 最近您家庭预计进行证券投资的资金占家庭现有总资产(不含自住、自用房产及汽车等固定资产)的比例是( )：

A. 70%以上   B. 50%—70%

C. 30%—50%   D. 10%—30%

E. 10%以下

3. 您是否有尚未清偿的数额较大的债务,如有,其性质是( )：

A. 没有

B. 有,住房抵押贷款等长期定额债务

C. 有,信用卡欠款、消费信贷等短期信用债务

D. 有,亲朋之间借款

4. 您可用于投资的资产数额(包括金融资产和不动产)为( )：

A. 不超过 50 万元人民币

B. 50 万—300 万元(不含)人民币

C. 300 万—1000 万元(不含)人民币

D. 1000 万元人民币以上

二、投资知识

5. 以下描述中何种符合您的实际情况( )：

A. 现在或此前曾从事金融、经济或财会等与金融产品投资相关的工作超过两年

B. 已取得金融、经济或财会等与金融产品投资相关专业学士以上学位

C. 取得证券从业资格、基金从业资格、期货从业资格、注册会计师证书(CPA)或注册金融分析师证书(CFA)中的一项及以上

D. 我不符合以上任何一项描述

三、投资经验

6. 您的投资经验可以被概括为(　　):

A. 有限:除银行活期账户和定期存款外,我基本没有其他投资经验

B. 一般:除银行活期账户和定期存款外,我购买过基金、保险等理财产品,但还需要进一步的指导

C. 丰富:我是一位有经验的投资者,参与过股票、基金等产品的交易,并倾向于自己做出投资决策

D. 非常丰富:我是一位非常有经验的投资者,参与过权证、期货或创业板等产品的交易

7. 有一位投资者一个月内做了15笔交易(同一品种买卖各一次算一笔),您认为这样的交易频率(　　):

A. 太高了　　B. 偏高　　C. 正常　　D. 偏低

8. 过去一年时间内,您购买的不同产品或接受的不同服务(含同一类型的不同金融产品)的数量是(　　):

A. 5个以下　B. 6至10个　C. 11至15个　D. 16个以上

9. 以下金融产品或服务,您投资经验在两年以上的有(　　):

A. 银行存款

B. 债券、货币市场基金、债券型基金或其他固定收益类产品

C. 股票、混合型基金、偏股型基金、股票型基金等权益类投资品种

D. 期货、期权、融资融券

E. 复杂金融产品、其他产品或服务

(注:本题可多选,但评分以其中最高分值选项为准。)

10. 如果您曾经从事过金融产品投资,在交易较为活跃的月份,平均月交易额大概是多少(　　):

　　A. 10万元以内　　　　　　B. 10万元—30万元

　　C. 30万元—100万元　　　　D. 100万元以上

　　E. 从未投资过金融产品

四、投资目标

11. 您用于证券投资的大部分资金不会用作其他用途的时间段为(　　):

　　A. 0到1年

　　B. 1到5年

　　C. 无特别要求

12. 您打算重点投资于哪些种类的投资品种?(　　)

　　A. 债券、货币市场基金、债券基金等固定收益类投资品种

　　B. 股票、混合型基金、偏股型基金、股票型基金等权益类投资品种

　　C. 期货、期权、融资融券

　　D. 高风险金融产品或服务

　　E. 其他产品或服务

(注:本题可多选,但评分以其中最高分值选项为准。)

13. 假设有两种不同的投资:投资A期望获得5%的收益,有可能承担非常小的损失;投资B期望获得20%的收益,但有可能面临25%甚至更高的亏损。您将您的投资资产分配为(　　):

　　A. 全部投资于A　　　　　　B. 大部分投资于A

　　C. 两种投资各一半　　　　　D. 大部分投资于B

　　E. 全部投资于B

14. 当您进行投资时,您的期望收益是(　　):

　　A. 尽可能保证本金安全,不在乎收益率比较低

　　B. 产生一定的收益,可以承担一定的投资风险

　　C. 产生较多的收益,可以承担较大的投资风险

　　D. 实现资产大幅增长,愿意承担很大的投资风险

五、风险偏好

15. 您认为自己能承受的最大投资损失是多少？（　　）

　　A. 不能承受任何损失　　　　B. 一定的投资损失

　　C. 较大的投资损失　　　　　D. 损失可能超过本金

16. 您打算将自己的投资回报主要用于（　　）：

　　A. 改善生活

　　B. 个体生产经营或证券投资以外的投资行为

　　C. 履行扶养、抚养或赡养义务

　　D. 本人养老或医疗

　　E. 偿付债务

六、其他信息

17. 您的年龄是（　　）：

　　A. 18—30 岁　　　　　　　B. 31—40 岁

　　C. 41—50 岁　　　　　　　D. 51—60 岁

　　E. 超过 60 岁

18. 今后五年时间内，您的父母、配偶以及未成年子女等需负法定抚养、扶养和赡养义务的人数为（　　）：

　　A. 1—2 人

　　B. 3—4 人

　　C. 5 人以上

19. 您的最高学历是（　　）：

　　A. 高中或以下　　　　　　　B. 大学专科

　　C. 大学本科　　　　　　　　D. 硕士及以上

20. 您家庭的就业状况是（　　）：

　　A. 您与配偶均有稳定收入的工作

　　B. 您与配偶其中一人有稳定收入的工作

　　C. 您与配偶均没有稳定收入的工作或者已退休

　　D. 未婚，但有稳定收入的工作

　　E. 未婚，目前暂无稳定收入的工作

观察《投资者风险承受能力评估问卷(适用于自然人投资)》,可以发现,问卷设计中规中矩,且存在如下问题:第一,部分内容需要投资者依据自身回忆作答或对自身财产状况以及投资理念进行评估(如第2、第3、第8、第9、第10、第14、第15、第16题)。如果此时投资者回忆出现偏差,又或者对问卷中部分概念(如"金融产品投资""交易额")理解有误,则很可能给出误导性回答。第二,问卷中涉及较多的主观判断层面的概念,如"一定的收益""较大的风险""丰富"等,对这些语词的理解判断的不同,也会直接导致投资者给出不同的回答。第三,题目设定的投资场景较为抽象,如果投资者无法浸入到题目所描绘的抽象投资条件之中,则很大概率上根本无法预判自己在该情形下可能做出的选择。第四,也是最为重要的一点,问卷并没有设置用于检测答案一致性的试题,这使得投资者能够轻易地通过"撒谎"来获取自己想要的、尽管可能与客观情况并不相符的评级类别。参照第二章中有关 Wealthfront 的客户画像问卷设置介绍(包括了假设性场景问题、对答案一致性的审阅、详解问题设置目的等),则可发现《投资者风险承受能力评估问卷(适用于自然人投资)》与之尚存较大差距。当然,客户画像模板设置的缺陷同样可以通过人工沟通来弥补。以美国先锋集团的 VPAS 业务为例,客户需要填写风险调查表,并与人工投顾进行 45 分钟以上的电话沟通,以此来了解客户的详细情况。此外,在获得客户的授权后,先锋集团还能了解客户在各金融机构的实际资产情况,再通过算法生成个性化定制的投资计划,其形成的客户画像更为完善,能够更加准确地帮助客户进行个性化投资。

考虑到我国庞大的长尾客户基数,以及智能投顾因降低服务成本而带来的普惠性,我国智能投顾未来可以考虑另一条发展道路:区分高净值客户与普通客户,并给予不同的指导。针对高净值客户,投顾机构可考虑结合人工和智能算法,通过更全面细致的需求匹配、更为完善的客户画像来帮助客户达成个性化的"投"。针对普通客户,投顾机构可以考虑在格式化的问卷中引入投资者场景,让投资者作出选择,并通过投资者的答案判断风险偏好、投资期望等重要指标。

2. 以系统匹配模式进行客户画像

系统匹配的模式主要适用于以互联网服务为主体的智能投顾机构,他们在客户流量与客户留存数据上具备先发优势,在客户进入投资板块时,即可通过既有数据获取初步的投资者画像。系统匹配的模式对客户来说也更方便、快捷,通过轻触"生成画像"或"获取你的投资风险指数"按键,无需填写繁琐的问卷调查即可完成匹配。然而,该模式也有其固有问题。第一,留存数据的丰富程度取决于投资者对软件的既往使用程度,当投资者对软件的使用程度不足,留存数据有限时,系统匹配模式可能会在投资者画像阶段产生偏移。第二,试点机构在使用留存数据时,可能会产生合规问题(详见本章下一节)。

(二)投资服务能力低

我国目前的业务产品虽然繁多,但智能化的程度仍然较低,无法满足投资者需求。举例来说,在投资者完成客户画像环节后,智能投顾机构将在综合判断的基础上,为投资者推荐适合的投资产品。我国智能投顾与美国智能投顾的不同之处在于,如果投资者对智能投顾推荐的投资组合不满意,他/她只能够在下一个风险区域内寻找其他产品(一般是其他的金融产品组合,例如,从20%股票类型基金占比的"安慰回报"投资组合策略,转向35%股票类型基金占比的"步步为营策略"),而不能够对该推荐产品进行调整。举例而言,投资者对推荐产品很满意,只是想微微调高偏股型基金的投资比例,降低偏债型基金的投资比例,以获取更高的投资收益,但上述操作在我国目前是无法实现的。而美国智能投顾提供的个性化定制水平则明显更高。例如,在前文提及的嘉信理财基金中,平台会通过设定情景假设,提取投资者的风险承受能力、投资目标以及投资周期这三个核心要素,然后给出初步的资产配置建议方案。在此基础上,客户可以对资产比例在一定范围内做出调整。例如,嘉信理财公司建议股票投资比例是70%,但投资者依旧可以在意愿范围内进行自由调整,即投资组合是"灵活的"。与此同时,投资者可以在资产配置建议方案中看到各类大类资产对应的风格和区域配置明细,如股票主要投资于何种行业、何种市场,市值如何等。在基金ETF配置方面,嘉信理财基金将所有的资产划分成不同的种类,在综合考虑ETF(包括嘉信理财旗下和第三方产品)的管理规模、流动性、追踪误差、管理费率等因素后,每种资产挑选两只相应的ETF,定期在网站上公开给投资者。同时向投资者公开的还有每种ETF资产的属性特征、风险敞口、在投资组合中扮演的角色,以及选择该产品而非其他产品的理由。由此可见,整个ETF的筛选流程在提高透明度的同时,附加了对投资者教育的效用。①

除此之外,我国智能投顾构建差异化业务模式和服务场景的能力仍亟待提升。智能投顾的终极目标是"量体裁衣",为每一位投资者定制最符合其要求的投资计划,然而从前文所述的各个智能投顾的典型运营模式中可以发现,即便是世界一流的投顾机构目前也无法达到此项要求。但是从服务场景上看,国际机构投顾场景更加丰富,能不断根据投资者需求提供对应的财富管理场景,如教育投资、婚嫁投资、税务管理、女性投资等,并根据外部市场变化,做适当次数的策略调整。目前,国内多数基金投顾业务正处于基金销售向投顾服务转变的阶段,财富管理服务内容还相对单一,因此深入分析投资者需求,细化投资场景,培育丰富的财富管理场景,如婚嫁、教育、养老、避税、人生财务规划等,是智能投顾机构未来业务发展应重点考虑的问题。② 总之,我国当前各智能投顾的分类、投资、决策系统都较为简单,尚停留在"自动化投资"的层面,进入智能阶段还需要在数据搜集、算法整理、模型搭建上进行极大程度的优化。

(三) 市场区分度不足

自《关于做好公开募集证券投资基金投资顾问业务试点工作的通知》颁布后,我国智能投顾业务已经逐渐走上由"基金推介商"向"财富管理师"转型之路。然而目前,虽然部分试点机构已经开始进行客户分类,有针对性地提供不同内容的服务,但智能投顾整体市场尚未形成客户细分的观念。实际上,海外投顾机构在开展业务的过程中,对客户的分类是非常细致的。不同客户的经济状况不同,对应着不同的投资需求,对投资咨询服务的价格的敏感度也存在较大差异,因此也对应着不同的服务模式。长尾客户对价格的敏感度较高,因此更依赖智能投顾提升服务的覆盖面;而高净值客户对价格的敏感度低,更需要人工服务的介入提供优质的理财建议,增强客户黏性。

以美国富达投资集团(Fidelity Investment Group)为例,集团除了将

---

① 参见海通证券研究所:《基金投顾系列(四):海外投顾代表之 Charles Schwab》,载微信公众号"基金之道"2021 年 2 月 9 日,https://mp.weixin.qq.com/s/XQvbRG8llPE7wlQqyujzZw,最后访问日期:2022 年 12 月 1 日。

② 参见中欧财富、腾讯金融研究院、华锐金融科技研究所:《基金投顾业务平台化发展研究报告(2021)》,载微信公众号"中欧财富投顾"2021 年 7 月 13 日,https://mp.weixin.qq.com/s/Kp0r0405ihw0cFNz8rt9hA,最后访问日期:2022 年 12 月 1 日。

投资者分为个人客户与机构客户以外,还对个人客户进行了细致的划分。当面向普通投资者时,"Fidelity Go"针对长尾客户提供纯智能投顾服务,收费低廉;而"Fidelity Personalized Planning & Advice"针对投资资产额度达到2.5万美元以上的个人客户提供智能投顾与人工咨询相结合的投资咨询服务。当面向高净值客户时,集团提供了以专业人工投顾服务为主的富达财富管理(Fidelity Wealth Services),其下设置了针对普通高净值客户的普通财富管理服务产品(Wealth Management),以及针对超高净值客户的私人财富管理服务产品(Private Wealth Management)。嘉信理财公司针对个人投资者的服务也分为四类:一是标准化的智能投顾顾问Schwab Intelligent Portfolios(SIP),全程由代码完成配调仓;二是人机结合的Schwab Managed Portfolios,由职业管理团队为客户挑选主动基金、监控资产状况、再平衡调仓;三是人工参与程度更高的Schwab Intelligent Portfolios Premium,起投门槛2.5万美元,在每个月缴纳咨询费的基础上可以获得不限次数的一对一理财规划专家咨询服务与进阶的数字化服务工具(如情景假设模拟器);四是起投门槛为50万美元、提供纯人工服务的Schwab Private Client,致力于提供从联系基础需求到提供持续性建议并处理突发需求的管家式服务(显然并不适用于长尾客户)。

(四)投顾难"顾"

顾名思义,"智能投顾"区别于"智能投资"。"投资顾问"的称呼意味着,顾问除了应当完成最基本的财富管理目标以外,还应当重视与投资者的交流沟通,对投资者进行培育与教育。事实上,投资并非一瞬间可以完成的事情,从决定进行投资,到确定资产分布比例,选择投资策略与投资产品,调仓清仓再投资,投资包含了财富管理的全部流程。在这个过程中,为投资者获取最大化的投资收益,满足投资者的投资需求固然是投资顾问的基本任务与核心竞争力;但为投资者提供朋友式的支持与帮助,建立长期信任的委托关系,也是投资顾问的隐形义务与进一步的发展方向。

在实际的操作层面,投顾的"顾"可以被分为两个部分。第一,基础部分。此部分服务可以被囊括于投资顾问的信义义务之中,相应的是,如果违背此类义务并造成了投资者损失,则应当向投资者承担赔偿责任。这一层服务包含了密切跟踪市场,勤勉尽责地履行受托人义务,持续关注客户账户,调整持仓基金,这也是目前已经开展智能投顾业务的机构在努力实践的层级(尽管在履行过程中仍存在诸多问题)。第二,进阶部分。此部分服务不属于投资顾问必须履行的义务范畴,而是改善投资者投资体验的服务,这意味着即便投资顾问未能向投资者提供相应的服务,也不损害二者之间的"委托—代理"关系。但是,缺乏专业人员去讲解智能投顾构建的产品组合的策略原理,难以让客户对智能分析结果产生真正意义上的理解和信任。因此总的来说,进阶部分包含了给予投资者行为指导和为投资者提供陪伴式的服务的内容,更注重与投资者之间的交互性,增强投资者的体验,让投资者感受到投顾服务是一项可以长期信赖和依靠的服务。如果说基础层的服务更多的是偏技术层面的话,那么进阶层的服务则更偏情感层面,两者相结合就能优化投资者的综合投资体验,提升客户的黏性。

投顾难"顾"既存在技术上的原因,也存在业务安排上的问题。从技术角度来看,如果说算法尚能够在"顾"的基础部分努力做到尽职尽责,那么在"顾"的进阶部分,算法在短时间内似乎难以突破技术障碍。人工投顾提供的沟通与陪伴,的确很难被算法模拟,这也是 Betterment、先锋集团、富达投资集团与嘉信理财公司等智能投顾机构在服务中将算法与人工进行混合的决定性因素(并且可以发现,针对净值越高的客户,投顾服务的人工参与程度越高)。从业务安排角度看,目前我国智能投顾推出的业务,也的确较少着眼于"顾"的属性。大部分智能投顾机构并不愿意在投资者指导与教育上发力,这或许是出于服务成本控制的考量。

我国智能投资"顾问"实例:GL 证券

GL 证券作为首批 7 家取得基金投顾试点资格的券商中唯一的中小券商,最先于 2020 年 4 月 21 日开始展业。截至 2021 年 4 月,其签约客户数达 9 万人,服务资产规模接近 90 亿元,位居全国市场第一,其背后是 GL 证券对基金投顾业务的重点布局、在资产配置上的精益求精以及对"顾"之于业务开展作用的重视。

【重点业务布局】

GL 证券将基金投顾业务作为公司战略重点业务和公司财富管

理转型的重要途径,试图探索中小券商差异化发展路径。因此,其在公司层面建立了基金投顾投资决策委员会,核心决策层包括公司总裁、副总裁、资产管理部总经理、投资总监、FOF投资负责人等。投顾策略团队具有行业领先的专业能力和丰富的基金投资经验,核心成员均具备年金养老金、FOF投资、基金评价的长期从业经历,投资实盘历史业绩优良。

【完整的资产配置和基金评价体系】

根据"先定量评级+归因",再定性调研重点研究对象的逻辑,GL证券通过专业化筛选累计入库近150只公募基金,调整出库15只公募基金,从中筛选了约60只公募基金构成5个内部基金投资策略及多个外部基金投资策略。业务上线以来,单个策略的累计换手率未超过110%,不同策略经历调仓2—5次不等,累计调仓成本不超过0.25%。

【二分在"投"、八分在"顾"】

GL证券非常重视"顾"在业务开展中的作用,通过众多的线下网点及基金投顾展业人员,实现"小客户配备大服务"的业务模式。在线下,GL证券广泛开展投资者教育与沙龙等服务,在市场出现大幅波动的时候,策略团队与投资者可以进行面对面的充分交流,沟通对市场的判断及应对策略,安抚客户的心理波动,很大程度上阻止了客户作出追涨杀跌的非理性操作。在线上,GL证券通过策略日评、周报、月报、调仓说明、市场展望、市场异动点评、资产配置理念、公募基金优选方法等内容,以图文、线上直播、短视频等形式实现客户的全生命周期陪伴。

GL证券对"顾"的重视极大地提升了客户信任度和体验感,且能够引导客户培养长期投资的观念,有利于基金投顾行业的健康发展。

二、影响智能性发展的外部因素

(一)市场低水平的长期资产配置需求

观察过去四十年间我国居民对可投资财富的配置模式可以发现,目前房地产投资与储蓄依旧是我国居民资产配置的首要选择。我国家庭资产中绝大多数为非金融资产,其中住房资产占比最高。过去几年间房地产行业的超高投资回报率与存在于中国传统文化中"安土重迁"的思想,在促进了房地产行业的同时,遏制了我国居民对长期收益资产配置的需要。

2013年的一项家庭资产构成研究显示,由银行存款与现金构成的无风险资产占我国家庭总资产的75.7%,远远高于美国,而风险资产仅占24.3%。① 尽管近年来,投资者配置长期收益资产的意愿有所增加,但整体投资意识仍然不强。以处于我国经济发展头部的江苏省为例,2019年的调查显示,62%的江苏居民没有投资规划,投资的主要目的是合理安排资金。尽管在经济发展转型时期,江苏居民的投资趋向多元化,投资领域也在逐步拓宽,但银行储蓄依旧是江苏居民的首选金融工具,居民投资的比例占到56%。② 另外值得一提的是,除了居民主观的风险厌恶情绪外,部分经济能力不足的居民可能不得不以银行存款作为自己的理财首选项,其原因在于虽然我国投资产品数量在不断增加,但很多投资产品对居民家庭收入要求较高(一般最低要求为5万元)。

居民的投资行为与金融市场的发展之间存在密切的联系,或者说居民投资行为与金融市场的发展相互制约又相互促进。由于我国居民长期收益资产配置的需求一直以来位于较低水平,传统金融投资服务和现代数字金融服务水平依旧处于较低阶段,存在更为广阔的发展空间。然而值得庆幸的是,正如在本章开头所提及的,伴随"房住不炒"政策的出台以及房地产税的试水与推行,我国居民长期资产配置的需求正在稳步上升。尽管扭转持续数十年的低迷状态需要时间,但可以预期,假以时日,我国低水平的长期资产配置需求现状将得到较大改善。

(二)个体投资者不成熟的投资理念

我国个体投资者所表现出的投资态度与一般投资顾问所秉持的投资理念也存在较为明显的差异。尽管金融投资行业在不断向投资者宣传价

---

① 参见甘犁、尹志超、贾男等:《中国家庭资产状况及住房需求分析》,载《金融研究》2013年第4期。
② 参见李嘉倩:《收入转型时期江苏省居民投资行为选择研究》,载《科技视界》2019年第28期。

值投资的理论,宣传"做时间的朋友""陪伴企业成长"等现代投资观点,但个体投资者追求的依旧是短期快速获取高收益,对风险的心理承受能力极低。一旦投资产品出现亏损,或者无法达到投资者预期的投资收益,投资者往往会直接选择快速更换投资产品。为了迎合个体投资者"短平快"的投资目标,投资顾问可能会选择向投资者推荐短期内收益良好的金融产品,而放弃推荐具备长期投资价值的资产。在这种逻辑链条下,一方面投资顾问展现自身专业技术的场景大大受限,另一方面投资顾问与投资者之间很难形成长期信任关系。

因此老生常谈但又值得一提的是,建设成熟有序的资本市场离不开对投资者的长期教育。金融知识会促进家庭将更多资产配置到金融资产,尤其是风险金融资产上。[①] 这不仅有利于智能投顾行业的进步,同时对于扭转一直以来我国银行存款畸重、长期收益资产配置畸轻的局面也具有重要意义。只有当投资者形成了长期投资习惯,形成了价值投资观念,才能够以更成熟的心态参与到市场投资当中去,才能够更好地与"投资顾问"建立宝贵的信任链接,为智能投顾行业发展创造良性土壤。

(三)投资者转化困难

对以"第三方基金销售平台"身份获得基金投顾试点资格的机构——一般为互联网巨头机构——而言,投资者留存与转化困难是其在发展智能投顾过程中不得不面临的障碍(当然该问题同样可能为传统金融试点机构所烦恼)。互联网公司本身存在巨大的C端客户流量,此外还拥有丰富的客户场景,在大数据的收集与使用上具备先发优势,可以对客户进行精准画像,使其在金融服务效率上更具优势。这是传统金融机构所难以媲美的优势,也是其在短时间内难以跨越的天堑。

然而,智能投顾在我国毕竟属于新兴产物,尚处在发展阶段,不仅监管机构对其秉持观望、试探的态度,大部分投资者,尤其是已经形成一定投资习惯的中年投资者,也对其保有谨慎态度。对于没有购买过智能投顾类型产品的客户而言,由于"智能投顾"本身属于新兴事物,投资者对其了解程度比较低,即便是通过广告推送等形式接触到智能投顾产品,也可

---

① 参见吴雨、彭嫦燕、尹志超:《金融知识、财富积累和家庭资产结构》,载《当代经济科学》2016年第4期。

能出于对产品不熟悉、懒于尝试、防范产品风险等原因拒绝进行投资。因此,在流量—投资转化率上,智能投顾产品的转化率较传统基金销售产品的转化率仍然较低。

(四)专业投资顾问人才稀缺

第一,行业专业人才不足。报告显示,2018 年共有 23 家咨询机构分别以业务的不同角度为切入点,开展智能化投资咨询服务,包含了智能化咨询、智能化理财规划、智能化风险控制等服务,其中智能化咨询业务相关从业人员为 812 人。即便将范围扩展到证券投资咨询机构,2018 年,证券投资咨询机构员工总数为 18331 人,投资顾问人数为 2150 人。① 相比较而言,2020 年年末,A 股账户自然人投资者超过 1.8 亿名。尽管并不是每一位投资者都需要投资咨询服务,但巨大的数量悬殊依旧有力佐证了我国专业投资顾问人才稀缺的现状。行业发展的停滞使得行业专业人才不足的情况无法得到有效缓解。除了极少数的头部咨询机构,我国大部分投资咨询机构不能盈利或者处于亏损状态,这使得整个投资咨询行业对于优秀人才来说,都不具备吸引力。

第二,投资顾问人员服务能力有待提升。囿于我国传统投资顾问的业务模式,投资顾问往往扮演的是"卖方顾问"的角色,并不注重为投资者提供多样化、差异化的服务。在投资顾问的专业能力以及教育程度都有待提升的情况下,"卖方顾问"多数时候只能提供相对基础的服务,这在新的智能投顾商业模式中显然是不足够的。在财富管理模式下,市场要求投资顾问从投资者的角度出发,根据客户当前的年龄特征、收入水平、风险偏好和投资经验,综合研究后为投资者实现不同的生活目标提供个性化的金融产品解决方案,做一个实实在在的"买方顾问"。参考国外投顾市场,大部分机构的投顾人员基本上都是注册理财规划师(CFP)持证人,以瑞银集团为例,其投顾团队不仅有研究金融市场的行为金融学专家、为客户贴身服务的资产配置专家,还有专业的团队建设专家,可以全方位专业化地提供各种服务。

第三,作为科技与金融高度融合的典型行业,智能投顾行业的高端人

---

① 参见中国证券业协会:《中国证券业发展报告(2019)》,中国财政经济出版社 2019 年版,第 309—313 页。

才需要具备金融投资行业与信息技术行业两方面的背景知识，从而更加剧了高端人才的稀缺性。一个优秀的智能投顾行业人才，一方面需要具备专业的投资知识与技能，把握投资市场机会与方向，引导投资者理性配置资产；另一方面需要具备基本的信息技术行业背景，对算法模型中所使用的逻辑结构、数据组合、假设与缺陷有立体明确的认识。证券投资行业本身就属于人才密集型行业，建立包含金融投资与信息技术知识的人才培养体系，完善智能投顾人才队伍建设，也是各智能投顾机构必须完成的重要任务。

第二节 数据信息合规面临挑战

作为智能化投资咨询服务的基础资料，数据是智能投顾服务的最重要的资产与支柱之一。海量有效的数据是机器学习的基础，可以说没有数据就没有人工智能，更没有智能投顾。随着我国《个人信息保护法》的颁布与生效，有关数据使用与数据安全的话题再次走入智能投顾行业视野。从数据的获取、采集，到数据的集中存储、管理，再到数据的输出与核心数据的保密，数据信息合规工作事实上贯穿智能投顾机构的整个业务流程之中。

一、数据征集与使用边界

一般来说，智能投顾服务流程的第一步，是以问卷调查形式进行客户画像，这是一个标准的数据搜集过程。在此过程中，客户的年龄、职业、收入、负债、既有资产与金融资产配置等信息，都会被智能投顾机构牢牢掌握——事实上这也是智能投顾信义义务的基本要求。一方面，按照我国《民法典》第1035条的规定，企业收集个人数据应当具备必要性和适当性。智能投顾机构收集、处理个人信息应当遵循合法、正当、必要原则，不得过度处理。另一方面，通过问卷调查步骤收集到的客户信息中，大部分涉及客户的个人经济情况与个人资产状况，属于《个人信息保护法》中规定的敏感个人信息①。针对敏感个人信息的保护更加严格:(1)企业只有在具有特定的目的和充分的必要性,并采取严格保护措施的情形下,方可处理敏感个人信息;(2)处理敏感个人信息应当取得个人的单独同意,当法律、行政法规有另行规定时,应当取得个人的书面同意;(3)处理敏感个人信息时,应当向投资者告知处理敏感个人信息的必要性以及对个人权益的影响。可见,当智能投顾在搜集客户信息时,除了必须遵循"合法、正当、必要"的明示同意规则,将数据收集限定在合理范围以内之外,还必须保证投资者能够对其敏感个人信息的未来用途有较为清晰的认识,并严格控制敏感个人信息滥用的情况。其中,"具有特定的目的和充分的必要性"要求智能投顾企业充分评估其相关产品和服务方案,不得以提供服务为由任意处理敏感个人信息。在这种个人信息保护要求之下,如果想要实现数据的合规治理,则智能投顾机构必须明确数据收集与使用的边界。

实践操作中,智能投顾服务在个人信息的收集环节,已经暴露出了诸多问题。许多应用程序会强制搜集与其提供的服务没有关联的信息。例如某款智能投顾 APP,在登录界面要求客户同意"本程序访问你的所在位置/获取你的位置权限"并"允许本程序访问你的通讯录",否则将拒绝为客户提供业务服务。事实上,客户所在的位置或其通讯录信息与投资顾问服务并没有显而易见的联系,又或者即便可能产生业务上的联系,智能投顾机构也没有向投资者充分说明调取这些个人信息的必要性。由此可见,时至今日,仅仅依靠"合法、正当、必要"的原则性指引,对于投资顾问实践活动的指引是远远不够的。细化的指导条款与行政执法案例不仅能为投资者信息安全提供更多保障,而且能够为智能投顾机构厘清数据使用边界,降低数据合规成本。

二、"一揽子"授权数据信息使用权的合法有效性

对以"BN 投"为代表的以系统生成而非问卷调查模式完成客户画像

---

① 我国《个人信息保护法》第 28 条第 1 款规定,敏感个人信息是一旦泄露或者非法使用,容易导致自然人的人格尊严受到侵害或者人身、财产安全受到危害的个人信息,包括生物识别、宗教信仰、特定身份、医疗健康、金融账户、行踪轨迹等信息,以及不满 14 周岁未成年人的个人信息。

的投资顾问来说，如何取得客户对留存数据使用的同意，是必须解决的问题。就目前的实践操作而言，智能投顾机构一般会以弹出框的形式，要求客户对留存在该应用程序内的数据信息进行全权授权，否则将拒绝为客户提供相应的服务。据前文所述，由于客户资产状况属于敏感个人信息，应当取得客户的单独同意，因此使用类似"同意将你的个人数据用于接下来的投资咨询活动中"这类概括性、笼统的表述，是否能够满足《个人信息保护法》中有关个人信息使用授权的规定，尚存疑问。

根据实际体验发现，智能投顾 APP 的"同意授权"项除了授权机构对于个人信息的收集、传输、处理、使用以外，往往还包括了数据再利用、共享、转授权、对外提供等多个方面。然而，当客户按下"授权使用"或者"同意使用"的按钮之时，可能只是按照既定流程行事，对授权投资机构使用的个人信息内容、数据范围、后续事宜并不明确。又或者说，以简单的弹出框等形式，在未向客户进行对将要使用内容的梳理、使用正当性说明或告知可能产生的不利情形与风险的情况下，要求客户将数据信息的使用权一揽子授权给智能投顾机构，这一行为的合法有效性仍有待监管机构的进一步明确。

三、客户留存数据的合规使用

客户留存数据的合规使用问题，给大型金融科技公司带来的困扰可能更加突出。各互联网巨头试点机构在既往长期的金融实践活动中，借助 C 端流量优势，已经积攒了相当多的客户信息。这些留存数据包括：（1）客户职业、教育状况、年龄、信用状况等客户曾经以明示形式授权机构进行搜集的信息；（2）客户收入情况、资产状况、负债情况等客户以默示形式允许机构进行搜集的信息；（3）客户既往金融交易习惯（包括交易金额、频率、交易性格）、主要投资领域、主要投资方向等试点机构通过加工分析获取的信息；（4）曾经因出于其他使用目的而收集的，对客户画像或未来投资顾问活动具有帮助意义的数据；（5）通过智能投顾机构的母公司、子公司、实际控制公司，或具有关联关系的其他公司收集到的，可能对客户画像或未来投资顾问活动具有帮助意义的数据。① 一般认为，对于客户曾经以明示或者默示形式允许机构进行搜集的信息，以及试点机构通过加工分析获取的信息，在取得投资者同意后，试点机构得在合理必要的范围内进行使用。对于后两类留存数据的使用，智能投顾企业则应当进行额外的说明，明确告知投资者将要使用的数据来源、数据范围、使用目的、使用数据的必要性以及使用数据可能带来的不利影响。

四、数据信息保护要求带来的合规成本提升

除去在数据的收集和处理中可能遇到的问题，新的数据安全规范对智能投顾企业在进行客户信息保护方面也提出了更高的要求。在进行数据信息合规工作时，应当按照最新法律法规和技术规范的要求完善数据安全建设。我国《个人信息保护法》强调个人信息处理者(在本文的语境下，即智能投顾机构)对个人信息的保护责任，明确其作为信息安全第一责任人的地位。根据我国《个人信息保护法》之规定，智能投顾企业应当：(1)按照规定制定内部管理制度和操作规程；(2)对收集整理到的信息采取相应的加密、去标识化等安全技术措施；(3)合理确定个人信息处理的操作权限，并定期对从业人员进行安全教育和培训；(4)指定个人信息保护负责人对个人信息处理活动及其采取的保护措施等进行监督，公开个人信息保护负责人的相关信息并报送个人信息保护职责部门；(5)制定并组织实施个人信息安全事件应急预案；(6)定期对自身的个人信息活动进行合规审计；(7)对处理敏感个人信息、利用个人信息进行自动化决策、委托处理个人信息以及对外提供或公开个人信息等高风险处理活动进行事前影响评估，并对处理情况进行记录；(8)当发生或者可能发生个人信息泄露、篡改、丢失的情况时，积极履行个人信息泄露通知和补救等义务。②

此外，2020年2月，中国人民银行正式发布《个人金融信息保护技术规范》，规定了个人金融信息在收集、存储、使用、删除、销毁等生命周期各环节的安全防护要求，从安全技术和安全管理两个方面，对个人金融信息

---

① 例如，除了客户留存在某宝内的数据外，客户的TB记录、MY借呗、MY花呗等相关数据，对于分析客户的资产状况、负债情况与偿债能力，都有极强的辅助意义。

② 参见我国《个人信息保护法》第五章个人信息处理者的义务。

保护提出了规范性要求。伴随这些合规要求而来的,是企业不断上升的合规成本。智能投顾企业作为投资者敏感信息的守卫者,负有法定的管理义务,除了需要实施常规的去标识化、加密等技术措施外,指定信息保护负责人、对公众个人数据进行分级分类管理、制定信息泄露预案、定期合规审计、对违法处理个人信息的产品或者服务进行调整或废止等程序,都意味着企业必须投入大量额外的人力物力财力,以建立一整套数据合规治理体系。除此之外,由于我国此前针对数据合规的指导政策较少,司法案例不足,企业必须从零开始摸索建立合规治理体系。这意味着除却常规成本以外,企业还将付出额外的试错成本。

第三节 人工智能的责任承担与专业资质审查问题

人工智能是智能投顾的核心业务模型,也是将智能投顾与传统金融业务进行区分的基础要素。科技在赋能金融业务的同时,也向传统金融业法律规制体系提出了新的问题。由于金融产品日益复杂以及信息不对称问题日益突出,投资者在谈判能力、决定能力和抵御风险能力上与普通消费者日渐趋同,难以有效监督金融从业者的行为,因而需要特殊的保护。在传统投资顾问模式下,投资顾问与金融机构被视为受托人,承担信义义务,还需履行获得许可、依法注册、保持胜任性以及管理投资者适当性等合规义务。法律还通过对机构内部组织的要求,形成有效监督投资顾问的科层结构。智能投顾的出现使金融行为的作出变成一个混合的过程:其中既有自然人的设计和设置,也有机器按照算法作出的判断。这种人与机器混合作出金融行为的过程使得传统上对于投资顾问的监管规则在识别行为主体和判断责任时面临困境。[①]

一、人工智能的责任承担问题

(一)通行观点:人工智能是平台伸出的"长臂"

随着科学技术的日新月异,金融业务领域也在不断进行创新和拓展。

[①] 参见高丝敏:《智能投资顾问模式中的主体识别和义务设定》,载《法学研究》2018年第5期。

量化投资、算法选股、精准营销、智能画像、舆情分析、极速交易等内容和服务,都给投资者带来了全新的体验。就目前的技术发展,尤其是应用于智能投顾的算法技术而言,程序并不能被赋予民事主体资格,仍只能被视作人的能力的延伸工具。

1. 算法不具备主体适格性

从目前程序的发展状况上看,其显然尚不具备民事主体资格。一方面,程序不能够独立地享有权利、承担义务。[1] 另一方面,程序是人类创造出来的,其产生之初即作为民事法律关系的客体而出现,其虽然可能代替人类从事相关的活动,但本质上是受其自身的算法而决定的,尚不具备人类所具有的自主思考的意识和能力。从具体操作流程看,算法结论的生成包含了以下几个步骤:第一,程序按照设计者划定的目标与范围抓取数据,随后进行分析。在此步骤内,数据的抓取范围、处理方式都是由程序设计者预先编制好的。第二,程序收集投资者相关信息并进行处理。在此步骤中,搜集什么信息,如何进行处理,也是由程序设计者进行判断。第三,程序将投资者信息与预先处理好的数据池进行匹配,并选取最佳结果推荐给投资者。可以发现,设计者的金融知识、直觉、逻辑、价值判断等贯穿了整个算法流程的方方面面(当然,设计者的专业知识不足、判断的瑕疵、利益衡量偏好也可能反映在算法之中)。计算机系统依据人工输入的指令进行数据搜集,即便貌似给出了"结论",也只是依据人工预设的逻辑流程作出判断,其结论体现的正是程序编写者而绝非程序的主观意识。

2. 长臂规则的可适用性

此外,正如上文所述,目前智能投顾的发展,仍处在努力克服"不够智能""千人一面"的阶段,因此仍可依据我国《民法典》侵权责任编之内容,要求运营者承担民事责任。在穿透责任的模式下,智能化程序可以被视为投顾平台向投资者提供服务的"工具",也即延伸出去的"长臂",因此要求经营者设计相应的内部控制流程与监督机制,并无不妥。相应地,如果因智能化程序(工具/长臂)的缺陷给投资者带来了损失,也应当由经营者承担责任。

当然,整个智能化程序的设计是一个复杂的环节,中间一般会涉及金

---

[1] 参见王利明:《人工智能时代对民法学的新挑战》,载《东方法学》2018年第3期。

融专业判断与算法程序设计。在该种处理逻辑体系下,算法程序设计事实上是服务于金融专业判断的:智能投资顾问作出的决策实际上模拟了提供交易和决策模型的金融从业者的行为,所以"受托"咨询的行为事实上在金融人员提供交易和决策模式时已经前置了①,最终为投资者提供"投资咨询服务"的,仍旧应当是专业的金融服务人员;技术人员只是依据金融服务人员之判断,为其提供技术支持。因此,除非是因故意或者重大过失造成投资者损失,否则不应要求技术服务人员承担赔偿责任。但是应当注意的是,程序设计者仍然需要满足从事算法开发的基本资质的要求。

(二) 一些面向未来的声音

然而,笔者不否认在未来的某天,计算机程序通过自主学习,作出超出人类预判范围以外的选择的可能性。不断发展的机器学习技术(machine learning),正在不断赋予智能机器人算法自我更新和自我学习功能。换言之,随着算法的升级和优化,未来智能程序可能会脱离人类的指示和控制:程序编写者仅仅在系统初化时植入程序,但后续的智能机器人知识库是根据其获得的数据学习得来的。

以"非公理化推理系统"(non-axiomatic reasoning system,NARS)为例,该系统在人工智能领域被看作是"通用人工智能"的代表性项目。② NARS是一个智能推理系统,根据开发者最初植入的知识库来做出反应。与传统推理系统不同的是,它能够从经验中学习,尤其在自身知识和资源不足的情况下仍可以工作。③ NARS系统自身的知识库不是固定的,而是在NARS系统与外界的交互过程中不断地进行自我扩充、自我修正与自我丰富。NARS在初始的推理规则的指导下获取新的认知,从而在新的认知指导下做出全新的行为。④ 在未来,高度人工智能在不同情境中的行为可能不是其开发者可以预见或者事先控制的,从而形成了不需要

---

① 参见高丝敏:《智能投资顾问模式中的主体识别和义务设定》,载《法学研究》2018年第5期。
② Ben Goertzel, *Artificial General Intelligence*, Springer (2007), pp. 31-60.
③ Pei Wang, "Non-Axiomatic Reasoning System (Version 4.1)," AAAI/IAAI (2000), pp. 1135-1136.
④ Pei Wang, "Non-Axiomatic Reasoning System: Exploring the Essence of Intelligence (VersionV2.2)," Indiana University (1995).

人类参与的"感知—思考—行动。"①由于算法的升级和机器人深度学习，机器人的行为可能无法合理地归因于机器人的开发者和制造商，对其开发者施加严格的产品责任，容易抑制技术人员的积极性，阻碍金融科技的创新。② 对于该问题如何进行规制和法律设计，欧洲议会法律事务委员会在其发布的《就机器人民事法律规则向欧盟委员会提出立法建议的报告草案》中提出了两点解决思路③：

一是探索赋予机器人法律地位。欧洲议会也认识到，当智能机器人通过深度学习，发展到可以自发地从其接触的数据和与环境的交互中做出某种无法预见的行为时，严格责任制度已经不再合适。2017年1月12日，欧洲议会法律事务委员会以17票赞成、2票反对、2票弃权的结果通过一份决议，提出了一些具体的立法构想，其中就包括赋予机器人"电子人"的地位，同时拟出台特定的监管准则，以规制具有特定用途的机器人和人工智能系统。④ 在欧洲议会法律事务委员会看来，如今的机器人已经具备自主性和认知特征，能够从经历中学习同时独立自主地做出判断、实质性地调整行为，因而越来越难将其简单视为工具。这使得既有的责任规则变得不足，亟需新规则的出台。

二是创设强制保险计划和赔偿基金。为智能机器人的雇主和开发者强制投保或者要求其支付赔偿基金，这样可以缓解严格责任因阻碍创新所引发的忧虑。人工智能的强制保险计划与赔偿基金的设计和职工赔偿基金类似，智能机器人的开发者或者雇主可以支付一定比例的资金以换取对于侵权赔偿责任的部分免除。

---

① David C. Vladeck, "Machines Without Principals: Liability Rules and Artificial Intelligence," 89 *Washington Law Review* 117（2014），pp. 117-150.
② Lightbourne J, "Algorithms & Fiduciaries: Existing and Proposed Regulatory Approaches to Artificially Intelligent Financial Planners," 3 *Duke Law Journal* 67（2017），pp. 651-680.
③ Committee on Legal Affairs, "REPORT with Recommendations to the Commission on Civil Law Rules on Robotics," European Parliament（January 27, 2017），accessed December 1, 2022, https://www.europarl.europa.eu/doceo/document/A-8-2017-0005_EN.html.
④ 参见司晓、曹建峰：《论人工智能的民事责任：以自动驾驶汽车和智能机器人为切入点》，载《法律科学（西北政法大学学报）》2017年第5期。

二、专业资质审查问题

通常,投资顾问从业人员需要遵循相应的考试与注册制度。以证券投资咨询行业为例,根据有关规定,证券投资咨询从业人员需通过证券投资资格考试。证券投资资格考试属于证券从业专项资格考试,从业人员除了必须通过"证券市场基本法律法规""金融市场基础知识"两个基础科目外,还必须通过"证券投资顾问业务"这一科目,方可被认定具备了证券投资顾问胜任能力。① 在智能化程序渗透到投资顾问行业方方面面的今天,我们固然能够通过更新证券投资顾问胜任能力考试的内容,要求投资顾问人员同时具备金融行业相关知识与算法领域基础常识;但是如何为"算法"设置准入门槛,就成为了较为棘手的问题。

"算法"显然不可能参加从业资格考试,因此与其最接近的制度,就是计算机程序代码测试制度。尽管计算机代码不可能像人类一样对一张试卷"作答",但如果抓住了从业资格考试的核心目的,便可以针对代码设计相应的资格认证模块。同从业资格考试相类似,计算机程序代码测试的创设,应当旨在考量计算机代码是否具备了从事此项服务所必需的能力,包括知识图谱及判断能力。对计算机代码能力考察的范围应当包括典型智能投顾服务的全部流程,即适当性分析、大类资产配置、投资组合构建、交易执行、投资组合调整、风险管理、投后分析等。如果智能投顾的知识库具备核心功能模块的知识图谱,并且具备基本的判断能力,那就可以认为智能投顾具备相应的"投顾资质"。② 在对上述内容进行考察时,可以将算法测试分为两大部分:(1)算法功能测试;(2)算法性能测试。

(1)算法功能测试。 功能测试的主要目的是确认算法是否能够实现编写者想要实现的需求。在智能投顾的语境下,算法应当能够为投资者提供与其经济状况及投资目标相符合的金融产品组合;当涉及资产管理业务时,算法应当能够为投资者提供及时且合理的调、平仓服务,以期获得更佳的投资收益。算法功能测试是对智能投顾算法基础能力的确认,如果无法通过算法功能测试,则该智能投顾不具备为投资者提供与其需

---

① 我国2019年修订的《证券法》明确取消了对投资顾问从业人员的从业经验要求。
② 参见张家林:《人工智能投顾,需要从业资格考试吗》,载《华夏时报》2016年12月3日。

求相符的金融产品组合的能力,或不具备智能的资产管理能力。算法功能测试同样应当包含对核心需求外其他需求的检验,包括该算法的稳健程度、所选金融产品的风险程度、整体算法系统的稳定性、与其他程序(例如基金登记结算程序)的接洽程度等内容。

(2)算法性能测试。性能测试的主要目的是检阅算法的运行能力是否符合市场要求,即便算法通过了功能测试,在性能不达标的情况下,依旧不能通过智能投顾算法测试。其原因在于,不同于经纪商,投资顾问负有最佳执行义务,即为投资者提供与其经济状况与投资目标最相符的投资建议。最佳执行义务是信义义务的重要组成部分,如果智能投顾仅能够提供"一般性"的投资建议,而无法为投资者寻求最佳执行结果,则其将在信义义务的履行方面有所缺失。当然,需要指出的是,算法性能测试并不能保证智能投顾的服务质量,更不能保证投资者的预期收益。同功能测试一样,性能测试同样包含对核心需求外的其他需求的检验,主要包括算法的计算时间,以及对硬件的消耗或占用比重。

算法不具备民事主体资格,不能够独立承担民事责任,因此即便算法需要通过计算机代码测试,最终承担民事责任的主体依旧是各金融机构。因此这样的"计算机代码测试",可以由各个智能投顾机构通过"内部测试"的方式率先进行。通过各业务平台的内部测试系统之后,就可以由各智能投顾平台自主决定是否向客户提供。等到行业进行一定数量的横向对比,摸索建立出标准化的评测体系后,可以由监管部门或者指定第三方进行统一的"计算机代码测试"。[1]

2016年1月,韩国总统工作报告中就提出了"关于活跃机器人投顾的方案",指出相关机制得到保障后监管部门将允许机器人投顾业务直接面向大客户提供服务。2016年8月,韩国金融委员会(FSC)出台了"机器人投顾测试床的基本运行方案",通过三阶段的审核程序检验机器人投顾平台的实际运营情况,测试算法的稳定性、收益性以及整体系统的安全性,最终审议通过的机器人投顾平台将面向广大中小投资者进行合法的资产管理服务。[2]

---

[1] 参见邢会强等:《智能投顾时代的崛起——智能投顾法律问题研究》,中国金融出版社2020年版,第322—328页。
[2] 参见姜海燕、吴长凤:《机器人投顾领跑资管创新》,载《清华金融评论》2016年第12期。

第五章　智能投顾在中国(三)：投资咨询业监管

在上一章，笔者介绍了智能投顾在发展中所经历的一系列问题，包括智能化程度不足、数据合规风险，以及人工智能责任承担问题。在本章中，笔者将更进一步，聚焦智能投顾行业所面临的亟待解决的法律问题。

在这里需要提醒各位读者注意的是，本章内容将不可避免地大量涉及我国投资咨询行业的发展历史、法律问题与监管规范，并不限定于"智能投顾"这一特定领域。之所以做出这样的安排，是出于以下四点考量：第一，智能投顾在投资顾问流程中使用算法自动化的方式为投资者提供建议，因此毫无疑问应当隶属于投资咨询行业，"智能"是传统投顾业务的新发展、新形态。第二，我国目前尚未形成体系化的、针对智能投顾行业的特殊法律规范。第三，应当指出的是，体系化的、针对智能投顾行业的特殊法律规范并非必要。相反，参考其他国家和地区对智能投顾行业的监管经验，以将智能投顾纳入传统投资咨询法律框架为基础规制手段，以发布针对数字化建议的特殊要求为补足规制手段，是绝大部分国家和地区采用的监管策略。第四，投资咨询行业在我国的发展一直不尽如人意，对投资咨询行业的监管也相当混乱无序，即投顾市场与监管一直处于紧张微妙的博弈对抗状态之中。因此，厘清现有投资咨询行业监督管理政策，明确现行监管对整个投资咨询行业的态度，才能够在此基础上更好地分析智能投顾这一"投资咨询行业特殊形态"所面临的法律问题——事实上，在"智能性不足"的大前提下，智能投顾所面临的法律困境与投资咨询行业所面临的法律困境，存在极大范围的重合。

第一节　全权委托禁止

一、试点前：全权委托禁止，投资咨询行业的"紧箍咒"

全权委托禁止不仅影响了传统投资顾问行业的发展，并且随着投资顾问行业进入"智能化"时代，逐渐成为智能投顾行业兴起的最大法律障碍，负面作用日益凸显。在2019年《关于做好公开募集证券投资基金投资顾问业务试点工作的通知》正式落地、全权委托禁止政策稍有松绑前，我国智能投顾一直无法完成从"半智能、伪智能"向"真智能"的转变。[①] 智能投顾由"卖方投顾"向"买方投顾"的转型也受到掣肘。

（一）全权委托禁止的概念

介绍全权委托禁止，就必须先明确全权委托账户的含义。所谓全权委托账户，可以理解为是在投资者与经纪商（投资顾问）签订全权授权协议后，允许经纪人在未经客户同意的情况下买卖的账户。投资者授权给经纪人买卖证券的种类、时间和价格的权利。[②] 全权委托账户的一大特征是经纪商具有自由裁量权，在作出投资决定时无须事事获取投资者同意（例如前文所提到的，先锋集团会对客户账户进行持续跟踪，在每季度采用特定方法进行实时调仓而无需经投资者授权）。进而，禁止机构提供涉及全权委托账户的相关业务，被称为全权委托禁止。

（二）全权委托禁止的法律渊源

1. 证券投顾领域的全权委托禁止

中国证监会针对证券产品的全权委托禁止的规定一直非常全面、严格。在法律层面上，1998年《证券法》第159条规定，投资咨询机构及其从业人员从事证券服务业务不得代理委托人从事证券投资。据此确立了我国投资咨询行业不得向投资者提供证券类全权委托账户的基本原则。2019年修订的《证券法》第161条继承了该条规定，这可能是出于防止证

[①] 尽管时至今日，我国智能投顾的"智能性"依旧不足，但相较于通知颁布之前，已经有了极大的改善，详见本书第三章。

[②] James Chen, "What is a Discretionary Account? Investopedia," accessed December 1, 2022, https://www.investopedia.com/terms/d/discretionaryaccount.asp.

券投资机构人员利用投资者账户操纵市场,以及保护投资者利益的考量。[1] 其中第134条同样规定,证券公司办理经纪业务,不得接受客户的全权委托而决定证券买卖、选择证券种类、决定买卖数量或者买卖价格。即不仅证券投资咨询机构及其从业人员不得提供全权委托账户服务,证券公司在经纪业务中也不得接受客户的全权委托,即便其中存在明确的意思表示。在规范性文件的层面上,出台较早的《证券、期货投资咨询管理暂行办法》(证委发〔1997〕96号)第24条第1项同样规定,证券、期货投资咨询机构及其投资咨询人员,不得代理投资人从事证券、期货买卖。2020年10月中国证监会修正的《证券投资顾问业务暂行规定》第12条规定,证券公司、证券投资咨询机构向客户提供证券投资顾问服务,应当告知客户:证券投资顾问不得代客户作出投资决策。

足以证明,从我国资本市场建立之初,证券投资顾问就只能靠"建议"进行盈利。而正如后文将要论述到的,"建议"作为一种信息,本身具有很强的复制性;单纯以"建议"行为作为基础商业活动也已经被实践证明了是不可持续的。总而言之,在规范层面上,证券投资顾问一直不被允许向客户提供证券产品全权委托服务;市场上也未出现不设法规避全权委托禁止而直接提供财富管理服务的实践。

2. 基金投顾领域[2]的全权委托禁止

尽管从学理上说基金属于广义上的证券,但在我国的监管体系中,基金与证券分属两个产品,各自拥有独立的法律法规体系,适用不同的监管规则。

我国《证券法》第2条第1、2款规定,在中华人民共和国境内,股票、公司债券、存托凭证和国务院依法认定的其他证券的发行和交易,适用本法;本法未规定的,适用《中华人民共和国公司法》和其他法律、行政法规的规定。政府债券、证券投资基金份额的上市交易,适用本法;其他法律、行政法规另有规定的,适用其规定。可见,我国法律并没有以概括的方法定义证券,而是以列举的方式明确《证券法》的适用对象。我国《证券法》第2条明确了"证券投资基金份额的上市交易,适用本法",同时,我国《证

---

[1] 参见吴弘:《证券法教程(第二版)》,北京大学出版社2017年版,第321—324页。
[2] 本书所讨论的基金产品,限于通过公开募集方式设立的证券投资基金(公募基金)。

券投资基金法》第 2 条规定,在中华人民共和国境内,公开或者非公开募集资金设立证券投资基金(以下简称基金),由基金管理人管理,基金托管人托管,为基金份额持有人的利益,进行证券投资活动,适用本法;本法未规定的,适用《中华人民共和国信托法》《中华人民共和国证券法》和其他有关法律、行政法规的规定。二者结合,通过体系解释路径,笔者认为,我国《证券法》的适用与规制对象,并不包含《证券投资基金法》第 2 条认定的证券投资基金。

既然基金与证券分别适用不同的监管体系,那么"基金"投资顾问是否同样受到全权委托禁止的约束,就应当进行单独讨论。从法律渊源上看,与证券投资咨询不同的是,全国人大及其常委会、中国证监会、中国基金业协会等主体均未出台与"基金投资顾问禁止提供全权委托服务"相关的规定。即基金投资顾问原则上可以开展全权委托服务。然而实践中,在《关于做好公开募集证券投资基金投资顾问业务试点工作的通知》生效前,基金投资顾问同样无法开展全权委托服务。笔者认为可能是基于以下原因。

我国的第一部《证券投资基金法》颁布于 2003 年。受限于资本市场发展现实与法律有限的前瞻性,其中并未提及基金投资顾问或基金投资咨询业务。2012 年,《证券投资基金法》进行了较大修改,新增了有关基金投资顾问的相关内容。其中第 98 条规定,从事公开募集基金的销售、销售支付、份额登记、估值、投资顾问、评价、信息技术系统服务等基金服务业务的机构,应当按照国务院证券监督管理机构的规定进行注册或者备案。同时第 142 条第 1 句规定,基金投资顾问机构、基金评价机构及其从业人员违反本法规定开展投资顾问、基金评价服务的,处 10 万元以上30 万元以下罚款;情节严重的,责令其停止基金服务业务。上述条款为2015 年修正的《证券投资基金法》所继承。即自 2012 年修订的《证券投资基金法》生效之日起,基金投资顾问机构开展投资顾问业务,就必须取得监管部门的许可,否则属于非法展业。然而,涉及基金投顾的监管规定,也仅止步于上述两条宽泛的法律条文。直到 2019 年《关于做好公开募集证券投资基金投资顾问业务试点工作的通知》出台以前,监管机构都没有出台针对有关基金投资顾问的注册或者备案流程、对口监管机构、投资顾问展业权限范围、责任义务等内容的具体细节指引。因此,或可称

2013—2019年间基金投顾的监管情状为：仅存在泛泛之规定，既没有详细的操作指引，亦缺乏相应的实践指导。2019年的《公募投顾业务试点通知》被认为填补了基金投资顾问领域的监管空白，在另一方面也意味着2013—2019年间基金投资顾问没有得到明确的监管约束与指导。有鉴于此，在此期间，各机构并不敢贸然声称开展的是"基金投资顾问业务（基金投顾业务）"，更遑论向投资者提供基金产品的"全权委托"服务。

至于此，笔者想要补充一句题外话。正如在第三章中向读者所介绍的那样，我国"基金投顾"这一概念事实上是由"基金组合"模式演化，又或者说进化而来的。这一演化或进化的过程也必然不是一蹴而就的，在此期间，基金组合模式与基金投顾模式曾并存于市场中，共同为投资者提供关于基金产品的投资建议服务。① 对于那些声明自身提供的是"基金销售服务"，而其提供的也确乎是基金销售服务的机构而言，作为基金销售机构，其当然不具备向投资者提供全权委托账户的资质。

总结来说，尽管证券投资顾问与基金投资顾问受"全权委托禁止"约束的法理依据不同，但相同的是，在2019年《公募投顾业务试点通知》颁布前，二者均被禁止向投资者提供代客理财服务。

（三）全权委托禁止给投顾行业发展带来的阻碍

投资咨询机构不能够接受客户的全权委托，代其进行财富管理，给投资顾问行业在我国的发展带来了诸多阻碍，给智能投顾行业造成的负面效应则更加明显，一度成为智能投顾行业发展不得不面对的话题和想方设法规避的问题。

1. 损害投顾行业基本盈利模式

由于投资咨询行业的商业模式长期以来被限定为"口头咨询"模式，该行业自供给端起便无法向投资者提供达到付费水平的投资咨询服务。在这种商业环境之下，我国中小投资者一直以来未能养成"为投资咨询服务付费"的习惯。造成该现象的另一个可能的原因是，至少在2019年《通知》发布前，投资顾问机构倾向于收取金融产品销售佣金而非投资咨询费用或咨询管理费用；投资者则更倾向于在"免费"的前提下获取普通质量的投资咨询服务。在这种商业模式下，投资顾问的利润来源与服务对象

---

① 详细说理部分请参考本章第二节。

之间产生背离,除非存在极其强大有力的外部监管力量,或者精密完善的内部合规程序(同时要求极高的企业道德水平),投资顾问很难真正以投资者利益为出发点为其提供恰当的投资建议。在投资顾问只能提供低质量服务的前提下,投资者也很难愿意为之买单,更遑论形成为咨询服务付费的习惯。

从我国投资咨询行业的现实发展情况来看,整个行业也的确一直处于"半死不活"的状态。截至2018年12月31日,80家持牌证券投资咨询机构当年实现行业营业收入总计87.94亿元,行业净利润总计亏损2200万元,较2017年下降103.41%;行业总资产总计112.77亿元,同比下降1.02%。相比证券公司,证券投资咨询机构的行业资本、资产和收入规模不大,行业集中度低,行业分化非常明显。数据显示,投资咨询行业总注册资本为49.67亿元,平均注册资本为6208万元,其中21家机构注册资本达到1亿元以上,大多数机构注册资本低于平均水平,12家机构注册资本低于500万元。行业总资产112亿元,行业平均资产为1.4亿元,其中8家机构总资产超过3亿元,30家机构总资产低于5000万元。行业净资产总额为65亿元,行业平均净资产为8193万元,其中9家机构净资产超过2亿元,41家机构净资产低于3000万元,1家机构净资产为0,14家机构净资产为负。从行业收入上看,行业总收入近88亿元,而收入排名前10的咨询机构总收入超40亿元,占行业总收入的45.7%。从行业利润上看,全行业净亏损2200万元,虽然过半(45家)机构实现盈利,但合计净利润只有5.3亿元,净利润排名前5位的咨询机构合计净利润为3.25亿元,占行业实现盈利的咨询机构净利润总额的61.29%,1家咨询机构净利润为0,34家咨询机构亏损,合计亏损5.52亿元。2018年证券投资咨询行业机构员工总数为18331人,投资顾问人数为2150人,行业员工数超过500人的有11家,尚有7家机构员工数少于10人。从数据上看,投资咨询行业综合实力悬殊,大型咨询机构数量少,有一定盈利能力;而小型咨询机构数量多,业务竞争能力弱,几乎不能盈利。①

回顾2019年《关于做好公开募集证券投资基金投资顾问业务试点工

---

① 参见中国证券业协会:《中国证券业发展报告(2019)》,中国财政经济出版社2019年版,第309—313页。

作的通知》颁布前智能投顾的发展历程,在最初的"野蛮生长"之后,智能投顾行业整体经历了一段时间的回落。"全权委托禁止"的存在,使智能投顾作为投资顾问机构,无法真正为投资者提供优质服务,无法依靠专业服务获得稳定可靠的利润来源,是阻碍其健康发展的核心原因。细数源于 2019 年《公募投顾业务试点通知》以前且已经消亡或正在转型的一系列智能投顾平台,可以发现,这些"智能投顾"服务要么止步于算法自动推荐投资组合,要么将投资者"导流"至相应的产品销售平台,都不提供实时跟踪、自动调仓/平仓/补仓服务。即便智能投顾提供"实时跟踪"服务,也只能首先向投资者推送相关操作建议,待投资者亲自进入软件,手动点击按钮后,智能投顾方可进行后续操作。这严重影响了智能投顾服务质量,束缚了智能投顾的未来发展。

笔者认为,这种单一的"建议"模式根本就不足以支撑智能投顾行业本身的发展诉求。客户同意向投资顾问支付费用的基础,或者说"咨询费用"的对价一般为投资顾问提供的"资产管理服务";仅以"投资建议"作为咨询费用的对价,显然异常单薄。一方面,单纯的"投资建议"具有很强的替代性。在互联网高度发达的今天,如果一个投资者只是单纯地想要寻求金融投资方面的有效信息和金融资产配置的相关建议,那么无论是通过搜寻企业公开披露的财务资料,还是通过参考行业研报、新闻研究,或者关注网络自媒体评论等方式,都可以获得虽不一定专业但仍具备相当参考价值的投资信息。因此在这种大背景之下,投资者很难为"建议"支付较高费用。另一方面,假设投资顾问的专业程度如此之高,以至于存在部分投资者愿意为"建议"付费,投资机构仍然要面临下一个严峻的考验:"建议"作为"信息"的一种,本身具有公共产品的基本特征,即非竞争性和非排他性,且信息的可复制性极强,投资机构作出的投资建议可能会沿着客户的社交网络进行快速传播,被其他非付费客户知晓并付诸实践。在"搭便车"心态的驱使下,其他投资者将更加倾向于不购买投资建议,而是选择等待。由此可见,单纯的"建议"模式很难为投资顾问机构提供稳定可靠的收入来源。投资顾问为投资者带来的真正价值,是在提供投资建议后,按照客户的个体财务场景和具体财务需求制定理财计划,并及时为客户作出投资决策,为投资者提供全方位的账户管理服务,实现资产的保值增值。

2. 导致投顾行业的异化

在传统的投资顾问服务中,投资者需要支付咨询费、交易费、投资组合调整费、税收规划服务费等多种费用,林林总总不一而足。显而易见的是,这些费用构成了投资顾问行业的基础利润来源。尽管智能投顾依靠算法程序形成规模效应,但收取服务费与资产管理费用仍然是绝大多数智能投顾的基本商业形态。正如第二章第二节所详细介绍的那样,美国智能投顾的主要收费依据是客户账户资产管理规模。Betterment 按照客户账户资产管理规模的百分比收取投顾咨询费用(尽管不同级别的服务所收取的百分比不同);先锋集团采取阶梯式收费方式,投顾咨询费用收取比例随着客户资产规模的扩大而逐渐下降;Future Advisor 以及 Wealthfront 不区分客户资产规模,按照统一的百分比收取管理费用。①

由于我国投资咨询机构不能向客户提供以"全权委托账户"为前提的财富管理服务,无法维持投资顾问行业的基本商业形态,因此我国智能投顾乃至投资顾问形成了另外一种商业模式,即免收客户投资建议(资产管理)费用,而是向资产提供方收取中介费用。例如,平台向代销基金的基金销售公司/平台收取手续费或销售费用。这种盈利模式被形象地称为"卖方投顾"。在市场、法律制度以及牌照管制等多方面原因的影响下,投资顾问由"向投资者承担信义义务"的服务提供者异化为基金销售商的产品推介渠道。② 以若干早期进入数字化投资咨询服务领域的公司为例,"某度股市通""某顺 IFID"等服务于个体客户的荐股程序,通常是券商为了吸引客户提供的附加服务,券商通过股票经纪服务赚取的手续费用方是平台的主要利润来源。此前的"某东智投""LC 魔方"等平台,通常为投资者提供多类型的理财产品组合,提供大类资产配置建议,其本质是通过网络引流销售金融产品,盈利模式是通过推荐投资者购买指定投资产品获取销售利润。

在投资顾问向投资者收取资产管理费用,同时向投资者履行信义义

---

① 一方面,嘉信理财不直接提供投资咨询服务,而是致力于在独立投资顾问与客户之间搭建信息桥梁;另一方面,嘉信理财因收费模式可能具有误导性,正在接受美国证券交易委员会的调查。因此,本书未将其列入讨论范围。

② 参见钟维:《中国式智能投顾:本源、异化与信义义务规制》,载《社会科学》2020 年第 4 期。

务的情形下,尚且存在因信息不对称而引发的利益冲突问题;举轻以明重,则在我国投顾利润来源与义务指向不同一的情形下,其中天然存在而又不可调和的利益冲突势必更加激烈。投资顾问由"买方投顾"异化为"卖方投顾"的同时,无形中将一道隔阂的藩篱筑于自身与投资者之间:当投资者清晰地认识到所谓的"投资顾问"代表的是金融产品销售商,其所获取利润来源于产品销售手续费时,将再难与投资顾问建立宝贵的信任关系,而是仅仅将其作为一个普通的金融产品购买平台。

3. 掣肘智能投顾发展

智能投顾的概念伴随市场量化投资技术的崛起而兴起,除了根据客户财务状况与财务需求制定投资计划,分析大类资产市场发展前景与选择值得投资的金融产品外,其另一重要功能是使用现代的投资收益模型,衡量市场预期波动风险及合理的预期回报率,并在综合考虑风险与回报的情况下构建优秀的投资组合。因此智能投顾的服务内容可以被分为两大板块:(1)具体行业的考察与底层资产的筛选;(2)个性化的投资咨询服务。

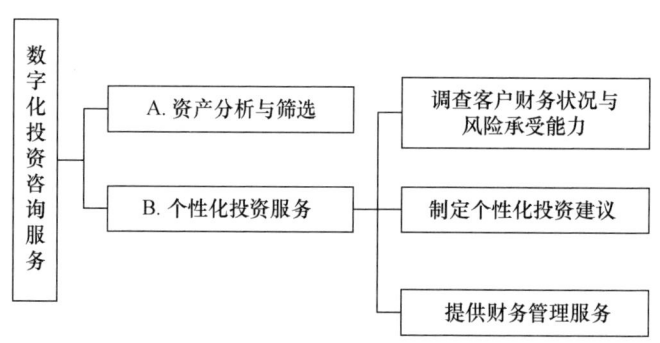

图 5-1　智能投顾服务板块示意图

其中,行业分析与资产筛选属于投资咨询行业的底层业务,也是各投资顾问机构赖以生存和发展的基础。各投资咨询机构经过几十年间的发展,已经组成了专业的分析团队,形成了规范化的分析模式,发展较为平稳。无论是从输入端上,利用机器优势收集并处理数据、降低数据噪音、提纯信息价值,还是从输出端口上,运用机器学习、知识图谱等技术分析企业数据、市场情绪、宏观经济情况等内容,算法在较早阶段便被引入数据分析与量化投资策略中,成为投资顾问行业赖以生存的一大支柱。从投资者的角度而言,算法可能会提高投资顾问所提供的投资产品质量,但这种普适性的提高并不能为其提供个性化的理财建议服务,高质量的投资产品可能并不符合自身现阶段的理财要求(例如某资产需要进行长期投资,而投资者在短期内有婚嫁、医疗或房地产投资等大额资金支出需求),因而难以称得上"智能投顾"。更有甚者,在我国智能投顾野蛮发展的初期,部分投资顾问机构以"算法推荐"的名义销售投资产品,利用"算法""模型""大数据"等华丽的辞藻对平台产品进行包装,掩盖事实上存在的利益输送行为,严重损害普通投资者的利益。

对投资者而言,整个数字化投资咨询服务的核心,集中体现在"提供财富管理服务"这一环节。在大数据分析加模型调整的帮助下,算法发挥的作用包括:(1)代替普通投资者(或专业投资人员)紧盯投资机会,极大地节省了人工成本与时间成本;(2)以超强计算能力及时分析投资风险与投资回报;(3)作出理性的经济决策,降低了投资者情绪扰动对投资结果的影响;(4)根据投资者个人财务状况与风险偏好,在确定的投资阈值内对投资组合进行再平衡,真正实现"持续提供个性化理财投资建议"。在整个过程中,算法极大地降低了投资者时间、精力成本,提高了投资者反应速度,实现了"智能投资"的真正价值。为了实现上述流程,投资顾问必须取得对投资者账户的全面管理之权利。否则,要求投资顾问在对客户账户作出任何处分行为前必须取得客户同意,将会致使投资者错失一众投资良机,智能投顾的便捷性与高效性也将无从体现。

由此可以得出结论:禁止投资咨询行业向个人提供财富管理服务(禁止"代客理财"),在智能投顾发展中的负面作用尤其突出,因为其完全遏制了整个数字化投资咨询服务的核心业务的发展可能。智能投顾之所以"智能",其要义在于能够为投资者提供个性化的、便捷的、持续高效的理财服务,而绝不仅仅在于在数字模型的辅助下获取"理财建议"——毕竟无论是从输入价值还是输出价值来说,数字模型早已渗透至投资咨询行业底层业务的方方面面。投资者真正需要的,是一个能够以自身财务状况与投资诉求为核心的便捷优秀的财富管理工具,而绝非简单的投资建议。

4. 规避"全权委托账户"监管引发的违法经营问题

投资顾问如果试图展开代客理财服务,常规做法是于海外设立客户资金代持机构,或者与海外其他金融服务机构合作,以曲折迂回的方式规避监管。这种模式不仅大大提高了投顾机构的运营成本,还会引发关于海外证券公司经营证券的合法性问题。简单来说,境外证券经营机构在境内经营证券业务的,须经中国证监会批准,并取得相应的准入牌照。①境内投资顾问机构将投资者账户资金转移至于境外开设的证券公司的账户内,当境外投资机构处分投资者资产时,则涉及境外证券公司经营证券业务的问题,如果境外证券公司未报中国证监会批准或未能取得相应牌照,则可能涉及非法经营证券业务。

二、破局:基金投顾试点改革

2019年10月起,中国证监会开始以试点方式为我国投资顾问行业"松绑",助推我国财富管理行业深入发展。从"半智能、伪智能"到"全智能、真智能",智能投顾行业借助政策机遇,开始了深化的革新发展。需要再次明确的是,《关于做好公开募集证券投资基金投资顾问业务试点工作的通知》效力仅及于基金投资顾问,有关证券账户的全权委托禁止依旧有效。

(一)在基金领域松绑"全权委托禁止"要求

2019年10月24日,中国证监会发布《关于做好公开募集证券投资基金投资顾问业务试点工作的通知》,规定基金投资顾问试点机构从事基金投资顾问业务,可以接受客户委托,按照协议约定向其提供基金投资组合策略建议,并直接或者间接获取经济利益;根据试点机构与客户协议约定的投资组合策略,试点机构可以代客户作出具体基金投资品种、数量和买卖时机的决策,并代客户执行基金产品申购、赎回、转换等交易申请,展开管理型基金投资顾问业务。2020年4月,中国证监会发布《证券基金投资咨询业务管理办法(征求意见稿)》,其中第7条规定,符合中国证监会规定条件的从事基金投资顾问业务的机构,可以向客户提供管理型投资顾问服务,在客户授权范围内代理客户办理交易申请等事项。"管理型"投资顾问始获确认,走入大众投资者的视野。

---

① 我国《证券公司监督管理条例》第95条规定,境外证券经营机构在境内经营证券业务或者设立代表机构,应当经国务院证券监督管理机构批准。具体办法由国务院证券监督管理机构制定,报国务院批准。

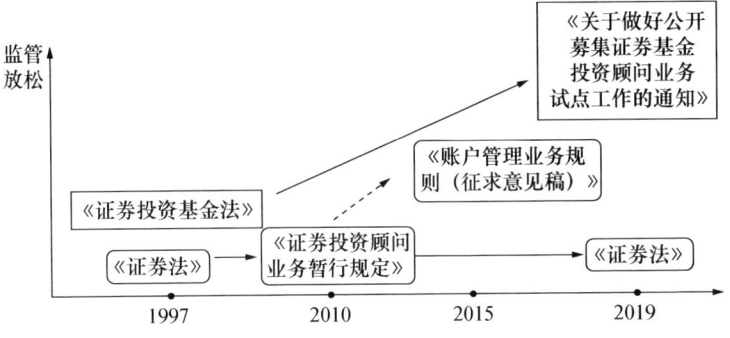

图 5-2　全权委托账户在我国的监管变革历程

如果对有关全权委托禁止的法律法规及规范性文件进行梳理,不难发现,2019 年中国证监会《公募投顾业务试点通知》并非监管层第一次构想松绑全权委托禁止——尽管该通知是相关构想的首次落地执行。早至 2015 年,中国证券业协会就出台了《账户管理业务规则(征求意见稿)》,其中第 2 条第 1 句规定,本规则所称账户管理业务,是指取得证券投资咨询业务资格并符合本规则条件的机构(以下简称持牌机构)接受客户委托,就证券、基金、期货及相关金融产品的投资或交易做出价值分析或投资判断,代理客户执行账户投资或交易管理。该规则旨在为持牌证券投资咨询机构从事资产管理服务提供法律支持。可以说,《账户管理业务规则(征求意见稿)》具有较强的现实意义,如果能够顺利出台并落实到地,将是我国投资顾问行业以及智能投顾行业的重大发展机遇。然而遗憾的是,时至 2022 年,该规则一直没有正式颁布。与此同时,2019 年修订的《证券法》第 161 条依旧全面继承了原《证券法》对于禁止全权委托的规定。

总结来说,中国证监会对于全权委托账户的开放持有较为谨慎的态度:原则上禁止证券投资咨询机构代客理财,但允许净资产充足、对客户的兜底能力强的机构作为试点机构,在证券投资基金这类产品上进行全权委托服务的实践,探索性开展财富管理服务。在证券产品上,全权委托服务依旧被法律法规所禁止。①

必须澄清的是,全权委托业务虽然为我国《证券法》所禁止,但在金融

---

① 公募基金试点布局现状,可参考本书第三章中的介绍,在此不再赘述。

实践中依旧存在多种形式的代客理财业务模式。例如,商业银行的私人银行业务,其适应位于私人银行金字塔尖的客户需求①;代客境外理财的合格境内机构投资者(QDII)服务。又例如,我国存在一些"民间委托理财合同",部分合同的效力通常会得到法院的支持(应当注意的是,这类合同中的受托人多为非金融机构、非证券从业人员,因此严格来说并不违反投资顾问不得接受全权委托代客理财的法律规定);一些伞型信托和民间场外配资计划中的劣后投资者,也会明确自己的身份是"投资顾问",对账户具有决策权和控制权,而信托公司则仅仅是证券期货投资的资金通道。实际上,律师事务所、会计师事务所等中介机构,同样可能充当投资顾问的角色。② 除此之外,我国金融机构的资产管理业务,从本质上看其实就是全权委托资产管理业务,即投资者在认购金额的范围内,将投资决策等权利全权委托给金融机构,由金融机构代为行使。③

(二) 基金投顾与智能投顾

基金投顾试点业务以大型金融机构、风险分散型产品托底,尝试寻找投资咨询业新的发展方向。以基金投顾试点改革为依托,智能投顾这一投资咨询行业新形态,也开始迎来了第二个发展高潮。在进行接下来的讨论前,将再次回顾基金投顾与智能投顾的概念,并明确二者之间的关系。

1. 基金投顾与智能投顾的概念关系

从概念上看,基金投顾与智能投顾应属两种不同的业务形态,虽然其中可能会包含部分业务内容的交叉。基金投资顾问,即基金投顾,是指获得基金投顾资质的金融机构,接受客户委托,按照约定,向客户提供涉及基金类产品的投资建议服务,辅助客户作出投资决策,并直接或者间接获取经济利益的经营活动。④ 其核心要素为:(1) 主要投资对象为基金产

---

① 2014年,民生银行私人银行部率先向超高净值客户推出全权委托业务。参见贾旭晖:《私人银行的全权委托资产管理业务》,载《中国信用卡》2014年第8期。

② 参见沈朝晖:《证券投资咨询行业升级、两阶牌照与法制改革》,载《证券市场导报》2017年第12期。

③ 参见栗胜男:《智能投顾市场准入法律规制研究》,载《国际经济法学刊》2021年第3期。

④ 按照是否能够代客户选择基金品种开展投资交易,替客户执行基金产品申购、赎回、转换等交易申请,基金投顾又可分为咨询型基金投顾和管理型基金投顾。此部分内容将在接下来的部分详述。

品;(2)提供投资建议服务。智能投顾,是指投资咨询机构接受客户委托,按照约定,使用算法程序自动化地为投资者提供投资建议服务,从而直接或者间接获取经济利益的经营活动。其核心要素为:(1)使用算法程序;(2)自动化地提供投资服务建议。

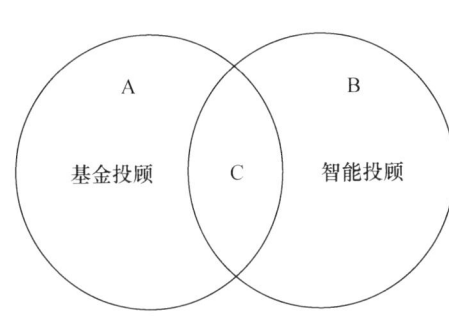

图 5-3　基金投顾与智能投顾的概念关系

2. 讨论基金投顾的必要性的陈述

正如本节前文所述,"代客理财"是投资顾问服务的核心价值所在,也是投资顾问机构未来广阔利润空间之所在。由于中国证监会仅允许(试点)机构针对基金产品开放代替客户执行产品申购、赎回、转换等交易申请的相关服务,这就吸引了获批试点机构在开展智能投顾服务时,将投资标的集中于基金产品之上——智能投顾逐渐成为"智能基金投顾"。

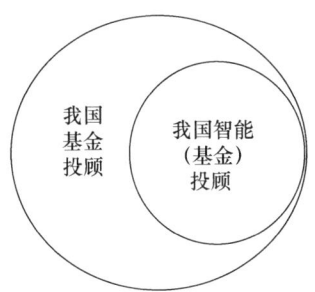

图 5-4　《公募投顾业务试点通知》颁布后,我国基金投顾与智能投顾之间的关系

至此,连点成线,连线成面,此处能够较为清晰地向读者阐述投资顾问—基金投顾—智能投顾的发展脉络,并解释三者之间的关系。长久以

来的全权委托禁止规定极大地限制了我国投资顾问业务的发展；2019年中国证监会《公募投顾业务试点通知》颁布后，全权委托禁止规定在基金产品领域得到了一定程度上的松绑。该通知为智能投顾带来了发展的春天，创造了一片得以开展"代客理财"业务的新天地。政策的助推使智能投顾与基金投顾不断趋同，直至此时，他们的目标客户、标的资产选择、资产配置风格和投顾服务流程都极为相似。因此，笔者认为，对基金投顾的讨论也是对智能投顾的讨论，对智能投顾的分析也无法跳出对基金投顾的分析的范畴——尽管二者之间的确存在不同。

三、小结

全权委托禁止在我国的形成，有其独特的历史原因。在证券投资顾问行业中，全权委托禁止的约束至今仍在；而2019年中国证监会的《公募投顾业务试点通知》出台后，基金投顾行业中全权委托禁止的约束逐渐解绑，"管理型基金投顾"开始崭露头角。该通知也是我国智能投顾发展的一道分水岭：在此之前，由于全权委托禁止均衡地存在于证券与基金两个产品之中，二者皆不能向智能投顾提供明显的优势赛道；在此之后，全权委托禁止在基金领域的解除使基金产品备受智能投顾行业青睐，"智能投顾"开始转型成为"智能基金投顾"——一方面，我国智能投顾终于获得了摆脱"半智能、伪智能"帽子的契机，得以一扫暮气大展拳脚，逐步向美国智能投顾行业标准靠拢；另一方面，"智能基金投顾"也将智能投顾的投资范围限定在了基金领域，长远来看或存作茧自缚之忧——如果想要全面扶持我国投资咨询行业发展，则全面开放全权委托禁止或是必由之路，当然，这便属于后话了。

第二节　投资咨询展业合规

智能投顾属于投资顾问的特殊形式，又因其业务涉及广大投资者的利益，因此我国与国际监管实践中，都对其设置了市场准入机制。2018年中国人民银行、中国银行保险监督管理委员会、中国证券监督管理委员会、国家外汇局发布的《关于规范金融机构资产管理业务的指导意见》中规定,运用人工智能技术开展投资顾问业务应当取得投资顾问资质。可见,我国针对智能投顾行业设立了准入制度,试图以行政许可手段控制行业风险。然而棘手的是,在我国,有关投资顾问行业准入监管问题,或可称为投资顾问牌照合规问题,一直都没有得到妥善的解决。在本节中,笔者将尝试从我国投资咨询牌照监管的停滞状态入手,首先对基金组合模式进行分析,随后以"基金投顾"的兴起及《证券基金投资咨询业务管理办法(征求意见稿)》中对于证券投资顾问与基金投资顾问的二分为突破口,尝试详细介绍并彻底梳理投资咨询行业牌照合规问题。当然,监管机构也应当尽快明确监管思路,弥补政策规定与业界操作之间的割裂鸿沟,为包括智能投顾在内的整个投资顾问行业的发展扫清法律障碍。

一、证券投资顾问:行业乱象与监管应对

《证券、期货投资咨询管理暂行办法》第 3 条规定,从事证券、期货投资咨询业务,必须依照本办法的规定,取得中国证监会的业务许可。未经中国证监会许可,任何机构和个人均不得从事本办法第 2 条所列各种形式证券、期货投资咨询业务。可见,从事证券投资咨询业务,应当在事前满足相应的行政许可要求。2016 年起,为简政放权,中国证监会将证券、基金、期货业务许可证统一为《经营证券期货业务许可证》。从事证券投资咨询业务,应当在《经营证券期货业务许可证》中取得有关证券投资咨询服务的资格许可。

(一)证券投资咨询行业乱象

我国的证券投资咨询行业饱受诟病。一直以来,证券投资咨询市场的发展都相当混乱,可谓"乱象丛生"。我国资本市场不够成熟,投资者在金融常识方面的受教育程度也不够深,加上实行全权委托禁止,我国一直以来未能发展出一个健康的"买方投顾"的市场格局,使得存在于委托人与代理人之间本就脆弱的信义关系更加摇摇欲坠。经年的投顾市场实践也表明,"为客户最佳利益行事"难称为投资顾问的行事指南,信义义务的确认和履行均不及格。即便是在正规持牌投资咨询机构中,欺诈投资者、传播虚假信息、进行虚假陈述等违法违规事件仍旧频频发生。

1. 传统持牌机构

据中国证监会发布信息,2018年中国证监会及其分支机构共对58家咨询机构或其分支机构采取行政监管措施,其中对35家采取责令暂停新增客户的行政监管措施,并表示:"近年来,证券投资咨询行业乱象丛生,有的持牌机构违反诚信经营的基本原则,欺诈客户不当牟利,有的沦为市场操纵等违法行为的帮凶,有的未经批准擅自开展或变相开展投资咨询业务,滥竽充数,浑水摸鱼,严重扰乱市场秩序,损害投资者权益。在成熟市场中,证券投资咨询业务向来是受到严格监管的领域,在我国中小投资者占比较高的特定市场环境下更应如此。我会将进一步加大对该领域违法违规行为的打击力度,正本清源,切实保护中小投资者合法权益。"①

大连华讯投资股份有限公司(以下简称"大连华讯")成立于2000年,是国内较早取得投顾牌照的公司。公司总部位于深圳,办公室在职员工近190名,具备支撑中心、金融科技中心、策划运营中心、华讯研究院、市场推广中心、风控合规中心和运营管理中心等多个组织架构单元,主要业务是为投资者提供金融资讯、证券投资分析软件产品以及各类投资分析工具,收入来源为收取证券投资咨询服务费。企业财报显示,大连华讯2020年上半年的投资顾问业务收入高达1.69亿元。但就是这样一家正规持牌投资顾问机构,自2017年以来,便因各种原因被全国多地证监局行政处罚:至少有6地监管机构对大连华讯及其分公司作出7次处罚决定,问题涉及虚假宣传、内控不到位、业务员不具有证券从业资格、违规荐股等多个方面。例如,公司业务员向客户承诺,只要缴纳服务费,公司开发的炒股软件"华讯股票APP"就会帮助其利用大数据选股;当客户付款后,则会以"一对一服务"为名诱导客户购买指定股票。当客户出现亏损时,公司的常规做法是推说亏损属于正常市场行情波动,又或者推诿说已经将业务员开除;对于部分维权意识较强的投资者,则会争取"退钱了事"。为了躲避行政处罚,一方面,大连华讯合规部门删除了业

---

① 《证监会对4宗案件作出行政处罚》,载中国证监会官网2018年8月3日,http://www.csrc.gov.cn/csrc/c100028/c1001220/content.shtml,最后访问日期:2022年12月1日。

务员向客户保证收益、虚假宣传的聊天记录,销毁证据;另一方面,严令禁止业务员向公务员、警察、律师、记者等"法律意识较强,可能会给公司带来风险"的群体推荐产品。2019年,大连华讯在受到责令暂停新增客户处罚后仍未停止新客户投资顾问服务业务,甚至为了隐瞒该事项,向北京证监局报送虚假资料。2021年3月,深圳龙岗警方突击查处大连华讯,对147名嫌疑人以涉嫌诈骗和虚假广告罪采取刑事强制措施。据警方调查发现,该公司披着"新三板上市公司"的外衣,通过虚假宣传、隐瞒真相、承诺收益的方式,诱导投资人购买荐股套餐,骗取高额服务费。经检察机关依法批准,警方已对大连华讯投资公司包括董事长周某富在内的12名公司高管实施逮捕。据初步统计,大连华讯公司涉案金额高达27亿元,投资受损人遍布各地。①

2019年1月,广东证监局对广东科德投资顾问有限公司采取责令暂停新增客户6个月的行政监管措施。该公司存在的问题与新汇通公司多有重合,比如投资建议未说明研报发布人及发布日期,对部分推广、服务环节留痕不完整,误导性宣传等。持牌投资咨询机构的违规行为,凡此种种不一而足。2019年5月,因存在对客户身份识别不足、投资建议依据不充分等四项违规行为,上海证监局对上海新汇通投资顾问有限公司下发责令改正的监管措施,要求该公司在5月月底前完成整改并向监管部门提交书面报告。

2019年7月,北京首证投资顾问有限公司被北京证监局暂停新增客户1年,原因在于该公司业务人员向客户承诺收益,并通过微信向客户发送了"这个票100%成功""一个月至少20%收益""只要你按照老师指令操作,一只股就能把费用赚回来""大概做一个半月收益50%"等信息;此外,该公司还存在虚假、不实、误导性宣传,部分业务人员通过微信向客户发送了"我们的价格是经过证监会统一批准的,你不要犹豫""老师推荐的每一只股票都在证监会有备案,随时可查"等信息。

---

① 参见《大连华讯出事了:欺骗投资者疯狂割韭菜 董事长在内12名高管被捕》,载《新浪财经》2021年2月28日,https://finance.sina.com.cn/stock/s/2021-02-28-doc-ikftssap9278289.shtml,最后访问日期:2022年12月1日。

2019年7月,陕西巨丰投资资讯有限责任公司重庆分公司收到了重庆证监局暂停新增客户6个月的监管措施,其违规之处包括个别不具有证券投资咨询执业资格的人员向客户提供投资建议;个别业务员引导客户以他人身份开通服务,公司合规管理机制不健全;在营销过程中存在误导性宣传的情形;客户营销和服务记录留痕不完整。2017年,陕西巨丰投资资讯有限责任公司就曾因"营销人员一人同时扮演销售人员、盈利客户等身份诱导客户,存在虚假、不实、误导性宣传"受到陕西省证监局的处罚。

2020年2月,北京中资北方投资顾问有限公司(以下简称"中资北方")被北京证监局责令暂停新增客户。整改期间不得开展营销推广、新客户投顾服务等业务活动。此前中资北方及其分支机构就曾多次因不同问题受到监管机构的行政处罚。2019年1月,北京证监局向中资北方北京总部出具警示函,并要求该公司全面开展整改工作,切实提高公司合规水平,原因是其向客户提供证券投资顾问服务时未告知投资顾问姓名、推荐理由和风险提示。2019年6月,陕西证监局责令中资北方西安分公司整改并提交整改报告。原因是陕西证监局在前往中资北方调查涉及该公司的多起举报事项时,其以全员在北京公司总部内部培训为由,拒不配合现场取证和调查,严重阻碍证监局履行监督管理职责。2019年9月,陕西证监局向中资北方西安分公司出具行政处罚通知,认定中资北方西安分公司在开展投资咨询业务中存在两大违规问题:一是未完整留存客户营销档案;二是公司新增营业场所未依法履行报备程序。2021年7月,中资北方广州分公司与石家庄分公司因未按规定履行变更事项报告,被河北证监局处以30万元罚款。

2. 非法投资咨询活动

令情况更糟糕的是,随着互联网的发展,尤其是自媒体的快速崛起,"向投资者提供涉及证券及证券相关产品的投资建议服务"似乎不再是传统金融机构的专利。一些"荐股软件""荐股号""股市大V"通过社交网络,大范围地向不特定投资者推荐证券类投资产品。这些非法投资咨询活动借助社交网络快速传播,影响范围广,受众人群不特定,且由于其营业场所的不固定性和极强的隐蔽性,对该类活动的查处与监管相较针对持牌机构的监管更为困难。

2012年,中国证监会在《关于加强对利用"荐股软件"从事证券投资咨询业务监管的暂行规定》(中国证券监督管理委员会公告〔2012〕40号)中称,"荐股软件"通过网络、电话、短信方式,大范围地向不特定投资者推荐金融产品,并直接或者间接获取经济利益,从事着与其他持牌投资顾问机构几乎相同的业务,但却没有受到相应的政策约束。随着网络和自媒体的快速发展,非法投资咨询活动甚至频频成为金融诈骗案件的"重灾区":不法分子以"证券投资顾问"为噱头,以"大数据诊股""专家一对一指导""无收益不收费"为宣传口号,吸引投资者加入微信群、QQ群或者下载投资软件,向投资者夸大收益,非法推荐股票或者投资组合,并通过"培训费""打赏费""投资分成""VIP会员费"等名目向投资者收取费用,甚至诱骗投资者参与非法交易,乃至直接诈骗投资者资金。此类非法活动隐蔽性强、形式多变、受害者范围广,严重侵害了投资者利益。中国证券业协会在《中国证券业发展报告2019》中就曾明确指出:"目前非法证券投资咨询业务种类繁多,主要包括:互联网公司开展证券投资咨询业务,假借智能化投资咨询的幌子从事非法证券咨询业务,其他类非法证券咨询业务等。这些非法证券咨询业务通过互联网、社交软件(微信、QQ等)、新媒体等方式从事非法证券投资咨询活动,方式隐蔽,损害持牌证券投资咨询机构的声誉,冲击行业健康发展。"[①]

(二) 监管应对:基本叫停投资咨询单项许可

为了保护投资者权益,整顿证券投资咨询市场乱象,自2014年以后,中国证监会再未单独核发过证券投资咨询业务资格许可。据统计,2004年市场上的投资咨询牌照数量为108张,2018年为84张;而根据2022年中国证监会公布的《证券投资咨询机构名录》显示,2022年投资咨询牌照数量为80张,持牌机构包括证券公司、券商研究所、金融终端服务商以及

---

① 中国证券业协会:《中国证券业发展报告(2019)》,中国财政经济出版社2019年版,第309—315页。

专业投资咨询公司①,且其中数十家公司因经营混乱已经被中国证监会采取暂停新增客户的行政监管措施,处于整改期。②

2014年以后,证券投资咨询业务许可是通过在《证券期货业务许可证》的资质范围内明确列入"证券投资咨询"项目来实现的。据粗略统计,2014年至今,共有9家新设券商在《证券期货业务许可证》中取得了证券投资咨询业务资格。③ 这9家券商的共同特点是以证券经纪为基础性业务,又或者说,投资咨询并非其主要业务(当然,并不是所有的新设券商都能够取得证券投资咨询业务许可。部分新设券商同样存在取得证券经纪、证券承销与保荐、证券自营等资质而未取得证券投资咨询业务资质的情况)。对于有能力获取以证券经纪业务为基础的券商资质的大公司而言,其可以通过取得券商资质来附带地开展证券投资咨询业务;而对于无意从事券商业务,仅试图在投资咨询领域展业,包括试图在智能投顾领域展业的初创公司而言,在证券产品领域"合规展业"的窗口几乎等同于已经关闭。

二、基金投资顾问:本质及准入监管

2014年起,鉴于证券投资咨询行业乱象丛生,中国证监会正式停发证券投资咨询牌照。因此,对于独立金融科技初创公司(Start-Up Companies)而言,想要在证券产品领域合规开展智能投顾活动的话,则不外乎在以下几种方案中,考量成本收益择优行事。第一,成立证券公司,通过获取券商综合牌照,获得有关证券投资咨询活动的业务许可。依据《证券法》第121条之规定,从事包括证券经纪、证券投资咨询、与证券交易、证券投资活动有关的财务顾问的证券公司,注册资本最低限额为人民币5000万元。同时,注册成立证券公司则必须满足《证券公司监督管理条例》的要求,这意味着从公司的设立与变更到组织架构的设立、人员

---

① 中国证监会:《证券投资咨询机构名录(2022年7月)》,中国证监会官网,http://www.csrc.gov.cn/csrc/c101900/c1029656/content.shtml,最后访问日期:2022年12月1日。
② 如2020年6月,就有29家公司被中国证监会采取暂停新增客户的行政监管措施。因为限制时间不同,名单可能随着时间的变化有所变化。
③ 包括华兴证券有限公司、汇丰前海证券有限责任公司、金通证券有限责任公司、摩根大通证券(中国)有限公司、申港证券股份有限公司、申万宏源西部证券有限公司、星展证券(中国)有限公司、野村东方国际证券有限公司、甬兴证券有限公司等。

的变更、资本充足程度、风险控制制度等各个方面,机构都要受到更强的约束。第二,选择牌照收购、租赁、与有资质的机构进行合作等"曲线救国"的方式。这种方式貌似相对可行,然而冰冷的现实是,伴随着投资咨询业务许可的收紧,市场上相关牌照的价格也早已水涨船高。2017年,华安证券在公开转让旗下持有投资咨询业务牌照的子公司时,市场对其牌照的定价即超过6000万。① 牌照收购的价格,甚至高于成立证券公司的最低注册资本要求。第三,金融初创公司放弃取得业务许可,从"甲方"变为"乙方",为持牌机构提供技术支持服务。在该种模式下,不仅公司的执行力和成长价值必然会受到一定程度的掣肘和减损,公司的意志和社会价值也会在一定程度上被消减。

显然,以上三条路径皆不尽如人意。因此,当智能投顾难以在证券产品领域施展拳脚时,实践便指引其向基金产品领域拓展业务,发现"第四条道路"——平台并不直接向投资者提供证券投资咨询服务,而是提供有关证券投资基金类产品的投资建议。②

(一)探本基金投资顾问

1. 对基金组合模式业务性质的分析

前文已述,基金组合模式又可以按照组合销售方的销售模式,分为"推荐式基金组合模式"与"货架式基金组合模式"。其中,货架式基金组合模式是将全部基金策略展示给投资者,由其自由浏览、选择;推荐式基金组合模式则会通过调查问卷了解客户风险偏好和投资目标,向客户进行具体的基金策略推荐。

(1)货架式基金组合模式:当属基金销售业务。

笔者认为,货架式基金组合模式与基金投资顾问存在本质上的不同。仅从我国法律法规的表述中来看,依照《证券投资顾问业务暂行规定》第2条之规定,证券投资顾问业务,是指证券公司、证券投资咨询机构接受

---

① 2017年3月,华安证券公开转让旗下持证券投资咨询牌照子公司。此次转让的子公司交易作价,在剔除账面资产后溢价超6000万。一般将该部分溢价视为市场对牌照的估值。参见张婧熠:《存量有限、监管收紧:证券投资咨询牌照"水涨船高"》,载"第一财经"2017年3月14日,https://www.yicai.com/news/5246061.html,最后访问日期:2022年12月1日。

② 在此提醒读者注意,"基金组合模式(基金组合)""基金投资顾问(基金投顾)""证券投资顾问(证券投顾)""智能投顾"是不同的概念。对基金组合业务模式的详细介绍,请参考本书第三章。

客户委托,按照约定,向客户提供涉及证券及证券相关产品的投资建议服务,辅助客户作出投资决策,并直接或者间接获取经济利益的经营活动。投资建议服务内容包括投资的品种选择、投资组合以及理财规划建议等。《证券基金投资咨询业务管理办法(征求意见稿)》中对投资顾问的定义与该条款基本一致。可见,投资顾问应当具备以下三点要素:第一,接受客户委托;第二,按照约定向客户提供投资建议服务,辅助客户作出投资决策;第三,直接或者间接获取经济利益。粗略地看,货架式基金组合模式仿佛满足了投资顾问"三要素":平台与客户签订了客户协议(接受客户委托),通过挑选并组合基金产品的模式向客户提供了咨询服务(按照约定向客户提供投资建议服务),并且收取服务费与管理费(直接或者间接获取经济利益)。然而笔者认为,区分投资顾问与普通金融产品推介行为,除了观察平台与投资者在协议中是否明确约定了提供"投资咨询服务"外,核心要素应当是判断投资者与机构之间形成的是个性化的服务关系还是不具备指向性的一般性建议:如果投资者与机构之间形成个性化的服务关系,则应当认为机构提供的是投资咨询服务;如果机构仅向投资者提供不具备指向性的一般性建议,则应当认为机构进行的是普通金融产品推介或销售行为。投资顾问服务相比普通的金融产品推介服务,不仅个体针对性更强,而且投资者与平台之间的联系普遍更加紧密,对平台的信任程度也普遍更高。也正是基于这份更高的信任水平,参考美国《1940年投资顾问法》,监管部门对投资顾问科以区分于普通经纪商的、更高水平的"信义义务"。

以近年来冉冉升起的"业界新秀"——DJ基金为例。DJ基金隶属于X球平台,旨在为投资者提供一站式基金理财信息服务。背靠X球平台,DJ基金拥有千万级别的理财客户,并在近年内致力于打造以"组合策略"为核心的基金销售模式。从目标客户来看,DJ基金的大部分客户属于长尾客户:他们可用于投资的资金不多,投资交易经验不丰富。通过提供组合策略,DJ基金帮助客户进一步均衡投资风险,减少决策焦虑。从运作模式上看,在应用程序的主界面,投资者可以看到DJ精选的基金品种,可以查看"人气组合"。"人气组合"一般是由数种基金组合而成的组合策略,其中既包括债券型基金与货币基金这类低风险类别产品,也包括相当比例的股权型基金与指数型基金这类较高风险类别产品。类似服务为投资者提供精选的基金产品与基金组合,但判断产品是否适合自己,是否符合自身的投资目的,是否进行购买等具体内容,最终依然是由投资者自行决定的。生动形象地说,DJ基金将基金产品组合之后,将产品组合像"货品"一样陈列于应用程序("超市")内;而投资者打开应用程序后,就如同走进了一个开放式的超市,可以自行选择这些"货品"(产品组合)。

"个性化的服务关系"可以通过机构是否向投资者提供个性化服务,或者是否引导投资者相信机构为投资顾问来进行判断。例如,机构在产品推荐前,要求客户完成细致的人工或智能调查问卷,投资者需要向平台提供收入、负债、税收、近期需求等基本财务信息,并完成风险偏好、投资目标等基础评估,机构在多种投资组合中,有倾向性地向投资者宣传某一种或某几种产品组合,使投资者相信这些产品组合更贴合自身的财务状况与投资需求;又或者通过广告、电视、推广等宣传手段,使投资者相信自己正在接受的是咨询顾问服务,则应当认定机构为投资者提供了个性化的投资服务。如果平台只是向投资者展示不同种类的投资产品或提供金融产品组合选项,由投资者自行判断该产品或投资组合是否符合自身财务状况及财务需求,则应当认定机构提供的是不具备指向性的一般性建议。例如,根据2022年修正的《证券期货投资者适当性管理办法》,经营机构应当制定适当性内部管理制度,明确投资者分类、产品或者服务分级。部分机构可能会要求投资者在购买金融产品时接受风险等级测评。尽管该问卷内容可能同样涉及投资者的财务状况与风险承受能力,但完成该问卷后,如果机构并未向投资者推荐具体的某一种或某几种产品组合,而是由投资者在各种策略组合产品中自行浏览与筛选,则不应当认定机构与投资者之间形成了个性化的投资咨询服务。

(2)推荐式基金组合模式:当属基金投顾业务。

推荐式基金组合模式属于基金投资顾问业务——尽管其提供的投资咨询建议非常粗糙。二者均向投资者提供若干由不同基金产品组成的投资组合策略,并通过调查问卷了解客户的风险偏好和投资目标,继而推荐某一种或某几种策略组合,满足了"形成个性化服务关系"这一关键性指征。

或许有的读者会认为,在 2019 年《关于做好公开募集证券投资基金投资顾问业务试点工作的通知》颁布后,(取得试点资格的)基金投资顾问已经具备了投后管理功能,而推荐式基金组合模式则不能提供类似服务,因此是否能够提供全权委托账户是二者之间的本质不同。然而需要提醒各位读者注意的是,正如后文将要详细论证到的,基金投顾同样分为咨询型基金投资顾问与管理型基金投资顾问,前者并不能提供投后管理服务。因此,是否提供全权委托账户并不能作为区分推荐式基金组合模式与基金投顾的条件。事实上,换个角度来思考的话可以发现:获取了试点资格,能够提供投后管理服务的推荐式基金组合模式,恰恰就是管理型基金投顾。

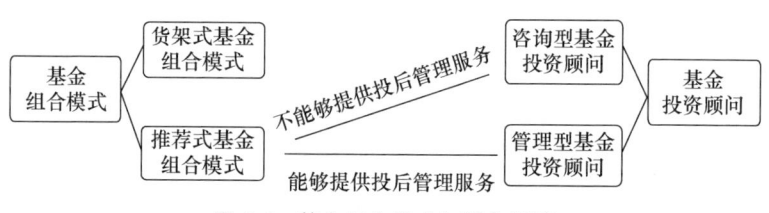

图 5-5 基金组合模式与基金投顾

2. 从基金组合到基金投顾

基金组合模式通过特定的量化投资策略为投资者甄选基金产品,并通过组合进一步降低投资风险,一经问世便深受个人投资者青睐。随着金融科技的不断深入与市场的不断扩张,各金融机构不再满足于提供"(货架式)基金组合",而是进一步为投资者提供多种多样的"优化结构配置",完成了由货架式基金组合(基金销售)向推荐式基金组合(基金投顾)的转变。该发展轨迹并非偶然。伴随我国居民可支配收入与可投资财富的增加,居民财富管理需求快速扩张。一方面,针对个人的咨询与资产管理业务成为了新的市场增长点,巨大的利润空间带来了投资顾问市场的蓬勃发展。另一方面,日益复杂的金融产品与海量的金融信息,都在强调着投资咨询专业人士的重要作用,呼吁着"专业的人做专业的事"。此外,投资咨询行业本身即对于金融市场的稳健发展具有重要意义。在不断扩张的长尾市场中,买方的力量相对薄弱,而服务于个体投资者的投资顾问能够对这种存在于投资者与上市公司之间的失衡状态起到矫正作用,从而优化市场资源配置,也能在一定程度上起到对上市公司的监督作用。由此可见,针对个人的投资顾问业务(包括资产管理业务)的扩张,是新金融时代的必然发展趋势,基金组合模式向基金投顾的转型,当属行业发展的必由之路。

例如曾经被山西证监局点名的"LC 魔方"平台。在该平台内,投资者首先接受与典型智能投顾类似的投资者风险能力测试,其涉及投资者资产状况、负债情况、近期需求等多个方面内容,随后,平台也会依据投资者对问卷的回答,提供"相应的"基金产品。LC 魔方的交易系统接入了 YM 财富基金的购买端,即 LC 魔方负责将客户引导至 YM 财富完成基金购买行为。尽管 LC 魔方提供的基金组合产品类型远不如真正的"智能投顾"丰富多样,贴合投资者需求,甚至一度被称为"半智能、伪智能";但由于其作出了"与投资者形成个性化的基金产品投资咨询服务关系"的意思表示,应当认为其服务已经进入了投资咨询的范畴。尽管 2017 年山西证监局点名批评了"LC 魔方",但在文件中山西证监局称,是由于 LC 魔方从事了基金推介行为但并未取得基金销售业务资格,因此属于违规进行基金产品销售并存在风险隐患。

又例如 QJ 私人理财,同样需要客户在注册前填写调查问卷,了解风险偏好,然后推荐量身定制的投资计划,组合内包括权益资产、债权资产、无风险资产三大类产品,提供的投资策略包括资产配置、产品优选和策略再平衡。从服务内容上看,QJ 私人理财很显然也正在从事"投资咨询"服务。DJ 基金 APP 上同样上线了"基金投顾服务",声称能够"从全市场 8000 多只基金中择优配置构建投顾组合,根据市场行情持续优化策略,为客户提供超额收益"。然而在 2021 年 11 月中国证监会对基金投资组合业务进行统一规范前,类似平台的展业合规缺陷并未受到监管部门的指摘。

(二)基金投顾的准入合规历程

当基金组合模式完成了向基金投顾业务的转型,那么机构是否需要取得投资顾问资质、取得何种投资顾问资质,以及如何取得上述资质就成为了其不得不面对的问题。从法理分析的角度出发,通过探寻基金投资顾问的本质并参考境外监管经验,笔者认为对基金投资顾问实行准入监管具备相当的合理性。尽管公募基金类产品较证券期货类产品而言,能够进一步地分散投资风险,但基金投顾本质上仍属于"投资顾问",其与投资者之间的委托—代理关系并不因产品类别的不同而有所改变。存在于证券投顾与投资者之间的信息不对称与利益矛盾,同样存在于基金投顾与投资者之间;可能发生在证券投顾领域内的自我交易、虚假宣传、投资者欺诈等行为也同样可能发生在基金投顾领域。另外需要提及的是,试点改革前的基金组合模式,与试点改革后的部分基金投资顾问的基本商业模式,依旧是向代销基金的基金销售公司收取手续费或销售费用,通过引导投资者购买指定投资产品获取利润,并没有改变"卖方投顾"的传统路径,因此对其准入监管的正当性并不因标的资产的不同而有所减损。从后文将会阐述到的境外监管经验中看,发达国家资本市场也并无将基金投资顾问准入门槛降低的相关实践[①]:金融机构向投资者提供任何有关金融资产的投资咨询建议,均被视为从事了投资顾问业务,应当被纳入投资顾问准入合规的监管之中。

1. 2012 年以前:未对基金投顾准入问题作出规定

2003 年,《证券投资基金法》颁布。受限于资本市场发展现实与法律有限的前瞻性,其中并未涉及基金投资顾问机构、基金投资顾问业务等内容。2003 年的《证券投资基金法》及其后的一系列法律法规也并未就基金投资顾问展业设定准入条件。因此,笔者认为,在 2012 年《证券投资基金法》修订前,基金投顾准入问题并未进入监管视野——当然,这一现象的根本原因在于,2012 年前我国甚至尚未产生所谓的"基金投顾"业务。[②]

2012 年以前,依照我国法律规定,证券投资咨询机构展业应当取得相应资质,其法源为《证券、期货投资咨询管理暂行办法》第 3 条,从事证券、期货投资咨询业务,必须取得中国证监会的业务许可。该条款规制对象明确为"证券、期货业务",并未将证券投资基金纳入其中。尽管此时有

---

① 事实上,正如本书所反复提及的那样,就目前的研究而言,并没有观察到发达国家资本市场将"投资顾问"继续细分为"证券投顾""基金投顾""房地产投顾""理财产品投顾"等类别的现象。

② 除了嘉实基金这个特例。

关投资顾问的准入规范仅此一条,且从学理上说基金属于广义上的证券,或可推得从事基金产品的投资咨询服务应当取得证券投资咨询牌照。然而如前所述,在我国的监管体系中,基金与证券分属两个产品,各自拥有独立的法律法规体系,将基金产品认定为"证券",或存不妥。笔者认为在此阶段,基金投顾展业并不需要取得证券投资咨询业务资质;同理,智能投顾的投资标的为基金产品时,也并不需要取得证券投资咨询业务资质。①

2. 2012 年至 2019 年:"进行注册或备案"

2012 年修订的《证券投资基金法》第 98 条新增了有关基金投资顾问的相关内容,要求基金投资顾问应当按照国务院监督管理机构的规定进行注册或备案。违反《证券投资基金法》开展业务的,将被处以罚款;情节严重的,责令停止基金服务业务。自此,从事基金投资顾问业务与从事证券投资顾问业务相同,开始接受事前监管。然而,基金投资顾问资质如何取得,准入条件与申请流程为何,由哪个部门进行监管,都没有进行详细规定。

由此笔者认为,2012 年至 2019 年间,有关基金投资顾问业务的监管仅具备原则性规定而缺乏细节操作指引,实际上属于监管空白。当然,正如后文将要提到的,在此阶段,监管的"谦抑性"表现得尤为突出。一方面,由于缺乏具体政策指引,各机构无法取得基金投顾资质,也并不宣称自己提供的是"投资顾问服务";另一方面,监管部门也未限制各机构开展实质上就是基金投顾服务的推荐式基金组合模式;即便监管部门曾对部分平台进行了行政处罚,但处罚原因往往是平台不具备相应的基金销售业务资格,而非违法开展业务。此时,市场发展与监管政策达到了微妙而又紧张的平衡。

3. 2019 年后:全面落地展业合规要求

2019 年《关于做好公开募集证券投资基金投资顾问业务试点工作的通知》的颁布,宣布了基金投顾业务进入到"准入合规时代"。自此,中国证监会开始按照试点先行、稳步推开的原则,启动基金投资顾问备案

---

① 在这一点上,笔者观点与以往主流学说不同。其他观点,参见李文莉、杨玥捷:《智能投顾的法律风险及监管建议》,载《法学》2017 年第 8 期;栗胜男:《智能投顾市场准入法律规制研究》,载《国际经济法学刊》2021 年第 3 期。

流程。

2021年11月1日,广东证监局对辖区基金管理公司、基金销售下发《关于规范基金投资建议活动的通知》,旨在规范基金投资组合策略建议业务活动。① 该通知明确了不具有基金投资顾问业务资格的机构,不得向客户提供基金投资组合策略投资建议,不得提供基金组合中具体基金构成比例建议,不得展示基金组合的业绩,不得提供调仓建议。伴随着通知的落地,中国证监会开始了对基金投顾的规范整顿工作,并逐渐向全国其他地区铺展开来。此后,YM平台、TT基金、某宝"精选组合"、HM基金、某浪基金等平台纷纷暂停了基金组合的买入功能,停止了展示或上线新的基金投资组合,停止了新开展不符合2019年《公募投顾业务试点通知》的提供基金投资组合策略建议活动。当然,笔者认为该轮监管并未将基金投资组合策略建议活动与基金投资顾问活动相区分,可能存在监管畸重的问题(该内容将于后续章节进行讨论)。在此,需要向读者陈述的,仅仅是一个简单的事实,即,2019年起,有关基金投顾准入合规的监管开始收紧,未按照法律规定于证监会处备案的基金投顾机构,不得展业。

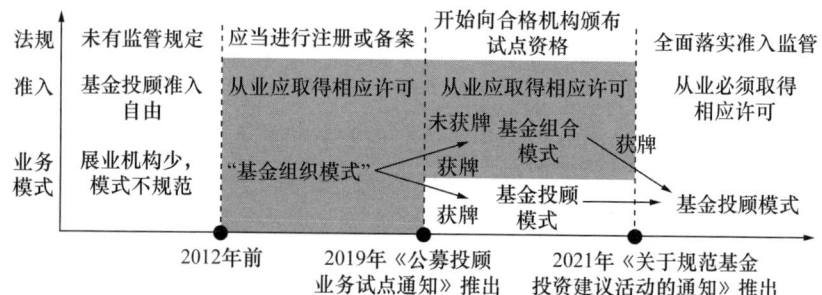

图5-6 基金投顾准入合规监管历程

另一方面,中国证监会开始为持牌机构提供资本市场"身份标识",鼓励持牌机构规范经营。2021年10月,全国金融标准技术委员会证券分技术委员会发布了"基金投顾业务编码"。基金投顾业务编码为基金投顾机构提供身份识别标识,可用于基金投顾机构与基金销售机构进行数据

---

① 《关于规范基金投资建议活动的通知》并没有在基金投资组合策略建议与基金投资顾问活动之间作出区分。根据后文具体表述,可以将其理解为对基金投顾活动的规范。

交换与业务对接,标志着基金投顾机构进入到传统基金管理体系。借助基金业务编码,基金销售机构也能够快速识别基金交易账户或交易申请是来自基金投资顾问机构,还是来自投资者。① 交易源头识别的安排能够与我国公募基金投顾试点业务进行流畅对接,为我国公募基金开展资产管理服务奠定了技术基石。

三、投资咨询行业监管述评

智能投顾与基金投顾在我国的趋同,存在历史与制度助推两条解释路径。从基金组合模式的诞生,到组合模式向基金投顾的全面转型,再到对基金投顾准入规范的监管落地,整个流程并非偶然,而是市场需求与监管规范博弈的必然结果。总体来说,由于全权委托禁止、证券投顾发展畸形、投资顾问母规范缺失等先天不足,整个投资咨询行业在我国的发展仍称得上举步维艰。但欣慰的是,监管部门正在稳步扶植并坚定推进我国投资咨询行业发展,并在探索中走出了一条以"四象限"格局(见图 5-7)为代表的,以分级监管为基本思路的全新发展道路。

(一)我国投资咨询牌照"四象限"分类格局

1."四象限"分类格局的形成

正如前文所述,在我国基金并不属于证券及证券相关产品,针对二者有各自独立的法律体系,适用不同的监管规范。我国并不存在独立的、以为投资者提供综合性金融建议为职业的"投资顾问"服务;也不存在针对"投资顾问"的专门性法律法规。有关于投资顾问的相关规定,散见于《证券法》《证券投资基金法》《证券、期货投资咨询管理暂行办法》《商业银行理财子公司管理办法》《商业银行个人理财业务管理暂行办法》等各个法律文件之中——由此可见,我国沿袭分业监管思路,将投资顾问按其投资标的资产种类的不同,划分为不同的业务类型,并由对口监管机构针对不同的业务类型,施以不同程度的监管。

《证券基金投资咨询业务管理办法(征求意见稿)》第 3 条及第 6 条之内容阐明了中国证监会将我国投资顾问业务按照金融产品标准区别为两

---

① 参见陈墨、陆慧婧:《业务编码发布 57 家机构获基金投顾"身份证"》,载《证券时报》2021 年 10 月 19 日,https://stock.stcn.com/djjd/202110/t20211019_3771884.html,最后访问日期:2022 年 12 月 1 日。

个不同业务类别的观点。

> 第三条【业务类别】 证券基金投资咨询业务包括下列类别：
> （一）证券投资顾问业务，是指接受客户委托，按照合同约定向客户提供证券及其衍生品以及中国证监会认可的其他投资品种的投资建议，辅助客户作出投资决策的经营性活动。
> （二）基金投资顾问业务，是指接受客户委托，按照合同约定向客户提供证券投资基金以及中国证监会认可的其他投资产品的投资建议，辅助客户作出投资决策或者按规定代理客户办理交易申请的经营性活动。
> ……
> 第六条【持牌经营】 从事证券投资顾问业务、发布证券研究报告业务，应当依法经中国证监会核准。
> 从事基金投资顾问业务的机构，提供公开募集证券投资基金投资建议的，应当依法经中国证监会注册。
> ……

金融技术的不断深化，金融专业性的不断增强，居民可投资资产的增加都不断推动着投资顾问行业的发展，而这种行业发展需求与我国相对保守的投资咨询市场监管策略自然形成了一定程度上的对抗。我国的投资咨询行业自证券投资领域始，但并未形成健康良好的行业土壤；因而当面对不断扩张的基金投资顾问业务与不断攀升的投顾市场需求时，中国证监会并没有选择将证券投资顾问与基金投资顾问视为一个整体进行监管，而是将该行业按照产品种类，划分为证券期货投资顾问（"证券投资顾问"/"证券投顾"）与证券投资基金投资顾问（"基金投资顾问"/"基金投顾"）两个类别，并采取不同的监管策略。证券投顾业务依旧受到牌照停发的限制；而基金投顾行业实践则在监管的引导下不断深化。在资产管理方面，中国证监会在承认市场发展合理性的前提下，并没有选择消除对全权委托代理的限制以支持投资顾问全行业的发展，而是率先放开针对基金投顾的政策限制。证券投顾业务依旧受到全权委托账户禁止规则约束，只能向投资者提供有关产品的咨询建议服务；而基金投顾则能够在获取相应资质许可后有序开展"代客理财"业务。

简而言之,培育行业发展与保护投资者权益,都属于监管机构的监管目标。因此当中国证监会在试图平衡投资顾问行业发展与投资者保护权益的关系时,走出了一条相当新颖的道路:将投资顾问业务分为证券投资顾问业务与基金投资顾问业务,对二者施以不同的监管,并同时区分咨询型投顾与管理型投顾。

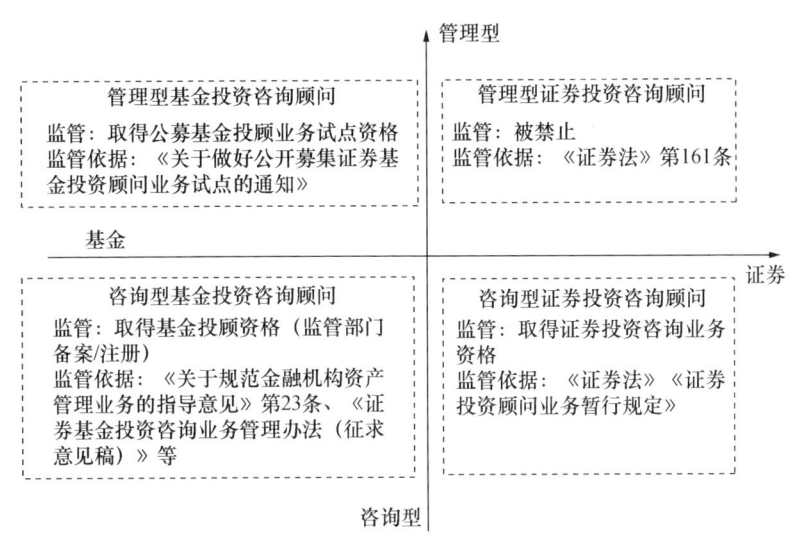

图 5-7 我国投资咨询顾问"四象限"分类

2. 对"四象限"分类格局的证成:一些理论与猜想

（1）分别牌照 VS 统一牌照。

按照提供的服务种类的不同,将投资顾问牌照划分为咨询型投顾牌照与管理型投顾牌照,是投资顾问准入管理机制的常用路径之一。投资顾问准入监管的国际经验可以分为两大类:分别牌照管理模式和统一牌照管理模式。[①] 分别牌照管理模式以英国为代表。如果机构仅持有投资咨询牌照,则其只被允许向投资者提供咨询建议服务,不能持有客户资金或管理客户账户,即不能够"代客理财";如果想要合规地持有客户资金,代表客户自行决策、自行交易,则必须额外申请其他高阶牌照。统一牌照管理模式以美国为代表,无论是仅提供投资咨询服务还是同时提供资产

---

① 关于各国牌照准入之监管,在后文第七章中有述。

管理服务,都仅需申请一个投资咨询牌照即可。

应当指出的是,如果我国想要充分发挥后发优势,那么长远看,统一牌照管理较分别牌照管理而言更优。其原因在于,在信息技术时代,运用大数据与程式化算法为投资者提供投资咨询服务已经逐渐成为主流投资咨询顾问模式,而且数字投资工具的优势在于利用大数据与算法程序,即时抓住交易机会,实现自动平调仓,为投资者把握最优交易时机。这就意味着在信息技术发展到今天时,数字化的投资咨询顾问服务(其中最典型的一种即为智能投顾)已经天然倾向于提供包括咨询与管理两方面在内的综合性金融服务。或者说,只有在提供综合性金融服务时,数字化的投资咨询顾问服务才能够发挥出其最大效用。因此,统一牌照管理能够在一定程度上降低机构因重复申请牌照而产生的合规成本,同时助推投资咨询机构积极开发新业务,最大程度上发挥科技赋能效用。对监管机构来说,统一的牌照管理无疑能够降低监管成本并提高监管效率。即从大金融的视角以及混业经营的趋势看,如果做好顶层设计,颁发一个包括证券投资顾问业务资质、银行理财顾问服务资质、保险人资质等内容在内的集成的"投资顾问牌照"并无不可,甚至是最佳选择。①

然而,综合考虑我国目前的行业现状与监管实践,以推行两阶牌照为投资咨询顾问行业治理改革的起点,对监管修正的压力更低,可能是更平稳也更落地的选择。从维护金融监管体系稳定方面看,短期内我国分业经营、分业监管的格局不会改变,很难直接向"投资顾问"服务颁发跨行业、多资质的统一牌照。从我国投资咨询行业现行规制体系方面看,目前的监管框架类似分别牌照管理模式:开展投资顾问业务应当取得投资顾问资质;如果想要为投资者提供资产管理服务,则必须在中国证监会处取得基金投顾业务试点资格。② 从行业现实方面看,如果直接推行统一牌照管理,将"具备资产管理能力"作为投资顾问行业的新的准入标准,那么很多资产规模或公司内控不符合条件的现存小型投资顾问公司,将面临退出行业的窘迫局面。最后,从金融政策包容度方面看,两阶牌照制度赋

---

① 参见栗胜男:《智能投顾市场准入法律规制研究》,载《国际经济法学刊》2021年第3期。

② 之所以说是"类似",是因为在分别牌照监管的逻辑下,资产管理类牌照较咨询类牌照,属于高阶牌照。而现行法律规定并没有对投资顾问牌照与试点资格的关系作出明确划分,很难说试点资格即为高阶"牌照"。

予了投资咨询行业从业者选择的权利,机构可以依据自身资产规模、业务特长、风险承受力等要素,灵活进行牌照选择。

(2) 依照产品细分投顾市场。

按照提供的服务所涉及的金融产品的种类的不同,将投资顾问划分为证券投资顾问与基金投资顾问,则非国际通行的投资顾问准入管理的做法。其根本原因在于,投资顾问是一种因金融专业性而生发的、存在于普通投资者与专业机构/专业人员之间的委托—代理关系,因此其并非限定存在于特定的金融产品之上。

越来越多的领域已经出现了与证券投资咨询顾问类似的概念。除了上文介绍的基金投资顾问外,在银行领域还存在着"理财顾问":商业银行为个人客户提供财务分析、财务规划、投资顾问、资产管理等专业化服务活动。根据2005年发布的《商业银行个人理财业务管理暂行办法》第7条之规定,按照管理运作方式不同,商业银行个人理财业务分为理财顾问服务和综合理财服务。理财顾问服务,是指商业银行向客户提供的财务分析与规划、投资建议、个人投资产品推介等专业化服务。综合理财服务,是指商业银行在向客户提供理财顾问服务的基础上,接受客户的委托和授权,按照与客户事先约定的投资计划和方式进行投资和资产管理的业务活动。在保险领域则存在着保险经纪人为投资者提供的"保险经纪业务":主要包括为投保人或者被保险人拟定投保方案、办理投保手续、协助索赔,或者为委托人提供防灾防损、风险评估、风险管理咨询服务。

因此,赋予"投资顾问"统一的法律属性,对其进行统一规制而不是按照投资顾问所涉投资领域的不同分类规制,不仅符合金融混业经营的整体背景,也能够一站式地满足投资者的财富管理需求——毕竟个人财富管理的重要准则之一,就是"鸡蛋不要放在一个篮子里",即投资产品种类的多样化。然而我国目前的监管安排不仅区分了银行理财类、证券类与保险类金融产品的投资咨询服务,同时将证券类投资咨询服务进一步划分为证券投资顾问与基金投资顾问。笔者认为,作出这种安排可能是出于多种因素的监管考量。

第一,区分证券投资顾问与基金投资顾问有助于现行法律规定与证券法进行合理衔接,避免在推行管理型投资顾问服务的过程中出现下位法与上位法的冲突情况。全权委托禁止规定最早体现在1998年的《证券法》第 159 条之中,在当时条件下,作此规定主要出于两个目的:一是防止证券投资咨询机构的从业人员和委托人联手操纵证券交易市场,扰乱证券市场秩序;二是保证证券投资咨询机构的人员尽职尽责地为委托人服务,更好地保护委托人的利益。① 鉴于我国证券投资咨询市场的发展远没有踏上应有的轨道,尽管监管部门同样意识到了全权委托禁止对证券投资咨询行业的负面作用,但在《证券法》的数次修正与修订过程中,2019 年修订的《证券法》第 161 条依旧继承了此项规定。如果不对证券投资顾问与基金投资顾问进行划分,那么由于投资顾问默认投资标的包含证券及相关产品,则参照证券投资顾问的相关规定,应当得出其"不得执行代客理财操作",或者至少是"针对证券及证券相关产品,不得执行代客理财操作"的结论。自然,如果想要在发展管理型投资顾问服务的同时避免与《证券法》这一上位法产生激烈冲突,则区分证券产品与证券投资基金产品就成为了一个自然的选项。当对投资标的种类进行区分后,按照特殊法优于普通法之原则,基金投资顾问得以适用针对基金投资顾问服务的法律规范,相应的法律解释空间也更大,监管也可以更灵活。

第二,针对证券投资基金产品的投资咨询服务可能产生的负外部性较弱。尽管基金由多种股票和债券集合而成,其本质是证券组合,但由于其分散了投资风险,能够使投资者获得较为中性的收益,因此其产品风险小于股票(当然这里说的是通常情况,某些专门投资价格低、增值潜力大的风险股型基金,反而可能较大盘股的波动更大)。相对于股票来说,基金产品发生黑天鹅事件的概率更低,因其一般包含数十只乃至上百只股票,能够对冲单个股票中不可预料的风险。此外基金与股票产品的另一重要不同之处,是基金产品需要配备基金经理。基金经理(投资专家)具备很强的专业技能,负责基金产品的创立、设计和把关。通常情况下,基金经理会在创立基金的伊始及过程中对证券产品、行业及市场进行分析研究,并计算投资组合的风险和收益。在基金运行的过程中,基金经理也会时刻关注所选股票的公司业绩与行业动向,随时剔除绩差股票并引入绩优股票,以保证基金产品的安全性与预期收益。由于证券投资基金的投资风险与收益波动较股票更低,因而在基金领域的不当或错误推荐给

---

① 参见吴弘:《证券法教程》(第二版),北京大学出版社 2017 年版,第 321—324 页。

投资者带来的损失,较在股票领域的不当或错误推荐给投资者带来的损失也更低,即负外部性更弱。

第三,将证券与基金产品分离,并以基金为投资顾问先导,开展我国全权委托代理服务,体现了监管的谨慎性与包容性。当下,如果认可金融市场不是一成不变的,而是发展的,并且正视金融市场需求,那么监管的法律变革就必须在保守与创新之间寻求理性的平衡。基金投资顾问服务的负外部性较弱,因此将其划分出来作为"先导"开放资质申请(牌照)与代客理财试点服务,事实上是为整个投资顾问服务行业改革创设了一个"实验区"。在将个人财富管理服务大范围地推广到所有金融产品上之前,基金产品较低的风险系数给金融创新提供了一个较为可控的环境,用以对全权委托账户在我国的实践情况进行演练。

(二) 基金投顾:一场市场与监管的博弈

从国际市场经验与监管实践来看,一般认为"投资顾问"业务涉及投资咨询与资产管理两大板块,行业范围涵盖存款、债券投资、证券及相关产品、投资基金、房地产、保险与养老保险等领域。监管一般以投顾业务涉猎板块的不同,划定不同的市场准入和监管标准,通常由于资产管理业务带来的金融风险与负外部性较高,而对其施以更高的准入与监管标准。与之相对应的是,无论是在以分业监管为背景还是以混业监管为背景的市场中,监管机构总是将"投资顾问"视作提供多层次、跨品类的金融资产配置建议的服务者,几乎不会按照其服务所涉大类资产的不同而将其继续细分——尽管不同的投资顾问可能在不同的资产类别有所专长,成为所谓的"提供特定类型资产投资建议"的投资顾问。概言之,"二阶层"而非"四象限",乃是有关投资顾问的通行国际监管实践。历经数次摸索与探索,时至 2021 年年底,随着若干监管政策的更新、出台,我国投资顾问行业分类格局最终确立。或者可以说,在投资顾问这一领域,我国走出了一条符合我国国情的道路。

在本节内容中,笔者已经向读者详细地说明了我国证券投资顾问长期以来面临的业务与法律困境,分析了基金投资顾问的本质并介绍了基金投顾准入规则的变迁,勾勒出我国投资咨询市场"四象限"的分类格局。至此,笔者方得以重申这一观点:我国投资顾问行业并没有实现从投资咨询向资产管理的全面业务升级,而是另辟蹊径,以投顾市场细化为突破口,部分取得了资产管理的业务权限,这一发展路径是市场需求与监管规范冲突、博弈与妥协后的必然结果。

2012年以前,我国投资顾问业以证券投顾为主要乃至唯一的业务形态。我国证券投顾业从发展伊始便充满矛盾:行业整体起步晚,投资范围窄,又由于无法为投资者提供全权委托代理服务,只能通过有限的商业渠道尝试盈利,这就使其发展的道路愈加坎坷,甚至正规持牌机构都很难在合规经营的前提下维持基本盈利能力。通常认为,若想从根本上整治行业乱象继而扶植其发展,则最佳选择是逐步、有序、谨慎地开放证券投顾领域的全权委托代理服务,通过滋养行业盈利能力彻底解决证券投顾行业"半死不活"的问题。然而如前所述,我国证券投顾市场是如此之混乱,以至于中国证监会不得不基本叫停投资咨询单项许可,这也从另一个角度印证了,中国证监会很可能难以在保障投资者权益的前提下,有效推进证券投顾市场改革举措。

然而,正所谓治水宜疏不宜堵,监管部门必须正视巨大且不断扩张的投顾(包括投资咨询与资产管理)市场需求。因势而生的"基金组合模式",既是处于监管空白地带的新型金融服务,又为监管创新提供了适宜的实验空间。第一,在基金组合模式诞生之初,其仍采取以货架式基金组合模式为主的营业模式,论业务性质仍可被认定为基金销售活动。第二,即便随着市场实践的发展,货架式基金组合模式逐渐转为推荐式基金组合模式,属于基金投资顾问;但由于其底层资产是基金而非狭义的"证券"产品(股票),在我国证券与基金产品二分的监管体系下,仍能够为监管提供足够的制度解释空间。第三,大部分的推荐式基金组合模式也并不会公然宣称自己提供的是"基金投资顾问(基金投顾)服务"。平台往往声称自身提供的是"投资组合策略销售"或"智能化投资组合策略推荐"服务,以避免潜在的矛盾。第四,推荐式基金组合模式收取的是基金申赎费,而不是向投资者收取资产管理费用。这也从一定程度上弱化了其作为"投资咨询"服务提供者的形象——尽管这同样不能改变其基金投资顾问的本质。

笔者认为,2012—2019年是基金组合模式发展的"黄金年代",也是监管的静音阶段。① 各大平台竞相开展包括货架式与推荐式在内的多种多样的基金组合业务,其中部分平台声称自己提供的是"智能投顾"服务——尽管其业务模式就是基金组合模式。基金组合模式数年间既获得了市场的青睐,又成为监管部门默许的"擦边球",乘势发展如火如荼。从中国证监会相关监管执法实践来看,监管的"谦抑性"表现得尤为突出。尽管推荐式基金组合模式实质上提供的就是基金投顾服务,但中国证监会并不会强调机构应当获取投资咨询业务许可,也一直未就机构违规展业这一问题开出罚单。即便监管部门曾对部分平台进行了行政处罚,但往往声称处罚原因是平台不具备相应的基金销售业务资格,而非不具备投资咨询业务资格。中国证监会执法的重点一直是销售基金产品的机构是否具备产品销售资质——即基金销售牌照,依法查处的是未经证监会注册擅自从事公募投资基金销售业务的相关机构和人员。至于平台是否提供了投资顾问服务、是否应当具备投资顾问资质则往往不在执法射程以内。其中一种可能的解释是,监管机构认为,一旦基金投资顾问机构取得了基金销售牌照,相应的准入机制便已经能够起到风险控制作用。监管部门选择回避了基金投资顾问机构"资质获取"或"牌照"这类话题,而是将目光聚焦在机构是否能够合理控制金融风险并为客户提供合格的资产管理服务之上。

时至 2019 年 10 月,《关于做好公开募集证券投资基金投资顾问业务试点工作的通知》的颁布将基金投顾这一概念引入大众视野,这是基金投顾的监管元年,也是基金投顾成为独立的、为监管部门所承认的新型金融服务的标志性起点。需要重申并强调的是,基金投顾脱胎自基金组合模式,它是自下而上的市场的产物。之所以形象地将 2019 年—2021 年这一阶段称为监管的"蓄力期",是出于对金融建议可获得性之考量,对投资顾问与资产管理市场体量的充分尊重,监管部门允许基金投顾与基金组合模式共行共存、同台竞技,共同为投资者提供基金产品的推荐建议服务。

---

① 2013 年,中国证监会发布了《证券投资基金服务机构业务管理办法(征求意见稿)》,但最终未形成定稿及正式实施;2019 年 2 月,中国证监会出台了《公开募集证券投资基金销售机构监督管理办法(征求意见稿)》,其中第 30 条涉及基金组合相关内容。该文件于 2020 年 8 月经中国证监会审议通过并公布施行,有关基金组合的相关内容得以保留。尽管在此阶段,中国证监会已经注意到了市场上存在着的基金产品投资建议服务,但并没有明确监管方向与路径。因此,笔者称此阶段为监管的"静音阶段"。

2021年10月,市场进入全方位规范时代,基金投顾资质合规监管开始稳步快速推进。监管部门尽管依旧并未明确基金投顾资格的申请标准,也并未常态化开展基金投顾资格的申请业务,但一方面已经开始为持牌机构提供资本市场"身份标识",另一方面禁止非持牌个人或机构向投资者提供基金组合投资策略,从正反两方面稳步推进对基金投顾市场的规范管理机制。中国证监会及各地方证监局下发《关于规范基金投资建议活动的通知》《公开募集证券基金投资顾问服务业绩及客户资产展示指引(征求意见稿)》《公开募集证券投资基金投资顾问服务协议内容与格式指引(征求意见稿)》及《公开募集证券投资基金投资顾问服务风险揭示书内容与格式指引(征求意见稿)》,落实基金投顾准入资质监管。《关于规范基金投资建议活动的通知》将"货架式基金组合模式"与"推荐式基金组合模式"统一界定为"基金投资组合策略建议活动",并要求从事相关业务的机构必须持有基金投顾牌照。① 具体而言:(1)对于未取得基金投顾资质的机构而言,其不得以任何形式提供基金投资建议服务,包括基金组合业务,既有基金组合必须解散成为单个基金;(2)对于已经取得基金投顾资质的机构而言,其也必须对平台业务进行整改,明确的基金投顾业务可以继续合规经营,而基金组合业务,无论是货架式还是推荐式,均需升级为基金投顾业务,方可继续为客户提供服务。

概言之,一方面,2019—2021年间呈现出的基金组合与基金投顾并行的局面已然结束——基金组合业务必须进行全方位的转型,要么升级成为基金投顾,要么解散成为单个基金;另一方面,2019—2021年间取得试点资格与未取得试点资格的基金销售公司同时经营基金组合业务的市场格局也行将终结——平台要么取得基金投顾资质,以期能够为投资者提供基金投资组合策略建议(包括此前的货架式基金组合模式与推荐式基金组合模式);未取得资质的机构,则必须停止一切基金组合相关服务,回归基金销售服务机构。

总的来说,基金投顾在我国的发源、演化与规范过程并不是一帆风顺的,市场的需求、监管的妥协、曲线救国的策略、制度解释的智慧在基金投顾的进化历程中得到了淋漓尽致的体现。

---

① 我国投资咨询顾问业务"四象限"牌照中的一种。

表 5-1　市场与监管的博弈

时间	市场需求	监管	特点
2012年以前停滞期	/	/	证券投顾市场发展混乱
2012—2019年谦抑期	资管需求快速扩张	正视市场需求	市场需求"胜出"
	以基金组合为名展业	证券基金二分的法理基础	
	基金组合可被视为基金销售	/	
2019—2021年蓄力期	货架式基金组合	承认基金投顾业务	寻找新的"市场—监管"平衡点
	推荐式基金组合	颁布试点机构名单	
	基金投顾	允许基金提供全权委托服务	
2021年以后规范期	基金组合全面整改与消亡	基金组合业务必须转型	全面规范监管
	/	基金投顾严格持牌展业	

（三）基金投顾监管策略分析

乘着全权委托禁止解放的东风，基金投顾方兴未艾。前文已经详细梳理了我国基金投顾的准入监管政策，其主要是由《投资基金法》以及《关于做好公开募集证券投资基金投资顾问业务试点工作的通知》《关于规范基金投资建议活动的通知》构成的[①]；在本章接近尾声的部分，笔者将对本轮监管策略进行简要分析，以期能够更好地帮助监管部门助推引导投顾市场发展，为投资者提供更多优质而有保障的金融服务。

要而论之，笔者认为，从2021年10月起的新一轮针对基金投资活动的规范与监管策略，存在力度过大的问题。基于全权委托禁止在基金投

---

① 笔者已经提及或即将提及的其他涉及基金投顾的监管文件还包括《证券基金投资咨询业务管理办法（征求意见稿）》《证券投资基金服务机构业务管理办法（征求意见稿）》《公开募集证券投资基金销售机构监督管理办法》《公开募集证券投资基金投资顾问服务业绩及客户资产展示指引（征求意见稿）》《公开募集证券投资基金投资顾问服务协议内容与格式指引（征求意见稿）》《公开募集证券投资基金投资顾问服务风险揭示书内容与格式指引（征求意见稿）》等。但截至目前，以上多数文件仍处于面向全社会征求意见的阶段，并未真正颁布出台并落地实施。

资顾问领域的解放使我国智能投顾多以"智能基金投顾"的形态出现在投资市场中这一事实,过强的监管力度很可能会破坏智能投顾最珍贵的优势作用,即金融建议的可获得性。在本轮监管活动中,"基金投资组合策略(基金组合)"被纳入"基金投顾"的范畴,接受基金投顾的监管框架约束。一方面,本节前文"对基金组合模式业务性质的分析"已经说明,(推荐式基金组合是)通过调查问卷了解客户风险偏好和投资目标,向客户进行具体的基金策略推荐的基金组合模式,尽管其提供的投资咨询建议非常粗糙,但应当被定性为基金组合。另一方面,(货架式基金组合)将全部基金策略展示给投资者,由其自由浏览、选择,应当被定性为基金销售行为。因此,当监管机构将"基金组合模式"定性为"基金投顾",并要求其要么取得基金投顾牌照并将组合服务升级成为投顾服务,要么解散现有组合,仅售卖单只基金时,实际上直接侵蚀了"基金组合",又或者说 FOF 基金的生存空间。

中国证监会于 2019 年 2 月曾颁布《公开募集证券投资基金销售机构监督管理办法(征求意见稿)》,其中第 30 条规定:基金管理人、基金销售机构可以向基金投资人提供基金组合销售服务,具体规则由中国证监会另行制定。但该条款并没有被 2020 年正式颁行的版本所保留。《关于规范基金投资建议活动的通知》最终选择将基金组合纳入基金投顾体系进行监管,或许是出于多种因素的考量。第一,由于智能化程度的不足,我国智能(基金)投顾事实上只能够为投资者提供有限种类的组合。在这种情况下,"形成个性化的服务关系"这一判断标准的法理意义远大于实践价值。毕竟,当智能投顾仅向投资者提供十数种乃至数种基金组合时,投资者完全可以依照对自身经济状况与风险承受能力的朴素判断,选择适合自身的组合产品;智能投顾通过简单的调查问卷完成标准化的客户画像与推荐服务时,也只是在从事最基础的"风险—收益"匹配工作,难担"建议"重任。换言之,货架式基金组合与推荐式基金组合在"智能化程度不足"这一场景中不断趋同,风险敞口与负外部性可能存在量的区别,但绝非质的区别。因此,如果从严格的投资者保护的角度出发,那么向二者施以同样力度的监管或无不妥。第二,在 2019 年基金投顾试点开放之前,基金组合模式已经经历了高速发展阶段。因此,为了鼓励基金投顾业务发展,保障取得试点资格的投资机构的优势地位,叫停基金组合模式也在情理之中。

然而,笔者依旧认为,监管部门应当对基金组合活动与基金投资顾问活动作出区分,并对二者施以不同的监管力度,否则过严的监管可能会带来诸多负面作用。

第一,不排除部分机构或平台打着"策略推荐"的旗号,向投资者违规提供咨询服务的可能。但应当注意的是,如果机构仅仅向投资者提供不具备指向性的一般性建议,例如,将历史表现优秀的基金、近期业绩突出的基金、投资朝阳产业的基金等产品,组合成为策略建议;又或者将主动型高风险高收益的股票基金,与被动型稳健指数基金产品组合,形成风险对冲,组合成为某种投资策略产品,随后由投资者自行判定并选择是否购买,是否建、加、调平仓,则应当认为其属于基金销售行为的附加服务的范畴。毕竟,购买投资产品本身就是具有一定风险的,如果平台并没有引导投资者相信自己正在接受投顾服务(如在广告中宣称"为您甄选最合适的投资产品组合""为您提供贴心的一站式财富管理服务"等),也没有针对投资者推荐特定的组合产品,那么就应当允许投资者践行"风险自担"原则,为自身的投资判断承担基本的投资风险。

第二,如果将基金组合活动全部认定为基金投顾,可能会抑制金融的创新发展。甄选优质投资产品,给出新颖的投资思路,以招徕投资者,本身是金融机构竞争力的重要部分。对投资顾问关系的规范的核心是对"人化关系"的规范,而不应当异化成为对企业判断力与创新力的约束。当"基金组合"被划入"投资顾问"范畴后,很多为中小投资者提供选品建议的小型平台不得不暂停更新策略;加上它们本身规模小、资产少,可能在未来也很难达到基金投资顾问的准入门槛。这些小平台的最终结局,大概率是被迫退出行业竞争,或转行为有资质的大型合规投顾机构提供第三方服务,这事实上是降低了金融建议(尤其是面向个人投资者的金融建议)的可获得性,与金融监管的目标背道而驰。

第三,降低针对个人(尤其是长尾客户)的金融建议的可获得性。依照《证券基金投资咨询业务管理办法(征求意见稿)》,证券基金投资顾问的未来准入标准很可能为"机构净资产不低于 1 亿元人民币,控股股东净资产不低于 5 亿元人民币"。当投资顾问的门槛设定得较高时,行业内更容易形成垄断或寡头格局。一旦垄断或寡头格局形成,根据基本经济学理论,消费者剩余便会被广泛剥夺——相对应地,投资者获取投资咨询建议的成本可能会大大提升。此时如果又极大地限缩了普通基金投资组合的供给,则可能严重影响个人投资者获取宝贵的金融信息。

将基金组合与基金投顾进行区分,存在两种不同的路径选择。

其一,修正现行监管规则与监管框架。一方面,要求"基金组合模式"回归原本的语词概念,即挑选、甄别并组合基金产品。监管部门在允许其向投资者进行广告、宣传、推荐等活动的同时,应当禁止其向投资者提供个性化推荐服务,或诱导投资者相信自己接受的是"顾问"而非"销售"服务。[①] 另一方面,限缩现行基金投顾的概念,明确区分基金投顾与基金组合模式的法律性质。在这种情况下,基金组合与基金投顾并行,共同为投资者提供基金相关的金融服务。基金组合应当满足基金销售商的准入条件,取得基金销售牌照,达到普通经纪商的内控合规要求,并承担经纪商义务;而基金投顾则应当满足基金投顾准入条件,取得基金投顾牌照,并向投资者承担信义义务。

其二,延续现行监管规则与监管框架,将基金投顾分为"提供一般性基金投资建议"的顾问与"提供个性化基金投资建议"的顾问。在此分类下,前者仅能够帮助投资者甄别、挑选基金产品,对基金产品进行组合及风险分类,而不得辅助投资者作出投资决策。后者则应当在了解投资者资产状况与风险偏好的前提下,向其推荐产品或组合并辅助其进行投资决策。该种监管模式事实上扩张了朴素意义上的"基金投顾"的概念,但能够保持监管政策的连贯性。在该模式下,提供一般性基金投资建议的顾问,相比提供个性化基金投资建议的顾问,仍应当在更低的水平上向投资者履行义务。

总结来说,两条路径均强调,从事基金组合服务与基金投顾服务应当在不同的维度与强度下接受监管,并向投资者在不同水平上履行义务。

四、有关投资顾问展业合规的建议

市场准入制度是金融行业事前监管的基础手段,"牌照"的颁发不仅为行业设定了准入门槛,在业务前端对该金融服务可能产生的负外部性

---

① 即将推荐式基金组合模式剔除出去,仅保留货架式基金组合模式。

进行了控制;同时也属于一种由政府部门向投资者发送的"信号",传递了经营机构应具有相应的服务资质与责任承担能力的信息。智能投顾属于投资咨询顾问,同时由于智能投顾依托算法进行交易,在相同的大数据背景下很容易产生同质化的资产组合推荐,在市场波动时会增强而非减弱系统性风险;又由于其"低门槛"的特性大大扩大了金融风险可能波及的投资者范围,因此必须对其进行准入监管,要求其达到一定的资质标准。然而,一方面,目前针对证券投资咨询顾问的牌照发放处于停滞状态;停发投资咨询牌照犹如扬汤止沸,并不能从根本上解决我国投资咨询行业乱象频发的问题,反而可能会使本就良莠不齐的投资咨询业界环境进一步恶化,令投资者更加无所适从。另一方面,针对基金投资咨询顾问资质申请的标准和流程不清晰。当规则不明确时,法律的指导意义便大打折扣,同时可能给权力寻租留下空间。因此,树立投资咨询行业准入合规管理规范,并以之为指导常态化开展投资顾问牌照申请活动,是现阶段监管部门应当完成的任务。

在我国目前证券投顾与基金投顾二分的基础上,秉持"统一牌照,分级授权"的原则,建立我国投资顾问分产品、分阶层的牌照制度,明确各自的准入与升阶标准,重新有序开放投资顾问牌照申请,能够为投资顾问行业整体扫清法律障碍,并助推智能投顾业健康有序发展。在明确各大类业务的准入标准后,我国市场中现存的投资顾问牌照,可以在接受监管部门二次审核的基础上进行分流。

初阶,"咨询型"投资顾问牌照。该牌照可以被视为对旧的投资咨询牌照的修正与延伸,取得该牌照的机构,可以维持目前的投资建议模式。选择该牌照的投顾机构的市场竞争力则完全依靠大股东的获客资源和为高净值客户定制个性化的资产配置方案。不具备为高净值客户设计个性化资产配置方案和投资策略的咨询机构将逐步为市场所淘汰或被其他机构所兼并。① 在准入条件上,申请从事证券基金投资咨询类业务的机构,应当在最低注册资本、股权结构、股东条件、从业人员资质等方面满足监管机构(中国证监会)规定的监管要求。

---

① 参见沈朝晖:《证券投资咨询行业升级、两阶牌照与法制改革》,载《证券市场导报》2017年第12期。

目前《证券基金投资咨询业务管理办法（征求意见稿）》第 8 条、第 9 条、第 10 条设立了证券与基金投资咨询顾问业务机构基本准入标准。简述若干如下[①]：

1. 准入条件：

（1）申请从事证券基金投资咨询业务的机构，应当具备不低于 1 亿元的净资产；

（2）公司应当具备适当的信息技术系统及健全高效的内部控制、合规管理、风险控制等制度；

（3）大股东（持股比例 5% 以上的股东）净资产不低于 5000 万元，具有良好的财务状况和资本补充能力，控股法人股东最近 3 年连续盈利，净资产不低于 5 亿元；

（4）股东及股东的控股股东、实际控制人参股证券基金投资咨询机构的数量不得超过 2 家，其中控制证券基金投资咨询机构的数量不得超过 1 家。

2. 内控合规要求

（1）证券基金投资咨询机构应当对于其开展证券基金投资咨询业务的从业人员、分支机构业务活动进行集中统一管理；

（2）各环节业务人员应当按照规定进行执业登记或注册；高级业务人员应当具备相应的从业经验；

（3）以电子信息系统为基础，所有业务环节实现全过程书面或电子留痕。

3. 适当性管理义务

（1）应当充分了解客户情况，深入评估客户的风险识别能力，对客户进行分类；

（2）向客户提供符合其风险识别能力和承受能力的证券基金投资咨询服务；

（3）区分普通投资者与专业投资者，并对普通投资者提供额外的保护程序。

---

① 整理自《证券基金投资咨询业务管理办法（征求意见稿）》。

4. 诚实守信及谨慎勤勉

（1）证券基金投资咨询机构的外包行为不能免除其自身对客户的应尽义务和责任；

（2）严禁证券基金投资咨询机构进行虚假宣传、误导性陈述、重大信息遗漏等行为；

（3）严禁向客户承诺本金不受损失或者限定损失金额或比例，严禁向客户承诺收益；

（4）严禁侵占、挪用客户资产；

（5）严禁以获取佣金或者其他不当利益为目的，建议客户进行不必要的交易；

（6）严禁利用客户资产或者职务便利为客户以外的人牟取利益。

5. 运营监管

（1）提供管理型投资顾问服务或者高风险资产投资顾问服务的证券基金投资咨询机构，应当按规定计提风险准备金；

（2）中国证监会及其派出机构有权对证券基金投资咨询机构进行定期或不定期的现场或非现场检查；

（3）用于向客户提供自动化投资咨询服务的算法、模型等信息化技术手段，其有关技术方案、模型参数、投资逻辑应向中国证监会派出机构报告。

《证券基金投资咨询业务管理办法（征求意见稿）》并没有对证券投资顾问与基金投资顾问在准入标准上进行区分，而是在准入流程上进行区分：从事证券投资咨询顾问业务，需经中国证监会核准；从事基金投资咨询顾问业务，满足条件后在中国证监会处注册即可。然而不论是在何种领域展业，如果机构认为其核心竞争力在于自身获客能力与资产配置能力，仅申请咨询型投资顾问牌照，那么不低于1亿元的净资产要求以及对控股股东不低于5亿元的净资产要求未免显得过于苛刻。此外，部分既存投资咨询机构可能也很难满足此项要求，不得不被迫退出投资咨询行业，反而违背了推行两阶牌照制度所秉持的"为小型投资咨询机构保留生存与发展土壤"之初衷。因此笔者建议，在推行两阶牌照的基础上，可以适当降低对咨询型牌照（包括证券投资顾问与基金投资顾问）的净资产要求。

高阶,"管理型"投资顾问牌照。在基金投顾试点业务运行逐渐平稳后,可类比试点机构的确定标准,向符合条件的投资顾问机构颁发此类牌照。取得该牌照的机构,可以向客户提供管理型投资顾问服务,在客户授权的范围内代理客户办理交易申请等事项。针对管理型投资顾问牌照的准入标准应当全面高于咨询型投资顾问牌照。

在管理型基金投资顾问方面,《证券基金投资咨询业务管理办法(征求意见稿)》第 7 条规定"符合中国证监会规定条件的从事基金投资顾问业务的机构,可以向客户提供管理型投资顾问服务,在客户授权范围内代理客户办理交易申请等事项。具体规则由中国证监会另行制定"。该条规定依旧并未明确可以提供管理型基金投资顾问服务的准入标准。鉴于管理型投资顾问将取得代客理财的权利,对客户利益可能产生的影响更大;同时参考目前公募基金投顾试点业务的实施情况,建议将管理型基金投资顾问的准入流程设置为核准准入,即由中国证监会批准后方可从事管理型基金投资顾问业务。此外,在准入标准上,建议参照咨询型投资顾问的要求,除了满足一般性合规规定外,在最低注册资本、资本充足率、股东资质方面对管理型基金投顾提出更高要求(如净资产不低于 2 亿元,控股股东净资产不低于 8 亿元)。同时,应当要求申请从事管理型基金投资顾问的机构建立完善的客户财产托管制度,严格区分机构资产与客户财产,避免潜在的财产混同与利益冲突问题。

在管理型证券投资顾问方面,从短期来看,当管理型基金投资顾问服务平稳落地并实施后,监管部门可以通过修改或制定条例或规范性文件的方式,同样以试点的形式,稳步推进证券投资顾问业务的改革。例如,可以推动 2015 年中国证券业协会制定的《账户管理业务规则(征求意见稿)》出台,为管理型证券投资顾问开展代客理财服务提供法律依据。尽管如此,《账户管理业务规则(征求意见稿)》同样与《证券法》存在冲突。对此,可以考虑对《证券法》第 161 条增加法律解释,为该条禁止性规定设置一定的豁免条件,比如"运用人工智能等技术提供证券投资咨询服务的机构,在满足特定条件并获得了中国证监会的批准后,可以代理客户从事证券买卖等业务"。从长远的角度看,应当对我国《证券法》有关全权委托禁止的条款进行修改。尽管改变可能十分困难,但由于市场对资产管理服务的需求不断增加,对该条款的更改不仅能够有效回应市场呼吁,同时也是进一步激发金融市场活力的重要举措。

第六章　智能投顾在中国(四)：未来发展

通常认为,智能投顾属于投资顾问的一种业务表现形式。其一,智能投顾又称 Robo Advisor,英文直译当为"机器顾问",即"智能"是手段,投资顾问方为业务本质;其二,从美国、澳大利亚、英国、新加坡等国家和地区的监管经验来看,境外资本市场也大多将智能投顾认定为"使用了自动化手段或算法程序"的投资顾问;其三,我国主流观点也曾倾向于将智能投顾纳入投资咨询业务的框架加以理解和规范。与此同时,相信读者在阅读完前述章节后,已经对我国智能投顾的行业历史与发展困境形成了较为清晰的认识,可以发现智能投顾在我国呈现出两大特征:智能化程度不足与投资标的受限。这两个特征,加上智能投顾本身固有的"量身匹配"而非"量身定制"的流程缺陷,使我国的智能投顾与其说是一种"金融服务",不如说更类似一种"金融产品(资管产品)"。从某种意义上说,我国的"智能投顾"与境外其他"智能投顾"存在本质区别,这种区别是由我国资本市场的发展历史与独特的制度供给催生而成的。

在本章内容中,笔者将以我国智能投顾"类资管产品"化为生发点,给出有关我国智能投顾未来发展方向与监管道路选择的思考。但这些思考的宏观前提是,在未来相当长的一段时间内,智能投顾所使用的算法技术,都难以达到真正的或者说高度的"人工智能"水平。

第一节　中国智能(基金)投顾的"类资管产品"化

前文述及,《关于做好公开募集证券投资基金投资顾问业务试点工作的通知》允许试点机构"代客理财",是我国投资顾问行业里程碑式的改革举措。该通知的确在基金投顾行业开放了对于全权委托的限制,但有趣的是,该政策似乎并未使得基金投顾(包括使用了人工智能技术的智能基金投顾)沿袭美国法下的全权委托账户管理的投资顾问模式,而是助推其走上了一条特殊的中国式投顾发展道路——"类资管产品"模式道路。顾名思义,该模式使我国全权委托管理的基金投顾具备了一定的"资管产品"形态,但又与典型的资管产品存在本质区别。"类资管产品"化的我国智能(基金)投顾与美国智能投顾相比,具备特殊优势的同时存在不可忽视的缺陷。

一、全权委托投资顾问与资产管理的分野:以美国安全港规则为切入

既往有关智能投顾的学术研讨每当论及我国证券投资顾问的全权委托服务受到禁止时,往往指出我国的投资顾问属于"狭义"的投资顾问,不包含资产管理功能;而美国的投资顾问则是"广义"的,其牌照下包含了资产管理功能。① 此种认为但凡涉及全权委托则必然属于资产管理业务的观点,其实是戴着国内制度依赖的有色镜片来看世界的结果。② 需要指出,美国智能投顾尽管被允许向客户提供全权委托服务,但这并非是因为美国的投资顾问牌照下包含资产管理功能,投资顾问提供的全权委托服务仍然被视为投资顾问业务而非资产管理业务。

首先,笔者将对美国的"投资顾问"与"资产管理"之间的关系作一厘清。在美国的资产管理业务之中,投资公司和投资顾问是两个重要主体。其中,投资公司是资产管理的主要载体③,为公众熟知的共同基金和 ETF 等产品都需要以投资公司的形式运营。从功能视角出发,投资公司本质上是财产的集合,这与我国的证券投资基金、信托计划、资管计划等资管产品相对应。④ 投资顾问则负责进行资产管理的实际操作,具体路径是:投资顾问

---

① 参见吴烨、叶林:《"智能投顾"的本质及规制路径》,载《法学杂志》2018 年第 5 期。
② 参见钟维:《中国式智能投顾:规制路径与方案选择》,载《中国人民大学学报》2020 年第 3 期。
③ 根据美国《投资公司法》第 4 条的规定,投资公司有三种法定类型:面额证书公司、单位投资信托和管理公司。
④ 参见黄辉:《资产管理的法理基础与运行模式——美国经验及对中国的启示》,载《环球法律评论》2019 年第 5 期。

成为投资公司的发起人①,并基于投资顾问合同成为其事实上的管理人②,负责集合投资资金的运用管理,但此时其提供的服务仍然被视为投资顾问业务。除了为投资公司提供服务之外,投资顾问也可以直接触达其他机构和个人投资者并为其提供投资顾问服务,尽管理论上可以仅提供建议,但实践中绝大部分投资顾问会代客户作出投资决策,开展账户管理服务,并以全权委托账户管理为主③,这也是智能投顾普遍采用的经营方式。

1990年年初,美国投资市场上出现了诸多面向批量个人客户的全权委托投资顾问项目(Investment Advisory Programs),这些项目通常由投资顾问进行运营,提供投资组合管理、交易执行、资产配置等服务,并向投资者打包收费(wrap fee)。在预先设定的投资目标下,投资顾问会基于自由裁量权管理客户账户,具有相似投资目标的客户通常会收到相同的投资建议,并可能在其账户中进行相同或大致相同的投资。在这种情况下,部分全权委托投资顾问项目符合集合投资的特征,具备了投资公司的雏形。④ 为了明确此种顾问项目与投资公司之间的界限,美国证券交易委员会颁布了3a-4规则,即投资公司的"安全港规则",旨在为投资顾问经营的全权委托账户管理服务提供豁免注册为投资公司的依据。在安全港规则之下,如果投资顾问提供的全权委托账户管理服务满足五项要求,即可豁免注册为投资公司,具体包括:(1)基于每个客户的财务状况和投资目标对其账户进行管理,且管理必须符合客户对账户管理提出的合理限制;(2)开设账户时必须从客户处获取充足的信息,以便能够为客户提供个性化的投资建议;定期与客户取得联系,确认其财务状况或投资目标是否发生变化,以及是否希望对账户施加新的限制或修改现有限制;为客

---

① 参见孟繁永:《美国证券投资顾问服务市场发展及借鉴》,载《证券市场导报》2012年第10期。

② 参见〔美〕托马斯·李·哈森:《证券法》,张学安等译,中国政法大学出版社2003年版,第822—823页。

③ IAA,"2020 Evolution Revolution,A Profile of the Investment Adviser Profession,"(2020) p. 13,accessed December 1,2022,https://higherlogicdownload. s3. amazonaws. com/INVESTMENTADVISER/aa03843e-7981-46b2-aa49-c572f2ddb7e8/UploadedImages/resources/Evolution_Revolution_2020_v8. pdf.

④ SEC,"Status of Investment Advisor Programs Under the Investment Company Act of 1940," Investment Company Act Release No. 21260(August 2,1995),accessed December 1,2022,https://www. govinfo. gov/content/pkg/FR-1995-08-02/pdf/95-18891. pdf.

户就前述事项的主动联系提供联络方式;熟悉客户账户及其管理的人员能够合理地为客户提供咨询;(3)客户有权对其账户的管理施加合理的限制;(4)至少每季度向客户提供一份说明,描述其中涉及的所有活动;(5)对于账户中的所有证券和基金,客户保留与其在投资咨询服务方案外持有的证券和资金相同的权利。[①]

由此可见,美国投资者理论上至少可以接受三种财富管理服务:(1)投资顾问仅向其提供投资建议,即"建议型投资顾问"服务;(2)投资顾问向其提供全权委托账户管理服务,即"全权委托型投资顾问"服务;(3)成为投资公司的"股东",并接受狭义的"资产管理"服务,此时投资顾问可能是投资公司的管理人。

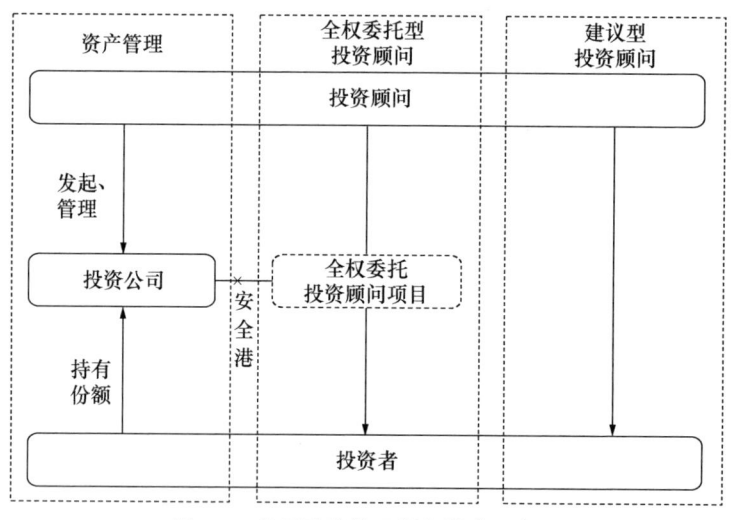

图 6-1 美国财富管理服务模式示意图

要言之,安全港规则之下的五项要求能够为区分全权委托账户管理的投资顾问服务与以资管产品为依托的资产管理服务提供依据。笔者进一步将其总结为三个要素:**第一,个性化特征**。全权委托账户管理需要考虑投资者的个人情况为其进行投资运作,而投资公司(资管产品)是向所有投资者提供统一的投资方案。**第二,客户的权力**。全权委托账户管理中,投资者享有提出合理限制条件的权力,能够干预并最终决定投资方案

---

① 17 C.F.R. § 270.3a-4.

和投资策略;投资公司(资管产品)的投资运作则不受投资者影响。**第三,所有权的性质**。全权委托账户管理之下,投资者直接持有账户内的投资标的;投资公司的投资者仅持有投资公司发行的代表其份额的证券(或资管产品份额),对底层金融资产不享有直接权利。后两个条件的差异类似于委托代理关系和信托关系的区别——委托代理关系下客户享有指示权利,且财产所有权不发生转移;而信托关系下受托人具有较大的裁量权,财产所有权转移给受托人。①

二、对我国智能(基金)投顾的法律性质的分析

我国智能(基金)投顾游走在"投资顾问"与"资管产品"之间,既满足投资顾问的部分特征,又具备资管产品的部分属性,因此笔者将其定义为"类资管产品"。"类资管产品"属性的提出绝非笔者武断之言,事实上,这一论断源于基金投顾的商业实践,且具备法理和制度两个层面的支持。

(一)"类资管产品"的实践证据

在 Tamar Frankel 与 Arthur B. Laby 2017 年的著作《基金经理规制》中,二人将投资建议的提供分为三个阶段:第一阶段是确定特定客户的需求,第二阶段是确定能够满足客户需求的投资组合,第三阶段是挑选投资组合中的证券。② 而我国智能(基金)投顾的基本运行逻辑则为:第一阶段是确定一系列假想的客户需求,第二阶段是分别确定能够满足前述假想客户需求的投资组合,然后挑选投资组合中的证券,第三阶段是确定特定客户符合何种假想的客户需求特征,从而向其推荐对应的投资组合。

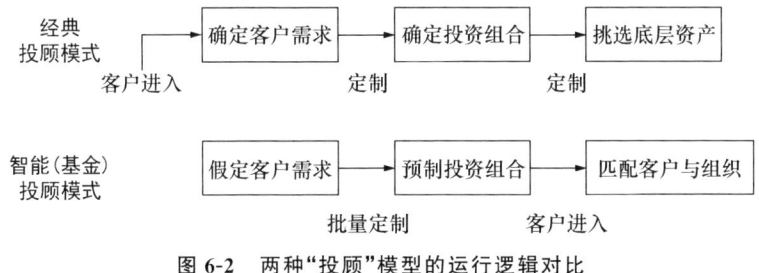

图 6-2 两种"投顾"模型的运行逻辑对比

---

① 参见彭夯:《私募基金监管法律问题研究》,复旦大学 2011 年博士学位论文。
② Tamar Frankel, Arthur B. Laby, *The Regulation of Money Managers: Mutual Funds and Advisors*, Wolters Kluwer (2017), "Definition of 'Investment Adviser' Under the Investment Adviser's Act".

客户进入的时间点当然并不能够作为区分"投资顾问"与"资管产品"的有力标准；在第九章第三节"一、再谈智能投顾的业务模式——对现有流程的澄清"中，笔者也将提到，美国的智能投顾也同样采用"预置投资组合"/"组合构建前置"的业务操作模式。之所以认为我国的智能（基金）投顾在某种意义上类似"资管产品"，其中一个重要的原因在于，机构预置的投资组合数量实在过于有限，以至于与其说机构是在为投资者提供"个性化投资建议"，不如说机构是在为投资者匹配风险相当的投资产品。

算法技术的匮乏固然可以用来解释投资组合数量的有限性，但溯本求源，其仍是政策制约的产物。《关于做好公开募集证券投资基金投资顾问业务试点工作的通知》第8条规定，基金投资组合策略的产生应当由试点机构集中、统一实施，投资决策委员会负责审议基金投资组合策略的产生和调整，并评估形成基金投资组合策略的风险特征。基金投资组合策略的具体产品品种、数量的确定及调整，原则上应当经投资决策委员会审议。《证券基金投资咨询业务管理办法（征求意见稿）》甚至进一步将这种"集中统一管理"的思路应用于证券投顾业务：证券基金投资咨询机构向客户提供的投资建议、研究报告等，应当经公司内部集中统一的决策程序生成和调整，从业人员仅负责相关信息的传递和讲解，不得自行生成或者调整，中国证监会另有规定的除外。[①] 可见，智能（基金）投顾向客户推荐的基金投资组合策略必须由试点机构统一事先构建，且不允许客户在其基础上进行任何调整，这意味着智能基金投顾的全部客户仅对应数量极为有限的几种策略，这种"千人多面"而非"千人千面"的特征，加上机构对客户权利的约束的事实，构成了笔者提出"类资管产品"这一概念的实践证据。

（二）"类资管产品"的法理证成

进一步地，笔者将从法理的层面，运用"安全港规则"三要素：个性化特征、客户的权力以及所有权的性质，对智能（基金）投顾及与之类似的"基金中基金"（FOF）的属性展开分析。鉴于FOF属于典型的资管产品，在此种比较的视角之下，智能（基金）投顾的"类资管产品"属性能够得到更为直观的体现。

[①] 《证券基金投资咨询业务管理办法（征求意见稿）》第13条第2款。

具体而言,基金投顾(以提供基金投资组合策略为主要服务方式)在符合部分"安全港"规则要求的同时,具备了一定的资管产品属性。(1)在所有权性质方面,基金投顾符合"安全港规则"下所有权性质的要求:客户仍然直接持有基金投资组合策略之下的底层基金;FOF 的客户则仅能持有 FOF 的份额。① (2)在个性化程度方面,或可认定,基金投顾有限的个性化程度依旧能够在某种程度上符合"安全港规则"。"安全港规则"仅要求投顾服务具备个性化考量,并未强调必须达到"千人千面"的标准,因此尽管前文述及,我国投顾的智能化水平不佳,策略数量有限(目前试点机构提供的策略数量普遍在 10—15 个左右)②,但根据客户情况推荐基金投资组合策略的这一过程仍具备一定的个性化因素;相比之下,FOF 是基于特定收益目标或风险目标构建的标准化产品,单只 FOF 只能满足某类客户群体的需求。(3)然而,在客户的权力方面,基金投顾的客户并不能够"对其账户施加限制条件,决定投资方案和投资策略",客户对任一基金投顾策略本身无法施加任何限制,只能在策略之间进行切换。③ 这其实与 FOF 的运作方式十分类似:FOF 的份额持有人同样无法影响基金经理的决策,但也可以选择卖出并买入另一 FOF 的方式更换投资目标。

表 6-1　基金投顾与 FOF 比较

安全港规则	基金投顾	FOF
所有权性质	√	×
个性化程度	(有限)	×
客户的权力	×	×

由此可见,在有限的个性化水平之下,如果不考虑所有权性质上的差异,基金投顾的运营模式可以视为试点机构同时提供多个"FOF 产品",

---

① 需要补充的是,基金投顾仅允许投资于基金,但 FOF 产品实际上仅要求 80% 以上的资产投向基金,另外 20% 仍可以直接配置股票、债券等资产,但为了此处比较的便利考虑,笔者暂且忽略此种差异,可视为将基金投顾与完全投向基金产品的 FOF 进行比较。

② 参见财信证券研究报告:《70 页深度全面梳理基金投顾策略/方案》,2021 年 9 月,https://bigdata-s3.wmcloud.com/researchreport/2021-09/ece5257277c29e8175b8a34f62f4c51b.pdf,最后访问日期:2022 年 12 月 1 日。

③ 笔者在智能化程度不足的相关内容中有述。读者应当注意的是,智能化不足与"类资管产品属性"并不矛盾。

并根据特定客户需求特征向其进行推荐。① ——尽管客户能够直接持有前述"FOF 产品"所进一步投向的基金,但由于客户无法对自身账户内的基金进行操作,这与持有"FOF 产品"的份额并不存在本质区别,"类资管产品"这一概念因此能够在法理层面得到支撑。事实上,智能投顾的服务方式与前述 20 世纪 90 年代投资顾问项目之间存在的高度相似性,也令美国学者产生了"智能投顾可能构成未注册的投资公司"的担忧。②美国证券交易委员会在《智能投顾监管指南》中也建议智能投顾运营者考虑其是否能够适用 3a-4 规则的相关规定③,这种讨论也为"类资管产品"概念的合理性提供了合理依据。

(三)"类资管产品"的制度阐证

笔者认为,"类资管产品"模式的出现,应是我国财富管理行业既有的监管模式与智能投顾业务的实践需求相匹配的结果。一方面,我国一直未能在美国的建议型投资顾问服务与资产管理服务之间开发出全权委托型投资顾问这一选项,因此无法像美国一样直接在原有制度框架下对智能投顾进行准确定位;另一方面,智能(基金)投顾脱胎于基金组合模式,预置投资组合的有限性与其对客户权利的限制使其与 FOF(典型资管产品)高度相似这一事实,使得监管层面倾向于通过改造原有的资管产品模式为智能投顾提供法律依据。事实上,即便是在 2019 年《关于做好公开募集证券投资基金投资顾问业务试点工作的通知》发布之前,《关于规范金融机构资产管理业务的指导意见》(以下简称"资管新规")"智能投顾专条"起草过程中的多个细节已然能够体现监管层面对于"类资管产品"监管形态的"酝酿"。

第一,"类资管产品"模式的诞生,与我国原有金融监管制度的供给不

---

① 此外,在试点规则出台前,国内已有研究将原有智能基金组合模式称为"资管型投资顾问",参见郭文英、徐明主编:《投服研究(第 1 辑·2018 年)》,法律出版社 2018 年版,第 214—215 页。

② Melanie L. Fein, "Robo Advisors: A Closer Look," SSRN (September 10, 2015), pp. 29-31, accessed December 1, 2022, https://papers.ssrn.com/sol3/papers.cfm? abstract_id=2658701.

③ SEC, "IM Guidance Update: Robo-Advisers," SEC (February 2017), p. 2, accessed December 1, 2022, https://www.sec.gov/investment/im-guidance-2017-02.pdf.

足存在重要联系。在上述2019年《公募投顾业务试点通知》以前,我国都未能在"建议型投资顾问"和"传统资产管理"两种模式之间,发展出美国的全权委托型投资顾问这一业务形态。有的观点认为,全权委托型投资顾问可以被视作资产管理服务的一种,因其完全符合"资管新规"第2条对于"资产管理业务"的定义。笔者对此持有不同的看法。如果仅从概念上看,全权委托型投资顾问或许尚可被涵盖在资产管理业务之内。但由于我国实践中各类资产管理机构提供的资产管理服务主要通过资管产品的形式运作①,事实上整个"资管新规"的内容均是围绕着资管产品展开②——"资管新规"在其征求意见稿的基础上增补的"产品"概念也对此有所体现(具体可参见表6-2)。因此,如果从体系解释的角度出发,直接运用"资管新规"的定义将全权委托型投资顾问划至资产管理业务范围内,的确不妥。如此说来,"资管新规"并未为我国财富管理市场开辟出"第三条道路",市场仍旧由"建议型投资顾问"和"传统资产管理"两种模式构成。

表6-2 "资管新规"正式稿及其征求意见稿对比(一)

	"资管新规"(征求意见稿)		"资管新规"
二、【资产管理业务定义】	资产管理业务是指银行、信托、证券、基金、期货、保险资产管理机构等金融机构接受投资者委托,对受托的投资者财产进行投资和管理的金融服务。金融机构为委托人利益履行勤勉尽责义务并收取相应的管理费用,委托人自担投资风险并获得收益。	一、	资产管理业务是指银行、信托、证券、基金、期货、保险资产管理机构、金融资产投资公司等金融机构接受投资者委托,对受托的投资者财产进行投资和管理的金融服务。金融机构为委托人利益履行诚实信用、勤勉尽责义务并收取相应的管理费用,委托人自担投资风险并获得收益。<u>金融机构可以与委托人在合同中事先约定收取合理的业绩报酬,业绩报酬计入管理费,须与产品一一对应并逐个结算,不同产品之间不得相互串用。</u>

在该种制度框架内,无论将智能投顾划归至何种模式之下,都不能保

---

① 参见郭强主编:《中国资产管理:法律和监管的路径》,中国政法大学出版社2015年版,第7页。
② 参见钟维:《中国式智能投顾:规制路径与方案选择》,载《中国人民大学学报》2020年第3期。

障甚至将禁锢其行业发展。本书前文已经详细阐明,"建议型投资顾问"很难保证投资顾问的盈利能力,其负面作用在以数字化服务为核心的智能投顾行业中更加突出。而在"传统资产管理"模式下,私募产品只能面向合格投资者通过非公开的方式发行,对个人投资者的投资经验和资产水平均有不低的要求,这和智能投顾面向长尾客户广泛提供服务的模式相矛盾;而公募产品则以公募证券投资基金和商业银行理财产品为主,它们均属于集合类资管产品的范畴,采用建立资金池集合多人账户的方式进行投资。① 这一方面与全权委托账户管理之下对客户独立的账户直接进行管理的形式不符②;另一方面,如果智能投顾建立资金池集合多人账户投资,则该模式消弭了智能投顾与FOF的界限,使"智能投顾"彻底成为资管产品的提供者,而非帮助投资者进行投资选择的建议者。至此,在商业实践的需求与缺乏既有路径可供依赖的背景之下,我国创造出了"类资管产品"模式的智能(基金)投顾监管规则。

第二,站在2019年《公募投顾业务试点通知》出台后的时点,以"类资管产品"的视角重新审视"资管新规"中有关智能投顾的规定,或许能够发现,尽管征求意见稿与正式稿之间经历了较大的变化,且无论是"资管新规(征求意见稿)"第22条还是"资管新规"第23条都存在内部的规制逻辑上的混乱,但若能以"类资管产品"的视角进行解读,则前述混乱都能够得到清晰的解释。

表6-3 "资管新规"正式稿及其征求意见稿对比(二)

	"资管新规(征求意见稿)"		"资管新规"
二十二、【智能投顾】第1款	金融机构运用人工智能技术、采用机器人投资顾问开展资产管理业务应当经金融监督管理部门许可,取得相应的投资顾问资质,充分披露信息,报备智能投顾模型的主要参数以及资产配置的主要逻辑。	二十三、第1款	运用人工智能技术开展投资顾问业务应当取得投资顾问资质,非金融机构不得借助智能投顾超范围经营或者变相开展资产管理业务。

---

① 参见李晴:《互联网证券智能化方向——智能投顾的法律关系、风险与监管》,载《上海金融》2016年第11期。

② 依据"资管新规"第23条之规定。

(续表)

	"资管新规(征求意见稿)"		"资管新规"
二十二、【智能投顾】第2款、第4款	金融机构运用智能投顾开展资产管理业务应当严格遵守本意见有关投资者适当性、投资范围、信息披露、风险隔离等一般性规定,并根据智能投顾的业务特点,建立合理的投资策略和算法模型,充分提示智能投顾算法的固有缺陷和使用风险,为投资者单设智能投顾账户,明晰交易流程,强化留痕管理,严格监控智能投顾的交易头寸、风险限额、交易种类、价格权限等。金融机构应当依法合规开展人工智能业务,不得借助智能投顾夸大宣传资产管理产品或者误导投资者,并切实履行对智能投顾资产管理业务的管理职责,因违法违规或者管理不当造成投资者损失的,应当承担相应的损害赔偿责任。开发机构应当诚实尽责、合理研发智能投顾算法,保证客户和投资者的数据安全,不得使用恶意代码损害投资者利益,如存在过错,金融机构有权向开发机构进行损失追偿或者要求承担相应的责任。	二十三、第2款	金融机构运用人工智能技术开展资产管理业务应当严格遵守本意见有关投资者适当性、投资范围、信息披露、风险隔离等一般性规定,不得借助人工智能业务夸大宣传资产管理产品或者误导投资者。金融机构应当向金融监督管理部门报备人工智能模型的主要参数以及资产配置的主要逻辑,为投资者单独设立智能管理账户,充分提示人工智能算法的固有缺陷和使用风险,明晰交易流程,强化留痕管理,严格监控智能管理账户的交易头寸、风险限额、交易种类、价格权限等。金融机构因违法违规或者管理不当造成投资者损失的,应当依法承担损害赔偿责任。
二十二、【智能投顾】第3款	金融机构委托外部机构开发智能投顾算法,应当要求开发机构根据不同产品投资策略研发对应的智能投顾算法,避免算法同质化加剧投资行为的顺周期性。金融机构应当针对由此引发的市场波动风险制定应对预案。因算法同质化、编程设计错误、对数据利用深度不够等智能投顾算法模型缺陷或者系统异常,导致羊群效应、影响金融市场稳定运行的,金融机构应当采取人工干预措施,强制调整或者终止智能投顾业务。	二十三、第3款	金融机构应当根据不同产品投资策略研发对应的人工智能算法或者程序化交易,避免算法同质化加剧投资行为的顺周期性,并针对由此可能引发的市场波动风险制定应对预案。因算法同质化、编程设计错误、对数据利用深度不够等人工智能算法模型缺陷或者系统异常,导致羊群效应、影响金融市场稳定运行的,金融机构应当及时采取人工干预措施,强制调整或者终止人工智能业务。

"资管新规(征求意见稿)"第 22 条将智能投顾视为开展资产管理业务的工具。具体而言,该条第 3 款"金融机构……应当要求开发机构根据不同产品投资策略研发对应的智能投顾算法"以及第 4 款"金融机构……不得借助智能投顾夸大宣传资产管理产品或误导投资者"的表述中均包含"产品"的概念,体现了"智能投顾是配置资产管理产品所运用的技术"的思维。① 然而,与此同时,该条第 1 款却要求智能投顾取得投资顾问资质。在我国的监管框架下,这一要求很显然是令人疑惑的。

对此,笔者提供两种可行的解释。一是起草者试图借鉴美国投资公司与作为其管理人的投资顾问之间的关系——即由投资顾问负责资管产品(投资公司)的运作,决定资管产品的投向与配置,投资公司只是资产管理的载体,而投资顾问才是真正承担资产管理职能的主体。然而,由于我国实际进行资产管理的是取得资产管理资格的银行、信托、证券、基金、期货、保险资产管理机构、金融资产投资公司等金融机构,其本身就发挥着主动管理的职能,既不需要额外取得投资顾问资质,通常也不会聘请投资顾问指导资管产品的配置,在功能上与美国的投资公司完全不同。② 因此,这种机械的借鉴完全不符合中国的实践。二是起草者在撰写该条文之时,参照的是当时市场上存在的"智能投顾"模型。彼时彼刻,2019 年《公募投顾业务试点通知》尚未出台,监管亦处于静音阶段,智能投顾以基金组合模式为名乘势发展。即便智能投顾向投资者提供的是预置的组合模板,且禁止投资者对其账户施加个人限制或变更投资策略,与资管产品已然非常接近,但由于部分智能投顾(尽管是十分粗糙地)完成了推荐步骤,可能使客户在此情形中与智能投顾产生(尽管同样是十分微薄的)信赖关系,为了保护投资者利益,监管要求智能投顾同时取得"投资顾问"牌照。在"类资管产品"的视角之下,该矛盾便得以化解。

第三,在"资管新规"中,显然起草者意识到了"资管新规(征求意见稿)"第 22 条的矛盾之处,并着手进行了修改。相比之下,"资管新规"第 23 条最终并未放入"智能投顾"这一模糊不清的概念,而是采用了"运用

---

① 参见钟维:《中国式智能投顾:规制路径与方案选择》,载《中国人民大学学报》2020 年第 3 期。

② 参见黄辉:《资产管理的法理基础与运行模式——美国经验及对中国的启示》,载《环球法律评论》2019 年第 5 期。

人工智能技术开展投资顾问业务"与"运用人工智能技术开展资产管理业务"的表述。这在重申了投资顾问业务与资产管理业务二分的同时,从另一个角度证明了笔者此前的观点:2019年《公募投顾业务试点通知》以前,我国并没有在咨询型投资顾问与传统资产管理之间,发展出管理型投资顾问这一业务模式。

然而,拆掉东墙补西墙,这一修改在规避了前述问题的同时,反而使"资管新规(征求意见稿)"中同样存在的另一个问题在"资管新规"中更加突出。"资管新规"第2款、第3款则基本延续了"资管新规(征求意见稿)"的思维,要求金融机构在运用人工智能技术配置资管产品的情形下,为投资者单独设立账户并对其进行严格监控。本书前文已经提及,"单独设立账户"之要求与资管产品的逻辑是不相符的,因为在资管产品的逻辑中,投资者实际持有的是资管产品的份额,而非底层投资产品。为此有学者认为,只能将其解释为投资者通过独立的账户持有其认购的运用人工智能的资管产品份额。① 由于单设账户来存放资管产品的份额本身对于投资者的保护缺乏实质性意义,"资管新规"中进一步提出的"严格监控智能管理账户的交易头寸、风险限额、交易种类、价格权限"似乎也无法与账户内的资管产品份额相联系,而更像是对资管产品份额所对应的资金投向所提出的要求。至此,同样带入笔者的理论,将条文中的"资管产品"换成"类资管产品",则有关"单独设立账户"这一问题的矛盾之处也得以拨云见日。由于智能投顾(在当时,主要业务形式为"基金投资组合策略")并非真正意义上的资管产品,投资者将直接持有策略所对应的基金,因此,基金投顾机构必须为每一位投资者单设账户。笔者猜测,起草者或许曾经犹豫是否应当将当时的基金组合模式,亦即现在的智能(基金)投顾,划归至投资顾问业务或资产管理业务之下,但短时间内既无法创设管理型投顾这一制度支持,又无法割舍投顾的个性化属性以及"一人一户"的资金管理要求,因而最终权衡利弊,形成了笔者所称的"类资管产品"模式。

总结来说,有理由相信监管者在起草"资管新规"时已经形成了通过

---

① 参见钟维:《中国式智能投顾:规制路径与方案选择》,载《中国人民大学学报》2020年第3期。

"类资管产品"模式监管智能投顾业务的思维，这种思维无论是在"资管新规（征求意见稿）"还是最终出台的"资管新规"中都得到了体现。但也正是因为此种模式与我国既有资产管理模式之间存在核心区别，无论是"资管新规（征求意见稿）"第 22 条还是"资管新规"正式稿第 23 条都未能避免条文内部的矛盾。"资管新规"虽然没能为智能投顾创造出全权委托型投资顾问这一业务形态，但也为我国基金投顾的"类资管产品"这一全新的监管模式埋下了伏笔。

第二节 智能投顾发展路径展望

在第一节中，笔者提出了我国智能（基金）投顾属于"类资管产品"这一观点，并在实践、法理与制度三个层面进行了初步论证。"资管新规"中的缺憾，最终在一年后出台的《关于做好公开募集证券投资基金投资顾问业务试点工作的通知》中得以弥补：该通知最终为我国的"管理型投顾"业务提供了重要的制度依据。智能（基金）投顾最终以极低的争议程度被归入"管理型投顾"的范畴。然而需要提醒读者注意的是，一方面，我国的智能（基金）投顾脱胎于基金组合模式，后者的业务模式在极大程度上为智能（基金）投顾所继承；另一方面，《公募投顾业务试点通知》要求基金投资组合策略坚持"集中生成、统一实施"的基本要求，客户对于组合策略的"限制权力"依旧缺位。换言之，《公募投顾业务试点通知》仅仅是为我国智能（基金）投顾提供了合适的法律定位，并没有从实质上改变我国智能（基金）投顾的"类资管产品"的性质。我国自有的市场发展历史与既有的监管框架共同塑造了充满中国特色的"类资管产品"监管模式。该模式是在美国的全权委托型投资顾问模式（以下简称"美国模式"）之外另辟蹊径的成果，既存在合理性，又有局限性。对于"类资管产品"模式的合理性与局限性分析，应当结合我国和美国智能投顾在商业实践上的差异，在比较的视角下展开分析。

笔者认为，与我国智能（基金）投顾相比，美国智能投顾存在至少三个方面上的灵活度优势。其一，在更高水平上提供个性化建议。美国模式通过允许投资者对预先构建的投资组合进行微调，进一步提升投资建议的个性化程度。例如，Betterment 允许投资者根据自身情况调整推荐组合中的资产配比,并向投资者展示调整后的风险水平和分散化程度①,由算法而非人工实现的资产再平衡功能为此种个性化提供了保障。其二,在更高水平上提供个性化管理服务。美国模式允许投资机构更加个性化地对投资组合进行后续管理。例如,Betterment 会随着投资者设定的投资期限的临近给出资产配比的"平滑"(Glide)建议,通常表现为不断提升债券资产的比重,降低股票资产的比重。其三,美国的税收法律制度(特别是个人所得税体系)的复杂性允许智能投顾各类税收优化功能的实现,包括税收亏损收割及税收优化组合设计等。② 无论是投资组合的微调、后续的"平滑",还是税收优化服务,均体现了美国智能投顾对于"个性化"的追求。这种个性化不仅包括投前的策略匹配,更体现在投后的持续管理之中。总结来说,尽管与传统人工投顾相比,美国智能投顾仍然存在诸如组合策略预置、金融判断前置等差异,但其已经基本能够满足"智能"+"投资顾问"的双重要求;智能投顾的法律性质也与传统人工投顾相同,属于全权委托型投资顾问业务。

也正是由于我国智能(基金)投顾在上述三个方面上灵活度的匮乏,相比"全权委托型投资顾问",其更类似一种"类资管产品"。这种异化显然是智能投顾囿于我国资本市场发展历史与监管约束框架,而主动选择或被迫形成的。或许与许多读者的直觉不同的是,笔者认为,第一,"类资管产品模式"与我国普通投资者的金融素养水平更加契合。无论是在我国还是在全世界范围内,"智能投顾"的主要目标客户本都是"长尾客户"。与可以负担传统投资顾问服务的、具有丰富投资经验与一定资产储备的中产与精英阶层的投资者相比,长尾客户的金融知识相对匮乏,财务目标更加简单,风险承受能力普遍较低,对短期收益波动更为敏感——而我国长尾客户与成熟资本市场的长尾客户相比,上述问题则更加突出。在这种现实条件之下,一方面,在现有组合基础上的进一步"个性化"或许并非长尾客户的实际需求,因其需要的是稳定的投资收益而非"量身定制"的

---

① Nick Holeman, "Take on More Control with Flexible Portfolios," Betterment (March 28, 2018), accessed December 1, 2022, https://www.betterment.com/resources/flexible-portfolio-customization.

② 例如,Wealthfront 公布的数据显示,其税收亏损收割功能平均能为投资者提升 1.8% 的收益率,其中 96% 投资者的投资顾问费用能够被税收效率所覆盖。参见 Wealthfront 官网,https://www.wealthfront.com/investing,最后访问日期:2022 年 12 月 1 日。

花样投资策略;另一方面,考虑到长尾客户有限的金融知识与不成熟的投资理念,赋予其调整的自主性反而可能不利于其投资目标的实现。因此,由机构统一制定投资组合策略,进行后期仓位的确定和调整,反而能够在更高的水平上降低普通投资者的非理性决策可能,更好地帮助普通投资者平衡交易收益与投资风险。第二,"类资管产品模式"能够降低智能投顾运营成本,从而突出其"普惠"这一珍贵优势。智能投顾通过对大数据、人工智能、云计算等现代计算机技术的使用,使原本服务于中产及精英阶层的投资顾问业务,也能够被普通投资者所获得。正如笔者在本书伊始即声明的那样,"科技助力使得投资门槛大幅降低,进而拓展了客户群体,促进了金融服务的普惠性"。要求智能投顾达到与传统投顾相当的水平,提供高度个性化服务,则可以想见的是,投顾费用也会相应增加。相比中产及精英客户,普通投资者对金融服务的付费意愿与付费能力本就更低,对金融服务的价格敏感性也更高。因此,尽管目前我国智能(基金)投顾的个性化水平较为匮乏,以"全权委托型投资顾问"为名而实质上提供的是"类资管产品"服务,但的确已经能够很好地满足市场需要。在长尾客户对"量身定制""针对性理财建议""税收优化"[①]的追求本就不高的市场现实情况下,要求智能投顾大幅提高个性化水平,回归"投资顾问"之本质,反而可能因随之而来的投顾价格的提升影响部分投资者对金融服务的获得,影响投顾的"普惠"优势,有削足适履之嫌。

---

① 鉴于我国的行业现状及税收制度,即便是在面向高净值客户的传统投资顾问服务中,"税收优化"也同样缺乏用武之地。

第七章 智能投顾业务境外监管经验

第一节 美国智能投顾监管

如前所述,智能投顾在美国的发展较早,可以追溯到 2008 年全球金融危机之后。在华尔街传统金融机构忙于消除由于金融危机带来的巨大信任危机之时,新兴智能投顾企业便开始以数字化、智能化、低门槛的特点,吸引投资者的目光。作为后金融危机时代出现的、区别于传统金融服务模式的新事物,对"智能投顾"的监管是一个全新、重要且必须直面的问题。早至 2015 年,美国证券交易委员会(SEC)和美国金融业监管局(FINRA)即开始对智能投顾相关问题进行风险提示并发表监管思路,颁布了一系列规范性文件。随后,SEC 开始借助司法手段,针对部分智能投顾公司所涉及的包括欺诈、虚假陈述、虚假宣传、留痕及内控违规在内的多项违规问题提起司法诉讼。由此可见,SEC 和 FINRA 大约是最早对智能投顾行业进行监管的机构,并初步形成了监管意见。

一、着力投资者教育

2015 年 5 月 8 日,SEC 投资者教育与宣传办公室(OIEA)与 FINRA 联合发布了有关智能投顾监督管理问题的第一份文件:《风险提示:自动化投资工具》(Investor Alert: Automated Investment Tools),旨在为投资者提供"自动化投资工具"的总体情形概览以及相应的风险提示信息。[1]《风险提示:自动化投资工具》并未对"智能投顾"概念进行明确定

---

[1] SEC, FINRA, "Investor Alert: Automated Investment Tools," FINRA (May 8, 2015), accessed December 1, 2022, https://www.finra.org/investors/alerts/automated-investment-tools.

义,而是通过列举的方式试图勾勒"自动化投资工具"的轮廓:一切使用特定计算方法进行投资推荐、资产管理的模式化程序,都被归入"自动化投资工具"的范畴。文件认为,"自动化投资工具"的范围包括且不限于个人理财计划工具(personal financial planning tools)(例如在线计算器)、投资组合选择或资产优化服务(portfolio selection or asset optimization services)(例如提供有关如何分配401(k)账户或经纪账户的建议的服务)以及在线投资管理程序(online investment management programs)(例如智能投顾)。

文件中提示投资者应在使用任何自动化投资工具前**考虑以下五个技巧**(Tips):

1. 了解任何条款和条件

查看正在使用的自动化投资工具的所有相关披露信息,了解文件中全部的项目条款,例如使用该投资工具可能产生的费用、买入或卖出投资产品时的费用、终止服务协议或服务关系的条件、退出使用时的兑付条件等。只要存在不清楚的地方,投资者应当立刻与服务商取得联系。询问产品服务商是否因为推荐或出售特定的服务或投资而获得任何形式的补偿,以此了解自身和服务商之间可能存在的利益冲突。

2. 了解产品的局限性

投资者在使用工具时,应当了解产品的局限性,尤其是产品的底层基本假设。以投资分析工具为例,证券公司必须提供产品所使用的标准(criteria)和方法(methodology),描述工具的局限性以及工具基本假设(key assumption)。投资者应当意识到,工具所依赖的基本假设可能是错误或者不符合投资者自身状况的,工具提供的参考结果可能也是存在缺陷的。投资者还应当意识到,自动化投资工具可能只内置了与服务商有关联交易的公司的产品,因此在产品选择上可能受限。

3. 关注产品对投资者陈述的依赖

投资者应当意识到,他们所提供的信息是自动化投资工具赖以分析和产出"答案"的基础。投资者还应当意识到,自动化投资工具的题目设计可能存在笼统泛化、模棱两可、具有误导性等多种问题。鉴于自动化投资产品对于投资者陈述的高度依赖,投资者在提供信息以及回答问题时应当额外留心,以避免"差之毫厘,谬以千里"的尴尬局面。

4. 产品输出与投资者需求的背离

鉴于自动化投资工具问题设定及框架设计的局限性，它可能无法全面考虑产品使用者，即客户的财务状况和财务需求。因此，投资者应当明确，一方面，自动化投资工具的结果输出可能与自身的财务需求产生偏差或者完全背离；另一方面，在进行财务规划时，自动化投资工具通常不会将财务目标的改变纳入考量范围。试举一例，自动化投资工具可能仅根据投资者的年龄来估算投资的时间范围，但没有考虑到投资者在未来几年内的变现、购房等需求。算法毕竟难以媲美人力分析，仅使用自动化投资工具进行财务配置，可能会在统筹规划、个体化定制等需要人工干预的层面存在缺陷。

5. 个人信息的保护

文件提示投资者在使用自动化投资工具的同时应当注意个人信息泄露问题，并注意做好隐私保护工作。自动化投资工具的服务商可能出于与该工具无关的目的而收集投资者的个人信息。与此同时，当在网上使用自动化投资工具时，应当注意防备网络钓鱼与电信诈骗，除非在官方网站建立自己的账户，否则应拒绝提供银行或经纪账号、密码、PIN码、信用卡信用额度、个人社会保险号（身份证号）或其他个人信息。建议采取使用高强度密码、定期修改密码、避免使用共享计算机或者不安全的无线连接等方式以保卫个人信息和财产安全。

2017年2月，SEC在其官方网站上再次发布监管文件《智能投顾监管指南》。文件在定义智能投顾的性质为投资顾问之后，立刻向投资者提示智能投顾由于人工服务的缺位而可能引发的潜在风险，并提请投资者注意：

（1）评估自身对人工咨询的依赖程度，是否倾向于与专业投资人员保持持续的、稳定的沟通；

（2）智能投顾给出的投资建议在很大程度上依赖于投资者对制式问卷的回答，给出投资建议的途径基本为线上而非线下，已经在既往投资经验中产生路径依赖的投资者，应判断自身是否能够适应过往投资方式与"智能投资"方式之间的差异；

（3）所选择的智能投顾投资目标与自身投资倾向的匹配程度；

（4）所选择的智能投顾投资风险等级与自身风险承受能力的匹配

程度;

(5) 所选择的智能投顾提供的投资产品的安全系数,以及投资者自身对该投资产品的接受程度;

(6) 所选择的智能投顾的产品宣传与付费推广情况;

(7) 在智能投顾平台中,是否存在投资产品引流、特定投资产品代销的情况;

(8) 由智能投顾直接或间接收取的管理费用;

(9) 如果想要提前结束全部或部分投资活动,是否可能产生违约金、罚金。

由此可见,在对智能投顾行业进行系统性监管之前,SEC 和 FINRA 选择了首先进行投资者教育活动,提示广大投资者在享受自动化投资工具带来的便利性、低成本、广泛性优点的同时,应当谨慎了解可能随之而来的(包括利益冲突在内的)投资风险。

二、纳入传统投资顾问体系进行监管

1929 年"经济大萧条"之后,美国国会紧急出台了《紧急银行法令》、1933 年《证券法》以及 1934 年《证券交易法》等一系列法案以强化金融监管体系结构。1940 年《投资顾问法》即诞生于该背景之下,旨在规范付费投资咨询业务,强调咨询服务从业者信义义务,并保护投资者利益。

1940 年《投资顾问法》第 202 条 a 款第 11 项对"投资顾问"的概念进行了界定,认为投资顾问是"任何人,以获得报酬为目的,从事以下商业活动:(1) 不论是通过口头还是通过出版、书面等方式,提供有关于证券价值或者有关于买入、卖出证券的投资建议;(2) 作为日常的商业行为,发布或进行有关于证券的报告或分析"。① 由此可见,SEC 对投资顾问定义的核心为三个因素:就证券价值、证券买卖提供建议;获取报酬;该提供建

---

① Investment Advisers Act of 1940 § 202(a):(11) "Investment adviser" means any person who, for compensation, engages in the business of advising others, either directly or through publications or writings, as to the value of securities or as to the advisability of investing in, purchasing, or selling securities, or who, for compensation and as part of a regular business, issues or promulgates analyses or reports concerning securities.

议为业务经营行为。① 尽管与传统投资顾问相比,智能投顾的运行逻辑与运营模式存在较大不同,但由于其业务本质仍为"为客户提供投资建议与财富管理服务,并从服务中收取相应的对价",依旧符合投资顾问的定义。在 SEC 于 2017 年发布的《智能投顾监管指南》中,智能投顾被正式定义为投资顾问。此外,正如后文将会提及的,在目前 SEC 针对智能投顾采取的两起执法活动中,均援引 1940 年《投资顾问法》条款对涉事公司进行处罚。由此可见,无论是本质定位还是法律执行层面,智能投顾都被纳入传统投资顾问体系,受到 1940 年《投资顾问法》的约束。

(一) 注册

依据 1940 年《投资顾问法》第 203 条 a 款之规定,除符合 1940 年《投资顾问法》第 203 条 b 款(注册豁免条款)的规定情形外,所有投资顾问服务提供者都必须在 SEC 进行注册并接受监管。而依据《智能投顾监管指南》之规定,凭借大数据和算法程序,通过互联网平台进行运营的"智能投顾",必须按照第 203 条 a 款之规定进行注册:即便具备豁免情形,也不得适用注册豁免款。由此可见,在 SEC 进行注册是智能投顾入场的先决事由,对智能投顾主体资质要求的提高也反映了 SEC 的谨慎监管态度。

从运行规则上看,美国主流智能投顾平台,包括 Betterment、Wealthfront、先锋集团、Ally Investment 以及 Acorns 等公司,均为 SEC 注册投资顾问(RIA,registered investment adviser)。目前,智能投顾的典型代表都是可以提供财务顾问服务的注册公司。美国将投资顾问和证券资产管理两种牌照进行综合,即投资顾问的监管许可证基本覆盖整个市场的资产管理和财务管理服务,此功能使智能投顾能够向客户提供投资顾问和资产管理服务,从而减轻获得不同许可证的负担。②

(二) 信义义务要求

SEC 没有规定投资咨询顾问从业的最低经验要求或者资格要求,也没有规定咨询顾问的最高收费标准,但在 1940 年《投资顾问法》中,投资顾问被要求应对客户承担信义义务(fiduciary duty),以"客户利益最

---

① 参见彭冰:《从 Lowe 案看美国对投资顾问的界定》,载《证券法苑》2009 年第 1 期。
② 参见邢会强等:《智能投顾时代的崛起——智能投顾法律问题研究》,中国金融出版社 2020 年版,第 269—271 页。

化"作为自己的行动指南。

信义义务的履行要求投资顾问作为受托人,必须避免与客户发生利益冲突,并避免过度或不正当地利用客户的信任。需要指出的是,信义义务中所包含的不仅仅是诚实与善意:作为受托人的投资咨询顾问必须随时保持敏感,以免于可能在有意或无意的情况下向客户提供了"并非全然无私"(less than disinterested)的建议——即便受托人无意伤害客户利益,即便客户并没有产生金钱上的损失(monetary loss),该行为也可能被认定为是有过错的。① 在 Meinhard v. Salmon 这一具有里程碑意义的案件中,卡多佐法官这样解释:"许多在普通领域中被视为公平交易的人所进行的合法行为,是被信义义务所禁止的。信义义务秉持相较市场道德更为严格的标准,其行为的标准不单单是诚实:受托人所持的行为标准,是荣誉感。"② 在 SEC v. Capital Gains Research Bureau 一案中,美国最高法院对信托义务的内容进行了开创性的解释:"1940 年《投资顾问法》反映了国会对于投资顾问关系中天然存在的信义义务的认可,以及对于消除或至少是揭露所有存在的利益冲突的意图,因为这些利益冲突可能会使投资顾问在有意或者无意中提出'并非无私'的建议。"由此可以看出,在投资顾问关系中,受托人必须时时刻刻谨记依照"客户利益最大化"的原则行事,避免将受托人利益置于客户利益之上。

1940 年《投资顾问法》第 206 条"反欺诈条款"(anti-fraud)隐含了上述义务要求。值得指明的是,信义义务的具体表现并未在 1940 年《投资顾问法》中单条列明,而是散落在整个法案的字里行间。当客户与顾问形成投资咨询关系后,"信义义务"所涉及的层面,不止于证券的买入与卖出,而是蔓延至其承诺为客户提供的全部服务。③

1. 重大事项全面披露义务

投资顾问应履行最大诚信义务,充分且诚实地向其客户披露涉及客户聘用投资顾问选择的所有重要事实,并有义务注意披露时的陈述,避免

---

① SEC v. Capital Gains Research Bureau, Inc., 375 U.S. 180 (1963).
② Meinhard v. Salmon, 249 NY 458 (1928).
③ Robert E. Plaze, "Regulation of Investment Advisers by the U.S. Securities and Exchange Commission," Proskauer (June 2018), p. 12, accessed December 1, 2022, https://www.proskauer.com/report/regulation-of-investment-advisers-by-the-us-securities-and-exchange-commission-june-2018.

对客户形成误导。同时,投资顾问在接下来的整个服务期内,均应履行对客户的重大事项披露义务;如怠于或疏于履行,则其可能被认定为客户欺诈行为。履行重大事项全面披露义务时,受托人应当特别注意以下几个方面:

(1)何为"重大事项"。 根据1940年《投资顾问法》,重大事项的判断标准为:理性客户(reasonable client)是否在很大可能性上(substantial likelihood)认为该信息为重要信息。①

(2)面临利益冲突时的披露义务。 由于当面临利益冲突时,投资顾问与客户的对立性最强,提供具有偏向性的建议的可能性最大,因此对重大事项的披露在顾问与客户的利益产生冲突、或存在潜在的冲突时尤其重要。作为占据信息优势的一方,受托人必须无保留地披露全部与利益冲突有关的重大事实,以便客户能够在获取充分信息的情况下,理智地决定是否要与平台形成"委托—代理"的关系。当投资顾问向客户推荐投资产品时,必须全面地向客户披露围绕该推荐产品而产生的经济利益联系。换言之,"投资顾问是否完全履行披露义务,披露程度是否达标的最终决定人是客户而不是投资顾问"。② 受托人仅仅在主观上认定自己"全然以客户利益最大化为目标行事"并不能成为未履行全面披露义务的免责事由。

(3)其他应当进行披露的情况。 投资顾问应当向客户与潜在的客户披露以下重大事项:投资顾问的财务状况可能会损害其履行投资服务合同约定内容的能力;投资顾问及其特定的工作人员在过去十年间曾受到过的重大监管处罚或重大纪律处分。

2. 为客户提供适合的建议

顾名思义,投资顾问之所以被称为"顾问",是因为其负有向客户提供合适的或是量身定制的建议的义务。这一职责通常要求投资顾问对客户的财务状况、投资经验和投资目标等方面进行合理的调查,并根据客户的情况、经验和目标合理地提供投资建议,并确定建议是否合适。信义义务

---

① SEC, "Amendments to Form ADV (2010)," accessed December 1, 2022, http://www.brightlinesolutions.com/files/Plaze/Release%20IA-3060%20ADV%20Part%202.pdf.

② Feeley & Willcox Asset Management Corp. and Michael J. Feeley, "Investment Advisers Act of 1940 Rel. No. 2143" (2003).

要求当智能投顾平台向投资者作出建议时,应当对客户的基本经济状况及抗风险能力有所掌握,并在此基础上合理、独立地向客户提供投资建议。

鉴于上述义务要求,在通常的智能投顾操作流程中,当客户选择使用选定的投资顾问平台进行投资时,平台将及时对投资者进行适当性测试。美国智能投顾平台调查问卷所涉及的客户画像内容一般包括:(1)客户基本情况(年龄、学历、家庭住址等);(2)资产及收入情况(客户平均年收入、收入类型、资产总额等);(3)债务及消费情况(短期债务、长期债务、住房贷款、平均年度支出、未来购房购车意愿等);(4)税收状况;(5)风险承受能力(一般由若干教科书式经典的风险/收益偏好或厌恶程度测试构成)五个经典模块。此外还可能涉及客户过往投资经验、表外资产等细节内容。客户画像步骤结束后,投顾平台将开始询问客户投资目标,以对客户进行初步分类。以 Betterment 为例,"财务目标"部分客户有"管理日常花销用度""储蓄生息""长期目标投资""退休(养老)投资"四个可选项,财务规划时限由短及长逐步递增。不同的"财务目标"对应不同的资产组成类型,即不同的"风险/收益"配比,由客户任意选择。

尽管美国各大智能投顾平台的客户画像模块基本构成大体相似,但不同的投资顾问平台上的问卷测试细节却不尽相同。不同平台问卷的侧重点不一,题目数量、题目范围、具体表述、题目契合度检验也尚未进行最低标准的统一化处理。平台对于投资者适当性的判断,也主要依赖投资者自身陈述(即在问卷调查中的回答)。因此从目前的投顾实践中看,"投资者适当性"判断的义务履行并没有统一的行业框架可以采纳,各大投顾平台通常按照行业常规标准搜集投资者基础资料,并进行随后的画像与分类工作。

智能投顾平台同时应当对机构投资者履行信义义务,且并不应因机构投资者较个人投资者而言所具备的更强的专业性、更高的抗风险能力,而在信义义务履行的标准上有所降低。对机构投资者而言,所谓"合适的投资建议",通常是参考机构投资者与投顾平台签订的咨询合同中的投资目标、策略、限制措施等具体内容而确定的。

3. 进行最佳的策略操作

在全权委托交易被允许的情况下,智能投顾平台可能会代替投资者完成包括建仓、调仓、自动平仓等在内的一系列操作。信义义务要求投资顾问从投资者利益出发，寻求证券交易的最佳执行策略。① 所谓最佳执行策略，即投资顾问应当在条件允许的情况下，寻找为客户进行每一笔交易的最小成本点或是最大利润点。这与一般的经纪代理（broker-dealer）的最大的不同是：执行交易时，将自己所应获得的（即客户所应付出的）管理费用计算在内，无论管理费用是按照交易笔数还是交易总额计算，都应在扣除管理费用后，选择对客户来说利益最大化的处理方式。②

（三）反欺诈要求

除对信义义务进行了详细规定以外，1940 年《投资顾问法》同样规定了投资顾问的特定禁止行为，以防止顾问在占据信息优势的情况下对客户进行欺诈。智能投顾作为投资顾问的一个分支，同样受到反欺诈条款的约束。

1. 禁止自我交易及双方代理

当投资顾问自身可能涉及与客户的直接交易，如从客户处买入或者向客户卖出证券时，由于自我交易可能引发较为严重的利益冲突问题，一般情况下该行为被 1940 年《投资顾问法》所禁止③，除非投资顾问将该情况如实地以书面形式告知客户，令客户明确知悉此交易中潜在的利益冲突问题，并就每一笔交易分别取得客户的同意。与禁止自我交易的原理类似，法案同时禁止投资顾问进行双方代理。

2. 禁止从错误交易中获利

买入未被客户授权的证券产品、在有意或者无意的情况下买入或者卖出非客户属意的或属意数量的证券产品、构建资产池时的资产错配等情形，都可能被认定为"错误操作"。当投资顾问对客户账户进行错误操作时，无权获得由该错误操作带来的收益，同样无权使用"该收益"对客户损失进行补偿。

3. 禁止注册投资顾问进行虚假或误导性陈述

如果平台宣传通过"巧妙的表述"，使其客户或潜在客户对平台本身

---

① 17 C.F.R. §275.206(3)-2, Agency cross transactions for advisory clients.
② 假设在情景一中，客户在获得 500 万收益的同时需要付出 50 万的管理费用；在情景二中，客户在获得 480 万收益的同时需要付出 10 万的管理费用，则负有信义义务的投资顾问，应当选择第二种而非第一种操作模式，因为在第二种模式中，尽管客户获得的收益金额较小，但实际上获得的净利润更高。
③ 17 CFR §275.206(3).

以及平台其他客户的投资经历得出不真实的结论；又或者平台宣传通过掩饰、刻意忽略部分事实，诱导客户或潜在客户对平台自身以及其他客户经历作出非真实的判断，那么平台可能违反1940年《投资顾问法》中的反欺诈条款。典型的虚假或误导性陈述行为包括：夸大平台管理的总资产金额，虚报平台从业人员的学历、资质或从业经验等信息，在披露或宣传中"提高"平台客户理财收益等。

4. 禁止投资顾问进行不恰当的宣传

1940年《投资顾问法》禁止在SEC注册的投资顾问在其宣传内容中，使用不真实或者具有误导性的语言描述重大事项。在SEC注册的投资顾问必须对宣传广告做好留痕工作，以备SEC检查之需。SEC在监管时，相当重视对投资顾问广告行为的约束。正如后文中即将提到的那样，目前SEC针对智能投顾平台提起的两次和解诉讼中，都涉及不恰当宣传的问题。

5. 禁止业绩欺诈

反"业绩广告"要求包含于反欺诈要求之中，因此显而易见的是，SEC并非禁止投资顾问进行任何有关平台产品预期投资收益率的宣传行为——真正被禁止的，是投资顾问在业绩广告中对投资者进行欺诈。"如果投资者获得了全部信息，那么他根本就不会相信广告（有关业绩）内容"常常被视为判断投资顾问是否进行了业绩欺诈的标准之一。[①] 由此，反业绩欺诈又与信息披露息息相关：自身已经对业绩广告中的数据来源进行如实的、充分的说明，可以成为投资顾问面对业绩欺诈指控时的重要抗辩理由。在规避"业绩欺诈"指控的激励下，美国投资顾问机构在与SEC的一系列博弈中，建立了若干以其为核心的信息披露操作规则。简要介绍如下：

（1）合理进行业绩比较。投资顾问机构在宣传业务时，常常会使用"数字"进行一系列的对比，以期以严谨直观的方式取得投资者的信赖（如SEC v. Hedgeable一案中，Hedgeable将本平台投资"收益率"与其他平台的进行比较）。在进行横向业绩比较时，投资平台应当至少保证数据的

[①] Edward F. O'Keefe, "SEC Staff No-Action Letter" (April 13, 1978); Anametrics Investment Mgmt., "SEC Staff No-Action Letter" (May 5, 1977).

真实性、准确性、处理方法的合理性,并尽可能地利用脚注、附注等方式,引导投资者正确解读业绩数据。在进行纵向业绩比较时,尽管投资顾问机构使用历史业绩表现进行业绩宣传时会倾向于选择表现最佳的产品或组合,但如果该产品或组合内存在与正常投资没有直接关系的额外收益(例如,购买新股产生的巨额打新收益),则应当在业绩宣传中就该情况向投资者披露。此外,如果该产品或组合的亮眼收益是由行业整体向晴或金融市场繁荣而带来的,那么也应当就该情况向投资者进行说明。究其原因,投资者或潜在投资者通过投资顾问平台的"业绩广告"内容来考察的,是平台本身的专业能力。因此如果平台在业绩广告中未明确告知投资者其中所包含的行业形势因素,则可能涉嫌诱导投资者对平台投资能力做出错误评价。

(2)计算过程留痕。SEC 要求已注册的投资顾问能够对其业绩广告中所涉及的内容进行充分的证明。投资顾问应当妥善保存必要的工作记录、计算底稿、投资证明、客户沟通记录等文件,以佐证业绩广告中所提及的产品或投资组合的投资收益率的真实性。通过对投资顾问科以证明业绩宣传内容真实性的义务,SEC 在约束投资顾问业绩欺诈行为的同时,降低了投资者在遭受业绩欺诈后进行维权时的责任负担。一般认为,如果投资顾问能够为广告中的产品或服务提供相应的客户账户对账表(可以视为原始数据),以及将零散的客户数据整合为业绩广告内容的工作底单(可以视为处理过程),即可证明自身并未就该业绩内容进行欺诈。

(3)费用"透明化"。当投资顾问机构进行业务宣传时,必须明确告知投资者其所需承担的费用:包括投资咨询费、经纪费用以及其他投资者已经或未来可能支付的费用。

(四)规范"代客理财"行为

投资顾问除了向客户提供投资建议外,还可以在获得授权后,代替客户进行相关的投资操作,即向客户提供"代客理财"服务。1940 年《投资顾问法》对"代客理财"概念的认定更多是从实质而非形式的角度出发,涵盖范围广泛。这一服务的直接形式是投资顾问机构通过操作客户的基金或股票账户,买入或卖出有价证券,但该形式并非法案中认定的唯一形式。与投资顾问具备从属关系的子机构、与投资顾问达成协议的其他机构,只要是按照投资顾问的投资建议,对客户金融资产进行相应的管理操作,都应当被视作投资顾问的"代客理财"行为。①

1940年《投资顾问法》中制定了一系列注册投资顾问代客理财时所应遵守的行为准则,以保证客户金融资产安全。

1. 选择有资质的存管机构

投资顾问在进行代客理财活动时,必然会涉及有价证券的买卖操作,因此客户的资金不可避免地会被存管至其他金融机构中。投资顾问在进行投资时,只能在具备主体资质的金融机构内进行,以保证客户金融资产处于适格存管机构的保管之下。② 根据1940年《投资顾问法》,具备主体资质的金融机构包括:银行、经纪商、储蓄协会、期货经纪公司及持有客户金融资产的美国境外金融机构。

2. 严格履行披露义务

投资顾问在代客理财活动中,如果需要在其他金融机构开立投资账户,必须在开立后立即将该账户开立及此后的任何变动情况通知投资者。此外,投资顾问机构应当确保存管机构每季度向投资者披露于其下托管的金融资产现状。例如,投资顾问机构为投资者在某经纪商处开户并购入股票,那么顾问应当将开户信息即时告知投资者,并且在整个投资过程中督促该经纪商向投资者说明他目前所持有的股票名称、数量、市值等信息。由此可见,投资顾问的信息披露义务,不因资产的转移而有所减损。

3. 接受外部机构检查

根据1940年《投资顾问法》第206条第4款第2项的规定,提供代客理财服务的投资顾问必须接受独立公共会计师(independent public accountant)的突击检查,以保证客户资产安全。③ 在突击检查中,会计师

---

① 根据1940年《投资顾问法》第206(4)-2条第(d)款第2项规定,行为包括:(1)直接占有客户基金或证券;(2)通过达成协议,允许或授权投资顾问回撤客户的基金或者股票账户;(3)顾问或受其领导的下级员工,具备操作客户基金或股票账户的权限。See Robert E. Plaze, "Understanding the Investment Adviser Custody Rule: Part I—Determining Custody," *The Review of Securities & Commodities Regulation*, Vol. 48 No. 6, Brightlinesolutions(March 18, 2015), accessed December 1, 2022, http://www.brightlinesolutions.com/files/Documents/Understanding%20the%20IA%20Custody%20Rule%20Pt.I.pdf.

② 两种金融资产除外:非公开发行证券、由基金转移代理(fund transfer agent)持有的公募基金份额。

③ Commission Guidance Regarding Independent Public Accountant Engagements Performed Pursuant to Rule 206(4)-2 Under the Advisers Act of 1940, Advisers Act Rel. No. 2969 (December 30, 2009).

应当从投资顾问处与存管客户资金的其他金融机构处分别获取投资对账单,检查是否存在客户与机构资产混同的情形,并核对交易记录(包括金融资产的买入、卖出及分红)和账户流水情况。如果双方的记录出现严重的差异,则应当立即上报 SEC 合规审查办公室(the Director of the Office of Compliance Inspections and Examinations)。

如果投资顾问与客户资金存管机构为同一机构(投资顾问或其关联机构同时具有证券、基金销售牌照,即具备客户资产存管资格,并且投资顾问为客户在上述机构中开立账户,进行金融资产买卖活动),鉴于在该种情况下客户资金安全对投资顾问内控完善度的依赖性更高,这些投资顾问必须在接受前文所述外部检查的同时,委托在美国公众公司会计监督委员会(PCAOB)下注册并受其监督的独立公共会计师为其出具内部控制报告(Internal Control Report)。一般来说,控制报告内应该包含如下内容:确认客户开户授权手续完整有效;确认客户开户信息;确认客户交易授权完整有效;确认客户交易流程无瑕疵,客户交易留痕记录的及时性、准确性与完整性;机构及时确认客户股权分红等收入;定期确认客户银行存款金额;核对客户账面资产数量与明载于客户报告中的资产数量是否一致。

4. 按照客户利益最大化之原则进行代理投票

除了代客理财外,投资顾问还可以依据投资者授权,代表投资者行使投票权参与公司治理。在信义义务的约束下,投资顾问必须按照投资者利益最大化的原则行使该项权利,而不得趁机为自身谋取利益。此外,当投资顾问代表投资者行使投票权时,应当保证其自身利益与投资者利益之间不存在重要分歧或冲突;如果出现分歧或冲突,则应在第一时间将该利益冲突向投资者进行披露。根据 1940 年《投资顾问法》第 206 条第 4 款第 6 项规定[1],顾问机构应当形成书面文件,确认各投资顾问在行使代理投票权时所应当遵循的具体规则,以保证"客户利益最大化"这一原则能够在实践中被具体落实。

在长期的实践过程中,SEC 认为当投资者授权投资顾问代理其行使

---

[1] 1940 年《投资顾问法》第 206 条第 4 款第 6 项第(a)目规定,该投资顾问制定并实施合理设计的书面政策与程序,以保障有关表决权代表客户的最佳利益,并且前述程序包括如何应对该投资顾问与客户间可能发生的重大冲突。

投票权时,交付的不仅仅是"投票"之权利,更有代替投资者积极了解公司动向之责任。① 因此,仅仅是消极被动地完成"投票行为",而没有主动负责地了解被投资公司的财务状况、经营状态、待表决事项具体内容及其对公司之影响等事实,投资顾问仍可能被认定为没有"按照客户利益最大化的原则"进行代理投票。由此可见,代理投资者行使投票权对投资顾问的平台规模、运营能力、平台人员职业能力与从业经验,都提出了较高的要求。

充分的信息披露依旧是代理投票行为中最为重要的一环。投资顾问应当向投资者解释其投票政策与表决过程,并按照投资者要求提供相关附件。代理投票过程中产生的重要文件应保留。

三、针对智能投顾监管的创新策略

从本质上看,智能投顾属于传统投资顾问的一种新兴形式,SEC 也要求智能投顾继续受到以 1940 年《投资顾问法》为核心、以一系列补充法案为框架、以众多司法案例为具体内容的投资顾问监管体系的约束。但智能投顾毕竟属于计算机科技高速发展这一大背景催生的新兴事物,正如 SEC 委员 Kara Stein 所指出的那样,"由于智能投顾在制定适用于投资顾问的法律之时并没有出现,美国证监会正面临着对智能投顾如何监管的挑战"②。2015 年起,SEC 和 FINRA 围绕算法服务和信息披露两项内容,提示智能投顾区别于传统投资顾问的特殊风险,并明确对智能投顾的特定监管标准。各州也纷纷出台政策声明文件,积极回应智能投顾监管问题,力求与时俱进保障投资者权益。

(一) 更高的信息披露标准

由于智能投顾依托平台大数据,使用高度复杂的算法模型进行投资推荐,伴随"智能"而来的是投资者与投资顾问之间不断增大的信息鸿沟。又或者可以说,投资程序越"智能",整个投资顾问程序中的委托代理问题

---

① Proxy Voting by Investment Advisers, Advisers Act Rel. No. 2059 (September 20, 2002).

② Kara Stein, "Surfing the Wave: Technology, Innovation, and Competition Remarks at Harvard Law School's Fidelity Guest Lecture Series," SEC (November 9, 2015), accessed December 1, 2022, https://www.sec.gov/news/speech/surfing-wave-technology-innovation-and-competition-remarks-harvard-law-schools-fidelity.

就越突出。为此 SEC 要求智能投顾平台在更高的标准上履行信息披露义务。①

语言浅白,形式活泼。信义义务要求投资顾问充分且诚实地向其客户披露所有重要事实。在智能投顾的语境下,由于大量的信息以线上阅读而非线下沟通的形式传递给投资者,加之普通投资者普遍不具备算法相关的基础知识,顾问—投资者之间的沟通效率就显得更加重要。这就要求智能投顾对披露内容的介绍应当通俗易懂,披露呈现的形式应当引人注目。SEC 要求智能投顾使用浅白的语言、清晰的结构组织信息披露内容,并推荐智能投顾使用如高亮、弹出框(pop-up box)、交互式对话框等多样化的手段,向投资者提示重要须知与风险信息。智能投顾不得因算法的专业性、复杂性而降低信息披露质量,使投资者陷入"不知投顾平台所云为何"的尴尬境地。

对商业模式进行解释。除常规内容外,智能投顾应当对其商业模式及其潜在风险进行披露。具体而言,包括:(1)在问卷调查客户基本信息之后,智能投顾是以何种方式进行信息整合,以何种逻辑进行产品推荐的;(2)智能投顾所使用的算法的产品投资逻辑与调平仓逻辑;(3)在算法执行之外,客户账户管理过程中的人工参与程度;(4)智能投顾以直接或间接的方式向投资者收取的费用,以及其他以直接或间接的方式由客户承担的费用。

严禁进行虚假陈述与不恰当宣传。智能投顾应当对其服务内容进行如实陈述。如果智能投顾只是进行了简单的产品推荐或者提供基础的理财服务,没有提供所谓的"综合理财计划",则不应当试图用"算法""智能"等词汇对其所提供的服务进行包装;如果不能向投资者提供综合税收建议,则不应当声称可以提供税收亏损收割服务。对商业模式的介绍也应当实事求是,而不应当夸大平台信息收集能力、算法智能程度等内容,诱导投资者误判平台能力。

(二)合理设置调查问卷

第一,由于智能投顾的人工参与程度低,后续投资服务又很大程度上

---

① 相关内容,参考 SEC, "IM Guidance Update (Robo-Advisers)," SEC (February 2017), accessed December 1, 2022, https://www.sec.gov/investment/im-guidance-2017-02.pdf.

依赖于投资者对问卷调查的回答,因此投顾平台应当谨慎选择问卷题目、组织问卷语言、安排问卷结构,以期尽可能全面、准确地了解投资者经济状况、风险承受能力与投资需求,从而保障所提供的投资建议与投资者诉求的匹配程度。

第二,智能投顾不仅需要考虑客户在问卷中反馈的信息,同时也应当考虑客户在问卷中未反馈但又十分重要的信息(如问卷测试后补充的信息等)。

第三,SEC建议智能投顾在生成对于客户的投资建议时,注意考虑问卷调查信息之外的客户账外信息(例如其他机构或第三方持有的客户账户信息或客户补充提供的信息),为问卷调查信息提供补充说明或交叉佐证。

第四,智能投顾对于客户的反馈信息,不应仅仅是被动地接受,而应当主动进行分析,应对投资者在问卷上反映出的不一致。例如,智能投顾可以添设自动标识系统分析客户提供的信息,如果他们的反馈答案中有逻辑上的矛盾之处,可以以弹出提醒框、机器人审查、接入人工服务等方式进行确认。

(三)针对性的内控制度

在智能投顾依照1940年《投资顾问法》建立内部控制程序时,必须将自身的"智能"属性纳入内控程序约束范围。具言之,内控合规程序应当涉及:(1)投顾平台对算法的控制,包括明确算法的开发程序、测试与回测程序(保证算法的正常运行与稳健)、模拟运行程序;(2)自动化投资程序中哪些部分由算法完成,哪些部分涉及人工确认、管理与操作;(3)平台对外包算法的监督程序;(4)智能投顾面临的特殊风险敞口,如面对网络安全威胁的预防手段、反黑客措施、客户账户保护措施、核心程序安全保护措施等;(5)新媒体广告和市场营销情况,以及在进行上述推广时所遵守的固定程序。

(四)对算法的监管

算法是智能投顾的核心,又恰恰是传统投资顾问体系规制的盲区,因此联邦与州政府层面都极为重视对智能投顾算法的监管,并提出了若干切实可行的指导意见。SEC发布的《智能投顾监管指南》中详细规定了算法披露规则;FINRA发布的《关于数字投资建议的报告》(Report on

Digital Investment Advice)[①]中指出了算法监管的重要性(尽管该文件宣称"讨论的规则适用于经纪交易商",但由于所涉建议、意见及监管指引可能同时对数字化投资顾问有所裨益,因此一直以来也被视为美国"智能投顾"的监管依据之一);马萨诸塞州证券监管部门在《政策声明:使用第三方服务的州注册投资顾问》(Policy Statement: State-Registered Investment Advisers' Use of Third-Party Robo-Advisers)[②]中,针对使用外包算法(由第三方机构提供的算法)的投资顾问如何履行信义义务提出了相对具体的要求。具体内容总结如下:

第一,规范算法披露行为。智能投顾应当披露的有关算法的特殊事项包括:(1)声明算法仅用于管理个人客户账户;(2)披露用于管理客户账户的算法函数(如选择投资产品的逻辑、调仓的逻辑);(3)披露用于管理客户账户的算法的基础假设及基础假设的局限性(例如,如果该算法是基于现代投资组合理论而产生的,那么投资顾问应当详细披露该理论的假设条件与该理论的局限性);(4)披露所使用的算法的内生风险(例如,算法可能会以比投资者心理预期更高的频率进行调仓、罔顾市场条件进行调仓、难以进行长期的市场预测);(5)披露投资顾问以人工干预的形式叫停算法处理的各种情况(如在紧张的市场交易中暂停交易或采取防御性措施);(6)披露算法版权信息,披露任何参与算法研发、管理的第三方机构的信息,披露在该算法中是否存在利益冲突(例如,某第三方机构以优惠价格向智能投顾公司提供算法研发服务,但该算法将诱导客户购买该第三方将从中获取回扣/推广费用的金融产品);(7)当智能投顾对算法进行调整时,如果该调整可能对客户投资收益产生重大影响,则必须将该调整及时披露给投资者。

第二,评估算法。智能投顾除了保证算法的安全性与稳健性外,还应当衡量算法目标与平台最广泛的受众的风险承受能力是否存在明显的背离。举例而言,如果算法构建的基本逻辑是在高风险市场中获取高收益,

---

[①] FINRA, "Report on Digital Investment Advice," FINRA (2016), accessed December 1, 2022, https://www.finra.org/sites/default/files/digital-investment-advice-report.pdf.

[②] Massachusetts Securities Division, "Policy Statement: State-Registered Investment Advisers' Use of Third-Party Robo-Advisers," SEC, accessed December 1, 2022, https://www.sec.state.ma.us/sct/sctpdf/Policy-Statement-State-Registered-Investment-Advisers-Use-of-Third-Party-Robo-Advisers.pdf.

但投顾平台的主要受众是抗风险能力较弱的普通投资者,那么该算法就不能够称得上合适。

第三,动态追踪并对算法进行及时调整。一个基本的常识是,资本市场是动态发展而绝非一成不变的,在过去一段时间内流畅运行的算法很可能因为市场的变化而脱节。因此,投顾平台应当对算法进行动态追踪,定期运行检查以保证其结果的输出符合既定目标。

第四,监督算法运行。尽管随着计算机科学的发展,算法已经具备了一定的"学习"能力,在很大程度上取代了人工劳动,对投资者适格情况、具体交易信息、市场风险等作出判断,但"算法"依托于平台而生,智能投顾作为具有法人意义的责任主体,必须对其进行监督管理,维护算法的平稳运行,并对因算法缺陷造成的投资者损失承担补偿和赔偿责任。在投资顾问合规守则中,智能投顾公司应当建立一个成体系的算法开发、维护、调整、监督程序,并将每一步骤的具体责任明确到个人。

第五,对算法外包行为进行监管。(1)披露与投资顾问签订合同的外包算法服务商的背景信息;(2)详细披露每个外包算法服务商提供的服务;(3)必须披露投资顾问平台与外包服务商的合作关系,该种合作关系是否可能与投资者利益产生潜在的利益冲突;(4)外包服务商提供的算法中是否包含引流内容,是否可能限制投资者/投资组合对投资产品的选择(如 ETF 等);(5)通知客户使其知晓投资咨询服务可以直接从外包算法服务商处获得;(6)详细披露其向客户提供价值的方式;(7)详细披露其不能提供给客户的服务;(8)向客户明确披露平台收取的所有费用以及外包服务商收取的所有费用。

(五)规范信义义务的履行

马萨诸塞州政府同样率先发现了智能投顾利用算法逃避履行信义义务的倾向。[1] 在《政策声明:智能投顾与州投资顾问的注册》(Policy Statement: Robo-Advisers and State Investment Advisers Registration)中,马萨诸塞州证券监管部门这样写道:"智能投顾试图通过在客户协议

---

[1] Massachusetts Securities Division, "Policy Statement: Robo-Advisers and State Investment Advisers Registration," SEC, accessed December 1, 2022, https://www.sec.state.ma.us/sct/sctpdf/Policy-Statement--Robo-Advisers-and-State-Investment-Adviser-Registration.pdf.

或其他信息披露中,明确申明自身各种义务的免除,来规避由于自动化投资服务结构问题而产生的各种风险问题。"①

从形式上看,一方面这些免责声明往往被有意识地隐藏在冗长的电子客户协议中,客户往往不会留意阅读;另一方面,这些电子客户协议都是制式的,如果投资者不"签署",投顾平台会拒绝为他们提供服务。从逻辑上看,部分被智能投顾申明免于履行的义务,恰恰是信义义务的固有组成部分。比如在客户协议中,要求客户自行判断投资安排是否符合自身财务目标,而这在传统投顾服务中,应当由专业投资人员负责完成;又比如在客户协议中写明,智能投顾的责任范围限于根据客户选择的计划管理客户账户(manage the client's account in accordance with the plan the client opts into),不论客户选择的计划是否与其自身财务需求相符,而非提供个人财务规划服务(individual financial planning services)。从内容上看,部分客户协议甚至规定,无论因何原因造成的客户账户损失,投顾平台均不予赔偿或补偿。这些条款都是在传统投资顾问合同中从未出现过的,很可能冲击投资者的既有认知。

首先应当明确的是,信义义务并非不能够通过双方协商的方式进行豁免。1940年《投资顾问法》即允许投资顾问通过从投资者处取得同意的方式,免除部分默认的忠实义务(default fiduciary duty of loyalty)。② 但从上述的例证中可以看出,部分智能投顾作为投资咨询服务中的受托人,未能扎实地履行受托人职责,乃至于逃避"为投资者提供合适的投资建议""最佳操作"等基础义务,严重影响了投资咨询服务关系的稳定。

因此,马萨诸塞州政府认为,智能投顾可以通过服务协议限缩自身责任范围,但最核心的"委托—代理"关系下的信义义务必须保留。换言之,如果智能投顾服务协议中对信义义务整体进行了免除,那么此种免责声明是无效的。

---

① Massachusetts Securities Division,"Policy Statement: Robo-Advisers and State Investment Advisers Registration," SEC, accessed December 1, 2022, https://www.sec.state.ma.us/sct/sctpdf/Policy-Statement--Robo-Advisers-and-State-Investment-Adviser-Registration.pdf. Robo-advisers Attempt to Avoid the Issues Raised by the Structure of Their Automated Investment Services, Discussed Above, by Specifically Disclaiming Various Duties in Customer Agreements and Elsewhere.

② 17 CFR § 275.206(3).

四、面向智能投顾的司法实践

经十数载的发展,智能投顾已经成为投资顾问行业中一支不可小觑的主力军。根据 Statista 统计数据显示,2019 年美国智能投顾机构管理资产总规模约为 2830 亿美元,较 2018 年上升了 10%。① 高速发展的行业现状敦促着监管规则的迭代,也同样等待着司法活动提供实践指南。通过查阅相关资料,笔者发现截至 2021 年 8 月,FINRA 与 SEC 都曾经对美国智能投顾机构发起过若干执法活动,私人诉讼活动也已经初现端倪。

(一)由 SEC 发起的执法活动

1. SEC $v.$ Wealthfront Advisers,LLC. 核心监管问题:虚假陈述

2018 年 12 月,SEC 针对 Wealthfront 提起和解诉讼②,认为该智能投顾平台:

(1)在有关税收亏损收割的问题上进行了虚假陈述,称其能够利用"TLH"架构(Tax-Loss Harvesting),"监控所有的客户账户,以避免可能产生的洗售交易"。由于洗售交易可能会使客户无法利用特定交易的亏损冲减本年度投资收益,从而导致个人应纳税额的增加,因此"监控洗售交易"能够帮助客户获得更有利的税收亏损收割服务。然而事实上,在三年多的时间内,至少 31% 的 Wealthfront 账户或多或少地发生了洗售行为,而这些账户持有者本可以获得 Wealthfront 公司在广告中所宣称的、在利用平台拥有的"TLH"策略后所能够达成的更低的纳税标准。

(2)Wealthfront 在没有向广大客户进行相关利益冲突披露的情况下,向部分推特博主付费,以推广平台服务。此外,SEC 在检查后发现,Wealthfront 公司在转发推文时,常常带有强烈的目的性,仅会转发称赞本公司投资管理服务的相关消息。

(3)Wealthfront 疏于采用合理设计的书面程序审查推广材料及误

---

① Kurt Wolfe, "Robo-Advisors: Regulators May Be Closer Than You Think," ThinkAdvisor (April 21, 2020), accessed December 1, 2022, https://www.thinkadvisor.com/2020/04/21/robo-advisors-regulators-may-be-closer-than-you-think/

② SEC $v.$ Wealthfront Adviser,LLC., Release No. 5086 (December 2018).

导性广告政策和程序。

（4）Wealthfront 会使用其推特账户向其客户或潜在客户直接发送消息，但并未合理地留存对话中有关产品推荐、理财建议等重要内容的相关记录。

最终，Wealthfront 作出让步，同意停止被指控的行为，并在既不承认也不否认调查结果的前提下，支付 25 万美元（约合人民币 170 万元）的罚款。

2. SEC v. Hedgeable, Inc. 核心监管问题：虚假陈述/不恰当宣传

与 Wealthfront 同时接受 SEC 诉讼的智能投顾平台还有 Hedgeable[①]，其因"进行不恰当的宣传"而被 SEC 认定违反 1940 年《投资顾问法》中规定的投资顾问的信义义务。

在诉讼文件中，SEC 认为 Hedgeable 在广告宣传中，所宣传的内容由精心筛选的数据、不恰当的计算方法产生，可能会诱导客户对平台收益作出不正确的判断。具体来说，Hedgeable 创造了一个所谓的"智能投顾指数"（Robo-Index），将自身业绩与市场中的其他两家智能投顾业绩作对比，该指数用于对比这两家公司及 Hedgeable 在 2014—2015 年间的平均回报率。指数显示，两家公司两年年均回报率为 0.53%，而同期 Hedgeable 的回报率为 4.2%，结果被放在 Hedgeable 官方网站中向全体访问者展示。但指数的计算存在以下问题：（1）Hedgeable 在计算本平台回报率时，挑选性地选取了 2014 年 22 个客户账户以及 2015 年 38 个客户账户进行计算，而排除了同期 1104 个投资账户数据。尽管 Hedgeable 在披露中表明，当其计算自身收益率时，仅采用了可被自动化操作且投资满一个自然年度的客户账户数据，但其并没有披露由于这一标准的选择，绝大部分客户账户数据被排除这一重大事实。据此，SEC 认为 Hedgeable 巧妙使用了"幸存者偏差"之技巧——显而易见的是，愿意进行长期投资的，大概率来说是那些获得了超额收益的客户。而 Hedgeable 针对其他平台的数据分析，则是采用公开数据，并未进行相似的处理。（2）该计算方法并不能预测用于与自身业绩作对比的其他两家智能投顾平台的预期投资收益率。由于投资模型属于智能投顾平台的

---

① SEC v. Hedgeable, Inc. (December 2018).

核心商业秘密，Hedgeable 显然不可能获取对方平台的真实交易数据。"智能投顾指数"的产生程序如下：Hedgeable 通过在其他智能投顾平台开设账户，获取开户过程中所提供的公开信息；开户后持续持有账户，即可以客户身份获得对方平台资产配置权重、调仓方案等相关内容；随后，Hedgeable 利用本平台对对方平台理论交易模型的预测，得出"智能投顾指数"。然而在此过程中，Hedgeable 并没有调整预期理论模型，使其与对方平台的各种风险类别权重动态调整相匹配。基于错误的风险权重配比，Hedgeable 对其他智能投顾平台所作出的"预期投资收益率"便必然不可能是准确的。由此，SEC 认定 Hedgeable 进行了误导性宣传。

最终，Hedgeable 同意停止被指控的行为，并在既不承认也不否认调查结果的前提下，支付 8 万美元（约合人民币 52 万元）的罚款。

3. SEC v. Charles Schwab 核心监管问题：有关商业模式的虚假陈述

2021 年 7 月，美国著名投资顾问领域上市公司嘉信理财发布公告，称其"正在持续回应 SEC 针对本公司智能投资服务中历史披露问题的调查"，并表示尽管公司仍在积极配合 SEC 的调查并与其进行协商，但仍计划在公司第二季度财务报表中预先计提 2 亿美元的罚款额。

嘉信理财的商业模式如下：平台声称"为投资者提供低成本、交易型基金的多元化投资组合建议"，并且通过具有误导性的语言引导客户认为在该平台享受咨询服务无需"支付费用"。然而事实上，在相关信息披露中，嘉信理财并没有明确告知投资者，平台会强制安排他们配置一定比例的现金（占总资产的 6% 到 30% 不等），并将这些现金存储于嘉信理财的保险账户内。① 显而易见的是，现金的配置对投资者来说产生的收益微乎其微，而这部分现金产生的利息收入则成为平台的重要收入来源。嘉信理财通过客户现金利差赚取费用，这对价本质上就是客户支付的"服务费"，但平台却宣传顾问服务"零费用"，此举很可能涉嫌违反忠

---

① Kathleen Pender, "Schwab Raises Eyebrows New Issues With Robo-Investment Tool," Sfgate (March 9, 2015), accessed December 1, 2022, https://www.sfgate.com/business/networth/article/Schwab-raises-eyebrows-new-issues-with-6119963.php.

诚义务。

嘉信理财的行为,严重违背了 SEC 在《智能投顾监管指南》中规定的"智能投顾应当披露其商业模式、透明收费规则"的要求。2亿美元的数额,相对 SEC 对 Wealthfront 和 Hedgeable 开出的罚单金额而言,也实属"天价"。这或许意味着嘉信理财的行为已经触及 SEC 的底线,因此决定对其采取"零容忍"的措施。

(二)由 FINRA 发起的执法行动

1. FINRA v. Betterment 核心监管问题:未合规留痕

2018 年 6 月,FINRA 向智能投顾行业鼻祖 Betterment 开出罚单。① 通过阅读处罚文件可以看出,FINRA 认为 Betterment 在高速发展的过程中,忽视了合规行为的重要性。在 2012 年至 2015 年间,Betterment 存在客户资金存管不当、重要现金流水记录缺失、客户交易记录不全等多种问题,因故意或过失违反了多项 FINRA 或 SEC 监管规则。最终,Betterment 由于违反 FINRA 规则第 3110 条第 a 款,第 2010 条,以及美国全国证券交易商协会(NASD)规则第 2010 条第 a 款,被处以 40 万美元的罚款。

2. FINRA v. Robinhood Financial,LLC. 核心监管问题:违规披露+算法缺陷

2021 年 6 月,FINRA 宣布在调查中发现 Robinhood Financial,LLC.(以下简称 Robinhood)存在包括虚假陈述、算法失灵、内控失效、瞒报投诉等多种违规行为,并给投资者带来了巨额损失。最终,同其他智能投顾公司一样,在既不承认也不否认调查结果的前提下,Robinhood 同意接受处罚,向 FINRA 支付 5700 万美元的罚款,并向数千名受损投资者支付赔偿金及利息约 1260 万美元。FINRA 在报告中指明②:

(1)由于严重的疏忽,向客户传递了误导性信息与虚假信息。在有

---

① Financial Industry Regulatory Authority Letter of Acceptance,Waiver and Consent,No. 2015048047101,FINRA (November 6,2018),accessed December 1,2022,https://www.finra.org/sites/default/files/fda_documents/2015048047101%20MTG%20LLC%20dba%20Betterment%20Securities%20BD%2047788%20AWC%20jm.pdf.

② FINRA Orders Record Financial Penalties Against Robinhood Financial LLC,FINRA (June 30, 2021), accessed December 1, 2022, https://www.finra.org/media-center/newsreleases/2021/finra-orders-record-financial-penalties-against-robinhood-financial.

关客户是否可以通过保证金进行交易方面，Robinhood 并没有向客户明确其账户是否存在保证金交易的情况。部分投资者误认为自己已经"关闭"了保证金交易，但却发现账户仍在使用保证金购买股票，并因此遭受了重大损失。对开启保证金交易的客户，Robinhood 也并未向他们申明是否可能会临时追加保证金。在账户基本情况披露方面，Robinhood 在和解协议中承认部分客户账户的"现金余额"及"股票账户可用金额"显示不准确。FINRA 认为，由于 Robinhood 向客户进行了虚假陈述，导致客户总损失超过 700 万美元，此部分损失应当由 Robinhood 向投资者进行全额补偿。

（2）算法存在严重缺陷，违反注意义务。2017 年起，Robinhood 开始向投资者提供期权交易。公司依靠名为"期权账户批准机器人"的算法对投资者适格性进行判断。但该算法存在严重缺陷，即便投资者提供的信息颠三倒四、漏洞百出，但算法仍会给出"投资主体适格"的结论。根据 FINRA 的调查，数千名不符合公司标准，或者账户已经包含危险信号的不适格投资者，通过了"期权账户批准机器人"的审查。因此 FINRA 认为，Robinhood 在期权交易客户准入方面出现严重疏忽，未能进行尽职调查。

（3）内控失效，导致投资者损失。由于 Robinhood 未能够充分检查并调整本公司的经纪业务的程序，导致 2018 年 1 月至 2021 年 2 月间交易平台（包括官方网站和手机应用程序）频繁崩溃，最严重的一次崩溃时长近 48 小时。在崩溃期间，投资者无法通过 Robinhood 进行任何交易，承受了巨大的经济损失。为此，Robinhood 需要向投资者支付超过 500 万美元，以赔偿投资者损失。

（4）瞒报投诉，规避监管。FINRA 通过系统调查发现，Robinhood 公司内部存在一个投诉筛选机制，以屏蔽特定类型的投诉被上报至 FINRA 处，且该筛选机制的覆盖范围包括了 FINRA 要求投资顾问必须汇报的事项范围。

无论是期权账户准入判断的混乱还是经纪业务程序的崩溃，都佐证了这一观点：在没有足够保障或者人工监督的情况下，过度依赖技术可能会产生严重的后果。此次罚款的额度堪称 FINRA 史上之最，这一方面反映了 Robinhood 涉事行为的严重程度，另一方面反映了 FINRA 在科技时代管理投资顾问公司行为的决心。可以发现,此次执法行动主要涉及对算法的人工监督问题,不再能够被 1940 年《投资顾问法》彻底包含。

此案的特殊性与进步性在于,FINRA 对 Robinhood 的指控与其对其他智能投顾的指控不同,甚至与 SEC 在执法活动中对涉案智能投顾的指控也不同。在其他的执法活动中,监管强调的是违规企业的"投顾"属性,即便平台不是"使用(或者声称使用)自动化程序"为客户提供理财建议或理财服务的传统投资顾问,其行为依旧侵害了投资者利益。换言之,平台是为其不当行为而非工具缺陷买单。而在此案中,监管部门强调了 Robinhood 的"智能"属性:Robinhood 因算法程序的巨大缺陷而给投资者带来了严重损失,从而应当为其工具缺陷造成的严重后果承担赔偿责任。或许自此,针对智能投顾的司法活动将不再是对针对"投资顾问"司法活动的普遍模仿,而将真正成为一个专业的监管领域,生成自身的监管逻辑。

(三)司法活动

在目前的私人诉讼活动中,法院并没有在实体法上针对智能投顾的法律关系进行干预。在号称"智能投顾第一案"的 Green v. Morningstar, Inc. 中,美国第七巡回法庭 Virginia Kendall 法官巧妙地避开了案件中涉及的智能投顾算法问题,转而以程序法为切入口,分析原告是否享有诉权。案件原告 Michael Green 声称,Morningstar 作为为自己提供养老金理财服务的 GoalMaker 的顾问,在为 GoalMaker 提供咨询服务时,通过技术手段降低了交易费用较低的基金被投资组合选中的概率,提高了交易费用较高的基金被投资组合选中的概率,并因此给自己带来了超额的投资费用支出。Green 指出,Goldman Mid Cap Value Fund 与 Vanguard Mid Cap Index Fund 同属中型股票型基金产品,前者的交易费用为 1.16%,后者为 0.08%。按照最佳操作原则,在面对两个相似的基金产品时,代理人应当为自己选择交易费用更低的产品。然而,由于作为投资顾问的 Morningstar 设置了一些严苛的选择标准,GoalMaker 不得不放弃 Vanguard Fund 而选择 Goldman Fund。针对 Morningstar 是否存在通过算法处理诱导或强迫投资者购买交易费用更高的投资产品,算法技术处理是否属于常规的商业判断范围,法院并没有给出清晰的结论,而是从原告所诉案件类型性质及构成要素的角度，否定了 Green 的原告身份。

法院这种避开实体法而选择程序法审案的做法，实际上也是一种试探性策略的体现，其原因可能是法院认为当前的智能投顾实践发展尚不充分，过早的公力干预将有可能限制智能投顾的多样化发展。①

（四）小结

目前，针对智能投顾的公共执法与私人执法案例都比较有限。综合来看，FINRA 与 SEC 的执法行动大部分针对的是有关投资顾问的常规问题：例如不恰当广告行为、误导性营销行为、未能报告交易数据、未能够妥善保存交易数据与（电子）通信记录、未能够制定或者落实适当的合规程序等。法院的执法行为也相当谨慎，在有限的司法活动中也并没有采取直击智能投顾模型核心的行动。

从整体上看，司法的推进节奏略慢于监管创设，旨在在给予智能投顾一个宽松友好的发展环境的同时，严格强调其作为投资顾问的义务的履行。然而，虽然美国监管机构与法院的过往司法实践倾向于将智能投顾纳入传统的监管框架内，但通过观察 FINRA 对 Robinhood 的处罚可以发现，随着数字科技的发展，针对智能投顾算法逻辑、算法内容、平台对算法的依赖程度及人工监督力度的司法活动，必将逐渐涌现并成为下一个执法重点。

五、美国监管策略总结

作为智能投顾的发源地，美国对智能投顾的监管的核心特征，是将其最大程度地纳入业已成熟完备的投资顾问法律框架。由一系列法律法规与司法案例构建的、发展已近百年的投资顾问法律框架，内容成熟丰富，为智能投顾创新行为规范划定了底线。此外，为了尽可能地在为智能投顾创造宽松发展环境的同时保护投资者权益，SEC 与 FINRA 非常注重在投资者层面进行智能投顾风险防范教育，以最大程度地降低创新行为可能带来的风险。

---

① 参见朱紫涵、余涛：《智能投顾监管的国际经验及其借鉴》，载《东南大学学报（哲学社会科学版）》2021 年第 1 期。

当然,正如 SEC 在其报告中所阐明的那样,"金融技术创新与资本累积创新持续高速发展,可谓日新月异。这些创新活动无疑深刻改变了金融企业与客户、投资者之间的互动模式"①,监管也必须及时回应金融科技发展带来的现实问题。SEC 针对算法及算法相关问题,条分缕析地提出了监管指导意见。尽管这些意见绝不能涵盖智能投顾中由于算法权力的巨大扩张、算法技术极强的专业性及算法形式极强的不透明性带来的所有问题,但仍然反映了 SEC 正持续关注金融创新活动对金融服务者与投资者的影响。金融企业是否能够履行代理人义务,是否按照客户的指令进行交易操作,企业作出"交易建议"的合规性,都将是 SEC 的重点关注内容。FINRA 在其指导文件中重申了智能投顾应尽的注意义务与忠实义务,提及了对智能投顾底层算法和投资组合的监管,并在 FINRA v. Robinhood 一案中,首次对智能投顾算法缺陷问题进行了处罚,真正走入对智能投顾"智能"性质的监管时代。由此可见,尽管美国试图将智能投顾纳入投资顾问体系之中,但对具体有关金融科技问题的回应,仍然是相当充分且积极的。

第二节 澳大利亚智能投顾监管

一、澳大利亚智能投顾监管概况

澳大利亚对智能投顾施行"一般监管规则+特殊监管体制"的监管框架,以期实现金融安全与金融创新的平衡,其监管机构主要是澳大利亚证券及投资委员会(ASIC)。ASIC 通过发布四种类型的文件辅助监管,具体包括咨询文件(Consultation Paper,CP)、监管指南(Regulation Guides,RG)、信息表单(Information Sheet,INFO)和报告(Report,Rep),它们可以让我们有效理解澳大利亚智能投顾的监管规则。②

---

① SEC,"2021 Examination Priorities," SEC (March 2021), accessed December 1, 2022, https://www.sec.gov/files/2021-exam-priorities.pdf.
② CP 用于就 ASIC 正在考虑的问题寻求利益相关者的反馈;RG 通过解释 ASIC 如何执法或释法或阐述其行事原则或给予实际指导的方式向受监管实体提供指引;INFO 就具体执法过程或合规问题提供简明指导或详细指导的概述;Rep 则是对 ASIC 的活动或研究项目的介绍。

(一) 一般监管规则

"一般监管规则"将智能投顾置于既有的公司法框架之下进行监管。ASIC 于 2016 年 8 月发布了第 255 号指南《向零售客户提供数字金融产品建议》(RG 255: Providing Digital Financial Product Advice to Retail Clients),指南重申了澳大利亚金融科技监管所遵循的"技术中立原则"[①],提出在现有指导原则的基础上不引入新的监管概念,一视同仁地对待智能投顾与传统投顾,原则上应对二者适用相同的规则。[②] 不过,指南同时提出,对于智能投顾独特的、区别于传统投顾的特征,仍需要予以特殊考量。[③]

事实上,该指南并不具有法律强制力[④],只是对《公司法》《公司法条例》和《证券投资委员会法案》相关规定的细化[⑤],为智能投顾如何满足前述法规中的相关要求提供指引,内容涵盖从市场准入到业务运营的全流程。尽管原则上被监管者可以通过指南规定之外的方式履行合规义务,但这可能遭致 ASIC 的进一步监管调查。[⑥] 鉴于 ASIC 的权威性及 RG 255 内容的明确性,该指南事实上具有强大的约束力,是目前澳大利亚智能投顾监管体系中最重要的规范性文件。

RG 255 在附录一中对其时 ASIC 已发布的与智能投顾监管相关的其他指南进行了列举,笔者在其基础上补充了 ASIC 后续发布的文件的序号和内容,参见下表:

---

① 技术中立原则,是指法律应当对交易使用的技术手段一视同仁,不应把对某一特定技术的理解作为法律规定的基础,而歧视其他形式的技术,既不能要求或采用某种技术,亦不能阻碍未来技术的发展。
② RG 255.6.
③ RG 255.10.
④ ASIC 在指南的免责声明中明确指出其并不包含法律建议。
⑤ 值得说明的是,澳大利亚没有以"证券法"命名的法案,对证券发行和交易的规制也主要由《公司法》完成,即澳大利亚的公司法和证券法是合一的,澳大利亚智能投顾监管仍然适用证券监管体制。参见余涛:《澳大利亚智能投顾监管制度之简析》,载微信公众号"腾讯金融研究院研究报告",2019 年 4 月 13 日,https://mp.weixin.qq.com/s/Fz2S4FakAb0DPIB0GsApQg,最后访问日期:2022 年 12 月 1 日。
⑥ RG 255.14.

表 7-1　ASIC 发布的与智能投顾相关的监管指南

指南序号	指南名称
RG 1—3	申请、变更澳大利亚金融服务牌照
RG 36	金融产品建议与交易
RG 104	履行一般义务
RG 105	组织能力要求
RG 126	澳大利亚金融服务牌照持牌者的补偿与保险安排
RG 146	金融产品顾问培训
RG 167	裁量权
RG 168	产品披露声明
RG 175	金融产品顾问——行为与披露
RG 179	全权委托账户服务
RG 221	促进数字化金融服务的披露
RG 244	提供信息、一般建议和规模化建议
RG 256	咨询持牌方实施的客户审查与救济工作
RG 257	在不持有澳大利亚金融服务牌照或信贷许可证的情况下测试金融科技产品和服务
RG 263	金融服务和信贷委员会
RG 269	财务顾问合规计划的审批和监督
RG 271	内部争议解决（IDR）

上述指南较为完整地构建起了智能投顾的规范体系。可以预见，随着智能投顾等金融科技实践的不断发展，ASIC 还将不断出台新的指南对此加以完善。

（二）特殊监管体制

所谓"特殊监管体制"，是指澳大利亚针对金融科技实行的监管沙盒框架。"沙盒"原本应用于计算机安全领域，是一种隔离安全机制，操作人员为了尽量避免或减缓未经检测以及不受信任的代码和应用程序对整个系统的破坏，通常先将其放在"沙盒"中执行，并在执行过程中对该代码或应用程序进行严格控制，比如限制或禁止其网络访问、限制其占用磁盘的空间以及从设备上读取数据的能力等。

澳大利亚的监管沙盒框架则针对金融科技初创企业，提供特殊指引、修改相关规定并采取金融科技豁免措施。2016年12月，ASIC发布第257号指南《在不持有澳大利亚金融服务牌照或信贷许可证的情况下测试金融科技产品和服务》(RG 257: Testing fintech products and services without holding an AFS or credit licence)，允许符合条件的金融科技公司在一定期限内通过监管沙盒（"ASIC沙盒"）豁免持牌，并在符合相关限制要求的条件下对部分服务进行测试。ASIC沙盒由ASIC成立的创新中心（Innovation Hub）运营，智能投顾运营者除了入盒测试之外，还可以向创新中心提出申请，以获得其针对牌照、监管和可行豁免提供的为期12个月的非正式指导（informal guide）。

2020年8月，ASIC发布指导意见，由澳大利亚政府的"加强版监管沙盒"（enhanced regulatory sandbox, ERS）取代了原先ASIC沙盒，应用于更加广泛的金融服务，进一步延长了测试期限，并对取得豁免的条件及申请流程等多个方面的规则进行了修改。ASIC发布了《加强版监管沙盒》（INFO 248: Enhanced regulatory sandbox）对ERS进行了详细说明，并专门发布文件将ERS和ASIC沙盒的相关规定进行了对比。①

接下来，笔者将首先介绍澳大利亚对智能投顾业务的界定，并进而对一般监管规则与特殊监管体制的详细内容进行梳理。

二、智能投顾的业务界定

澳大利亚官方并未采用智能投顾的概念，而是仅针对智能投顾业务的核心，即提供建议的行为作出了定义，并采用了数字化建议（digital advice）的表述。② 根据RG 255给出的定义，数字化建议是指"利用算法和技术提供自动化的金融产品建议，而无需人工顾问直接参与"。③ 同时，该指南将智能投顾的服务对象限定为"零售客户"。

（一）智能性要求

ASIC在对数字化建议的定义中表达了其对智能性要求的两方面考

---

① ASIC, "Comparison of the Enhanced Regulatory Sandbox with the ASIC Sandbox," accessed December 1, 2022, https://download.asic.gov.au/media/5763623/comparison-asic-sandbox-enhanced-regulatory-sandbox-published-25-august-2020.pdf.
② ASIC指出，数字化建议也可被称为机器人建议（robo-advice）或自动化建议（automated advice）。
③ RG 255.1.

量;通过强调"利用算法和技术""自动化"等要素,指南对智能投顾与传统投顾予以区分。不过,定义并未完全将人工顾问排除在外,而仅要求其不得"直接"参与,这表明,尽管数字化建议原则上应由算法和技术主导,但ASIC 并不认为现阶段的智能投顾能够彻底实现自动化操作,适当的人工参与仍是非常必要的,这一点也在后文介绍的监管要求中得以体现。

(二)提供金融产品建议

智能投顾的核心"提供金融产品建议"作为一种金融服务,被规定在澳大利亚《公司法》第 766A 条第 1 款之中,《公司法》第 766B 条对"提供金融产品建议"给出的定义是:旨在影响多人就特定金融产品或金融产品类别或其权益作出的决定而提供的建议、意见陈述或报告。其中,金融产品是指作出金融投资、管理金融风险或进行非现金付款的工具。关于"金融产品建议"的内涵与范畴,笔者认为可从以下四个方面予以说明。

1. 金融产品建议的"特定性"

首先,《公司法》特别强调,金融产品建议必须具有"特定性",仅就资金在资产大类(例如股票、债券、存款产品)中的分配提供建议并不在提供金融产品建议的范畴之内,但建议或意见陈述中如果涉及特定金融产品或特定类别的金融产品,则仍会被视为提供金融产品建议。①

2. 金融产品建议与事实性信息

其次,金融产品建议不同于事实性信息,后者是指客观上可以确定的信息,其真实性或准确性不容置疑。高质量的事实性信息,例如各种金融产品的功能信息,能够帮助客户更好地了解可供选择的金融产品,制定符合自己偏好的投资策略②,但事实性信息本身并不直接指向某类金融产品、类别或权益。

3. 个人建议与一般建议

再次,金融产品建议又可进一步区分为个人建议(personal advice)与一般建议(general advice)。所谓个人建议,是指在考虑到客户的(单一或多重)投资目标、财务状况及具体需求的情况下,向其提供或推介(包括通

---

① See Corporate Regulation 7.1.33a.
② RG 244.24.

过电子化方式)的金融产品建议。① 如果建议提供者的行为使得客户能够合理地预期其进行了前述考量,则无论这种考量是否实际实施,相关建议都会被视为个人建议。一般建议则是指除了个人建议之外的其他金融产品建议。区分个人建议与一般建议是因为二者对于客户所产生的影响和潜在后果不同,因此应当对不同建议的提供者施加严格程度不同的义务,具体而言,向零售客户提供个人建议的行为具有更高的标准要求。

4. 规模化建议

最后,ASIC认为,由于投资者寻求的建议主题及其个人信息的详细程度不同,而不同机构预设的算法又有不同的限制,理论上所有的个人建议都是规模化的(scaled)或范围有限的(limited in scope),个人建议会在一个连续范畴(continuum spectrum)内呈现为不同的范围或规模,可能是更小规模的(scaled down),也可能是更大规模的(scaled up),由此提出了"规模化建议"(scaled advice)的概念。智能投顾可以提供范围有限的规模化建议,相应地其需要满足的要求(包括后文将提及的最佳利益责任及其相关义务)的规模则与建议的规模化程度呈正相关。

三、澳大利亚智能投顾一般监管体制

ASIC遵循技术中立原则,将智能投顾置于《公司法》框架之下进行监管。智能投顾运营商应当根据自身业务的类型,取得"定制化"许可,遵守《公司法》设置的一般性义务、进行充分的信息披露,并接受最佳利益责任及其相关义务的约束。考虑到智能投顾与传统投顾在运营模式上的区别,ASIC在以RG 255为核心的一系列监管指南中,针对智能投顾的特性,提出了对其满足相关要求的期望,以期为智能投顾运营商业务的合规性开展提供有效的参照标准。

(一)牌照申请与市场准入

根据《公司法》第911A条,在澳大利亚提供金融服务,除非取得豁免,必须持有澳大利亚金融服务牌照(以下简称"AFS牌照")或成为持牌

---

① 不过,ASIC特别指出,在拥有投资者个人信息的情形下,建议提供者仍然可以向投资者提供事实性信息。ASIC不会仅仅因为建议提供者拥有投资者的某些个人信息就将其提供的建议视为个人建议。

人的书面授权代表。①

1. 定制化许可规则

AFS 牌照具有定制化特征，申请人需根据自身具体业务类型，选择希望在 AFS 牌照下被允许提供的金融服务和金融产品，定制化情况将决定申请人获准持牌后具体应承担的义务内容和范围。② 持牌人的书面授权代表也仅能在持牌人 AFS 牌照所涵盖的金融服务和金融产品范围内取得授权并开展相关业务。

其中，金融服务类型具体包括以下 8 项：(a) 提供金融产品建议；(b) 经营金融产品；(c) 为一项金融产品做市；(d) 运营一项注册计划；(e) 提供托管或存管服务；(f) 提供传统受托公司服务；(g) 提供众筹服务；(h) 提供索赔和理赔服务。③ 根据定义，智能投顾的核心业务为其中的(a)项"提供金融产品建议"。在具体申请牌照时，申请人除需要选择其在未来希望提供的建议中所包含的具体金融产品外，还需要确定"建议"的类别，仅申请提供一般建议的申请人不仅不得在实际业务过程中提供个人建议，还应警示客户其提供的建议并未考虑客户的目标、财务状况及需求，相关建议与客户实际情况的匹配性应由客户自行评估。④ 如本书第一章所述，完整的智能投顾服务流程还包括后续交易的执行以及持续的资产组合再平衡等服务，运营者通常会为客户进行全权委托账户管理。因此，除涉及提供金融产品建议外，智能投顾完整产业链还可能覆盖(b)、(d)和(e)类三种"或有服务"。⑤

根据《公司法》第 761A 条和第 764A 条的定义，ASIC 在 RG 2 中将

---

① Corporate Act s911A.
② RG 2.54.
③ RG 2.60.
④ 例如，在 Westpac Securities Administration Ltd v. ASIC 一案中，西太平洋银行(WSAL)通过电话宣传，建议 14 名客户将养老金转入其账户。澳大利亚最高法院经审理后认为，由于 WSAL 在电话中直接询问了客户的个人目标，结合其业务性质和在养老金方面的业务能力和资质，客户能够合理预期 WSAL 考量了客户的具体情况，尽管 WSAL 在电话伊始警示投资者其提供的是一般建议，但这种警示是不充分的，因此 WSAL 向客户提供了个人建议。考虑到其申请的 AFS 牌照仅允许其向客户提供一般建议，最高法院维持了下级法院的判决，认定 WSAL 违背了《公司法》的要求，参见 https://eresources.hcourt.gov.au/downloadPdf/2021/HCA/3，最后访问日期：2022 年 12 月 1 日。
⑤ 参见邢会强等：《智能投顾时代的崛起——智能投顾法律问题研究》，中国金融出版社2020 年版，第 52—53 页。

需要授权的金融产品分为 12 个大类,具体包括:(a)存款和支付产品,包括基本存款、非基本存款和非现金支付产品;(b)衍生品;(c)外汇合约;(d)一般保险;(e)政府信用债券、股票或债券;(f)寿险产品;(g)管理投资计划,包括简单管理投资计划,涵盖已注册和未注册计划中的权益;(h)退休储蓄账户;(i)证券;(j)养老金;(k)保证金贷款工具;(l)其他金融工具。ASIC 认为,全权委托账户(managed discretionary account, MDA)服务符合管理投资计划的定义,属于其中的"未注册计划"。

原则上,智能投顾运营商需要根据自己提供的金融服务类别及其所涉及的金融产品,取得定制化的业务许可。

2. 豁免持牌的业务

根据 RG 255 的要求,智能投顾运营商在两种情况下,可能被豁免持有 AFS 牌照或降低持牌要求:[①]第一,ASIC 在《ASIC 公司(通用金融计算器)文书 2016/2017》中向通用金融计算器的提供者给予了豁免。通用金融计算器是指对于金融产品进行通用数值计算或找出数值计算结果的工具、设置、表格等,其本身并不包含对一种或多种特定金融产品的宣传或推介。第二,仅就《公司法条例》第 7 条第 1 款第 33A 项中所列出的一般资产类型的资金分配提供建议或意见陈述不被视为提供金融产品建议,因而无需取得 AFS 牌照,不过如果建议或意见陈述涉及特定金融产品或特定类别的金融产品,就无法取得豁免。

此外,涉及监管沙盒的豁免将在本节"四、澳大利亚智能投顾特殊监管体制"之下进行讨论。

3. 业务许可取得路径分析

已经持有 AFS 牌照且被授权提供金融产品建议服务的智能投顾运营商,可以直接提供数字化建议服务,而无需更改或另行申请牌照。不过指南建议运营商在实际提供服务前,检查其原有授权范围是否足以覆盖自身智能投顾产业链所涉及的服务与产品,并考虑是否需要进行牌照的相关变更。

未持牌的初创智能投顾运营者则可以考虑以下两条路径:成为已持牌机构的授权代表或申请自己的 AFS 牌照。对于前者,运营者必须获得

---

① RG 255.30.

已持牌机构的书面授权,从而可以根据《公司法》第911A条第1款的规定法定豁免持牌并从事智能投顾业务,但需确保授权范围与自身服务与产品类别相匹配;而对于后者,RG 1—3对AFS牌照的申请过程及需要提交的相关证明文件进行了详细说明,其中RG 2对一般需要向ASIC提供的信息进行了说明,但考虑到智能投顾业务的性质、规模及复杂性,申请时运营者还需要在该指南的要求之外提供额外的信息,包括:(1)具备技术知识和技能的人员配备;(2)若提供个人建议,应说明人工介入的程度;(3)若外包部分功能,应确保建立完善的机制和流程,选择合格的外包服务机构并对其长期表现进行持续监测;(4)设置对算法的监控与测试程序;(5)对信息记录的安排;(6)确保客户信息储存与传输安全性的风控安排;(7)说明专业赔偿保险(professional indemnity insurance,以下简称"PI保险")的充足性。[1]

此外,在ASIC金融服务法规的框架下,智能投顾运营者也可以选择申请限制性AFS牌照,从而仅能就部分金融产品提供建议,具体包括以下三类:一是自我管理的退休基金权益;二是某些条件下客户持有的退休金现有资产;三是特定产品类别,包括退休产品、证券、一般保险产品、人寿保险产品、基本存款产品及简单管理投资计划[2]。

4. 提供全权委托服务

如果智能投顾运营者希望为零售客户提供全权委托服务,还需在申请时额外提供一份《MDA运营商能力证明》(C9:MDA Operator Capacity Statement)[3]以说明其对MDA服务的运营能力。[4] 2016年9月,ASIC在对MDA相关业务发展进行总结的基础上,发布了立法文书《ASIC公司(MDA服务)文书2016/968》(以下简称《MDA立法文书》),并相应更新了RG 179《全权委托账户》,革新了其对MDA的特征及其常见模式的认识,进一步明确了全权委托服务的准入限制与合规要求。

---

[1] RG 255.45.
[2] 根据澳大利亚《公司法》,简单管理投资计划是指80%以上资产投资于3个月内可提取的银行存款或10个交易日内可以市价卖出的投资工具的投资计划。
[3] RG 3.62.
[4] RG 255.46.

表 7-2　MDA 的核心特征

序号	特征	说明
1	MDA 服务提供者	与客户签订合同（MDA 服务合同）并为其提供 MDA 服务的主体。
2	客户的投入（client contributions）	客户可采取两种投入方式： （1）直接给予 MDA 服务提供者资金或可转换为资金并被用于投资的其他财产，此时 MDA 服务提供者拥有资产的所有权； （2）允许 MDA 服务提供者使用并控制前述资金与资产，此时客户保留所有权。
3	交易的裁量权	MDA 服务提供者拥有将客户的投入投资于金融资产的自由裁量权，无需在每一笔交易前取得客户的同意。自由裁量权的性质和范围需要在前述 MDA 服务合同中列明。
4	客户组合管理	投资者的组合资产应被作为一个独立的组合进行管理，不得为了投资的目的将投资者的组合资产与其他投资者的组合资产集合起来。不过，例如对可能投向的金融产品进行研究，或集合订单（bulk orders）等一体化地为全部客户提供交易等功能并不受到禁止。
5	为客户利益服务	MDA 对客户投入予以使用的目的是为客户获取财务回报或其他利益。客户可能因 MDA 服务提供者在投资选择上的专业性、对市场发展的应变能力以及前述一体化功能所实现的费用节省而受益。
6	零售客户	MDA 服务的对象是《公司法》第 761G 条定义的零售客户。

ASIC 认为，MDA 符合《公司法》第 763B 条中"财务投资工具"和第 9 条"管理投资计划"的定义①，因此应将 MDA 中的权益作为一种金融产品进行监管，MDA 服务的提供者进而应当被视为金融产品的发行者。不过根据《MDA 立法文书》，MDA 服务提供者无需满足"管理投资计划"需要按规定进行注册的要求，但其所持有的 AFS 牌照必须涵盖与其提供的 MDA 服务相关的全部授权，具体内容包括：（1）发行 MDA 这一"金融产

---

① 对于后者，ASIC 认为，客户对其投资组合资产缺乏日常控制权（day-to-day control）以及在金融产品研究方面的成本降低均属于 MDA 服务与"财务投资工具"及"管理投资计划"的共同特征。

品";(2)就客户组合资产所要投向的所有金融产品的交易执行;(3)就MDA本身这一"金融产品"提供建议;(4)就客户组合资产根据MDA服务合同条款所可能投向的所有金融产品提供建议;(5)提供托管或存管服务。

其中,(1)和(2)为MDA服务提供者必须取得授权的内容,如果MDA服务提供者还需要就客户是否应当投资于MDA或具体选择何种MDA提供建议(这也属于提供金融产品建议),其授权内容还应当包括(3);对于(4)和(5)两项,MDA服务者可以分别与取得相应授权的AFS持牌人,即外部MDA顾问(external MDA adviser)和外部MDA托管人(external MDA custodian)展开合作,MDA服务提供者自身无需取得相应授权。

有关提供MDA服务应当满足的其他条件,请参见下文第(五)部分的分析。

(二)智能投顾的一般性义务[①]

1.《公司法》下的一般性义务

根据《公司法》第912A条第1款,AFS持牌人应当遵守以下一般性义务:(1)尽全力确保有效、诚实和公平地提供所持牌照所涵盖的金融服务;(2)有适当的安排以管理利益冲突;(3)遵守牌照所要求的条件;(4)遵守金融服务法律;(5)采取合理方式确保其代表遵守金融服务法律;(6)在通常情况下[②],拥有充分的财力、技术和人力资源提供所持牌照所涵盖的金融服务并执行监管安排;(7)维持提供牌照所涵盖的金融服务的能力;(8)确保己方的代表接受过充分的培训并有能力提供授权的金融服务;(9)若向零售客户提供金融服务,需要建立争议解决机制;(10)建立并维持适当的风险管理制度。

[①] 有两点需要说明:第一,此部分仅针对AFS持牌人应受到的行为监管进行说明,不涉及授权代表;第二,运营者通常需要在申请AFS牌照时向ASIC证明其有能力履行相应的行为义务(否则可能无法获得牌照),可见一般性义务与市场准入的部分标准会有所重叠,但由于本部分提及的义务必须得到持续性地履行,笔者认为将其置于行为监管的框架下探讨更具有合理性。

[②] 例外情况是:当运营者受到澳大利亚审慎监管局(APRA)监管,除非持有APRA颁发的可注册退休金实体(Registrable Superannuation Entity, RSE)许可证,并被授权经营注册管理投资计划,否则该义务不适用。

2. 针对智能投顾的额外指导

ASIC 认为,上述《公司法》一般性义务的履行方式应当根据具体服务的性质、规模和复杂性加以确定。① 其中,具备"充足的人力和技术资源"、拥有"适当的风险控制机制"及"有效的补偿安排措施"与智能投顾高度相关,智能投顾的"组织能力要求"也与传统投顾有所区别,ASIC 在 RG 255 中针对这四项内容提供了额外指导。

(1) 充足的人力和技术资源。

充足的人力资源与技术资源是智能投顾运营商提供业务能力的保证和履行义务的前提条件。

在人力资源方面,智能投顾运营商需要确保配备两类人员:其一为技术人员,其能够充分理解智能投顾所使用的技术及算法背后的原理、风险和规则(不过其并不需要掌握与算法有关的具体计算机代码),确保算法本身不存在缺陷,同时避免系统发生问题;其二为金融从业人员,能够定期对由算法生成的数字化建议的质量进行审查,确保建议的合规性。运营商应针对以上两项职责分别配备至少一名人员,二者可以是同一个人。

对于智能投顾运营商所应具备的技术资源,ASIC 提出了四项标准:① 能够维护客户的服务记录和个人数据的完整性;② 能够实现对隐私及其他信息的保护;③ 系统容量充足,能够满足当前和预期的未来业务需要;④ 遵守法律规定的全部义务。此外,智能投顾运营商还应当针对其系统建立后备方案及灾难修复计划,保证业务的连续性。

根据智能投顾业务的性质、规模和复杂性,运营商可能选择将部分功能外包,外包服务的供应商无需持有 AFS 牌照,但根据《公司法》第 769B 条的相关规定,运营商仍需对向客户提供的数字化建议负责。ASIC 期望运营商能够采取措施,以确保选择具备适当技能并拥有谨慎态度的外包服务供应商,与其探讨合规要求,并持续监督其表现。在人力资源方面,如果外包的功能涉及算法及建议的审查,ASIC 期望运营商至少应具备能够了解上述功能的人员。

(2) 适当的风险控制机制。

ASIC 期望智能投顾运营者创设一个结构化及系统化的机制,对风险

---

① RG 104.18.

进行识别、评估与管理,并应重点关注算法管理与网络安全两个方面。

智能投顾运营者应当定期对算法及算法驱动的数字化建议进行监控与测试。ASIC鼓励运营者采取如下措施履行这一义务:① 建设系统的设计文档,列明算法的设计原理、目的与范围,解释算法的测试方案;② 若需对算法进行任何更改,应当遵循特定的流程,并留存相关记录(期限至少为七年);③ 当市场和法律环境发生变化从而可能影响算法的时效性时,重新审查算法并进行适当的更新;④ 在发现算法错误,且可能造成客户损失和/或违反《公司法》规定时,及时暂停服务;⑤ 确保充分的人力和技术资源;⑥ 设置内部验收(sign-off)程序以确保前述措施得到遵守。

智能投顾运营者还应防范恶意网络行为(如黑客)之下的潜在风险,ASIC期望其应用公认的安全标准与安全机制以评估其网络安全及信息安全水平,设置充分的安全合规措施以确保"云技术"的安全性。

(3) 有效的补偿安排措施。

根据《公司法》第912B条的规定,AFS持牌人必须为零售客户置备足够的补偿安排措施,以补偿因持牌人或其授权代表的违规行为给客户带来的损失。除非取得豁免①,持牌人必须根据其业务性质及潜在的赔偿责任,购买PI保险,或采取经ASIC批准的替代性补偿安排。

ASIC在RG 126《AFS持牌人的补偿和保险安排》中对持牌人的补偿和保险安排进行了规范和指引,智能投顾运营商在评估专业赔偿保险的充分性时应重点考虑如下五个因素:① 预期的客户数量增长情况;② 因算法缺陷导致大范围损失的可能性;③ PI保单中对于某类索赔的处理政策,如因一类问题导致不同的客户发生索赔,是否会被视为多次索赔;④ 外部争议解决(EDR)计划对保额下限的影响;⑤ PI保险是否覆盖MDA服务等。

(4) 满足组织能力要求。

"组织能力要求",顾名思义是指在组织层面上具备提供金融服务的能力,对应前述一般性义务第(7)项(维持提供牌照所涵盖的金融服务的能力),与第(8)项在个体层面对持牌人代表所应接受的培训和具备的能

---

① 《公司法条例》第7.06.02AAA条第3款规定,受到澳大利亚审慎监管局(APRA)监管的AFS持牌人或其关联方无需满足该要求。

力提出的要求存在本质的不同。

在组织层面上,持牌人需要指定若干名对其金融服务的重大日常决策负责的责任经理人(responsible manager)。其中,每名经理人均需符合 ASIC 给出的五个选项之一①,以证明其具有适当的知识和技能,且前述经理人作为一个整体必须具备 AFS 持牌人提供的全部金融服务和产品所涉及的知识和技能。

表 7-3 责任经理人条件选项一览

选项序号	知识模块(资质与培训等)	技能模块(工作经验)
选项 1	满足被广泛采用的相关行业标准或澳大利亚审慎监管局(APRA)制定的相关标准	在过去五年中,有三年的相关经验
选项 2	经一位授权的评估人员单独评估,认为其具有与一个文凭相当的相关知识	在过去八年中,有五年的相关经验
选项 3	拥有相关学科的本科学位并完成了相关的短期行业课程	在过去五年中,有三年的相关经验
选项 4	持有相当于文凭或更高学历的相关行业或产品的资格证书	在过去八年中,有五年的相关经验
选项 5	如果无法满足前四个选项,申请人需提交一份书面材料(RG 105.69 中给出了具体要求),以向 ASIC 证明其责任经理人具有与其职位称的知识和能力。	

而在个体层面上,传统投资顾问模式之中向零售客户提供金融产品建议的自然人还必须满足 RG 146 规定的"培训与能力标准"(training and competence standard),包括持有学士学位或具备同等资质、通过专业考试、完成一年度的职业工作(仅适用于新入行者)并满足持续的专业发展要求。若该自然人向零售客户提供的是涉及复杂金融产品②的个人建议,还应符合相应的道德标准。③

---

① 其中,前四个选项为"知识"和"技能"两个模块的结合,"知识"模块涉及经理人所接受过的培训及具备的资质等条件;"技能"模块则与经理人的既往工作经验(年限)相关。第五个选项允许没有员工能够满足前四个选项要求的 AFS 牌照申请人向 ASIC 提供材料以证明其提名的责任经理人拥有适当的知识和能力,从而赋予了 ASIC 一定的自由裁量权。
② 这里的"复杂金融产品"是指基本银行产品(basic bank products)、一般保险(general insurance)、消费信贷保险(consumer credit insurance)或前述产品组合之外的金融产品。
③ RG 255.51。

不过,由于智能投顾提供的金融产品建议由算法生成,没有自然人的直接参与,前述"培训与能力标准"无法得到适用,ASIC 只要求持牌人至少拥有一名符合该标准的责任经理人。考虑到在 RG 255 发布时(2016 年 8 月),有诸多 AFS 持牌人尚不能满足前述要求,ASIC 提供了 6 个月的过渡期限。

(三)智能投顾的信息披露义务

根据《公司法》第 7.7 部分,向零售客户提供金融产品建议应当遵守信息披露义务。在传统投资顾问模式下存在着建议提供实体(providing entity)与建议提供者(advice provider)两类主体,建议提供实体应为 AFS 持牌人或持牌人的授权代表(这两者可能通过其雇员提供建议)。建议提供者通常是指直接向客户提供个人建议的自然人,其既可以是 AFS 持牌人或持牌人的授权代表,也可以是 AFS 持牌人的其他代表。信息披露义务适用的主体为建议提供实体,于智能投顾而言,则应为智能投顾运营者。以下将分别对信息披露义务的内容和要求进行说明。

1. 信息披露内容

首先,运营者在向零售客户提供一般建议时,应当同时提供一般建议警示(general advice warning),告知客户其在提供建议时未考虑到客户的具体情况,客户应当根据自身的目标、财务状况或需求考虑建议是否合适。若一般建议中包含特定金融产品,还需提醒客户在购买前先取得产品披露声明(product disclosure statement,PDS)。

其次,无论是提供一般建议还是个人建议,运营者通常需要在实际进行服务前向零售客户提供金融服务指南(financial service guide,FSG)[①],目的是告知客户"他将会取得何种金融服务",确保其在决定是否接受服务前已足够了解。《公司法》和《公司法条例》要求 FSG 必须具备的内容有:① 文件封面的"金融服务指南"标题;② 指南的日期;③ 建议提供实体的名称、联系方式和 AFS 牌照号码(如有);④ 如是授权代表,需提供授权 AFS 相关信息、授权代表声明和授权代表号码;⑤ 有关 FSG 目的的声明;⑥ 客户可能收到的其他文件的信息(例如建议声明或 PDS);⑦ 争议解决程序的相关细节等 16 项内容。[②] 部分情况下 ASIC 允许运营者将

[①] RG 175 中规定了无需提供 FSG 的多种例外情形。例如,在客户之前已经收到过 FSG 的情况下,若其中的信息未发生变化,则运营者无需在接下来每一次向客户提供金融产品建议前再次提供 FSG。

[②] RG 175.108.

FSG 与 PDS 合并提供。①

最后,提供个人建议的运营者,通常必须在提供个人建议的同时或在切实可行的情况下尽快向其零售客户提供一份建议声明(statement of advice,SOA),在提供实体的基础信息并明确建议内容之外,该声明中还应当包括:① 提供该建议的理由和基础;② 运营者及推荐人能够取得的报酬、佣金及其他利益;③ 可能影响该建议的所有利益冲突;④ 若涉及转换性建议②(switching advice),运营者不仅应声明现有产品业已经过了考虑,还应说明建议转换金融产品的成本、潜在损失和其他重大不利后果,以帮助客户理解并决定是否依赖于该个人建议。

2. 信息披露要求

首先,信息披露应统一适用良好的披露原则。③ 如 FSG 和 SOA 的编制和披露均应满足及时性要求,其中的信息必须以清晰、简明和有效的方式加以表述,不得包含任何误导性或欺骗性材料。FSG 在应客户要求向其提供涉及薪酬、佣金等利益的资料时必须以客户易于理解的方式呈现。而在编制 SOA 时,ASIC 认为表述和内容具有同等的重要性。

其次,《公司法》对 AFS 持牌人设定的记录留存义务要求运营者留存 FSG 与 SOA 的副本。根据规定,运营者须确保在向客户提供个人建议后,将建议留存至少 7 年,相应地其也应当将附随提供的 FSG 或 SOA 的副本留存至少 7 年。

最后,允许数字化披露的方式。在客户同意的前提下,运营者可以采取电子化方式披露 FSG、SOA 或 PDS 等文件,并及时告知客户。此外,ASIC 鼓励运营者清楚地告知客户可以获取 FSG 文件的其他方式(例如通过邮寄、传真、电子邮件等)。④ 电子化披露同样应遵循传统披露方式中清晰、简明和有效的良好披露原则,ASIC 先后发布了两份立法文书和

---

① RG 175.141.
② 转换性建议是指推荐客户以一种金融产品取代另一种金融产品,或以其在一种养老金产品中的权益取代另一种养老金中的权益的个人建议。
③ 参见李晴:《澳大利亚智能投顾监管及借鉴》,载《人工智能法学研究》2018 年第 1 期。
④ RG 175.127.

一份指南以促进金融服务的数字化披露。①

（四）智能投顾的最佳利益责任及其相关义务

《公司法》第7.7A部分第二分支规定了作为向零售客户提供个人建议的AFS持牌人的最佳利益责任（best interest duty）及其相关义务——适当建议义务、信息提醒义务以及客户利益优先义务。最佳利益责任是澳大利亚于2012年6月开展的未来金融建议（future of financial advice）改革的重要组成部分，改革之目的在于确保零售投资者能够获得高质量的金融建议，提升其对金融服务部门的信任与信心。② 未来金融建议改革在2013年7月1日起得到强制执行，在此之前，AFS持牌人也可以采取通知ASIC的方式自愿承担相关责任与义务。

如前所述，最佳利益责任及其相关义务仅适用于向"零售客户"提供"个人建议"的行为，ASIC指出，这是由于接受个人建议的零售客户在建议包含利益冲突或质量不足的情况下，存在遭受重大损失的可能性。而在主体方面，与信息披露义务的主体为建议提供实体不同，最佳利益责任及其相关义务一般适用于建议提供者，不过考虑到智能投顾等不存在自然人提供建议的情况，《公司法》特别规定，若相关建议通过电脑程序提供，则由提供建议的法人作为义务主体（即"数字化建议提供者"），因此，在数字化建议的语境下，仍应由建议提供实体，即智能投顾运营者承担最佳利益责任及其相关义务。

1. 最佳利益责任及其相关义务的内涵

根据《公司法》第961B条第1款，最佳利益责任是指向零售客户提供个人建议必须以维护该客户的最佳利益为宗旨行事。ASIC指出，对是否履行了最佳利益责任应然的评估标准是，一个理性的建议提供者是否会相信采纳该建议的客户将有可能位于更好的处境，而处境是否变得更好需要综合多个因素加以判断，包括不采纳建议的客户将处于何种处境、客

---

① 分别为《ASIC公司（促进金融服务披露的电子化传送）文书2015/647》《ASIC公司（消除电子化披露壁垒）文书2015/649》和 RG 211《促进电子化金融服务披露》(Facilitating Digital Financial Services Disclosure)。

② See Future of Financial Advice (FOFA) Reforms, ASIC, accessed December 1, 2022, https://asic.gov.au/regulatory-resources/financial-services/regulatory-reforms/future-of-financial-advice-fofa-reforms/.

户所寻求建议的主题、客户的目标、财务状况及需求等,但建议提供者并不被期望提供完美的建议。由于前述标准非常模糊,《公司法》第961B条第2款进一步为履行最佳利益责任设定了"安全港"规则并由ASIC发布RG 175对其予以细化。所谓"安全港"规则是指,只要持牌者能证明其实现了该条规定的全部七项要求①,即可被视为履行了最佳利益责任。不过,满足"安全港"中的全部要求并非履行最佳利益责任的唯一途径,而仅仅构成一种"最低期望",建议提供者可以采取其他步骤,但至少应当提供与"安全港"的要求具有同等水平的建议。此外,若客户所寻求的建议主题仅涉及部分简单产品②,则可适用简化版的最佳利益责任,建议提供者仅需满足其中的前三项要求,即可寻求"安全港"的保护。

适当建议义务是指建议提供者仅能向客户提供其能够合理地断定适合该客户的个人建议③,适当建议义务直接关系到最终建议的质量,并以履行最佳利益责任的前提,此时建议提供者已被假定为了解所有与客户、策略和产品(如有)相关的信息。ASIC期望在最终给出金融产品建议并附随提供SOA之前,建议提供者应与客户确认其所有相关情况的时效性和准确性,并确保其已经做好了接受建议的准备。ASIC认为,建议只有在满足符合客户的相关情况且能够使客户处于更好的地位两项要求时,才能够被认为是适当的。

信息提醒义务则要求提供者在基于不完全或不准确的信息作出建议时,对客户进行提醒。④ 建议提供者通常需要在提供建议前向客户作出

---

① 具体包括:(1) 根据客户在其指示中披露的信息,判断客户的目标、财务状况及需求。其中,若客户的披露不明确、不完整或与其具体情况相矛盾,建议提供者应进一步询问。(2) 确定客户所寻求的建议的主题以及可被合理认为与该主题相关的客户情况。建议提供者应当进行充分合理的询问并运用其判断力,若根据调查发现有更适合于客户的建议主题,可以就此与客户进行沟通并进行更新。(3) 如果有理由认为涉及相关客户情况的信息"相当明显"(reasonable apparent)地不完整或不准确,应进行合理询问(reasonable inquiries)以确保信息的有效性。(4) 评估建议提供者是否具备与提供该主题下的建议相关的充分的专业能力,若答案是否定的,应拒绝提供建议,并可向客户推荐其他合适的建议提供者。(5) 仅在对可行的金融产品进行了合理调查,并对调查中收集的信息进行了评估的基础上,才能向客户推荐相关金融产品。(6) 向客户进行建议所进行的所有判断均应以客户的相关情况作为基础。(7) 采取任何其他在提供建议时应被合理认为符合客户最佳利益的步骤。例如向客户解释具体提供了或未提供何种建议服务。

② 包括基础银行产品(basic banking product)和一般保险产品(general insurance product)。

③ 《公司法》第961G条。

④ 《公司法》第961H条。

合理的调查和问询,以取得与其相关的完整、准确的信息。但如果建议提供者已经进行了前述程序,而客户未能提供完整信息,此时建议提供者仍可以提供个人建议,但必须对客户进行提醒,其中包括提醒客户在遵从建议前,根据自己的目标、财务状况和需求考虑建议的适当性。

客户利益优先义务要求建议提供者若明知/应知客户利益与自身利益或关联方利益存在冲突时,必须在提供建议时优先考虑客户利益。客户利益优先义务本身并不禁止建议提供者推荐其关联方的产品,也不禁止其从客户以外的其他方接受利益,除非该等利益能够被合理预期会对建议产生影响。建议提供者及其关联方往往会在 FSG 和 SOA 等文件中披露相关利益冲突情况,但仅仅对外披露或取得客户对相关利益冲突的同意并不意味着对该义务的完全履行。此外,必须提供与客户的需求相匹配的服务水平,不得为创造报酬而"过度服务"也是客户利益优先义务的内在要求之一。①

ASIC 认为,为了满足最佳利益责任及其相关义务的要求,规模化建议的提供者还必须采取措施以确保投资者了解其建议的局限性。由于智能投顾没有自然人的直接参与,无法像传统投顾一样与客户就建议所具有的局限性展开"对话",因此应当设计更为有效的沟通机制,注重信息的披露与呈现方式,提升客户的参与度,确保其能够有效地获取和理解关键信息。ASIC 在 RG 255 中对智能投顾如何满足上述最佳利益责任及其相关义务进行了特殊指引,提出了九项基本期望,建议智能投顾运营商设置分类与过滤机制,并定期对数字化建议展开审查。

2. ASIC 提出的基本期望

ASIC 提出的九项基本期望为:(1) 向客户解释提供建议的类别与范围,例如,说明智能投顾仅能够为客户构建交易所交易基金(ETF)的投资组合,而不能为其是否应当使用现有资金偿还债务、投资于养老金或构建现金储备提供建议;(2) 要求客户主动证明其所寻求的建议是否在智能投顾模型所能提供的范围之内;(3) 在服务过程中的关键阶段,告知客户其建议范围的局限性及其潜在后果,ASIC 认为这种"告知"必须足够明确,不能通过冗长的免责声明或细则来实现;(4) 在提供服务的全过程

---

① RG 175.413.

中,向客户解释与智能投顾相关的重要概念以及相关风险和收益;(5)筛选出不适合使用智能投顾的客户;(6)在建议被提供或实施前,告知客户与之相关的前端和持续成本;(7)在建议实施前,告知客户如何退出服务以及与此相关的费用;(8)向客户解释可供选择的争议解决程序;(9)向客户解释遵从智能投顾提供的建议能使其处于更好的地位的原因。

3. 智能投顾履行最佳利益责任的特别方式

(1)设置分类与过滤机制。

ASIC认为智能投顾运营者应当设置分类(triage)与过滤(filtering)机制,以识别并排除不适合使用该服务的客户。运营者既可以根据具体客户的特征进行"事前"分类,仅向符合某些特征的客户提供服务;也可以进行"事中"筛选,即在服务过程中的各个关键节点设置相应的程序,判断建议是否符合客户的最佳利益。例如,若智能投顾已向客户解释过其所提供的建议的类别和范围,在进一步提供服务前,其还应通过弹窗的方式询问客户是否了解并认可前述限制情况,并要求他们回答与他们情况相关的一系列问题。

如果客户所寻求的建议在智能投顾提供的建议范围之外,他们就应当被排除在智能投顾的模型之外。例如,某智能投顾的模型并未将客户是否有抵押贷款设定为考量因素,ASIC期望其运营者能够明确告知客户"我们没有考虑你是否有抵押贷款",并询问其"是否愿意听从如何偿还贷款的建议"。如果客户给出了肯定答复,则不应再向其提供服务。

智能投顾运营者还应当设置识别机制,当客户提交的信息与其实际情况不一致时,可以通过自动提醒告知客户并要求其重新提交信息,或直接联系客户进行核对。如果这种不一致性无法得到妥善解决,运营者也不得向该客户提供智能投顾服务。

(2)对数字化建议的审查。

ASIC期望智能投顾运营者安排具备资质的审查人员,在充分收集和考察相关信息的基础上,对智能投顾提供的数字化建议的质量和合规性进行实质性的测试与评估。数字化建议审查采取定期审查和随机审查结合的模式,具体审查的频率和力度应当与数字化建议本身的性质、复杂程度及其面向的客户规模相适应:在服务初期应当采取较高的审查频率,确保服务的平稳推出;而在算法进行了调整后,也应加强审查力度,这可以通过运行一系列测试场景加以实现。

若在审查过程中发现算法存在错误,可能给客户带来损失或违反《公司法》的规定,智能投顾运营者应当立刻暂停提供建议,采取纠正措施,审查并识别出接受了不合规或不适当建议的客户,对其采取有效的补救措施。如果暂停算法本身不足以纠正问题,ASIC要求运营者向其及时提交一份书面违规的报告。

(五)提供全权委托服务的特殊要求

如前所述,智能投顾的智能化和自动化优势,需要与全权委托服务的提供相结合,才能得以有效发挥。澳大利亚领先的智能投顾平台,如Clover和Stockspot等,都已取得了MDA服务的授权。① 前文第(二)部分已对MDA服务的市场准入制度进行了介绍,接下来笔者将对MDA服务提供者需要遵守的其他条件予以梳理,笔者将其中的特殊内容总结为两点:第一,与投资者签订MDA服务合同,其中应包含投资计划;第二,在FSG和MDA服务合同中进行充分的信息披露,定期向投资者进行报告并留存相关记录。此外,若MDA服务提供者采取与外部机构合作提供服务的方式,ASIC也为二者的具体应当承担的义务进行了说明。

1. MDA服务合同与投资计划

根据《MDA立法文书》,MDA服务提供者应在向客户提供MDA服务之前,与其签订MDA服务合同,且其中必须包含投资计划,这是MDA服务的关键内容。ASIC对投资计划的详尽程度没有统一要求,但考虑到其涉及个人建议的提供,ASIC认为其必须:(1)指出MDA服务合同适合于该客户的意见及理由;(2)包含一份充分详细的投资策略,以确保客户能够判断投资计划是否适合;(3)符合《公司法》对SOA的相关要求;(4)提供足够的细节以确保客户能够理解任何与MDA服务合同相关的重大风险,客户如何通过指示影响MDA服务合同项下自由裁量权的行使,MDA服务合同与客户相关情况的匹配性将由谁在何时予以审查,并警示客户MDA服务合同可能因其提供不完整或不准确的信息或相关情

---

① 其中,Clover还是澳大利亚第一个取得包含MDA服务授权的AFS牌照的智能投顾运营商。

况发生变化而不适合或不再适合。投资计划应至少每13个月审查一次，以确保MDA服务合同与客户的持续匹配性。

2. 信息披露与记录留存

为帮助客户判断其是否应当接受MDA服务，ASIC要求MDA服务提供商在FSG中提供如下补充信息：(1)客户如何对提供商从事的公司组织行为(如代理投票)进行指示；(2)提示客户MDA服务的提供必须以签订MDA服务合同为前提；(3)提示客户MDA服务合同中应当包含投资计划，并进一步说明投资计划中需要涵盖的内容；(4)相关费用和成本信息；(5)MDA的外包服务安排，ASIC期望提供者至少应当对为选择合适外包服务商所采取的措施、外包的服务内容、外包服务商的名称以及对外包服务商的监控措施进行简要介绍；(6)警示客户通过MDA进行投资可能造成的重大风险；(7)如果试图将资产投资于无限制追索权产品，还应提供产品信息、可能采取的杠杆水平等信息，并通过一个清晰且显著的例子对潜在责任予以说明；①(8)其他可能被合理认为将影响一个理性人决定是否接受该MDA服务的信息。

ASIC认为，MDA服务合同也应当包含充分的前期披露，包括直接获取金融产品与通过MDA获取金融产品的区别、试图投资于无限制追索权产品的特别警示、客户终止该合同的程序等，此外，尽管FSG中已包含相关费用和成本信息，ASIC仍要求MDA服务提供者在MDA服务合同中披露该等信息，并指出这是由于客户与提供者之间的关系实际由MDA服务合同条款所调整。

在MDA服务过程中，MDA服务提供者也需要进行持续的信息披露。具体包括：(1)在每个季度后的1个月内向客户提供季度报告对全部交易情况、对客户资产价值的估计以及收入和费用情况进行说明。②(2)在每个财务年度结束后的3个月内向客户报送年度投资者声明和审计报告；(3)定期通过费用披露声明对此前12个月的费用安排进行说

---

① 在实际将客户的组合资产投资于无限制追索权产品之前，还必须取得客户的事先书面同意。

② 若客户允许不采取季度报告的方式，MDA服务提供者也可以提供给客户一个持续进行信息更新的电子化接口，具体的信息内容与季度报告相类似，但信息的时间范围有所调整。

明。前述文件在取得投资者同意的情况下均可进行电子化披露,但应同时保证投资者能够免费获取,持续的信息披露有助于客户对 MDA 服务提供者的有效监督,促进问责机制发挥作用。

《MDA 立法文书》要求 MDA 服务提供者对其交予客户的文件(包括 FSG、MDA 服务合同、季度报告等)留存副本并自文件提供之日起保存至少 7 年。

3. 外部机构合作安排

如前文第(二)部分所述,MDA 服务提供者可以与外部 MDA 托管者和外部 MDA 顾问展开合作,可降低其 AFS 牌照所涵盖的授权要求。需要注意的是,前述合作模式与服务的外包并不相同,外部 MDA 托管者需要就 MDA 服务中包含的托管服务与零售客户直接签订托管服务合同,外部 MDA 顾问则需要就 MDA 服务中提供的金融产品建议与零售客户直接签订顾问合同;相比之下,外包服务的提供商并不与零售客户成立合同关系,其应被视为 MDA 服务提供者的代理人。

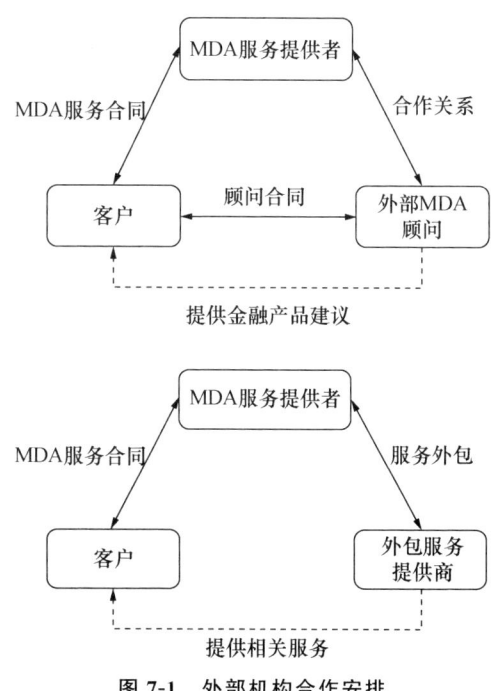

图 7-1　外部机构合作安排

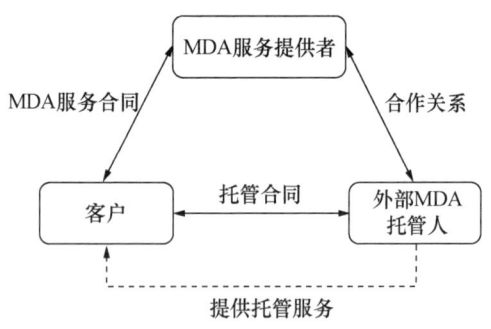

图 7-1 外部机构合作安排（续）

（1）外部 MDA 托管人。

对于外部 MDA 托管人，ASIC 豁免了其应注册为管理投资计划、提供 PDS 以及遵守《公司法》第 6D 章中关于披露及其相关规定的义务，但为了保证客户能够获得与 MDA 服务提供者直接提供托管服务相同水平的保护，ASIC 为前述豁免施加了一定的限制条件。外部 MDA 托管人应在托管合同中为自己设定行为义务，向每位客户提供一份 FSG，确保客户资产的单独管理、保证足额的 PI 保险等。MDA 服务提供者则应在 FSG 中向客户表明其并不提供托管服务，披露外部 MDA 托管人的信息，并确保客户能够清晰地理解 MDA 服务提供者与外部 MDA 托管人之间的责任分配情况。

（2）外部 MDA 顾问。

在存在外部 MDA 顾问的情形下，该外部顾问直接对提供给客户的投资计划负责，并应遵守《公司法》所有涉及提供个人建议的行为要求（其中包括向投资者提供 FSG 和 SOA），无法取得任何豁免。除了投资计划的准备之外，投资计划的年度审查也可以交由外部 MDA 顾问进行。

为了保证投资计划能够持续适合于客户，并使得客户明确应由外部顾问而非 MDA 服务提供者直接向其投资计划负责的状况，ASIC 要求 MDA 服务提供者在 FSG 中提供外部顾问的相关信息、警示投资者注意由此可能产生的风险，并对外部顾问准备的 SOA 进行必要的审查。

四、澳大利亚智能投顾特殊监管体制

澳大利亚政府一直致力于走在全球金融科技行业的前沿，并为此实

施了一系列措施,为金融科技行业的发展创造良好的环境,以使其具有国际竞争力。澳大利亚财政部在 2016 年发布的《支持澳大利亚金融科技》(Backing Australian FinTech)中指出,金融科技将在澳大利亚的未来的创新进程中发挥重要作用,技术上的创新能够有效提升金融市场和金融系统的效率,巩固以消费者为中心的理念,这一方面能够倒逼传统金融服务的改善,更重要的是,创新性的产品和服务能够满足消费者和其他市场参与者的需求,提升公共福利。[①]

(一)创新中心与监管沙盒框架概述

1. 创新中心的成立

ASIC 作为澳大利亚重要的金融监管机构,既致力于促进金融创新,也肩负着维护投资者和金融消费者对于市场的信任与信心,确保金融市场运作的公平性、秩序性和透明性的责任。为了实现前述多重目标,在金融创新发展与金融安全稳定之间寻求平衡,ASIC 于 2015 年 4 月成立了创新中心,以帮助新的金融科技企业在不影响投资者和消费者对金融市场与金融服务之信心的前提下,更好地适应金融监管体系。

2. 创新中心的工作内容

创新中心主要通过五种途径开展工作:第一,通过举办各种活动实现与金融科技行业的持续接触和交流。第二,建立非正式指导制度,符合条件的金融科技初创企业可以向创新中心提出申请以取得后者对其为期 12 个月的针对牌照申请、监管情况及可行豁免等方面的问题进行的非正式指导。第三,维护创新中心网站,"一站式"地向企业提供其所需的信息和服务。第四,设置数字化金融顾问委员会(Digital Finance Advisory Committee,DFAC),广纳来自金融科技界、学术界、金融消费者和财政部的各界人员。DFAC 每季度召开一次会议,其他金融监管机构也可列席,其主要任务是就金融科技的未来发展、主要机会及现存问题向 ASIC 提供咨询,从而促进创新中心与行业之间的良性互动。第五,建立国际合作机制,与境外监管机构密切合作,实现信息交流和监管协同。

此外,创新中心还牵头制定了部分与金融科技相关的监管指南,如前

[①] Australian Government,"Backing Australian Fintech (2016)," accessed December 1, 2022, https://treasury.gov.au/sites/default/files/2019-03/Fintech-March-2016-v3.pdf.

文提到的 RG 255 和 RG 257 等。

3. 创新中心对创新障碍的识别

ASIC 认为，初创金融科技企业在进入市场时主要面临着三方面的障碍：一是其在进入市场时面临的时间和金钱成本较高，这些成本主要来自于 AFS 牌照的申请和变更；二是其通常较难满足组织能力标准，需要高价雇佣责任经理人，否则无法满足申请 AFS 牌照的要求；三是其面临融资困难问题，而无法筹集到资金还可能使得前两个问题进一步加剧。

尽管澳大利亚的金融监管体系已经具有相当的灵活性，比如，第一，AFS 牌照的"定制化授权"规则允许 AFS 牌照申请人掌握申请授权的范围，从而提高申请效率并相应地降低合规义务要求；第二，在对组织能力要求的审查过程中，ASIC 也具有一定的自由裁量权。此外，ASIC 还可以根据其所执行的法律行使广泛的豁免权，或修改其适用方式。但 ASIC 认为上述"灵活性"难以从根本上解决上述三方面困难，因此，为了实现对金融科技的有效促进，ASIC 进一步推出了"监管沙盒框架"。

4. 监管沙盒框架

ASIC 在 2016 年 6 月发布的咨询文件 CP 260《进一步促进金融服务创新的措施》（CP 260: Further Measures to Facilitate Innovation in Financial Services）中首次提出了构建"轻触式"金融科技监管环境的三个方案，并向行业各方征求反馈意见。其中前两个方案与组织能力标准相关，一是就评估责任经理人是否满足 RG 105 选项 5 提供补充指导，二是针对"规模小、业务自动化高"的 AFS 牌照申请人修改组织能力标准；第三个方案则是实行金融科技持牌豁免制度（即"监管沙盒豁免"），三者共同构成了 ASIC 的"监管沙盒框架"。

同年 12 月，ASIC 发布报告 REP 508《针对 CP 260 进一步促进金融服务创新的措施的答复》，针对部分反馈进行了回复，并更新了"监管沙盒框架"的实施情况。其中，针对组织能力标准的问题，ASIC 提供了补充指导并修改了相关标准，并在 RG 105 中进行了相应的更新。而对于监管沙盒豁免问题，ASIC 于 2016 年 12 月 24 日针对金融业务和信贷业务分别发布两份概念豁免文书，构建了"ASIC 监管沙盒"（以下称"ASIC 沙盒"），其中与智能投顾相关的是《ASIC 公司（概念验证许可豁免）文书 2016/1175》（ASIC Corporations (Concept Validation Licensing

Exemption)2016/1175）。①

随后，ASIC 于 2017 年 5 月发布报告 REP 523 进一步更新了创新中心的工作进展，并最终于同年 8 月发布了监管指南 RG 257《在不持有 AFS 牌照或信贷许可证的情况下测试金融科技产品和服务》，为前述豁免文书中的相关规定提供了具体指引，允许符合要求的未持牌主体根据《公司法》有条件地对某些产品和服务的商业模式进行为期 12 个月的测试，并由 ASIC 根据被测试主体的申请决定是否对其发放 AFS 牌照。

2020 年 9 月 1 日，澳大利亚政府推出 ERS，扩展并取代了之前的 ASIC 沙盒，允许对类别更为广泛的金融服务进行测试，并将测试时间的上限延长至 24 个月。

（二）针对组织能力标准的补充指导与规则修订

如一般监管体制部分所述，AFS 牌照的申请人需要指定若干名对其金融服务的重大日常决策直接负责的责任经理人，每名经理人均需符合 ASIC 给出的五个选项之一，且前述经理人作为一个整体必须具备与 AFS 持牌人提供的全部金融服务和产品所涉及的知识和技能。然而，在实践中，由于包括智能投顾运营商在内的金融科技初创企业情况特殊，ASIC 认为有必要对其予以特别对待。

1. 提供补充指导

金融科技初创企业由于资源有限，其人员往往无法满足前四个选项中针对资格标准、评估认证、学历证书和工作经验等的明确标准，通常需要选择第五个选项，但该选项的表述具有较高的模糊性。② 为了帮助前述初创企业更好地理解规则并更高效地完成评估工作，ASIC 就其如何评估责任经理人是否具备选项 5 下所谓"适当的知识和能力"提供了补充指导。

ASIC 在评估申请人所指定的责任管理人是否满足要求时，将从两方面进行考察：一方面，这种评估需要参照 AFS 牌照申请人业务的性质、规模和复杂性作出；另一方面，ASIC 倾向于进行"集体性评估"，即在申请人同时指定多位责任经理人时，在分别进行评估的同时还应当考察其作为

---

① 由于智能投顾通常与信贷无关，后续讨论中会剔除信贷豁免相关内容。
② CP 260.39.

一个整体所共同具备的知识与技能。

RG 105中给出了一个智能投顾运营商指定的三位责任经理人均得到认可的例子,尽管其中的一位经理人从未向客户提供过财务建议,事实上严重缺乏相关工作经验,但得益于另外两位责任经理人在知识和技能方面的优势,ASIC认可三位责任经理人所具有的集体性知识与经验,组织能力标准因而不构成其申请AFS牌照的障碍。

2. 进行规则修订

金融科技初创企业所具有的商业模式通常严重依赖于技术和自动化,由内部自然人直接负责的重大日常决策可能相对较少,因而确保智能投顾背后的算法在投入使用前的合规性可能是更为必要的。ASIC认为对于规模较小、业务自动化程度较高的企业,可以考虑部分依赖第三方责任经理人(以下简称"第三方")的背书来完成对组织能力标准的实现。

(1) 指定第三方责任管理人的主体及业务条件。

如前所述,主体条件即包括"规模较小"和"业务自动化程度高"两项。前者是指企业提供金融服务的对象不得超过1000名零售客户,后者则是指业务依靠算法或其他技术,在客户输入所需的信息后,系统能以连贯一致的方式提供金融服务,人工介入程度必须是有限的。

在业务条件上,企业仅能提供有限的金融服务,对于智能投顾而言,其投资顾问服务所涉及的金融产品仅可包括:(a) 流动性金融产品,如在澳大利亚上市或发行的证券和简单管理投资计划;(b) 非现金付款设施;(c) 由受到审慎监管的企业发行的金融产品,如存款产品、养老金产品和保险合同等。

满足上述条件的企业可以指定第三方作为责任管理人,后者不需要参与日常经营,仅需在必要时提供服务。

(2) 指定第三方责任经理人的相关要求。

第一,第三方需要满足RG 105规定的五个选项的条件之一。

第二,第三方是申请人在知识和技能方面所依赖的关键人员。

第三,申请人需要与第三方签订服务协议,明确后者需对其相关流程和系统签字授权,并对基于该流程和系统所提供的金融服务的质量负责。

第四,在申请AFS牌照程序之外,第三方需要视需求定期或不定期地进行业务审查和签字授权。定期审查和签字频率为:在业务开始后的第一年进行两次,此后每年进行一次。ASIC 期望第三方在申请人的自动化业务发生重大变化时(如业务模式发生重大变化、算法假设发生调整等)重新进行审查并签字授权。

第五,指定第三方并不意味着申请人自身义务的免除。即便是高度自动化的业务模式,也有部分事务需要由自然人进行处理。因此,申请人仍必须至少指明一名进行日常重大决策的经理,负责在需要时就企业所提供的金融服务与第三方进行协商和接触,ASIC 期望申请人设置相应的程序确保前述协商和接触能够有效实施,并同时对其自身所提供的金融服务进行适当监控。

(三) AFS 持牌许可豁免规则——金融科技豁免

针对组织能力标准提供的补充指导或进行的规则修订有利于金融科技初创企业更容易满足组织能力标准,但这只涉及申请取得 AFS 牌照的条件之一,无法避免申请 AFS 牌照流程所具有的高额成本。真正能够有效缓解这一障碍的方案是提供持牌许可豁免,有限制地允许金融科技初创企业在取得 AFS 牌照前,在一定期限内测试其产品和服务。在企业需要消耗相当的时间和金钱成本取得 AFS 牌照之前,该方案给予其机会以优先验证商业模式理念的可行性和服务的可信性,并相应作出改进。企业的"测试成果"能够被用来吸引更多的投资,并帮助企业明确未来需要申请何种 AFS 牌照,确保后续业务开展的合规性。

1. 澳大利亚的持牌许可豁免规则

澳大利亚的金融监管体系下共存在三类豁免持牌方案。

第一类是法律规定的豁免持牌的情形以及监管框架中现有的灵活性安排。法定的豁免情形例如从事不需要 AFS 牌照的业务、成为现有持牌人的授权代表和 ASIC 在其权限内对特定类别产品的牌照豁免(部分产品如立即结算的外汇合约、小额非现金支付产品等)。而监管框架中的灵活性,则是指 ASIC 管理的 2001 年《公司法》、1993 年《退休金行业(监管)法》等法律,授予 ASIC 在金融服务领域范围内基于监管目标、效益和效率等方面的考虑,通过豁免和修改具体法律条款,对新规定适用于原有业务、新业务遵循旧规定等情况下出现"规制漏洞"或"合规障碍"时,在业务性质、规模等风险可控的前提下,提供有限制条件的救济权,以实现法律适用的灵活性。① 这种救济权力也被称为"剩余立法权"②或正式援助。

第二类是包含在监管沙盒框架中的"金融科技许可豁免"(FinTech Licensing Exemption，以下简称"金融科技豁免")，又称"监管沙盒豁免"。这一豁免由 ASIC 于 2016 年 12 月 24 日针对金融业务和信贷业务分别发布的两份概念豁免文书确定，RG 257 对其具体应用作出了指引，允许有资格的金融科技企业无需取得 AFS 牌照并在 12 个月内测试某些金融产品和服务。这是一种有条件的、全行业的豁免，该豁免最早在 ASIC 沙盒中运行，后者于 2020 年 9 月 1 日被 ERS 所取代。

第三类则是一种"个别豁免"，由 ASIC 为特定企业量身定制。不符合第二类全行业豁免条件的企业可以向 ASIC 提出个别豁免请求。

值得说明的是，ASIC 在 RG 257 中将上述三者合称为"监管沙盒框架"，这与前文中 REP 523 提出的"监管沙盒框架"有所不同，不过根据笔者在前文的说明，概念的冲突并不影响我们对于具体制度的理解。两类"监管沙盒框架"的重叠部分，即金融科技豁免，构成了澳大利亚智能投顾特殊监管体制的核心。

2. 金融科技豁免制度介绍

金融科技豁免制度允许金融科技企业在不持有 AFS 牌照的情形下测试某些产品和服务，然而任何金融创新都可能具有机遇与风险并存的特性，不良测试结果可能侵蚀消费者对市场的信心，降低其市场参与的意愿，带来消极效应。因此，为了确保金融科技豁免能够在促进金融创新和提升消费者效用之间实现平衡，需要对其施加一定的豁免条件，以下从主体条件、服务和产品范围、豁免适用条件、申请程序及豁免期限范围五个方面分别介绍。

(1) 主体条件。

ASIC 沙盒对金融科技豁免的主体要件采取了消极规定模式，即豁免的主体不得被禁止从事金融服务，且不包括现有 AFS 持牌人及其授权代表或关联实体。ASIC 沙盒将后者排除在外的理由是，其已经拥有了充分的资源和组织架构，因而不会与初创企业面临相同的障碍，不过其仍被允

---

① 参见李晴:《澳大利亚智能投顾监管及借鉴》，载《人工智能法学研究》2018 年第 1 期。

② 参见邢会强:《国务院金融稳定发展委员会的目标定位与职能完善——以金融法中的"三足定理"为视角》，载《法学评论》2018 年第 3 期。

许申请个人豁免。[1]

相比之下，ERS 也允许现有 AFS 持牌人测试其尚未被授权的业务，举例而言，若现有 AFS 持牌人的定制化授权中并不包括提供金融产品建议这一金融服务类型，其可以就新开发的智能投顾服务申请金融科技豁免。

不同于英国监管沙盒的规定，ASIC 沙盒及 ERS 均允许个人申请。在企业不符合其他豁免条件的情况下，个人可以提出申请，ASIC 可以对特定业务提供定制化的个人许可豁免，促进其产品或服务的测试。此外，两个沙盒均允许在澳大利亚境内注册的外国企业申请进入，这体现了澳大利亚在金融科技方面的全球化视野。

（2）服务和产品范围。

针对智能投顾业务，ASIC 沙盒规定申请金融科技豁免的机构仅可就特定的金融产品向零售客户提供金融产品建议，这些金融产品具有低风险的特征，具体包括：在澳大利亚市场发行或上市的证券、澳大利亚政府发行或拟发行的证券、简单管理投资计划、存款产品、部分一般保险产品和存款保险机构发行的支付类产品。[2]

ERS 则将证券发行或上市的地点范围扩展至经批准的境外市场，并在此基础上增加了人寿保险、股权众筹证券（Crowd-Sourced Equity Securities）两类产品。

（3）豁免适用条件。

为了避免造成大规模风险，帮助消费者更好地了解所测试的产品和服务，并保证在发生争议时可以进行追索，以下条件需要得到满足。

其一，客户数量及风险敞口限制。客户数量上，ASIC 沙盒中的测试企业最多只能为 100 位零售客户提供服务，但对批发客户无数量限制，ERS 对两种类型的客户均无数量限制。ASIC 沙盒的风险敞口包括单独风险和集合风险，前者要求每个零售客户的证券、政府债券、简单管理投资计划和支付类产品的风险敞口不得超过 1 万美元，一般保险产品的保险金额不得超过 5 万美元；后者要求所有客户的风险敞口总额不得超过

---

[1] ASIC's Response to Existing AFS Licensees, see CP 260.40-44.
[2] RG 257.28.

500万美元。① ERS 则丰富了风险敞口为 1 万美元的产品类别,并免除了对受到 APRA 监管的实体所发行产品的头寸限制。

其二,消费者保护措施。一方面,ASIC 沙盒要求向消费者进行充分的信息披露,测试企业需要在向客户提供的 FSG 中,披露其并不持有 AFS 牌照且正在"测试"产品的情况;另一方面,对于向零售客户提供个人建议的智能投顾运营商,其在测试期内仍需要遵守一般监管体制中所述的信息披露义务、最佳利益责任及其相关义务。ERS 还特别指出,若发生例如服务有实质性变更等重大事件,测试企业应通知客户和 ASIC,ASIC 也有权向测试企业发出整顿令要求其在 30 天内遵守相关义务。

其三,适当的补偿安排与争议解决机制。测试企业应当建立适当的补偿机制,与现有 AFS 持牌人一样,该义务一般可通过购买 PI 保险的方式履行。争议解决机制要求测试企业既需要建立符合 ASIC 标准的内部争议解决机制,还应当加入 ASIC 批准的外部争议解决计划之中。ERS 与 ASIC 沙盒在这方面的规定没有区别。

(4)申请程序。

在 ASIC 沙盒中,"金融科技豁免"的取得以企业书面通知 ASIC 其将依赖该豁免,并按照规定提供某些信息为积极要件,并以 ASIC 未明确表示拒绝为消极要件,即企业不必"申请"以取得金融科技豁免资格②。测试期自书面通知后的第 14 天起开始,具体开始日期取决于 ASIC 的书面通知。

不同于 ASIC 沙盒的是,ERS 为公司提交的申请制定了模板——《使用加强版监管沙盒豁免测试合格金融服务的通知》(Notification to Use the Enhanced Regulatory Sandbox Exemption to Test Eligible Financial Services,以下称《通知》)③,根据该模板,测试企业除需要对其是否满足前述条件进行说明之外,还应当通过回答一系列问题来接受公共利益

---

① 根据 RG 257.84,尽管对于批发客户和专业客户没有个人风险敞口限制,但其相关数据会被计入风险敞口总额中。
② RG 257.111.
③ ASIC, "Notification to Use the Enhanced Regulatory Sandbox Exemption to Test Eligible Financial Services," ASIC (September 1, 2020), accessed December 1, 2022, https://download.asic.gov.au/media/5772220/20200806_notification-to-use-the-enhanced-regulatory-sandbox-exemption-financial-services.pdf.

净值测试与创新性测试两项测试。ERS 的适用同样只需要以公司向 ASIC 提交申请为条件,后者有 30 天的时间对《通知》进行评估,可以在 30 天内作出同意回复或否定意见并给出理由;如 ASIC 未在 30 天内予以回应,豁免期限将从企业向 ASIC 提交《通知》之日后的第 31 天开始,可见测试期的开始时点更为灵活。

公共利益净值测试要求申请人解释提供豁免可能带来的公众利益的提升,并说明对公共利益的提升应大于豁免本身可能导致的损害,相关问题包括拟测试的服务能够解决澳大利亚金融市场上现存的何种问题、解决的具体方式、提升公共利益的具体方式(包括丰富消费者的选择、降低成本、提高效率等)以及针对风险的管控措施。创新性测试则要求申请人将其拟测试的服务与市场上的现有金融服务进行对比,在证明其服务具有创新性的同时,还应对相似服务进行说明。

此外,测试企业只能使用一次 ASIC 沙盒,而 ERS 允许其多次使用来测试它们未取得 AFS 牌照且未曾测试过的金融服务。

(5)豁免期限范围。

最初,ASIC 在 CP 260 中建议将"金融科技豁免"的期限设置为 6 个月,但收到了大量的反对意见。沙盒最终将豁免期限确定为 12 个月,认为该时长足以使测试企业验证其商业模式或理念的可行性,并完成 AFS 牌照的申请工作,测试期还可以根据申请延长。

ERS 则进一步将豁免期限扩展至 24 个月,但该期限不得被延长、暂停或重置。豁免期限提前到期包括三种情形:其一,豁免自动停止:若前述豁免适用条件受到违背或测试企业已取得具体业务相关牌照,豁免将自动停止;其二,ASIC 停止豁免:若给予豁免的理由不再适用,例如测试企业的服务已不具备创新性,ASIC 也可以主动停止豁免;其三,企业主动终止:测试企业也可以在豁免期限内向 ASIC 发送通知,主动终止豁免期限。[1]

---

[1] 例如,Westgate Finance Pty Limited 于 2021 年 5 月 28 日通知 ASIC 终止豁免,而这距离其 ERS 豁免的起始日期(2021 年 5 月 17 日)仅仅过了 11 天。参见 Enhanced Regulatory Sandbox Exemption Users, ASIC 官网, https://asic.gov.au/for-business/innovation-hub/enhanced-regulatory-sandbox/enhanced-regulatory-sandbox-exemption-users/,最后访问日期:2022 年 12 月 1 日。

由于业务的连续性与客户的利益高度相关，ASIC 沙盒和 ERS 均要求测试企业在豁免期限届满且未取得 AFS 牌照、未能延长测试期的情况下，提前为结束运营做好充分的准备，以保护现有和潜在客户的利益。在测试结束后，企业应当向 ASIC 提供一份简短的报告，以帮助 ASIC 了解金融科技豁免的运作情况，并评估其有效性。

此外，ASIC 曾在 CP 260 中提出一项建议，要求依赖金融科技豁免进行测试的业务，必须取得 ASIC 所认可组织的资助（即"沙盒资助"），期待后者可以发挥"看门人"（gatekeeper）的作用，降低测试期间企业作出不当行为的风险。但由于这样做还可能造成额外的成本和引发不当竞争，或使消费者对赞助者和测试企业的关系感到困惑，该建议最终未能得到采纳。

五、澳大利亚智能投顾监管体制的总结与展望

澳大利亚对于智能投顾的有效监管得益于依托已有的成熟证券监管体系。在既有的《公司法》框架之内，ASIC 通过监管指南、咨询文件等非强制性文件的形式对智能投顾这一行业术语所包含的法律实质予以定性，就其"需要遵守何种要求"以及"如何遵守相关要求"向运营者提供了清晰、明确的指引，构建了业界与监管之间有效的沟通机制，有效缓释了智能投顾引入的法律风险。

（一）澳大利亚智能投顾监管体制的总结

ASIC 并未试图针对智能投顾的完整流程给出一个综合性定义，而是仅在《公司法》原有框架之下、在传统投顾所涉及的金融服务——提供金融产品建议——的基础上，结合智能投顾与传统投顾的"智能性"这一核心区别，提出了"数字化建议"的概念以明示监管范围。而对于智能投顾的其他流程，如 MDA 服务与提供交易执行等，则仍可适用既有监管规则。这有效地实现了对智能投顾在原有监管框架之下的"定位"，避免了监管界限模糊的问题。

在这一前提下，ASIC 通过以 RG 255 为核心的一系列监管指南完善了智能投顾的一般监管规则，为智能投顾如何取得所需的定制化 AFS 牌照授权，如何遵守《公司法》下的一般性义务，如何进行信息披露义务，如何履行最佳利益责任及相关利益义务都进行了特殊指引并提供了具体期望,引导智能投顾市场有序发展。而通过成立创新中心并构建以金融科技豁免为核心的监管沙盒框架,澳大利亚的特殊监管体制同时也为企业进行金融科技创新提供了有力的支持。因此,澳大利亚对智能投顾的监管措施也被学者认为是实现了金融安全与金融创新之平衡的典型代表。① 但笔者认为,纸面上"完备"的措施并不意味着运行过程中的"完善",判断监管措施是否有效最终必须回到其对市场效率的影响,而实际上,市场主体的反馈似乎并不乐观。

(二)澳大利亚智能投顾监管体制的反思

从整体投资顾问市场来看,澳大利亚引入最佳利益责任之目的是提高行业标准和金融建议的质量,但愈发严格的合规义务也给提供个人建议的金融顾问带来了更高的合规成本,造成了诸多大型金融机构暂停或出售其投资顾问业务。根据统计,现存的金融顾问的数量相比于长期平均水平降低了大约 15%,而在 2021 年《澳大利亚金融顾问福利报告》(Australian Financial Advisers Wellbeing Report 2021)的一项调查中,接受调查的 700 名金融顾问中有 40% 正在考虑离开这一行业。同时,合规成本的提升也使得咨询费用的增幅在过去两年内达到 28%,投资顾问服务似乎走上了一条更加昂贵、更难以获得的路径,这恰与投资者和监管者所期待的方向背道而驰。ASIC 也注意到了这一问题,并于 2020 年 11 月发布了咨询文件 CP 332《提升消费者的建议的可获得性与可负担性》(CP 332:Promoting Access to Affordable Advice for Consumers)以向业界询问金融建议市场的现存障碍。② 对此,咨询机构 Ignition 指出,在这一背景下,若想实现"以更低成本向更多客户提供建议的目标,并保持有利可图",建议提供实体必须实现"规模化",而数字化建议则是在合规重压之下实现规模化的不二选择,其能够实现通过面对面与投资者交流的

---

① 参见余涛:《澳大利亚智能投顾监管制度之简析》,载微信公众号"腾讯金融研究院"2019年4月13日,https://mp.weixin.qq.com/s/Fz2S4FakAb0DPIB0GsApQg,最后访问日期:2022年12月1日。

② ASIC,"CP 332: Promoting Access to Affordable Advice for Consumers," ASIC (November 17, 2020), accessed December 1, 2022, https://asic.gov.au/regulatory-resources/find-a-document/consultation-papers/cp-332-promoting-access-to-affordable-advice-for-consumers/.

传统建议模型所无法企及的效率。① 这似乎预示了智能投顾春天的来临。

尽管 ASIC 明确表示,最佳利益责任及其相关义务的严格程度因具体建议的性质而异,因此理论上智能投顾运营商可以通过限缩其建议的范围从而实现合规义务,Ignition 也在报告中分析了 ASIC 对规模化建议的支持态度,并试图说明经过发展,现阶段的数字化建议已经能够有效满足最佳利益责任的要求,但业界似乎并不买账。

在 ASIC 收到的业界针对 CP 332 提交的 183 份回复中,有 134 份回复称其并不希望在未来提供数字化建议,其担忧来自算法技术的不足。在 2019 年,ASIC 曾在审查了两家提供数字化建议的企业 Plenty Wealth Pty Ltd 和 Lime Wealth Pty Ltd(二者均为总部位于悉尼的 AFS 持牌人 Lime FS 的授权代表)的部分建议文件样本后,向 Lime FS 提出了对其通过线上工具提供建议的质量以及对建议的审查能力的担忧。ASIC 发现其对客户的目标、财务状况和需求的询问并不充分,且部分建议也与投资者的目标或其他建议存在矛盾。最终,Lime FS 决定自愿关停前述数字化建议工具。在 ASIC 对外发布的媒体报告中,ASIC 的官员普莱斯指出:"尽管数字化建议工具为原本可能不会寻求个人建议的消费者提供了一种方便且低廉的替代方案,但人工顾问所应满足的要求——包括适当建议义务与最佳利益责任等,仍应得到满足。"② Lime FS 创始人则表示:"在现有的制度框架下,试图提供完整的数字化建议的挑战性过高。"③

因此,智能投顾的潜在市场进入者正处在一种两难的局面:若放弃提供完整的建议,限缩数字化建议的范围,例如将其局限于单一问题(single

---

① Ignition, "Australia Insights: Compliance Myths about Digital Advice," Ignition (September 2021), accessed December 1, 2022, https://discoverignition.com/wp-content/uploads/2021/09/Ignition_Insights-AUS_20210928_Compliance-Myths-about-Digital-Advice_1.0.pdf.

② ASIC, "19-286MR Lime FS Pty Ltd Agrees to Shut Down Digital Advice Tools," ASIC (October 18, 2019), accessed December 1, 2022, https://asic.gov.au/about-asic/news-centre/find-a-media-release/2019-releases/19-286mr-lime-fs-pty-ltd-agrees-to-shut-down-digital-advice-tools/.

③ Aimee Chanthadavong, "Two Robo-advice Tools Shut Down over ASIC Concerns," ZDNet (October 17, 2019), accessed December 1, 2022, https://www.zdnet.com/article/two-robo-advice-tools-shut-down-over-asic-concerns/.

issue),则不利于与客户建立长期关系,客户需要人工顾问满足其更加复杂的金融建议需求;若转而寻求研发"优质"的数字化建议并实现规模化,则面临着过高的成本,在现阶段并不可行。部分回复还指出,算法的技术水平不足还容易导致因存在错误的信息输入而提供质量低下的建议等问题。① 从这一角度来看,最佳利益责任的引进似乎构成了对智能投顾领域金融创新的明显阻碍。

除了一般监管规则可能对金融创新的关注不足之外,特殊监管体制似乎也未能有效扶持包括智能投顾运营者在内的金融科技企业。根据本书写作完成时 ASIC 官网的披露情况,在 ASIC 沙盒运行的近四年中,仅有 7 家"客户"②;尽管 ERS 在施行至今已有 8 位"客户",但其中仅 Westgate Finance Pty Limited 的豁免服务范围中包含了提供个人建议,且该企业在 2021 年 5 月 28 日主动通知 ASIC 终止了豁免。③

虽然可以将前述阻碍或扶持上的不充分归结于技术水平的不足,就像行业所提出的担忧一样,但监管的目标应是在回应现状的基础上保持对未来发展的适应性,而不能仅仅面向未来。至于如何在现阶段智能投顾的技术水平之下实现金融安全与金融创新的平衡,还有待 ASIC 在日后监管活动中的探索。

第三节 欧盟地区智能投顾监管

一、金融工具市场指令

《金融工具市场指令》(Markets in Financial Instruments Directive,

---

① Mike Taylor,"ASIC Confirms Advisers Don't Back Digital Advice," Moneymanagement (April 14, 2021), accessed December 1, 2022, https://www.moneymanagement.com.au/news/financial-planning/asic-confirms-advisers-don%E2%80%99t-back-digital-advice.

② ASIC,"ASIC's Regulatory Sandbox: Licence Exemption Users," ASIC (September 1, 2020), accessed December 1, 2022, https://asic.gov.au/for-business/innovation-hub/enhanced-regulatory-sandbox/enhanced-regulatory-sandbox-exemption-users/asic-s-regulatory-sandbox-licence-exemption-users/.

③ 不过,其中有许多企业取得的豁免服务范围内包含了提供一般建议,参见 Enhanced Regulatory Sandbox Exemption Users,ASIC 官网,https://asic.gov.au/for-business/innovation-hub/enhanced-regulatory-sandbox/enhanced-regulatory-sandbox-exemption-users/,最后访问日期:2022 年 12 月 1 日。

MiFID)生效于 2007 年 1 月 31 日,它是欧盟金融市场监管的基础,旨在通过创建一个统一的投资服务市场来提高欧盟投资服务市场的竞争力,并确保对投资者的高度保护。2014 年 6 月,欧盟委员会通过了修订的新规则,即《金融工具市场指令 II》(Markets in Financial Instruments Directive II,MiFID II),MiFID II 和《金融工具市场法规》(MiFIR)均在 2018 年 1 月 3 日生效,适用于投资公司、市场运营商、数据报告服务提供商以及通过在欧盟设立分支机构提供投资服务或开展投资活动的第三国公司。

MiFID II 对于投资服务市场中的一些主要概念进行了规定。其中,与智能投顾相关程度较高的概念包括了以下内容:

- 投资公司:指日常职业或业务是向第三方提供一项或多项投资服务和/或在专业基础上开展一项或多项投资活动的任何法人;
- 投资建议:指根据客户的要求或在投资公司的倡议下,就一项或多项与金融工具相关的交易向客户提供个人建议;
- 投资组合管理:指根据客户赋予的授权,在逐个客户酌情决定的基础上管理投资组合,其中此类投资组合包括一种或多种金融工具;
- 算法交易:指金融工具的交易,计算机算法自动确定其订单的各个参数,例如是否启动订单、订单的时间、价格或数量,或者订单提交后如何管理订单。

MiFID 附件 A 明确规定了本文件中"投资服务和活动"的范围,其中,代表客户执行订单、投资组合管理、投资建议,在确定承诺的基础上承销金融工具和/或配售金融工具,在没有确定承诺基础的情况下配售金融工具等均属于这一范畴;附件 C 则明确规定了"金融工具"的范围,可转让证券、货币市场工具、期货、期权等均属于该范围之内。[①] 综合以上定义可知,智能投顾应该被纳入 MiFID II 的监管范围内,经营智能投顾业务的公司应该属于 MiFID II 所适用的"投资公司"。

因此,本节对于这一指令中与智能投顾相关的重点章节进行梳理。

(一) 授权要求

MiFID II 规定每个成员国都应要求提供投资服务和/或从事投资活

---

① 参见 EUR-Lex 官网,https://eur-lex.europa.eu/legal-content/EN/TXT/?uri=CELEX%3A02014L0065-20210626,最后访问日期:2022 年 12 月 1 日。

动作为常规职业或专业业务的机构获得事先授权,且此类授权应由母国成员国主管当局授予。母国应确保其授权明确规定了其投资公司有权提供的投资服务或活动;而且,该授权在整个联盟都是有效的,且允许投资公司通过设立分支机构等,在整个欧盟范围内提供其获得授权的投资服务和活动。值得注意的是,这一部分授权要求是在第一版本《金融工具市场指令》基础上的收紧,其中第 3 条对于仅提供投资建议而不进行资产管理的相关机构提供了进入市场授权上的豁免,部分智能投顾机构可能还能根据这一豁免免予经过严格的授权程序而进入市场。但现在,"投资建议"一并被纳入"投资活动和服务"的大范畴中,且实际上越来越多智能投顾公司不再仅满足于提供财务建议,帮助客户进行资产管理也成为其最为核心的工作内容,这样一来,其必将受到授权条款的规制。

(二) 组织要求

MiFID II 要求投资公司应制定充分的政策和程序,足以确保公司(包括其经理、雇员和关联代理人)遵守其中所规定的义务以及管理此类人员个人交易的适当规则。而且,投资公司应实施并组织有效的组织和行政安排,以采取一切合理措施,防止利益冲突对其客户的利益产生不利影响。制造金融工具以出售给客户的投资公司应在向客户销售或分发金融工具之前,设置维护、运营和审查批准每种金融工具和现有金融工具发生重大调整时的程序;投资公司提供或推荐并非其生产的金融工具时,应有适当的安排以了解每种金融工具的特征和确定的目标市场。此外,投资公司应采取合理措施确保投资服务和活动的连续性和规律性;为此,投资公司应采用适当和相称的系统、资源和程序。最后,投资公司应确保,当依赖第三方向客户提供持续和满意的投资活动及服务时,应该采取合理步骤以避免不必要的额外操作所带来的风险。

(三) 对于算法交易的特殊规定

从事算法交易的投资公司应建立与其经营业务相适应的有效系统和风险控制,以确保其交易系统具有弹性和足够的容量,受到适当的交易门槛限制,并防止其发送错误的信息。投资公司母国的主管当局可要求投资公司定期或临时提供其算法交易策略的性质描述、交易参数的详细信息或限制系统的主要合规性和风险控制措施;投资公司母国的主管当局可以随时要求投资公司提供有关其算法交易和用于该交易的系统的更多信息；从事高频算法交易技术的投资公司，应当保存其所有下达的订单，包括取消订单、执行订单和交易场所报价的时序记录，并提供给主管部门。此外，对于直接提供电子访问的投资公司有特殊的规定，这些投资公司应负责确保使用该服务的客户遵守本指导的要求和交易场所的规则。投资公司应监控交易，以识别违反这些规则、扰乱交易条件等的相关行为，并向主管当局报告。投资公司应确保投资公司与客户之间就提供服务所产生的基本权利和义务达成具有约束力的书面协议。而且，如该公司提供的电子访问能够直接和交易市场相联系，该投资公司应具备有效的系统和控制措施，以确保对该服务针对客户的适当性进行评估和审查，防止使用该服务的客户超出预设的交易门槛和信用门槛。同时，客户使用服务所进行的交易应该受到一定监控，公司要颁布适当的风险防控措施，以防止可能给投资公司本身带来风险、导致市场无序或违反欧盟法规的交易发生。

（四）利益冲突要求

成员国应要求投资公司采取一切适当措施来识别、预防或管理它们之间的利益冲突，包括经理、雇员和关联代理人，应当控制与其直接或间接联系的任何人与他们的客户之间的利益冲突；投资公司应在开展业务之前向客户明确披露利益冲突的一般性质和/或来源，并披露公司为减轻这些风险而采取的措施。

（五）投资者保护规定

在向客户提供投资服务或在适当情况下提供辅助服务时，投资公司应根据其客户的最大利益诚实、公平和专业地行事。投资公司向客户或潜在客户提供的所有信息，包括营销传播，均应公平、清晰且无误导性；应及时向客户或潜在客户提供有关投资公司及其服务、金融工具和拟议投资策略、执行地点以及所有成本和相关费用的适当信息。成员国应要求投资公司确保并向主管当局证明，代表投资公司向客户提供有关金融工具、投资服务或投资建议的自然人具备履行其义务所需的知识和能力。在提供投资建议或投资组合管理时，投资公司应获取有关客户或潜在客户对于特定类型的产品或服务相关领域的知识和经验，该人的财务状况（包括其承受损失的能力）的必要信息，以及投资目标、风险承受能力，以便投资公司能够向客户或潜在客户推荐适合他的投资服务和金融工具，特别是符合客户风险承受能力和损失承受能力的投资服务和金融工具。指令中要求,公司需要以明确和简单的方式,向客户解释自动化模型和投资建议的目标,以确保客户知晓;需要对提供的人际互动程度作出解释,并明确说明客户和公司人员联系的方式;在提供最终方案之前,公司应当先向客户提供"适当性报告"。

二、欧盟关于智能投顾的研究报告

(一)第一篇:关于自动化财务顾问的讨论稿

早在2015年12月,欧洲证券及市场管理局(ESMA)、欧洲银行业管理局(EBA)和欧洲保险与职业年金管理局(EIOPA)就联合发布了《关于自动化财务顾问的讨论稿》(Joint Committee Discussion Paper on Automation in Financial Advice)[①],该讨论稿首先介绍这三大机构统称为欧洲三大监管机构(ESA),任务之一是监控新的和现有的金融活动,并采取措施(如果存在的话),以促进市场的安全和稳健以及监管实践的趋同。

该讨论稿提出,在监测金融创新时,ESA注意到银行、保险和证券部门的金融服务数字化程度持续上升。特别是财务建议中的自动化现象,在不同的欧盟成员国中都观察到了其不同程度的发展,这是一种消费者使用自动化工具(通常是网站)接收金融建议(例如购买或出售金融产品的推荐)的方式,在其中无需人工干预(或人工干预非常有限)。该讨论稿介绍了自动化财务顾问的主要特点,并评估了其潜在的优势和风险;此外,讨论稿还展望了自动化财务顾问未来的发展情况,其中提到有关签订合同的立法可能成为其发展的障碍。因为如果此类立法规定所有提供金融服务或金融辅助服务的合同均应以书面形式订立,则意味着需要人为干预才能订立金融服务和金融辅助服务合同。即使立法规定可以通过使用高级电子签名签订合同,但如果消费者不知道如何使用这项技术或公司不轻易采用此类技术,这种需求可能会影响自动化财务顾问的可用性。

[①] ESMA,EBA,EIOPA, "Joint Committee Discussion Paper on automation in financial advice," ESMA (December 4, 2015), accessed December 1, 2022, https://www.esma.europa.eu/sites/default/files/library/jc_2015_080_discussion_paper_on_automation_in_financial_advice.pdf.

讨论稿还关注到，由于对于未来监管风险及未来需担负责任的不确定性，相关公司在业务发展上会谨慎行事。ESA发表该讨论稿的主要目的，是通过对于相关现象的讨论，从而征集相关者对于这一自动化财务顾问相关问题的反馈意见，以便其自身更好地了解这一现象并决定需要采取哪些监管或监督行动。

（二）第二篇：关于自动化财务顾问的报告

2016年12月，ESA收到针对讨论稿的相关反馈，发布了《关于自动化财务顾问的报告》(Report on Automation in Financial Advice)[①]，收到了68份调查问卷回复，并得出了相关的结论。

第一，当前的一些欧盟法律和法规已经适用于自动化财务顾问，并且可以解决已识别的风险。以MiFID为例，有关消费者获取信息或处理该信息的能力有限的风险，以及与消费者不了解工具局限性相关的风险，MiFID提供的监管框架已经规定了应向客户提供的信息，其中包括提供的服务、金融工具所涉及的风险等；要求向客户和潜在客户提供的所有信息都应公平、清晰且没有误导性；还要求所有投资公司确保投资建议适合客户或潜在客户。MiFID II加强了这些要求。有关自动化财务顾问可能存在偏见、诱导的问题，该报告认同不论是否自动化，偏见的相关问题都会存在，MiFID不允许在所提供的建议中包含导致任何偏见的诱因；并且所有建议都应适合客户或潜在客户，投资公司应识别、预防或管理任何其他利益冲突。关于工具功能缺陷相关的消费者风险（例如工具中的错误或由于底层算法被操纵所产生的风险），MiFID要求在提供建议时需评估其适用性，而且投资公司应采取合理措施以确保其活动的连续性和规律性。因此，现有的欧盟立法可能可以在一定程度上减轻讨论稿中所确定的一些风险，鉴于当前自动化财务顾问的发展状况，不需要针对这一特定创新制定额外的联合跨部门要求。

第二，自动化财务顾问虽然在银行、保险和证券业都有出现，但这种现象似乎在证券行业最为普遍，而在整个欧盟范围内并不普遍，因此，其

---

① Joint Committee of ESAs, "Report on Automation in Financial Advice," ESAs (December 16, 2016), accessed December 1, 2022, https://esas-joint-committee.europa.eu/Publications/Reports/EBA%20BS%202016%20422%20%28JC%20SC%20CPFI%20Final%20Report%20on%20automated%20advice%20tools%29.pdf.

产生的风险不太可能对欧盟整体消费者或金融机构产生广泛的不利影响。而且,在证券行业也存在着不同类型的自动化:(1) 收集消费者信息的自动化;(2) 生成建议的自动化(例如,基于特定工具的资产配置策略);(3) 自动执行所提供的建议;(4) 对选定投资进行持续监控的自动化。

第三,鉴于这种创新的增长潜力,ESA 将继续监测市场的发展。根据大多数受访者的反馈,自动化金融工具市场具有较好的增长潜力,并预计消费者将越来越多地与这类自动化金融工具互动。因此,ESA 将继续监测金融工具自动化的现象,关注与金融机构遵守和适用法律法规相关的问题,并考虑该现象的后果及其跨境特征对国家监管框架的影响。而且,考虑到自动化财务顾问在各个部门的发展情况不同,对于市场发展和法律法规适用性的监控,将在银行、保险和证券三个部门中分别进行。

第四,ESA 将监控自动化财务顾问这一整体范围,其中包括混合型财务顾问。虽然自动化财务顾问的突出特征是缺乏人为属性,例如情绪反应、偏见、判断,以及评估是否需要探究消费者进一步获得信息的能力,但是,大部分反馈表明,目前市场上提供的自动化财务顾问大多是一种"混合型"的商业模式。尤其在证券行业,存在全自动工具和混合建议工具两种类型,后者是将自动化工具(算法或决策树)与人工顾问的能力相结合,人工顾问主要是为了提供额外的客户服务元素或为自动化工具提供的建议提供额外的辅助。在此背景下,ESA 未来的监测、监管工作不仅会考虑全自动工具,还会考虑其他财务顾问自动化模型,即这种混合商业模式。ESA 将根据现有的部门立法考虑这种特定的商业模式及其中的风险。

由此可知,该报告认为,现有的欧盟监管要求基本可以适用于智能投顾;监管部门将继续监测市场的变化,包括确定欧盟法律法规对相关金融机构的适用,以及自动化投资工具对现有监管框架和监管措施的影响。

(三)第三篇:关于自动化财务顾问的监测结果的报告

2018 年 9 月 5 日,ESA 在讨论稿和报告的基础上,再次发布联合委员会《关于自动化财务顾问的监测结果的报告》(Joint Committee Report on the Results of the Monitoring Exercise on 'Automation in Financial Advice')①,对于自动化财务顾问在 2016 年之后的发展进行了梳理和评论。在该报告中,ESA 认为自动化财务顾问在欧盟范围内发展缓慢,所涉及的公司和客户的总体数量仍然相对有限,整体市场自 2016 年以来没有发生实质性的改变,相关的风险也没有实现,因而不需要针对这一市场采取特殊的监管动作。随着市场及其市场风险的发展,新的监测工作将在有必要的时候继续进行。

综上可知,ESA 认为智能投顾这一类金融创新现象在欧盟范围内体量小,参与的公司和客户数量都较为有限,出现风险产生的后果相对而言也并不严重;此外,其可能出现的风险都能够在现有欧盟金融监管法律法规体系下被较好地规制,因此,暂时不需要在欧盟的层面特意针对智能投顾颁布相关的监管法律或法规。

第四节　英国智能投顾监管规则

一、英国宏观监管体系

英国监管体系呈现出从统一监管模式向"双峰监管"模式靠拢的局面。在这种"双峰监管"的格局下,英格兰银行负责宏观及微观审慎监管,而金融市场上各类金融机构乃至非金融机构实施的微观金融活动则由新设机构负责监管,后者也具有较大的权力。

(一)英国监管格局的演变

1. 统一监管模式的形成

20 世纪 90 年代之前,英国金融监管体制实行分业监管。之后,在 1986 年"金融大爆炸"事件的影响之下,英国金融业逐渐从分业经营迈向混业经营;1995 年,巴林银行倒闭,使得市场内部对于彼时的分业监管模式颇有不满。于是,1997 年 5 月上台的工党政府为顺应民意,竭力主张

---

① ESMA, EBA, EIOPA, "Joint Committee Report on the Results of the Monitoring Exercise on 'Automation in Financial Advice'," EIOPA (September 5, 2018), accessed December 1, 2022, https://www.eiopa.europa.eu/sites/default/files/publications/pdfs/wrojc_2018_29_-_jc_report_on_automation_in_financial_advice.pdf.

改革既有的金融监管体制,将包括英格兰银行、银行监管局、证券与投资管理局、保险监管局等在内的9家监管机构的监管权力剥离出去,统一转至新成立的金融服务监管局(Financial Services Authority,FSA)。

接着,为了确保FSA统摄上述全部金融监管权力的合法性,工党政府又三度推动议会于2000年6月14日通过了《金融服务及市场法》(Financial Services and Markets Act 2000),明文规定FSA统一行使对银行业、保险业及证券业等金融业的监管职能,从而揭开了英国统一金融监管体制的序幕。

但是,随着2008年金融危机的来袭,这种统一的监管体制受到了来自多方面的考验,表现并不乐观。在该体制下,FSA实际上只是将先前多个监管机构置于其管理之下,其沿袭的仍然是以确保单个金融机构安全与稳健的微观审慎监管,并没有真正肩负起监管整个金融体系之权责,加之外部问责机制的缺乏,结果让彼时英国的系统性风险陷入无人识别和防范的危险之境,危机自然愈演愈烈。①

2."双峰监管"理念的源起

在对于这种单一监管模式的讨论和反思中,英国经济学家泰勒所持的"双峰监管"(Twin Peaks Regulation)理论受到广泛的关注和支持。在《双峰监管:新世纪的监管结构》一文中,泰勒认为,金融监管的目标可以概括为两个:确保系统稳定(审慎监管)和保障消费者权益(行为监管)。两者在监管理念、思路和专业方面的要求完全不同。因此,政府不应将两者合二为一地置于一个机构之下,而应相应地成立两个相互独立的审慎监管机构和行为监管机构才能更加专业地实现上述的两个目标,即让前者负责维护金融系统稳定和确保金融机构的稳健经营;后者负责保护金融消费者权益和防止市场欺诈行为的发生。②

对于FSA而言,作为独立的非政府机构,其预算主要来自对被监管机构的收费,这种天然的立场也就使得其失去了中立的地位,倾向于实施审慎监管而非行为监管,将确保市场公平公正、保护消费者权益等相关目标置于不那么重要的位置,久而久之,市场威信不复存在,金融机构有

---

① 参见陈斌彬:《从统一监管到双峰监管:英国金融监管改革法案的演进及启示》,载《华侨大学学报(哲学社会科学版)》2019年第2期。

② 参见同上。

恃无恐,而投资者和消费者的信心将受到极大的影响。

在"双峰监管"的理念之下,其优点包括:一是保持了银行体系稳健与维护消费者权益并重;二是避免了监管机构职能的重叠;三是有利于市场的可持续发展——一方面促使市场参与者的合规意识和职业道德不断提升,另一方面还可以更好地保护市场消费者的权益。

3. "双峰监管"的形成

政党的交替在英国监管方案发生逆转性变化的过程中起了决定性作用。[①] 2010年5月新上台的保守党和自由党联合政府反对工党推崇的统一监管模式,认为其是英国陷入金融危机、监管不力的主要原因。2012年12月,议会通过议案并经女王的御准形成了《金融服务法》(Financial Services Act 2012),于2013年4月1日正式生效,从而开启了"二战"以来英国最彻底的一次金融监管改革。

此次金融监管改革最引人注目的举措就是在监管架构上撤除了曾经作为英国银行业、证券业和保险业单一监管者的FSA,代之以独立的审慎监管机关和行为监管机关,也即新设立的审慎监管局(Prudential Regulation Authority,PRA)和金融行为监管局(Financial Conduct Authority,FCA)。其中,PRA是英格兰银行的附属机构,负责对所有银行、证券经纪商、保险公司及其他投资公司的微观审慎监管。其首要目标是通过对金融机构的有效监管,促进金融系统的稳定与审慎运行,并将金融机构对金融体系的负面影响最小化。在实现此目标的过程中,PRA需在英格兰银行或财政部的监督下,采取符合规定的行动。与之不同的是,FCA完全独立于英格兰银行,对财政部和议会负责,主要职责是对包括银行、证券、保险在内的所有金融机构的行为监管,即对金融机构经营中出现的有损消费者保护、市场诚信和竞争的行为进行快速而果断的干预与制止。同时,在英格兰银行内部设立金融政策委员会(Financial Policy Committee,FPC),协助英格兰银行制定货币政策并实施宏观审慎监管。由于FPC拥有对政府宏观审慎政策工具的管控权,其可以通过识别和判断系统性风险来实现金融系统稳定性,从而弥补先前金融系统在整体稳

---

① 参见廖凡、张怡:《英国金融监管体制改革的最新发展及其启示》,载《金融监管研究》2012年第2期。

定方面的监管疏漏。这时候,英国的金融市场形成了三足鼎立的监管格局,也即由英格兰银行负责宏观审慎监管,由 PRA 进行微观审慎监管,由 FCA 进行行为监管,从大的分类来看,也可以认为是"审慎监管"和"行为监管"分开的一种"类"双峰监管模式。

经过立法程序和女王御准,2016 年《英格兰银行与金融服务法》(Bank of England and Financial Services Act 2016)得以生效,加强了英格兰银行作为中央银行的地位,最终形成央行内设金融政策委员会(FPC)、货币政策委员会(MPC)、审慎监管委员会(PRC)[①],央行外设 FCA 的"双峰"格局。在这种"双峰"的格局下,英格兰银行将之前的宏观审慎监管相关权力和微观审慎监管的相关权力"合二为一",真正成为了英国金融市场中施行审慎监管的机构;而 FCA 则主要负责监管金融市场上各类金融机构所有的微观金融活动,甚至还包括非金融机构的金融活动,继续施行行为监管的相关职责。不仅如此,FCA 还可以主动判断,只要是其认为属于具体金融行为,均可主动介入监管,并制定相关法规。

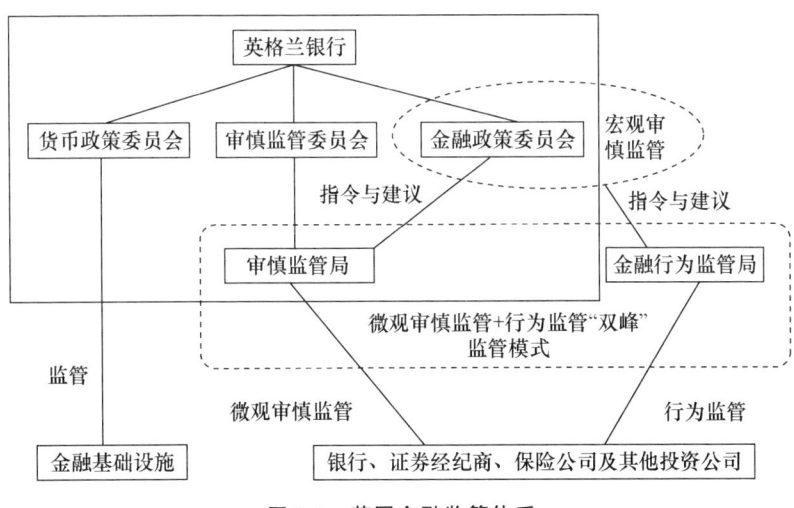

图 7-2　英国金融监管体系

在实践中,FCA 主要通过授权(Authorisation)、监督(Supervision)

---

① PRA 不再作为英格兰银行的附属机构,而是整体并入其内部,成为审慎监管委员会(PRC)。

及强制实施(Enforcement)三种方式来保护金融消费者和防杜市场欺诈。授权主要是设定相关的市场准入标准,对不符合标准的金融机构或个人,FCA将拒绝其进入英国市场;监督主要是指采取主动、介入式手段进行专项检查,以确保消费者能够获得所需的金融服务和促使金融机构给予消费者公平待遇;而强制实施则是当FCA发现有金融机构或个人不遵守FCA制定的规则时,会依据他们的行为对消费者利益、金融市场诚信和信心带来的威胁大小而采取相应的强制措施予以制止。此外,FCA还辅之以行政检查专员、金融服务赔偿计划等专门制度以保护消费者利益,并同FPC及PRA构建相关的责任机制,以增强市场透明度和公正性。[①]

通过以上分析可知,FCA一方面加强消费者权益保护,另一方面对金融机构进行行为监管。故而,金融科技公司(包括智能投顾公司)及其从业行为的监管均被包含在FCA的职责范围内。这一监管机制下很难存在监管真空,相应的也不会出现大量违规事件;消费者保护和市场的公平公正性都被着重强调。

(二)"项目创新"计划的启动

为了促进金融创新提升竞争力,FCA在2014年10月启动"项目创新"(Project Innovate)计划。创新项目主要涵盖五个方面内容:第一,为金融科技公司提供直接帮助;FCA基于对金融科技公司的充分理解,通过对话形式了解他们的内在需求,帮助其适应最新监管政策。第二,为金融科技公司提供合规指导建议;帮助其理解现行监管政策,提高金融业务的合规性。第三,实施"沙盒监管"改革,在沙盒环境下检测金融产品或商业模式的创新性与实用性,为金融科技公司打造一个创业孵化器。第四,广泛听取测试企业和科研机构的建议,通过校企合作的形式实现技术共享,进一步完善监管科技。第五,鼓励国际合作,即鼓励英国金融科技公司拓宽国际市场,同时政府和企业形成良好互动,共同探讨行业标准,为金融科技公司提供技术上或者资金上的援助。

为了推动"项目创新"计划落地实施,FCA成立创新中心(Innovation Hub)。创新中心作为监管者与创新者的沟通桥梁,致力于服务金融科技

---

① FCA, "Enforcement of FCA," FCA (2016), accessed December 1, 2022, https://www.fca.org.uk/about/enforcement.

企业,引导企业理解金融监管政策,支持企业进行金融创新并辅导企业申请沙盒测试资格,识别金融创新过程中应该注意的法律法规事项。该中心有两个方面的工作任务:第一,为金融创新企业提供直接的支持,包括提供政策咨询服务和项目可行性分析等;第二,通过参与创新企业的发展规划,进而对监管政策作出适应性调整,应对瞬息万变的金融风险。因试点效果较好,故在创新中心成立一年之后,FCA 就开始研究"沙盒监管"的可行性,并向社会各界广泛征询意见。

二、英国智能投顾市场的准入要求

(一)英国受监管经营行为的分类

根据 2000 年《金融服务与市场法》规定,"受监管经营行为"是指与某种规定的投资种类相关或者该行为本身就属于规定种类、其实施与任何种类的财产相关的行为。2001 年《监管行为指令》中表明了"规定的投资种类"是指股票、债券、存款、保险合同、期权等在内的金融商品;2000 年《金融服务与市场法》附则 2 则进一步列明了受监管行为的各个类型,包括:从事投资活动、安排投资交易、吸收存款、保有与管理财产、投资管理、投资顾问、设立共同投资基金、利用计算机系统发出投资指令。

对于这些受监管行为,FCA 制定了相关的法令来进行监管,从事上述行为必须取得 FCA 的事前核准,如果没有取得相应的核准就进行以上的经营活动,将可能受到刑事处罚。

对于智能投顾业务而言,其可能涉及的经营行为包括以计算机系统发出投资指令、提供投资建议、投资管理等,这些行为受到 FCA 的相应监管。此外,值得注意的是,在英国,投资咨询和资产管理是分开监管的,开展两项业务需要分别取得相应牌照。FCA 有权对受监管行为进行具体解释说明,负责受监管行为的授权许可事项。

(二)英国的金融服务牌照类型

FCA 的金融服务牌照主要有以下四种:全牌照(Authorized)、授权代表(Appointed Representative)、欧盟牌照(EEA Authorized)、支付牌照(See Full Details)。需要注意的是,依据开展业务内容的不同,金融服务提供商还可能需要向审慎监管委员会申请相关的授权。[1]

---

[1] Scott James, Lucia Quaglia, *The UK and Multi-level Financial Regulation: from Post-crisis Reform to Brexit*, Oxford University Press, 2020.

其中，全牌照可细分为投资咨询牌照、直通式处理牌照（Straight through Processing，STP）、做市商牌照（Market Maker，MM）。持有投资咨询牌照的公司只能向客户提供投资咨询服务，无权持有客户资金，更无权管理客户账户进行投资活动。需要注意的是，2018 年《受监管行为指令》第 53 条被修改，规定大多数提供投资建议的受监管公司将被豁免拥有许可，除非是提供个性化建议。这意味着，如果是提供一般性的投资建议，将不再需要 FCA 特别许可；而提供个性化的投资建议，则必须获得 FCA 许可。根据 FCA 监管手册相关规定，一般性建议是指不指向特定投资、也不满足任何受监管投资建议特征的意见或信息；个性化建议是指在充分考虑客户自身情况的基础上提出的、适合该客户的有关投资的意见或者有关退休津贴权益转化的意见。持有直通式处理牌照的公司可以以客户名义保管、持有客户资金，但无权使用该项资金进行借贷或者交易自己的账户，其客户有权享受金融服务补偿计划的保护。而持有做市商牌照的公司不仅能够持有客户资金，而且可以交易资金的账户，其客户也有权享受金融服务补偿计划保护，是授权最全面的牌照类型。①

授权代表是指自身不具有 FCA 牌照，但取得了 FCA 牌照持有者的书面授权，可以以牌照持有者公司的名义开展相应业务，包括介绍型授权代表（Introducer Appointed Representative，IAR）和独立型授权代表（Appointed Representative，AR）两种。前者不可以持有客户资金，而是将客户介绍给牌照持有者公司；后者可以持有客户资金并进行交易。作为 FCA 牌照持有者的授权代表，其客户同样可以享受金融服务补偿加护的保护。通常，授权代表并不是 FCA 的直接监管对象，而是由牌照持有者对其资质进行审查，受牌照持有者监督。

此外，在另外两种金融服务牌照中，欧盟牌照持有者可以在英国开展相应业务，但不能持有客户资金，客户也无法享受金融服务补偿计划的保护；而且，欧盟牌照持有者实际上并不受 FCA 管辖，而是受该公司所在地的监管机构所管辖和监督。支付牌照则主要是针对支付公司而设，若经纪商提供支付业务，那么也需获得该牌照。

对于英国境内的智能投顾业务而言，其与"全牌照""授权代表"这两

---

① 参见栗胜男：《智能投顾市场准入法律规制研究》，载《国际经济法学刊》2021 年第 3 期。

种类型的牌照都可能具有直接的联系;除此之外,也可能是其他国家和地区的智能投顾平台在相应的监管机构的监管下,持有欧盟牌照并在英国开展相应业务,但与支付牌照的联系则较弱。

(三)英国智能投顾业务的牌照申请

FCA 曾在 2018 年发布关于"自动化投资服务"的审查报告。在报告中,FCA 分两次审查两种不同类型的自动化投资服务提供商。第一次审查了 7 家提供自动化在线全权委托投资管理(automated online discretionary investment management)的公司,在这一类公司中,客户赋予了公司在一定范围内代表其进行持续投资的权利,此类公司是自动化投资服务市场中的主要经营者,市场占比过半。第二次则审查了 3 家专门通过自动化渠道提供零售投资建议的公司,也被称为自动建议公司,这一类公司的特征是客户不与人类财务顾问互动,其所提供的建议是当客户第一次与公司接触时一次性提供的,属于自动化投资服务市场中的早期进入者。①

通过以上分析可知,英国智能投顾业务可能涉及的投资咨询业务和资产管理业务要分别申请不同的牌照许可,二者要区别对待。若在英国开展智能投顾,首先要对照 FCA 受监管行为列表,判断自身业务是否需要取得授权许可。如果只是提供一般性的投资咨询服务,那么就不需要取得 FCA 授权许可。但如果是提供个性化的投资咨询服务,或者进一步提供交易执行、账户全权委托代理等,则必须取得 FCA 授权许可,至于何种授权,则由公司业务实际需求和公司规划来决定。此外,除了自身取得 FCA 牌照,智能投顾还可以成为 FCA 牌照持有者的授权代表。此时需要注意的是,牌照持有者拥有的业务许可类型是否涵盖了自身的业务内容。既有 FCA 牌照持有者若想开展智能投顾业务,也需要审查自身拥有的许可是否包含计划提供的智能投顾服务内容。②

综上可知,在英国开展智能投顾业务,要区分业务内容的不同属性,分别申请不同的授权许可。

---

① FCA, "Automated Investment Services-Our Expectations," FCA (2017), accessed December 1, 2022, https://www.fca.org.uk/publications/multi-firm-reviews/automated-investment-services-our-expectations.

② 参见栗胜男:《智能投顾市场准入法律规制研究》,载《国际经济法学刊》2021 年第 3 期。

（四）可能涉及智能投顾业务的其他规定

1. 设立要求

2012年《金融服务法》对于受监管金融行业的设立进行了规定,包括设立地点、充分监管、是否有充足资源以执行所申请的受监管业务、适合性原则、营运模式等。

2. 最低资本额要求

根据欧盟的《资本要求条例》(CRR)和《资本要求指令》(CRD),FCA制定了《投资公司审慎资源手册》(The Prudential Sourcebook for Investment Firms),将受监管的金融机构区分为三种类型:

第一种,豁免资本充足率要求公司(Exempt CAD Firm)。这种公司经许可仅提供:(1)接受与传达客户有关金融商品的订单;(2)提供投资顾问服务,而未提供任何其他金融服务。该金融机构为非集合型投资组织者公司(Collective Portfolio Management Investment Firms),且并未持有客户资产。

第二种,BIPRU公司(the Prudential Sourcebook for Banks, Building Societies and Investment Firms)。这类公司经许可可提供:接受与传达客户有关金融商品的订单,接受客户委托执行交易,从事全权委托业务。但不提供自营交易,承销或包销式金融交易,包销以外方式销售金融商品,运营多边交易设施,为客户进行金融商品保管与管理等服务。FCA对于这一类金融机构的监管措施专门制定了《银行、建房互助协会、投资公司审慎资源手册》(Prudential Sourcebook for Banks, Building Societies and Investment Firms),其中有关于资本等方面的详细规定。

第三种,IFPRU公司(the Prudential Sourcebook for Investment Firms)。对于这种公司,若自有资本达到了5万欧元或12.5万欧元,则经许可可提供:接受与传达客户有关金融商品的订单,接受客户委托执行交易,管理个人有关金融商品的投资组合;但不提供自营交易,承销或包销金融商品服务。若自有资本达到了73万欧元,则可以运营多边交易设施,或者成为非属集合投资组织者公司之其他IFPRU。①

3. 人员资格要求

根据FCA发布的《培训和能力手册》(Training and Competence

---

① 参见邢会强:《智能投顾与资产管理》,载《金融服务法评论》2019年第1期。

Sourcebook），从事不同受监管业务所需的专业能力和认证机构是不同的。金融机构应该确保其从事投资建议的人员每年至少接受35个小时的专业训练，且其中包括21小时的经规划的训练。金融机构应该每年定期向FCA申报相关认证机构针对个别投资顾问是否符合相关专业能力要求的认证。

4. 适合性原则

根据《商业行为资源手册》(Conduct of Business Sourcebook)第9章节，投资顾问提供的投资建议如果属于个性化建议，则需要取得投资者相关的信息从而评估投资建议的适合性。具体而言，通过投资者对于该投资工具的知识及经验、投资者的财务状况以及其投资目标等信息，进一步判断投资建议对于该投资者是否适当。

《商业行为资源手册》认为，一项投资建议或投资管理是否适合于某一投资者必须考虑到：(1)是否达成投资者的投资目标；(2)是否可以承担该项投资所带来的风险；(3)投资者是否具有足够的经验和知识来了解该项交易或投资组合所涉的风险。其中关于第一点，确立投资者的投资目标时，要求充分取得有关该投资者希望持有该投资标的的时间长短、风险偏好、投资目的等个人信息。

根据FCA的审查报告，提供智能投顾业务的公司和其他提供全权委托服务或投资咨询服务的公司一样，必须进行适合性评估，以确保相关的推荐或交易决定适合每一个客户。而实践中，确实有很多账户全权委托代理服务的公司认为他们的服务适合所有的个体，因而根本没有询问客户的知识和经验，或是在适合性评估中没有做到正确地评估客户的知识和经验、投资目标和损失能力。也有很多提供投资咨询服务的公司进行相关推荐的时候依赖于对客户的假设，缺乏足够的事实调查，如在一些服务中未能请求或收集有关客户债务和其他支出的足够信息；而且，这些公司还可能允许客户无视自动化产品提供的建议而自行进行相关的交易，且在这一过程中没有出现任何的保护措施或风险警告机制；也可能允许顾问在没有记录干预性质的情况下干预自动化过程，从而可能对客户产生潜在的伤害。

5. 服务披露

FCA要求提供或打算提供智能投顾业务的公司以明确的方式提供有关其服务、成本和相关费用的适当信息，认为这有助于客户了解服务的性质和风险以及所提供的投资类型,以便客户作出明智的决定。根据《商业行为资源手册》第 2 章节和第 4 章节,公司必须以明确的方式向客户提供适当的信息,这些信息包括公司本身及其服务、公司进行相关投资和投资建议的策略、执行地点、成本以及相关费用;对于特定的投资和策略,则必须包括有关相关风险的指导和警告。公司必须确保他们的费用相对于其所提供的服务是公平、透明和适当披露的;公司还必须确保与客户的沟通是公平、清晰且没有误导性的。

但在实践中,很多账户全权委托代理服务的公司有关服务和费用的披露都不甚清楚,常常没有明确说明他们的服务是建议的、非建议的、全权委托的还是非全权委托的。一些公司还以一种可能具有误导性的方式将其费用水平与同行服务进行了比较。例如,他们仅在成本基础上比较了非建议、非全权委托服务与全权委托服务,而没有解释服务性质的差异。①

三、英国监管沙盒运行

FCA 将"沙盒"这一概念创新地应用于金融监管中,将其定义为一个"安全空间",实际是指一个有限制条件的真实金融市场环境,"安全空间"内将放松部分监管原则或法律规定,企业可以在其中测试其金融创新产品、创新服务和创新的商业模式等,而且不用承担常规监管后果。此举为暂时不符合英国当前监管制度规则或监管尚不明确的金融科技创新成果提供了一个测试环境,帮助金融科技创新成果在正式投入市场运作前进行测试和完善。

(一)英国监管沙盒概述

根据 FCA 的解释,监管沙盒是指监管主体允许企业在一个安全的环境中进行产品、服务、商业模式和通道机制等领域的创新,而却并不会因该创新而招致不利的监管后果。其要旨在于,在构建适当的消费者利益保障措施的前提下,监管机构对进入沙盒进行测试的企业实施监管"松绑",允许其在一个真实的市场环境中实施金融创新。企业若要进入沙盒

---

① FCA, "Automated Investment Services—Our Expectations," FCA (2017), accessed December 1, 2022, https://www.fca.org.uk/publications/multi-firm-reviews/automated-investment-services-our-expectations.

进行测试,需要提交一份测试计划申请表,详细说明金融创新的内容,包括测试时间表、关键指标、客户安全保障计划、创新风险评估及测试退出策略等。FCA将对申请书进行广泛而深入的审查,审查的内容包括是否具有真正的金融创新、是否可以增加消费者福利、沙盒测试的理由等。在运行模式上,FCA制定了统一的准入标准,并执行了相对宽松的监管环境。

1. 英国沙盒监管运行的特点

首先,制定统一的准入标准。FCA专门设立机构——创新中心,受理测试申请与执行测试流程。然后,FCA制定统一标准规定哪些金融科技企业的创新产品可以进入沙盒测试。具体的标准如下：第一,测试必要性,即创新产品和服务是否确有进入沙盒测试的必要性；第二,具有新颖性,即测试产品或商业模式不属于现有技术或者与现有技术有实质性不同；第三,测试范围,即测试产品是否有助于英国金融行业的稳定发展；第四,消费者保护,创新产品是否为消费者创造了可识别的直接或间接效益,而且这一标准需要在整个测试期间持续满足；第五,资源支撑,即创新企业是否妥善制定测试计划、明确目标参数,是否已经投入适当的资源,熟悉新的监管规则,是否采取了相应措施来降低金融风险、保护消费者利益等。①

表7-4 英国沙盒监管准入标准

标准	关键问题	积极指标	负面指标
测试必要性	您真的需要在我们的沙盒中测试创新吗？	创新不容易适应现有的监管框架,使得将创新推向市场变得困难或成本高昂；使用沙盒工具在实时环境中进行测试将使得公司受益；公司没有其他的方式与FCA接触或实现测试目标；完整的授权过程对于短期可行性测试来说成本太高/太困难。	不需要现场测试以回应公司想要得到回应的问题(以达到测试目标)；公司可以在没有FCA支持的情况下轻松进行测试；公司提出的问题均为FCA的专职主管、直接支持团队或合规顾问可以直接回答的问题。

① FCA,"Apply to the Regulatory Sandbox," FCA(2022), accessed December 1, 2022, https://www.fca.org.uk/firms/innovation/regulatory-sandbox-prepare-application.

(续表)

标准	关键问题	积极指标	负面指标
新颖性	您的创新是新的或是提供了与市场上现有产品明显不同的产品？	根本没有市场上已经建立的或者已经被研究过的可比产品； 具备规模的阶梯式变化。	市场上已经有许多类似产品的例子； 创新似乎是对现有模式的粗浅改变。
测试范围	您是否希望在英国金融服务市场提供受监管的业务或支持受监管业务的创新？	创新似乎是针对英国市场的； 相关活动受FCA的监管，或可能被FCA监管的公司所使用。	创新似乎并不打算在英国使用。
消费者保护	创新是否为消费者获得利益提供了良好的前景（该利益是可识别的，直接提供或通过激烈的竞争提供）？	创新可能会直接或间接为消费者带来更好的交易活动； 公司已经确认了任何可能存在的消费者风险并对于缓解的措施提供了建议； 创新将促进有效竞争； 公司解决了多样性和包容性问题，或/和满足服务获取不足的消费者的需求。	可能对消费者、市场或金融体系产生不利影响； 测试的目的看起来是为了规避现有的法律法规； 测试针对的是目前已经通过现有产品得到了良好服务的消费者。
资源支撑（测试准备）	您准备好在真实市场中与真实消费者一起测试创新产品了吗？	公司有一个完善的测试计划，其中包含明确的目标、参数和成功的标准； 公司自身迄今为止已经进行了一些测试； 公司拥有在沙盒中进行测试所需要的一些资源； 公司有足够的保障措施来保护消费者，并能够在需要时提供适当的补救措施。	测试目标和/或测试计划不明确； 公司几乎没有做过任何测试； 公司没有测试所需的相关资源； 公司所提出的客户保障措施不充分和/或无法提供适当的补救措施。

其次，执行相对宽松的监管环境。FCA针对授牌企业和非授牌企业采取两类不同的监管措施，减少创新产品在测试环境中的约束。具体而言，对于授牌企业采取以下三种监管方式：一是出具无强制行动函（No Enforcement Action Letters，NALs）。即测试企业在获得NAL后，整个

测试期间直到测试完成之后的一段时间,如果没有损坏目标或者违反要求,FCA 不会对测试活动采取强制执法行动。二是提供个别指导(Individual Guidance,IG)。除了 NAL,FCA 还可以向测试企业提供个别性指引,适用公司测试过程中应遵循的一些规则或解释。如果公司按照这一指引行事,FCA 也不会对测试活动采取强制执法行动。三是发布豁免。FCA 了解到测试项目虽然不符合现有规定,但是符合豁免条件且在 FCA 豁免权限之内,那么 FCA 有权为进入沙盒测试的企业提供豁免或者为其制定特殊规则。而对于没有获取牌照的金融科技企业,FCA 为其设立了一套特殊的授权流程,允许无牌照企业在限定范围内测试其创新产品或商业模式,一旦测试企业达到监管标准,限制条件就会被取消。这种对于无牌照企业的特殊流程,将为智能投顾平台在初始发展时期,创造有利的准入条件,能够在限定的范围内测试其创新的产品或商业模式,从而获得未来的发展。

根据 FCA 的相关文件,在沙盒测试期间可以进行的受监管活动包括多个大类,其中"投资建议"是重要的一类。在定义上,"投资建议"是指对于证券、结构性存款或相关投资的建议。在此处,向某人就特定的投资提供一般建议(例如,投资于日本而不是欧洲),或者提供信息而非建议(例如,公司上市或公司其他新闻),都不属于受监管活动;但是,告诫某人在某一背景下如何进行交易,例如,如果一个人提供股价信息的背景是"当他这样做时,这将是一个出售的好时机",这依然属于投资建议的范畴。而且,相关的投资建议还需要提供给特定投资者或潜在投资者,因此,智能投顾的业务范畴,应当属于沙盒可以监管的活动范畴内。

2. 英国沙盒监管的流程

具体而言,沙盒监管的操作流程主要包括几个步骤。

第一步是由企业向 FCA 提出申请,提交一份建议书,并在建议书里表明其解决问题的方案以及满足测试的标准。第二步是由 FCA 进行审核,通过审核的企业会"一对一"地确定工作人员进行沟通与测试。第三步是企业与 FCA 确定一种测试方法,包括测试参数、结果度量等。第四步是开始进行测试。第五步是根据第三步确定的内容进行测试与管控。第六步是企业需在测试后制定出一个测试的结果报告交由监管当局审核。第七步是审核通过的公司自行决定是否提交新的议案,并经批准后推向市场。

在金融消费者权益保护方面，FCA在沙盒监管中采取了以下措施：首先，组织沙盒测试消费者时，只能面向已经充分知晓测试风险并且自愿加入测试的客户，且必须保证充分告知消费者沙盒测试的潜在风险以及在遭受损失时能够得到的赔偿。其次，FCA将根据申请主体提交的申请材料以及测试的产品与服务的特性，要求申请主体对有关必要信息进行披露，同时要求在测试方案中列明当消费者因测试主体故意或过失造成的利益损失可得到赔偿的条款。沙盒测试中的消费者合法权益受到侵害时，除了依据赔偿条款进行索赔以外，仍然可以向金融监察服务机构进行投诉，并受到金融服务赔偿计划的保护。最后，测试主体必须保证其财力足够赔偿客户所有损失，包括投资损失。在测试主体违反沙盒监管的规则而被强制退出沙盒测试时，测试消费者依然享有对测试主体的民事追诉权利。

英国沙盒监管制度未对退出作出特别的规定，而是相对概括性地进行了规定，主要以监管原则为核心并具有较大的自由裁量空间。在申请准入阶段，FCA要求申请主体自行制定退出方案，对在测试失败的情况下退出测试的具体流程进行规划。在设计测试方案时，测试主体还要注明通过测试后，将如何进一步完善测试客体进入真实完整市场的进一步规划，这是FCA在审核测试方案时的一项指标。

此外，自2021年8月起，FCA宣布将全年开放提供监管沙盒，全年中任何公司都能够提出适用监管沙盒的申请。在具体运行上，需要所申请的企业在英国有一定的影响力，即雇用了一定数量的员工、有部门位于英国且拥有至少一个英国银行账户。FCA也提出，在许多沙盒测试中，被测试公司需要合作伙伴来测试其主张（如被监管测试公司的技术提供商、算法提供商等），这也是智能投顾平台可能碰到的一些问题，即部分算法由智能投顾平台与一些合作公司合作开发完成，这时需要被测试的公司提前与其服务提供商联系，并根据之后测试所需签订合同协议。

（二）英国沙盒监管的运行情况

1. 各批次运行情况

至2021年7月，英国共开展了7个批次的监管沙盒，其中具体情况如下：

表 7-5　英国监管沙盒各批次运行情况①

批次	收到申请	进入测试的公司数量	成功进行测试公司的百分比
第一批	69	18	26.1%
第二批	77	24	31.2%
第三批	61	18	29.5%
第四批	69	29	42.0%
第五批	99	29	29.3%
第六批	68	22	32.4%
第七批(未完,可全年申请)	58	13	—

根据初步统计,其中与智能投顾服务相关的测试公司有 6 家。总体而言,各个批次通过测试的公司数量维持在一个较为稳定的比例。

2. 英国沙盒监管的创新点

从发展趋势上看,各个批次的审核监管存在以下三个创新点:

第一,从第六批次开始,FCA 明确指出希望看到更多创新的领域。在第六批次里,FCA 提出了包括"让金融为每个人服务"和"支持英国转向绿色经济"的主张,而且认为新冠(Covid-19)的影响会使得对数字产品的需求增加。因此,纳入第六批次的公司行业中,包括了金融教育平台、数字化汽车交易借贷平台、使用分布式账本技术保管的公司、交易数字资产公司以及可持续金融投资平台。第七批次中,FCA 提出,希望受到测试的创新型公司更多地致力于检测欺诈和诈骗、支持弱势消费者的财务弹性以及改善中小企业的融资渠道。

第二,领导主持全球金融创新网络(GFIN)。该平台是 FCA 在 2018 年初创建全球沙盒的提议之上建立的,也可以被认为是一个全球范围内的、跨地区的新型沙盒。GFIN 由 72 个金融监管机构和相关组织组成,是一个由金融监管机构和相关组织组成的国际网络,致力于以消费者的利益为前提支持金融创新,旨在为创新型企业提供一种更有效的方式与监管机构互动,帮助他们寻求扩展新思路,为有意在多个地区测试创新产

---

① 笔者整理于 https://www.fca.org.uk/firms/innovation/regulatory-sandbox/accepted-firms,最后访问日期:2022 年 12 月 1 日。

品、服务或商业模式的企业推出先导计划。这一平台建立了新的框架,以供各个金融服务监管机构就创新相关主题进行合作,分享不同的经验和方法。其主要功能包括:(1)充当监管机构的网络,促进各市场的合作,分享包括新兴技术和商业模式在内的创新经验,并为公司提供监管联络信息;(2)为联合监管金融科技和共享知识、经验教训提供论坛;(3)为公司提供试用跨境解决方案的环境。目前,GFIN 正在与选定的一组公司合作以商定跨境测试计划,其中 2 家公司已被接受在 FCA 的监管沙盒中先行进行国内测试。

第三,启动数字沙盒试点。2020 年 11 月,FCA 和伦敦金融城联合启动了数字沙盒试点。该试点旨在测试一套支持早期创新的工具。共有 94 家公司提出申请,其中 28 家符合资格标准,并参与了为期 11 周的数字沙盒试点。这一试点是为了更好地支持环境、社会和治理(Environmental, Social and Governance, ESG)数据和披露领域的新产品和服务的测试和开发,帮助开发者确认:(1)技术如何实现可持续性披露和报告的透明度,尤其是企业资产的特征及其供应链的概况;(2)如何使用技术来自动保证上市发行人的 ESG 数据并验证其贴有 ESG 标签的公司债券发行;(3)技术如何帮助消费者了解他们所接触的产品和供应商的 ESG 数字特征。这些参与测试的公司不需要在英国注册,但其解决方案需要用于英国市场。

第五节　中国香港地区智能投顾监管

智能投资顾问的核心理念是将高成本的(私人银行理财级)产品及服务普惠群众,而我国香港地区金融行业的一大特点为私人财富管理从业者(即客户经理、产品专家等)和客户数量的不平衡。智能投顾因自动化易操作、投资表现优异、可灵活服务大量客户的特点,能够扩大客户经理的服务范围和服务能力,让他们在保证提供高水平客户体验的同时,也能为更多客户提供服务,与香港金融行业的需求点非常契合。根据 Statista 发布的一份报告,预计至 2025 年,借助智能投顾的投资资产管理总值将由 2021 年的 17.4 亿美元增至 64 亿美元。①

表 7-6　中国香港地区主要智能投资顾问机构概况②

智能投顾机构名称	服务费	最低投资额（港币）
盈立智投	0	0
陆金所香港	0	7750
中信银行（国际）智投 360 顾问服务	咨询服务资产总值 1%	800
KRISTAL	0	1000
弘量研究（AQUMON）	0.4%	7800
光大新鸿基洪财网	0.99%	20000
云锋金融 有鱼智投	0	31000

面对智能投顾等金融科技的新风潮,香港主要的金融监管机构采取了相应的应对措施,主要依托于原有监管体系,同时也发布相关的指引文件,以满足金融科技产品新特点所产生的新的监管要求。

一、香港宏观监管体系

（一）监管架构

1. 香港金融行业监管架构

横向来看,香港金融行业采取分业监管的模式,主要监管机构包括香港金融管理局（以下简称"香港金管局"）、香港证券及期货实务监察委员会（以下简称"香港证监会"）、香港保险业监管局（以下简称"香港保监局"）、强制性公积金计划管理局,它们分别负责监管银行业、证券和期货业、保险业、退休计划这四大行业的业务。

纵向来看,香港地区证券及期货市场架构分为三层,第一层规管架构为香港特别行政区政府,负责提供合适的经济与法律环境,以确保香港国际金融中心的地位。政府并不涉及日常的监管工作,而是将相关工作全权委任于香港证监会,赋予其权力及资源来执行监管的职能。第二层规

---

① 参见《陆金所香港推出当地首个开放式智能投顾平台》,载"界面新闻"2021 年 7 月 7 日,https://www.jiemian.com/article/6331682.html,最后访问日期:2022 年 12 月 1 日。

② 笔者整理于 https://www.moneyhero.com.hk/zh/securities-account/robo-advisors-account,最后访问日期:2022 年 12 月 1 日。

管架构为香港证监会,由香港特区政府依据《香港证券业的运作与监察证券业检讨委员会报告书》之建议,于1989年依《证券及期货事务监察委员会条例》(通称证监会条例,现已废除)成立;其作为法定机构,完全独立于公务员架构之外,并依前述条例向香港特区政府负责,职掌执行市场法例、促进和推动市场发展,广义而言应属于政府运作系统的一部分。香港证监会负责执行的《证券及期货条例》(Securities and Futures Ordinance),是规管香港地区证券及期货市场以及银行以外的杠杆式外汇交易零售市场的法例。因此,在香港地区对证券商从事证券交易活动的核准认可,是归属于香港证监会的权责。第三层规管架构为香港交易及结算所有限公司,即香港交易所,它是最接近市场的架构,故常被称为"前线规管机构",并没有被赋予任何法定调查权力,只能算是狭义上的规管机构,其权力须以与发行人所签订的上市协议条款、契约为依据。

2. 香港证监会应对金融科技发展的特殊机构设置

进一步地,针对金融科技,香港证监会于2016年成立了金融科技联络办事处,以加强与在香港从事金融科技发展和应用并有意进行受规管活动的公司和人士沟通。该处的设立目的分为两个方面:对行业内从业者而言,该处能够协助金融科技业界了解现行的监管制度;对香港证监会本身而言,该处的设立能够让香港证监会紧贴金融科技在香港的发展情况和趋势。在该处的官方网页中,还特别提到包括智能投顾在内的金融产品投资及销售平台与证监会的规管工作相关,想要从事智能投顾相关业务的相关者能够与其联络。①

此外,香港证监会还特别设立金融科技小组,主要就金融科技的最新发展趋势、金融科技业界和持份者的建议、金融科技带来的机遇和风险、对监管法规的影响以及金融科技对演化金融服务业的情况和理解向金融科技联络办事处提供意见和资讯,专事专办,针对性强;人员组成背景也较为丰富:包括香港证监会当然成员(由香港证监会副行政总裁兼中介机构部执行董事梁凤仪担任该小组主席,含香港证监会中介机构部发牌科总监兼金融科技组主管黄乐欣)和外界人士(含弘量研究有限公司行政总

---

① 相关内容,参考香港证监会官网《欢迎浏览金融科技联络办事处》《证监会成立金融科技联络办事处》等公告。

裁兼联合创办人雷春然、香港大学经管学院副院长林晨、中国平安保险（集团）股份有限公司集团联席首席执行官陈心颖、淡马锡董事 Antony LEWIS、微众银行副行长兼首席信息官马智涛等），这些外界人士包括学界人士、金融科技公司的负责人、银行从业者等，如其中弘量研究有限公司成立于 2015 年，旗下包括主要投资于 ETF 的智能投顾平台——弘量研究（AQUMON）。

而且，金融科技联络办事处还加强国际合作，以应对全球化的金融科技浪潮。第一，与海外监管机构建立合作协议，与包括澳大利亚、英国、瑞士、加拿大等国在内的监管机构就交换信息订立了国际合作。第二，加入 FCA 主持的全球金融创新网络（GFIN），担任协调小组成员，尽力满足金融科技公司希望在多个司法管辖区试用和扩展创新产品或服务的发展需要。[1]

（二）关于准入牌照的相关规定

香港自 1996 年起将监管证券及期货从业者的九项条例及部分公司条例内容，汇总更新为《证券及期货条例》（Securities and Futures Ordinance）。该项条例于 1999 年 7 月提交香港立法局审议，2002 年 3 月 13 日获立法局通过，并于 2003 年 4 月 1 日正式生效。该条例的附表 5 详细介绍了十二类受规管的活动。

表 7-7　中国香港地区受规管活动的类别

类别	受规管活动的名称	牌照对应受规管活动的具体内容
第 1 类	证券交易	"证券交易"指：与另一人订立或要约与另一人订立协议，或诱使或企图诱使另一人订立或要约订立协议，以（1）取得、处置、认购或包销证券；或（2）使任何一方从证券的收益或参照证券价值的波动获得利润。
第 2 类	期货合约交易	"期货合约交易"指：（1）为订立、取得或处置期货合约而与另一人订立或要约与另一人订立协议；（2）诱使或企图诱使另一人订立或要约订立期货合约；或（3）诱使或企图诱使另一人取得或处置期货合约。

---

[1] 相关内容，参考香港证监会官网《金融科技咨询小组》《国际合作协议》等公告。

(续表)

类别	受规管活动的名称	牌照对应受规管活动的具体内容
第3类	杠杆式外汇交易	"杠杆式外汇交易"指：(1) 订立或要约订立杠杆式外汇交易合约，或诱使或企图诱使他人订立或要约订立杠杆式外汇交易合约；(2) 提供任何财务通融，以利便进行外汇交易或(1)段中提及的作为；或(3) 与另一人订立或要约与另一人订立一项为订立合约而作出的安排，或诱使或企图诱使某人与另一人订立一项为订立合约而作出的安排(不论该项安排是否在酌情决定的基础上订立)，以利便进行(1)或(2)段提及的作为。
第4类	就证券提供意见	"就证券提供意见"包含两类： 第一类是就如下事项提供意见：(1) 应否取得或处置证券；(2) 应取得或处置哪些证券；(3) 应于何时取得或处置证券；(4) 应按哪些条款或条件取得或处置证券。 第二类是发出分析或报告，其目的是为便利该等分析或报告的受众就以下各项作出决定：(1) 是否取得或处置证券；(2) 须取得或处置哪些证券；(3) 于何时取得或处置证券；(4) 按哪些条款或条件取得或处置证券。
第5类	就期货合约提供意见	"就期货合约提供意见"包含两类： 第一类是就如下事项提供意见：(1) 应否订立期货合约；(2) 应订立哪些期货合约；(3) 应于何时订立期货合约；(4) 应按哪些条款或条件订立期货合约。 第二类是发出分析或报告，其目的是为便利该等分析或报告的受众就以下各项作出决定：(1) 是否订立期货合约；(2) 须订立哪些期货合约；(3) 于何时订立期货合约；(4) 按哪些条款或条件订立期货合约。
第6类	就机构融资提供意见	"就机构融资提供意见"是指：(1) 对根据证监会颁布的关于证券上市、收购及合并的规章、规则或守则提供意见；(2) 提供关于处置证券而将其转予公众的要约、从公众取得证券的要约、接受前述要约(此情形以意见系普遍地提供予证券或某类别证券的持有人为限)的意见；(3) 向上市法团或公众公司(含前述公司的附属公司)或其高级人员或股东提供关于重组而涉及的证券方面(包括发行、撤销或更改附于证券的权利)的意见。

(续表)

类别	受规管活动的名称	牌照对应受规管活动的具体内容
第7类	提供自动化交易服务	"自动化交易服务"是指:通过并非由认可交易所或认可结算所提供的电子设施而提供的服务。
第8类	提供证券保证金融资	"证券保证金融资"是指:提供财务通融,以便利取得在任何证券市场(不论是认可证券市场或香港以外地方的任何其他证券市场)上市的证券,及继续持有该等证券,而无论该等证券或其他证券是否被质押作为该项通融的抵押。
第9类	提供资产管理	"资产管理"是指:为另一人提供管理证券或期货合约投资组合或房地产投资计划的服务。
第10类	提供信贷评级服务	"提供信贷评级服务"是指:(1)以向公众(不论在香港或其他地方)散发信贷评级为目的之情况下,拟备该等信贷评级,或在信贷评级会如此散发的合理期望下,拟备该等信贷评级;(2)在以订阅方式(不论在香港或其他地方)分发信贷评级为目的之情况下,拟备该等信贷评级,或在信贷评级会如此分发的合理期望下,拟备该等信贷评级。
第11类（尚未实施）	场外衍生工具产品交易或就场外衍生工具产品提供意见	"场外衍生工具产品"是指:属于《证券及期货条例》规定范围的"结构性产品"。《证券及期货条例》附表5未正向列明"场外衍生工具产品交易"或"场外衍生工具产品提供意见"的具体内容;相反地,其详细地列明了"场外衍生工具产品交易"及"就场外衍生工具产品提供意见"各自的除外情形。
第12类*	为场外衍生工具交易提供客户结算服务	"为场外衍生工具交易提供客户结算服务"是指:不论是否作为中央对手方成员,而向另一人就通过中央对手方(不论是位于香港或在其他地方)结算及交收场外衍生工具交易而提供服务。

* 由《2014年证券及期货(修订)条例》(2014年第6号)新增的附表5第1部第12类记项,在该记项关乎附表5第2部的新的豁除服务的定义的(c)段的范围内,于2016年9月1日开始实施。请参阅《2016年〈2014年证券及期货(修订)条例〉(生效日期)公告》(2016年第27号法律公告)(g)段。

根据香港证监会发布的《发牌手册》,从事受规管活动分为领取牌照和注册两类:若为认可财务机构,即银行、有限制牌照银行或接受存款的公司,在进行以下两类活动时,需要注册牌照:(1)经营某类受规管活动的业务;(2)或(不论由本机构或由另一机构代替)在香港或从香港以外的地区向公众积极推广其提供的任何服务,而且其提供的服务在香港提供便会构成某类受规管活动。反之,若为非认可财务机构,在香港进行以上行为,则需要领取牌照。① 就后一种领取牌照的情况而言,香港证监会采取单一发牌制度,除了唯一一种例外情况外②,同一主体从事不同类型的受规管活动仅需一项发牌或注册。③ 除非经香港证监会特定的豁免,否则任何公司或自然人于香港进行"受规管活动"皆须向香港证监会申请牌照,且须具有一定资格。凡未领取所需牌照或注册而在香港进行受规管活动或以香港的投资大众为推广对象,即属触犯法律的行为。

从申请主体的角度,共有两类牌照可供申请,分别为法团牌照和代表人牌照。法团牌照由在香港成立的公司或在香港公司注册处注册的海外公司申领。而任何代表持牌法团进行一类或多类受规管活动的个人申领需要申请作为其隶属法团的"持牌代表",持牌代表可以隶属多家持牌法团;如果持牌代表停止代表其所隶属的持牌法团行事,他有180天的时间申请转换隶属新的持牌法团;如果持牌代表停止代表其主事人行事,该主事人必须在7天内通知证监会,而且该代表必须在同一时期内向证监会归还其牌照。

对于智能投顾平台而言,其所涉及的主要业务包括提供投资咨询、投资产品分销和交易执行,主要涉及的牌照包括第1类(证券交易类)、第4类(就证券提供意见类)和第9类(提供资产管理类)。上文提及的香港智能投顾平台中,KRISTAL拥有第4、9类牌照,弘量研究(AQUMON)持有第1、4、9类牌照,有鱼智投持有第1、4、6、9类牌照。而且,根据《证券及期货(发牌及注册)(资料)规则》规定,中介人须将任何有关其业务性质和提供的服务类别的重大改变,通知香港证监会。香港证监会特别提示,涉及智能投顾服务的情况可能属于触发通知规定的重大改变,中介人在从事相关活动前,应咨询香港证监会。④

---

① 香港证券及期货实务监察委员会:《发牌手册》(Licensing Handbook),2019年2月。
② 证券保证金融资人及其代表必须通过另一法团进行其业务(《证券及期货条例》第118条第1款第(d)项),因此需要另外领牌。
③ 参见《〈证券及期货条例〉中的发牌制度》,载"易周律师行"官网2014年12月24日,https://www.charltonslaw.com.cn/xiang-gang-fa-lv/zheng-quan-ji-qi-huo-tiao-li-zhong-de-fa-pai-zhi-du/#,最后访问日期:2022年12月1日。
④ 参见香港证监会:《致中介人可能不遵守通知规定的通函》,载"香港证监会"官网2018年6月1日,https://apps.sfc.hk/edistributionWeb/gateway/TC/circular/doc?refNo=18EC38,最后访问日期:2022年12月1日。

(三) 香港传统证券投资咨询业务

香港投资顾问业务可分为从事投资顾问服务（仅持 4 类牌）、同时从事交易服务（兼持 1 类牌）和同时从事资管业务（兼持 9 类牌）三类。第一类业务包括向客户提供有关沽出或买入证券的投资意见以及发布有关证券的研究报告或分析。第二类业务在第一类业务的基础上还包括为客户提供股票及股票期权的买卖或经纪服务、为客户买卖债券、为客户买入或沽出互惠基金及单位信托基金和配售及包销证券等业务。第三类业务在第一类业务的基础上还包括以全权委托形式为客户管理证券或期货合约投资组合、以全权委托形式管理基金等业务。[1]

值得注意的是，香港《发牌手册》中规定了"附带豁免"的情况，规定如果机构进行的若干受规管活动完全附带于已获发牌的另一类受规管活动，便可能无须就前者领牌。在断定附带豁免是否适用于某项活动时涉及各种相关因素，例如有关活动是否附属于持牌法团已获发牌或将获发牌进行的其他受规管活动，是否就有关活动收取独立的费用，以及有关活动是否构成持牌法团业务的主要部分。与投资咨询业务高度相关的 4 类（证券交易）、1 类和 9 类牌照相互之间也存在附带豁免的情况：第一，若已就第 1 类受规管活动（证券交易）获得发牌，并拟进行第 4 类受规管活动（就证券提供意见类）或第 9 类受规管活动（提供资产管理），且第 4、9 类受规管活动完全附属于证券交易业务，则无须就这三类受规管活动领牌。这项豁免通常适用于股票经纪为其本身的证券客户提供投资意见或管理委托账户。第二，若已就第 9 类受规管活动（提供资产管理）获发牌，并拟进行第 1 类受规管活动（证券交易）或第 4 类受规管活动（就证券提供意见），如果拟进行的受规管活动纯粹是由于提供资产管理业务而产生，便无须就该等受规管活动领牌（就第 9 类受规管活动而言，该资产管理业务必须涉及集体投资计划下的投资组合管理）。这项豁免通常适用于基金经理为其本身的客户管理证券或期货合约投资组合时，向交易商发出交易指示、提供投资建议或研究报告。

香港的投资咨询业务可以分为佣金模式和管理费模式两种，并分别

---

[1] 参见中国证券业协会证券分析师、投资顾问与首席经济学家委员会专题研究小组：《美国、中国香港证券投资咨询业务发展现状及经验借鉴》，载《创新与发展：中国证券业 2019 年论文集》，中国财政经济出版社 2020 年版，第 982—999 页。

对应了不同的监管重点。其一,在佣金模式下,"适当性"是应遵守的准则,即把合适的产品销售给合适的客户,投资顾问提供的产品或服务不一定是最好的,而是最合适的;在管理费模式下,"受托责任"是核心准则,即投资顾问必须把客户的利益放在首要位置,而不是自己或所在机构的利益,给客户提供最好的产品或服务。其二,在佣金模式下,投资顾问的收入往往与销售佣金相关联,也即前文所述"买方投顾",投资顾问很可能为了一己私利不向顾客推荐最适合的产品,其与顾客的利益很可能是冲突的;而在管理费模式下,投资顾问收入取决于管理的客户资产规模大小,也即前文所述"卖方投顾",因此会努力让客户资产增值进而吸引客户更多的资产追加,与客户的利益一致。① 根据智能投顾行业在全球范围内的发展趋势,与客户利益具有一致性的管理费模式更符合智能投顾业务的本质追求,将得到更多的发展,"受托责任"准则的相关规定将有更大的发挥空间。

二、香港沙盒监管运行

关于沙盒监管的概念及特点已在前文有所论述,在此不再赘述,本部分着重介绍香港沙盒监管的相关制度和运行情况。鉴于香港金融行业分业监管的特点,其沙盒也包括三个,由香港金管局、香港证监会及香港保监局分别主持一个沙盒,相互协调运作,共同为香港金融科技的发展提供助力。由于智能投顾行业涉及的业务受到香港证监会的监管,可能与香港金管局略有涉及,因而本部分主要讨论香港金管局和香港证监会主持的两个沙盒。

(一)香港金管局金融科技监管沙盒②

香港金管局于 2016 年 9 月推出金融科技监管沙盒,其主要对象是银行及其伙伴科技公司,旨在允许这些机构在不完全符合香港金管局监管规定的环境下,邀请有限数目的客户参与金融科技项目的试行。主要有

---

① 参见中国证券业协会证券分析师、投资顾问与首席经济学家委员会专题研究小组:《美国、中国香港证券投资咨询业务发展现状及经验借鉴》,载《创新与发展:中国证券业 2019 年论文集》,中国财政经济出版社 2020 年版,第 982—999 页。
② 本部分内容主要归纳自《金融科技监管沙盒》,载香港金管局官网,https://www.hkma.gov.hk/gb_chi/key-functions/international-financial-centre/fintech/fintech-supervisory-sandbox-fss/#cross-sector-fintech-services,最后访问日期:2022 年 12 月 1 日。

两大作用:第一,银行及科技公司可以收集数据及客户意见,以便对新科技产品作出适当修改,从而加快推出产品的速度并降低开发成本。第二,能够方便合资格的研发试用项目通过创新科技署(以下简称"创科署")辖下的"公营机构试用计划"申请高达港币100万元的资助。

1. 金融科技监管沙盒2.0

2017年,香港金管局将沙盒进行升级,推出金融科技监管沙盒2.0,新增功能包括:第一,设立金融科技监管聊天室,在金融科技项目开发初期向银行及科技公司反馈意见;第二,科技公司不需要经过银行,可直接通过聊天室与香港金管局沟通;第三,三个监管机构的沙盒接通,能够相互协调运作。在这一阶段,香港金管局确定了运行沙盒的原则。

第一,明确对象。沙盒可供银行计划在香港推出的金融科技或其他科技项目使用。

第二,明确对管理层要求。获许可使用沙盒的银行的管理层应确保订有以下保障措施:

① 界限:清楚定明试行范围及阶段(如有)、时间及终止安排;

② 保障客户措施:在试行期间保障客户利益的措施,一般包括明确所涉及的风险、自愿参与试行的客户、对投诉的处理、就客户蒙受的任何财政损失作出赔偿以及客户退出试行的安排等措施;

③ 风险管理措施:推出补充管控措施,以降低因并未完全符合监管规定而引发的风险,以及对银行的生产系统及其他客户所构成的风险;

④ 准备情况及监察:涉及试行的系统及程序应准备就绪,并应该密切监察试行的情况。

第三,明确银行不应利用沙盒规避监管规定的适用。

截至2021年10月月底,共有225项金融科技项目获准使用沙盒进行试行,其中有166项试行是银行与科技公司合作进行。银行及其伙伴科技公司使用沙盒,可以更有效地收集有关其新推出的金融科技产品或服务的实际数据及客户意见,以便在正式推出前对有关产品或服务作出适当修改。换言之,沙盒有助于银行及其伙伴科技公司更快推出金融科技项目,并能降低成本及提高产品质量。

2. 金融科技监管沙盒3.0

2021年11月,香港金管局进一步推出金融科技监管沙盒3.0,主要

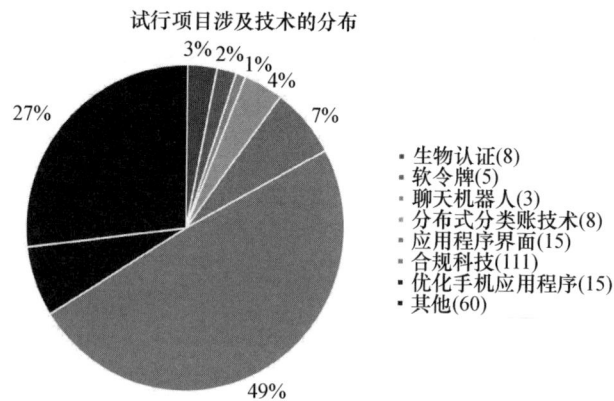

图7-3 中国香港地区金融科技试行项目涉及技术分布(截至2021年10月底)

是为了方便科技公司向创科署辖下的"为在香港进行研发活动的科技公司而设的公营机构试用计划"或"为香港科技园公司及香港数码港管理有限公司的培育公司和毕业生租户而设的公营机构试用计划"申请资助,并规定了相关的资格准则和申请程序。

资格准则包括:(1)本地科技公司申请人须与香港的银行组成合作伙伴以提交申请。(2)试用项目需要能够证明其具有加强香港金管局的公共职能的潜力,才能够获得香港金管局协助发出的"支持信函",以便科技公司申请人进一步向创科署申请资助。(3)科技公司申请人也需要满足创科署所订定的相关资格准则,包括其研发要求,才能够获得资助。(4)满足香港金管局初步考虑的试用项目主题,包括银行的打击洗钱及恐怖分子资金筹集的监管科技应用,以及其他符合香港金管局监管职责的范畴。

申请程序包括:(1)有兴趣的科技公司及其合作伙伴银行须共同向香港金管局递交其试用项目的建议书及相关资料,以助评估项目是否符合香港金管局的公共职能。(2)如试用项目被评估为合适,香港金管局会向科技公司申请人发出"支持信函"以用于申请。(3)在获得支持信函后,科技公司申请人可按照创科署的"公营机构试用计划"申请程序向署方提交申请和建议书。

3. 金融科技监管沙盒总结

综上可知,香港的金融科技监管沙盒一直在不断地完善,其2.0版本明晰了要求细节,在保障客户权利和风险管理等方面有所进步,运行较为良好;而3.0版本则试图更好地解决科技公司的资金问题,但其未来运行的情况还待进一步观察。而且,香港金管局并未罗列沙盒环境中可能会有所放宽的所有监管规定。因此,有意使用沙盒的银行及其伙伴科技公司应及早与香港金管局联络,其监管方面的合适弹性安排可以通过个别讨论的方式得出。这使香港的金融科技监管沙盒具备了特殊的特点——具备极强的个性化,为各个机构公司"量体裁衣",针对金融科技公司多样性的特点来确定最适合他们的监管方案,最大程度地控制风险、保护客户、发挥监管沙盒的作用,以达到监管沙盒的目的和宗旨。

2021年10月21日,中国人民银行与香港金融管理局发出联合公告,宣布双方已经签署《关于在粤港澳大湾区开展金融科技创新监管合作的谅解备忘录》,同意通过"联网"方式,将中国人民银行金融科技创新监管工具与香港金管局的金融科技监管沙盒对接。"联网"对接之后,祖国内地与香港符合条件的金融机构及科技公司,能够通过"一站式"平台,就其跨境金融科技项目于两地进行同步测试,在新产品推出市场前预先获得监管机构的反馈和客户的意见,从而加快推出金融科技产品的速度和减低开发成本。①

(二)香港证监会监管沙盒②

香港证监会认为,大多数申请《证券及期货条例》下的法团牌照的公司均会遵循一般申请程序申领牌照,而无须进入沙盒,其中包括利用金融科技进行受规管活动的企业,且特别包括从事广义智能投顾业务的相关企业。而且,香港证监会如认为某法团申请人应进入沙盒试行运营,便会主动与该申请人讨论。因此,香港证监会监管沙盒具有监管机构的主动性,且也需要与每个项目沟通讨论具体的监管计划,个性化程度较强,灵活且具有弹性。

---

① 参见张奥林:《香港金管局金融科技监管沙盒与央行监管工具对接》,载"中国新闻网"2021年10月21日,https://www.chinanews.com.cn/ga/2021/10-21/9592028.shtml,最后访问日期:2022年12月1日。
② 本部分内容主要归纳自香港证监会《关于公布证监会监管沙盒的通函》及《证监会监管沙盒》,载香港证监会官网,https://sc.sfc.hk/gb/www.sfc.hk/TC/Welcome-to-the-Fintech-Contact-Point/SFC-Regulatory-Sandbox,最后访问日期:2022年12月1日。

1. 设立背景

香港证监会认为,使用创新科技的企业如果能够真诚且认真地致力于利用金融科技来进行受规管活动,可能会为投资者带来更多且更优质的产品和服务,令香港金融服务业界受惠。因此,香港证监会推出监管沙盒,为合资格企业在将金融科技全面应用于其业务之前,提供一个受限制的监管环境,进行《证券及期货条例》下的受规管活动。

而且,香港证监会认为,应用在受规管活动核心环节的科技可能是一项崭新技术,为了维持市场廉洁稳健及加强投资者保障,有必要在其起步阶段就将其置于一个受限制的监管环境下。监管当局应该先对企业提供的金融服务的可靠性及其内部监控系统进行测试及监察,然后让企业扩大相关服务并提供给香港公众。沙盒让合资格企业在发牌制度下,透过与证监会进行紧密的沟通并受到严谨的监督,从而有效率地识别及处理与企业受规管活动相关的风险及关注事项。

和香港金管局一样,香港证监会同样强调,沙盒不应被视为用以规避适用法例及监管规定的途径。香港市场的廉洁稳健及投资者的利益至关重要,而监管规定正是投资者保障的关键所在,因而香港证监会不会放宽有关监管的规定。具体而言,在沙盒内营运的合资格企业必须是获得牌照的适当人选,且必须符合相关的财政资源规定。这些规定并不繁苛,实际上,要经营稳当可靠的业务,所规定的财政资源恰是必不可缺的。

2. 资格要求

持牌法团及拟进行《证券及期货条例》下受规管活动的初创企业均可进入沙盒。但合资格企业必须是获得牌照的适当人选,使用创新科技,并真诚、认真地致力于利用金融科技来进行受规管活动。这些企业的成立或活动应为投资者带来更多及更优质的产品和服务,令香港的金融服务业界受惠。

根据《证券及期货条例》,如果没有获得香港证监会发牌可以进行某类受规管活动,便不得经营该类受规管活动的业务。因此,合资格企业必须是持牌机构(若为初创企业,便需申请并取得适当的牌照),并符合相关规定(包括财政资源规定)。

3. 发牌条件

为了尽量降低合资格企业在沙盒内营运期间为投资者带来的风险,香港证监会可施加发牌条件。

有关发牌条件可能包括限制企业可服务的客户类别或每名客户承担的最高风险,以便限制该企业的受规管活动的业务范围及界线。在某些情况下,发牌条件可能要求企业制订适当的投资者赔偿计划,或定期接受香港证监会的监督性审核。

4. 受到证监会更严谨的监察及监督

香港证监会对在沙盒内运营的合资格企业所进行的监察及监督可能较为严谨。在此情况下,香港证监会可能会与企业进行更密集的沟通,并可能强调企业能进一步改善其内部监控及风险管理的合规范畴。

合资格企业可借此在起步阶段微调其业务模式,处理企业因进行受规管活动而产生的风险或关注事项,使有关企业及投资者受惠。

5. 投资者保障措施

合资格企业应制订充分的投资者保障措施,以处理它们在沙盒内运行时所识别出的实际或潜在风险或关注事项。举例而言,合资格企业应将它们在沙盒内营运的这一事实告知其客户,并全面披露潜在风险及可提供的赔偿安排。

6. 退出机制

当合资格企业能够证明其科技是可靠且符合用途的,而且其内部监控程序足以处理所识别的风险时,便可向香港证监会申请移除或更改对其施加的部分或全部发牌条件。该企业继而可与其他在沙盒外运营的持牌法团一样,在证监会的监督下进行受规管活动。

香港证监会如认为在沙盒内运营的合资格企业并非继续持牌的适当人选(例如因其内部监控措施未能符合监管规定),便可撤销其牌照。

(三)智能投顾业务在香港监管沙盒下可能的发展

根据前文讨论可知,智能投顾业务主要涉及香港证监会所规管的第1、4、9类牌照,主要受到香港证监会的监管。若该业务由成熟的、已经获得相应牌照的企业进行,则可能触发通知规定,在从事相关业务活动之前需咨询香港证监会。若该业务由尚未获得相关牌照的企业进行,则分为两种情况:第一种情况是该企业已经满足获得相应牌照的要求,从香港证监会处申请其所从事受规管活动所对应的牌照即可;第二种情况是该企业未满足获得相应牌照的要求,或满足了相关要求,但仍被香港证监会认为应该被纳入沙盒来试行运营,则会与香港证监会进行讨论,而后进入证监会监管沙盒内,或是获得牌照,或是获得受限制的牌照,再证明其科技创新的可行性及必要性,最终获得完全的、不受限制的相关牌照,退出沙盒,和其他企业一样在证监会的监督下进行相关业务活动。

此外,鉴于世界范围内不少银行开始涉足智能投顾业务,如祖国内地 MJ 智投业务即由 ZS 银行开展,香港地区的部分银行可能也会与伙伴科技公司合作并开始涉猎智能投顾业务。这种情况会涉及香港金管局的金融科技监管沙盒,也可能因构成跨界别的金融科技服务,同时被香港金管局和香港证监会监管,则相关企业可以申请使用其认为最适合自身情况的沙盒,对应的监管机构也会作为主要联络点,协助该公司联络其他监管机构,让公司同步使用沙盒。

三、针对智能投顾业务的法律法规设计

在香港,针对智能投顾业务的监管文件体系可以分为两类:一类是在互联网背景下的相关文件,具有较强的创新性、针对性,如《网上分销及投资咨询平台指引》《降低及纾减与互联网交易相关的黑客入侵风险指引》等文件;另一类则是原传统相关条例、指引和操守准则可能涉及的与智能投顾业务相关的监管规则,这一类包括《证券及期货条例》《适用于证券及期货事务监察委员会持牌人或注册人的管理、监督及内部监控指引》《证券及期货事务监察委员会持牌人或注册人操守准则》等。本部分拟对重点文件的重点章节进行梳理,先行介绍对智能投顾行业针对性较强的核心文件《网上分销及投资咨询平台指引》及与之相关联的香港证监会答复,而后对其他文件中与智能投顾业务相关的重要基础性规定进行梳理。

(一)《网上分销及投资咨询平台指引》①

1. 适用范围

(1) 文件适用对象。

《网上分销及投资咨询平台指引》(以下简称《平台指引》)于 2019

---

① 本部分内容主要归纳自《网上分销及投资咨询平台指引》,载香港证监会官网,https://www.sfc.hk/-/media/TC/assets/components/codes/files-current/zh-hant/guidelines/guidelines-on-online-distribution/guidelines-on-online-distribution-and-advisory-platforms.pdf,《有关建议的〈网上分销及投资咨询平台指引〉咨询总结及有关适用于复杂产品的非网上销售规定的进一步咨询》及《网上分销及投资咨询平台指引〈指引〉及〈操守准则〉第 5.5 段》,载香港证监会官网 2019 年 7 月,https://sc.sfc.hk/TuniS/www.sfc.hk/TC/faqs/intermediaries/supervision/Guidelines-on-Online-Distribution-and-Advisory-Platforms/Guidelines-on-Online-Distribution-and-Advisory-Platforms#B5A7FED853764F9BB637898F8BD050C7。最后访问日期:2022 年 12 月 1 日。

年 7 月 6 日正式生效。《平台指引》规定：香港证监会持牌人及注册人进行受规管活动时，若涉及通过网上平台提供有关投资产品的交易指示的执行、分销及投资咨询服务，一律成为《平台指引》的适用对象。

此外，香港证监会在考虑是否适用该《平台指引》时，将整体评估该中介人①的相关活动，对于该中介人经营的业务进行实质判断，探讨其通过各个渠道进行的以香港投资者为目标的活动是否符合指引。例如，中介人营办不同网站，当中某些网站的活动有可能独立看来未必构成进行受规管活动（例如只提供资讯的网站）。然而，有些网站可能会连结至社交网络，让客户可在该网络上与投资顾问讨论投资心得；而另一个网站则提供交易执行服务。香港证监会在考虑该中介人是否符合《平台指引》时，将会在整体上顾及该中介人透过所有渠道进行以香港投资者为目标的活动。此外，对于投资者透过连接至社交网络的平台或以其他方式通过论坛及其他形式的社交媒体（未必由持牌人或注册人营运或涉及持牌人或注册人）被诱使进行交易的情况，香港证监会没有采取针对性的监管方式，而是与投资者教育中心合作，通过提醒、教育的方式让投资者意识到其使用网上平台可能存在的互动以及可能导致的问题。

根据以上限定范围，仅展示产品的网站，或就一般资产类别之间的资产分配提供意见而没有就特定投资产品提供意见和没有提供任何有关交易指示的执行、分销或投资咨询服务的投顾网站，不属于该文件规制的范围。

此外，在该《平台指引》的引言部分，提及若该网上平台还涉及"自动化交易"或"电子交易"，则还会分别受到《监管自动化交易服务的指引》以及《证券及期货事务监察委员会持牌人或注册人操守准则》（以下简称《操守准则》）第 18 段（电子交易）和附表 7 中原则和准则的规制。

《平台指引》虽然不具有法律的高位格特性，也不能作为唯一原因使得任何人或机构被起诉，但如果根据《证券及期货条例》于任何法庭进行法律程序，其可获接纳为证据；而且，如果法庭觉得该文件的任何条文与法律程序中产生的任何问题有关，则在裁定该问题时可以考虑该条文。这一条文也可能在香港证监会考虑某些人或机构的适当人选资格时产生

---

① 根据《期货及证券管理条例》附表 1，中介人指持牌法团或注册机构。

一定的影响，没有遵守条文的相关行为可能构成负面影响。

（2）适用于智能投顾行业。

《平台指引》包括六大章节，引言部分主要阐释了一般性的使用对象，而后核心原则和一般规定这两大章节为一般性的原则和规定，之后则详细集中地规定了三方面特殊的关注事项，分别为机械理财建议、合适性规定和复杂产品。

综合上文的梳理，智能投顾服务提供商一般会通过网上平台提供有关特殊投资产品的交易指示的执行、分销及投资咨询服务，属于《平台指引》的适用对象，因而《平台指引》中规定的核心原则和一般性规定应适用于智能投顾服务行业。

《平台指引》第四章"机械理财建议"内容则是香港证监会在正式的文件中对于机械理财建议（也称智能理财建议或自动化理财建议）的定义界定和特殊要求。在这一章节中，机械理财建议是指运用算法程式及其他技术工具，在网上环境提供理财建议；其种类众多，包括全自动服务[①]、顾问支援服务[②]、指导性顾问服务[③]。但是，这一章节也特别提到，《平台指引》适用于在网络环境下由客户直接使用技术工具（"技术接洽工具"）向客户直接提供的机械理财建议服务，通过客户接洽工具提供有关机械理财建议的持牌人或注册人则被称为"机械理财顾问"。需要注意的是，根据此定义，《平台指引》下机械理财建议的范畴只包含了使用客户接洽技术工具提供投资意见的情况，而中介人以技术工具协助及支援他们向客户提供投资意见则不属于这一范畴内。可以认为，香港证监会在《平台指引》中对于机械理财建议的定义与本书对智能投顾业务的界定相似程度极高；也可进一步证明，香港的智能投顾业务适用该《平台指引》的一般性原则和规定，而本部分则是极具针对性的相关要求。

2. 核心原则

《平台指引》首先提出了平台运营者在运营网上平台时应当遵守的六项核心原则。所有的经营智能投顾业务的网上平台都应该在这六项基本

[①] 根据《期货及证券管理条例》附表1，全自动服务指不受人为干扰，通过网上平台提供的全自动化投资意见。

[②] 根据《期货及证券管理条例》附表1，顾问支援服务指同时容许客户视乎需要，选择联络顾问的网络平台。

[③] 根据《期货及证券管理条例》附表1，指导性顾问服务指以技术工具协助及支援的顾问提供投资意见。

原则的框架下进行工作。

第一,适当设计原则。平台运营者应确保网上平台的设计是适当的,即在符合所有适用的法例及规例的情况下营运。

第二,为客户提供资料原则。平台运营者应在其网上平台清楚及充分地披露有关的重要资料。

第三,风险管理原则。平台运营者应确保其网上平台的可靠性及安全性(包括数据保护及网络保安)。其中又可作系统可靠性、应变措施和系统的安全性三个具体的划分。

第四,管治、能力及资源原则。平台运营者应确保设有稳健的管治安排,以监察其网上平台的营运,并应备有充足的人力、技术及财政资源,以确保其网上平台的业务妥善地营运。

第五,审查及监察原则。平台运营者应对在网上平台进行的所有活动进行适当审查,作为其持续监管及监察责任的一部分。

第六,备存记录原则。平台运营者应就其网上平台备存妥善记录。

表 7-8 《网上分销及投资咨询平台指引》中规定的六项核心原则

原则名称	具体内容
第一项:适当设计原则	(1) 网上平台设有适当的取览权及控制措施,使公众(包括零售客户)无法在会构成违反《公司(清盘及杂项条文)条例》或《证券及期货条例》第Ⅳ部的情况下,投资于投资产品或观看与投资产品有关的材料; (2) 以适当的技能、小心审慎和勤勉尽责的态度营运网上平台,举例而言: 　(a) 平台运营者在拣选在其网上平台上提供的投资产品及在其网上平台登载任何资料及材料时,应以适当的技能、小心审慎和勤勉尽责的态度行事;及 　(b) 平台运营者在其网上平台向客户提供投资意见或建议时,其网上平台的设计应确保所提供的投资意见或建议都是经过透彻分析和考虑过其他可行途径后才作出的; (3) 适当地管理及尽量减少任何利益冲突,以确保客户得到公平的对待。举例而言,平台运营者在其网上平台向客户提供投资意见时,其网上平台的设计不应让佣金回扣或其他利益成为向客户招揽或推介某一投资产品的主要依据; (4) 以适当的技能、小心审慎和勤勉尽责的态度确保就投资产品及/或客户适当地设计一套风险状况评估方法(如适用)。就此,平台运营者应参考本指引第5章的规定;及 (5) 支持网上平台运营的所有系统及程序均属稳健并获妥善维护,以尽量减少及适当地管理欺诈风险、错误及遗漏、服务中断或其他运作或监控缺失。

(续表)

原则名称	具体内容
第二项：为客户提供资料原则	（1）向客户提供可取览最新的产品要约文件或资料的途径①； （2）在合理地切实可行的范围内尽快向客户提供重要资料，使客户能够评估其投资的状况（例如，在发生基金暂停赎回的情况时，任何有关基金合并或终止建议或发行人提供的任何其他重要资料）；就此，平台运营者应设立适当的安排及采取足够的措施，以便能够取览及获悉有关其网上平台所提供的所有非交易所买卖投资产品的最新资料； （3）以易于理解的方式传达任何资料，平台运营者应以浅白语言来作出披露及呈示资料，以令其易于阅读及理解； （4）在网上平台提供用以评估及编配投资产品的评级和将客户分类的方法的资料（如有）；有关资料亦应辅以投资产品和客户的风险状况的解释； （5）若在网上平台登载经挑选的投资产品列表，便应列明或以其他方式提供在挑选该等投资产品时所参照的客观准则； （6）告知客户透过及在网上平台提供的服务及投资产品的范围及限制（例如只提供由关联公司发行的投资产品）；及 （7）依据适用的守则、指引、通函及常见问题，向客户披露客户或其他人（例如产品发行人）须向平台运营者支付的任何酬金（例如佣金、经纪费及任何其他费用和收费）以及平台运营者已收取或应收取的其他金钱收益；及 （8）向客户提供平台运营者的联络资料，以便处理客户查询及投诉。
第三项：风险管理原则	**系统的可靠性** （1）平台运营者应确保其网上平台及对网上平台的所有改动在应用前均经过测试，并定期进行检视，以确保网上平台及其改动的可靠性； （2）平台运营者应从速向证监会汇报与其网上平台有关的任何重大的服务中断或其他重要问题； **应变措施** （3）平台运营者应审慎地识别及管理相关风险（包括任何预期之外的后果），并设有适当的应变安排；有关安排应包括一份书面应变计划，以处理与网上平台有关的紧急情况及干扰事故；应变计划应至少包括： 　　（a）设有适当的后备设施或其他在紧急情况下执行交易指示的安排； 　　（b）设立安排以确保业务记录、客户及交易数据库、服务器及证明文件均在离线媒介设有备份；在办公室以外地方的储存一般须设有妥善的保安措施；及 　　（c）制订计划，以便由经过培训的员工处理客户及监管当局的查询； （4）平台运营者应定期测试用以处理潜在紧急情况及干扰事故的应变计划，以及确保有关计划是可行及足够的； （5）如网上平台出现重大延误或故障，平台运营者应及时： 　　（a）确保有关重大延误或故障得以纠正；及 　　（b）通知客户重大延误或故障的原因或潜在原因，及将会如何处理客户的交易指示。 **系统的安全性** （6）平台运营者亦应参阅证监会不时就网络保安发出的指引。

---

① 就非交易所买卖投资产品而言，平台运营者应在其网上平台上提供最新的产品要约文件。就交易所买卖产品而言，良好的手法是提供可取览最新资料的超链接，或向客户发出提示讯息，提示他们在作出投资决定前参阅任何有关文件。

（续表）

原则名称	具体内容
第四项：管治、能力及资源原则	平台运营者应就其网上平台的运营订立并实施书面内部政策及程序，以确保： （1）有至少一名负责人员或主管人员负责网上平台的整体管理及监督； （2）在交易、资讯科技、风险及合规部门共同参与下制订正式的管治程序； （3）设有清楚界定的汇报架构，将监督和汇报职责指派予合适的职员执行；及 （4）订有管理监控措施及监督管制措施，用以管理与使用网上平台相关的风险。 平台运营者应进行定期检视，以确保这些内部政策及程序能配合监管发展，并从速对任何已识别的不足之处作出纠正。 平台运营者在运营其网上平台时，应确保备有充分的技术资源，以保障数据的稳健性（包括机密的客户资料）及满足当前和预测的营运需求（例如就系统容量而言）等。
第五项：审查及监察原则	这项原则包括（但不限于）定期审查及在适当时（例如若发生重大市场事件）进行特别审查。定期审查应至少每年进行一次。 有关定期审查应涵盖在网上平台进行且与网上平台的设计及营运有关的所有活动，包括任何客户状况评估、投资产品拣选和风险状况评估及合适性评估的程序及结果，以及由所运用的算法程式得出的任何建议或意见（包括任何推介的标准投资组合）及曾经作出的任何重新调整的合理性；定期审查应包括由具备合适资格的人士进行的抽样查核及测试。同时，应设有政策及程序以跟进任何审查结果及实施任何必要的改善措施。 若任何职能被外判予外界的服务供应商，平台运营者应以适当的技能、小心审慎和勤勉尽责的态度拣选、委任及持续监督该等外判的服务供应商，以确保被外判的职能获妥善执行。
第六项：备存记录原则	这项原则包括（但不限于）有关平台设计、营运程序及风险管理监控措施（包括有关其网上平台的任何测试、检视、改动、升级或纠正）的全面文件记录，及适用软件版本（包括程式及任何算法）的记录。有关文件应在网上平台终止运营后予以保留不少于两年。 平台运营者亦应备存有关在网上平台进行的活动和交易的妥善审计线索（包括任何客户状况评估、投资产品拣选和风险状况评估及合适性评估的程序及结果、所提供的产品资料、所披露的警告声明、所提供的意见及曾作出的任何重新调整），及有关网上平台的所有重大延误或故障的事故报告。审计线索和记录应保留不少于两年，或《操守准则》或证监会不时发出的有关指引所规定的较长时间。此外，就交易所买卖投资产品而言，有关所有合适性评估的审计线索及记录（包括显示交易属适合的审计线索及记录）应保留至少两年，而就非交易所买卖投资产品而言，则应保留至少七年。

第一项原则中,提及顾客应在不违反"《证券及期货条例》第Ⅳ部的情况下,投资于投资产品",但若平台运营者在其网上提供未经香港证监会认可的投资产品、如在海外交易所买卖 ETF 时,是否构成了违反《证券及期货条例》第Ⅳ部的情况,香港证监会持较为严谨的态度,认为应该视乎每宗个案的事实及情况而定,当中的关键是有关资料是否会构成属于或载有请公众投资该等 ETF 的邀请的任何广告、邀请或文件。例如,平台运营者如向其客户提供相关服务时,理应已在与客户建立业务关系时妥善进行"认识你的客户"程序,以取得有关其客户的充足资料。该平台如与某客户之间存在一对一的顾问关系,并且在考虑该客户的个人情况后建议其对在海外交易所买卖的特定 ETF 作出投资,或为该客户执行该等 ETF 交易,便不大可能构成《证券及期货条例》第Ⅳ部所禁止的在未经认可的情况下向公众作出的邀请。就提供海外 ETF 交易执行服务的平台运营者而言,假如有关平台并无载列任何有关该等 ETF 的资料(有关其提供交易执行服务所在的交易所的资料除外),而客户只能在自行输入有关股份代号后取览该等 ETF 基于事实的资料,这亦不大可能会受到该条例第Ⅳ部禁止。香港证监会鼓励平台运营者征询专业人士的意见。在《网上分销及投资咨询平台指引》及其《操守准则》第 5.5 段常见问题中,监管者亦就机械理财顾问在其推介的标准投资组合中纳入海外 ETF 的情况进行了重申和强调的说明,判定是否违反《证券及期货条例》第Ⅳ部的方法在涉及机械理财服务的领域也是同样适用的。举例而言,机械理财顾问在描述其服务范围时或会选择将分销属于海外 ETF 的投资产品包括在内,但却没有在得出的标准投资组合内指明或披露投资产品的详情;其他机械理财顾问在提供一对一的顾问服务时,可能会在考虑某客户的个人情况后,为该客户量身定制一个包括海外 ETF 的建议投资组合。这些情况都不太可能会违反《证券及期货条例》第Ⅳ部。

在第一项原则中,要求"平台运营者在其平台上登载资料及材料时,应以适当的技能、小心审慎和勤勉尽责的态度行事"。对于平台上的所有数据(第三方数据)的可靠和准确性提出要求时,平台应该在拣选、委任及持续监察第三方服务供应商时,以适当的技能、小心审慎和勤勉尽责的态度行事,以使平台运营者本身能合理地信赖由该服务供应商提供的资料是准确及可靠的。例如,尽管香港证监会一般不会要求平台运营者监察每一项资讯速报或最新股价资讯的准确性,但平台运营者如获悉任何可能显示该第三方不再具备提供其服务的能力时,平台运营者便应考虑是否继续使用其服务。涉及登载知名投资者所发表的评论时,应该妥善考虑该人的独立性、信誉及相关专业知识,并应信纳该知名投资者所发表的评论是有合理根据的。在登载涉及非持牌人士的任何评论或投资产品组合的详情时,尤其应审慎行事,原因是这些人士并不受香港证监会的各项监管规定(包括要求持牌人及注册人须以适当的技能、小心审慎和勤勉尽责的态度行事和须确保所作的陈述和提供的资料都是准确及没有误导成分的操守规定)所规管。

第二项原则中,关于向客户提供的重要资料,应该包括由发行人提供的关乎投资产品的重大变化或重大事件的资料。一般情况下,平台运营者(作为分销商)或其代名人如代其客户持有投资产品,便应在收到来自发行人的通知后,适时地向其客户发布或促使发布该等由该发行人所拟备或发出的通知及其他通讯。这些通知及通讯可以由平台运营者或其代名人所选取的任何方式发送予客户。若平台再没有销售其客户所持有的投资产品,而平台运营者或其代名人仍代其客户持有该投资产品,平台运营者便应继续向客户发布或促使向客户发布由有关产品发行人所拟备或发出的通知或其他通讯。

第二项原则中,要求平台运营者在网上平台提供用以评估及编配投资产品的评级和将客户分类的方法的资料,旨在让客户对网上平台得出风险评级所采用的方法有基本了解,不要求平台详述有关方法的技术细节(例如,平台运营者无需详细披露各考虑因素所占的比重)。重点是要让客户能够了解及评估在作出投资决定时应如何运用风险评级。有关资料应以易于理解的方式传达,而所用的文字应清晰浅白,务求让投资者易于阅读及理解披露内容。

第二项原则中,要求平台运营者将所提供的服务及投资产品的范围及限制告知客户,平台运营者可告知客户网上平台如何处理取消交易指示及服务的情况,以及所提供的投资产品是否局限于由关联公司所发行的产品。此处,特别提及机械理财顾问,即机械理财顾问如提供以目标为本的意见(例如规划子女的教育),便应将此事告知客户,并不应将其服务描述为提供全面的理财计划。平台运营者可提供更多其认为适当的资料,尤其是被视为对与客户进行交易而言属重大的相关资料。

此外,对于网上平台的持牌情况,香港证监会不要求其特殊标明,但鼓励其标明,并通过投资者教育使得投资者学会核查网上平台运营者的持牌情况,判定运营者是否属于无牌活动。

3. 一般规定

一般规定是指平台运营者在进行受规管活动时,若涉及通过网上平台提供有关投资产品的交易指示的执行、分销及/或投资咨询服务,便须遵守所有适用的法例及规例,包括香港证监会的操守规定、投资要约以及登载于网上平台的材料的法例及规例。

（1）操守规定。

香港证监会着重强调了《操守准则》《适用于证券及期货事务监察委员会持牌人或注册人的管理、监督及内部监控指引》等文件,并认为"操守规定"主要包括《操守准则》内的一般原则及进一步阐释一般原则的多项规定。其中,合适性规定尤为重要,这是分销投资产品或提供理财建议的持牌人或注册人需要遵守的整套责任的一个部分。

《操守准则》中投资者分类规定、"认识你的客户"规定、有关披露金钱及非金钱收益的规定、有关披露交易相关资料的规定、有关确保以最佳条件执行交易指示的规定、有关公平地并按照其收到交易指示的先后次序处理客户的交易指示的规定、有关不得让公司或关联公司将会收取的佣金回扣及其他利益成为向客户招揽或推介某一投资产品的主要依据的规定等的相关要求被特别强调,认为是应该由平台运营者"特别注意"的。

（2）投资要约。

在投资要约方面,香港证监会则强调《公司（清盘及杂项条文）条例》《证券及期货条例》第Ⅳ部内有关投资要约的限制、《适用于在互联网上宣传或销售集体投资计划的人士的指引》等文件中关于投资要约的规定都应该被特别注意。

笔者认为,智能投顾在投资要约方面的规定主要需要关注以上文件中关于海外交易所买卖基金的限制,在投资于海外EFT时应多加注意。至于集体投资计划因与智能投顾业务不存在较大的关联性,则不需对针对集体投资计划的相关规定作重点的考虑。

(3) 登载于网上平台的材料。

平台运营者若在网上平台登载任何广告、研究报告,以及其他有关某投资产品的材料,应遵守相关规定。

就登载广告而言,应关注《证券及期货条例》第Ⅳ部以及《适用于根据产品守则获认可的集体投资计划的广告宣传指引》等文件,还需关注《操守准则》内有关广告不会载有虚假、偏颇、具有误导成分或有欺骗性的资料的规定等,需要注意因为失实陈述而引发的民事责任和刑事责任,以及若披露虚假或具有误导性的资料以诱使他人进行交易可能构成的市场失当行为。

就研究报告而言,需要特别关注《操守准则》中关于利益冲突、分析员的适用规则以及有关以适当的技能、小心审慎和勤勉尽责的态度发表任何意见的规定。

4. 合适性规定

合适性规定实质是持牌人或注册人在作出建议或招揽行为时,经考虑其所察觉的或经适当查证后理应察觉的关于该客户的资料后,应确保其向该客户作出的建议或招揽行为,在所有情况下都是合理的。

(1) 合适性规定的触发。

在《平台指引》的引言中,提及合适性规定的触发条件是"中介人与其客户之间透过该交易指示管理系统有任何互动沟通",且这一沟通的过程中需要涉及"招揽或建议行为"。本部分中将进一步介绍,香港证监会认为已出现触发合适性规定的"招揽"或"建议"行为是一个关乎事实的问题,所以应以每宗个案在直至销售或作出建议之前的所有情况作为评估基础。

总体而言,在判断登载材料会否触发合适性规定时,会考虑这些材料的内容及整体展现安排,以及平台内容的设计及其营造的整体印象。只要与产品有关的材料是基于事实、持平及不偏不倚的话,登载有关材料本身并不会构成招揽或建议行为,也不会触发合适性规定;反之,若要触发合适性规定,香港证监会预期需有额外的因素配合,而这些因素都会诱使客户进行交易或对客户施压继续进行交易。

香港证监会曾对关于是否触发合适性规定进行了举例,其中包括"在网上平台为客户进行风险状况评估后,即时向客户展示一份具体的投资产品列表,而列表上附有'风险评级为 X 或以下的产品可能适合阁下或符合阁下的风险承受水平'或'这些产品可能适合阁下或符合阁下的风险承受水平'等陈述",以及"当与客户完成认识你的客户程序或当客户透过客户状况评估工具提供资料,或当客户提供了其资料更新后,制作一个包含一系列投资产品的具体标准投资组合,或制作一份特选投资产品列表,而有关投资组合或列表可能被视为建基于该等由客户所提供的资料",这些举例的情形都与智能投顾业务所涉及的服务情形有一定的重合。

此外,在《平台指引》的第五章节,香港证监会特别强调了机械理财建议(包括由机械理财顾问进行的自动重新调整建议),也会触发合适性规定。在《网上分销及投资咨询平台指引》及其《操守准则》第 5.5 段常见问题中,也特别对于可以自动调仓的智能投顾服务进行了阐释,认为机械理财顾问因投资组合的自动重新调整而执行的交易一般会被视为建议行为,并会触发合适性规定。

因此,提供智能投顾服务的平台运营者应当充分考虑合适性规定的履行。

(2) 合适性规定的履行。

总体而言,在触发合适性规定之后,平台运营者应当履行为客户提供合理适当建议的责任。主要涉及平台运营者的三个方面:其一为进行产品尽职审查;其二为执行"认识你的客户"程序,以获取有关客户个人情况的资料;其三为将投资产品的风险回报状况与客户的个人情况进行配对,以确保合适性。而且,平台运营者在非网上情况下用以履行为客户提供合理适当建议责任的政策及程序、系统和监控措施,可以作为其设计网上平台运营逻辑时候的重要参考。

对于上述第二个方面,香港证监会认为,为了进行合适性评估,平台运营者除了应取得与客户财务状况、投资经验及投资目标有关的"认识你的客户"的资料外,亦应向每名客户收集其他有关资料,包括客户的投资知识、投资期、承受风险能力(包括资本亏损风险),以及(如适用的话)提供定期供款和额外抵押品的能力。而且,监管机构不会就合适性评估限制应考虑的因素或在客户状况评估中所用的数据(包括客户行为的大数据)。

关于对客户提供资料的信赖性问题,香港证监会认为,若平台运营者已尽合理努力从客户取得资料,除非客户提供的资料与平台运营者持有的客户资料不一致,否则平台运营者在进行合适性评估时可依赖所取得的资料。若客户提供不一致的答案,平台运营者应在进行合适性评估前通知客户,务求纠正不一致的情况。平台运营者可实施监控程序,引导客户注意不一致的资料,让他们有机会作出更正,并提供最新及最准确的资料。若客户提供的资料不完整,平台运营者应于进行合适性评估前通知客户及要求客户作出澄清。如客户只作出有限的披露,以致平台运营者未能作出适当评估,平台运营者最低限度应向客户解释所提供的建议因资料缺乏而受到固有限制。此外,平台运营者应向客户解释就其所提供的建议而作出的假设(如有的话)。若客户拒绝披露其财务状况,平台运营者在进行合适性评估时仅应考虑其为该客户管理的可投资资产,并应避免根据不完整的资料或推测作出假设。平台运营者所得到的客户资料愈少,愈应以保守态度进行合适性评估。

  对于上述第三个方面,香港证监会认为这种配对不只是机械式的,一方面需要对投资产品的风险状况进行评估,设计适当的评估方法,综合考虑所涉及的各类风险;另一方面需要对于客户的风险状况进行评估,应该注重风险评分问卷中的问题及其背后的评分机制的设计,从而能够准确地反映客户的个人情况。而且,这两方面的评估应当是持续性的,需要定期地复核投资产品和客户的风险状况,同时需复核进行风险评估的方法和机制。在对于客户进行评估之后,若某些客户属于低或中级风险状况,其投资组合内有一定比例的高风险产品也未必不适合,只要这与有关投资组合的风险回报状况相称,以及平台运营者能够信任,其所推介的任何投资产品相当可能合乎客户的投资目标及其个人情况便可。

  而且,香港证监会特别强调,平台运营者在提供任何意见时应以勤勉尽责及谨慎的态度行事,并确保有关建议及推荐都是经过透彻分析和考虑过其他可行途径后才作出的;佣金回扣或其他利益都不能成为向客户招揽或推介某一投资产品的主要依据;平台运营者应当设计适当的机制用于评估投资产品的合适性,并设有适当的工具来评估客户的集中风险。

  最后,关于对履行合适性义务的时间问题,香港证监会要求,平台运营者在作出建议或招揽行为时,应确保其向该客户作出的建议或招揽行为,在所有情况下都是合理的。平台运营者应在作出招揽或建议行为前,或最迟应在执行交易指示前,确保投资产品适合客户。若有责任确保合适性的平台运营者已评估某项交易为不适合客户,但该客户仍希望进行有关交易,平台运营者此时不应该执行有关交易。

5. 针对机械理财建议的特别要求

《平台指引》第四章针对这一类网络环境下由客户直接使用技术工具("技术接洽工具")向客户直接提供的机械理财建议服务和进行相关服务的机械理财顾问提出了特别的要求,对于本书所指"智能投顾"行业进行极具针对性的监管。特别地,对于本章中提及的"具备合适资格的人士",由机械理财顾问基于该人履行这些责任的经验及能力,自行进行判断。

(1) 为客户提供资料。

① 机械理财顾问应在网上平台提供足够资料,让投资者能就是否采用机械理财顾问的服务作出有根据的决定。机械理财顾问亦应在网上平台持续地向客户清楚及充分地披露有关的重要资料。

这些资料可包括其服务的局限性、风险,以及主要组成部分的产生方法(例如有关背后的算法程序的运作、算法程序的任何局限性、投资组合重新调整机制如何运作及对相关风险的描述)。

而且,机械理财顾问亦应知会投资者及客户并向他们解释会提供何种程度的真人参与。

② 机械理财顾问应确保准确地描述所提供的服务。

③ 机械理财顾问披露的资料应易于理解(如利用弹出式视窗或工具提示框等)。

(2) 客户状况评估。

① 若机械理财顾问运用客户状况评估工具及/或问卷获取客户资料,以作为其"认识你的客户"程序的一部分,便应确保客户状况评估工具及/或问卷的设计能够让机械理财顾问取得足够的资料,以便按照客户的个人情况提供适合的意见(该设计应容许客户有机会作出额外说明及背景资料)。

② 机械理财顾问应设有妥善机制,以便在客户提供的资料中识别不一致的情况,并寻求作出纠正。

例如,可通过弹出式视窗提醒客户该等不一致的情况,以及给予客户更改已输入资料的机会;亦可于内部标示出任何不一致的资料以作检讨及跟进。

③ 若机械理财顾问运用风险评分问卷来评估客户的风险状况及/或厘定应提供予客户的顾问服务,便应尤其注意问题及背后的评分机制的设计;而该等问题及评分机制应为可准确地反映客户的个人情况而构思。

(3) 系统设计与开发。

① 机械理财顾问必须对机械理财建议工具所使用的算法程序的设计、开发、应用及运作,进行有效的管理及充分的监督。

具体而言,机械理财顾问应做到以下方面:第一,确保所用的算法程式的设计及运作符合相关的操守规定;第二,确保算法程式考虑到通过"认识你的客户"程序取得的所有关于每名客户的相关资料,并使用客观的准则得出客户个人情况与合适的投资产品相配的投资建议及/或意见,并且以不偏不倚的方式运作;第三,就算法程式的设计与开发(包括任何修改)保存适当的文件记录(该等文件记录应载列有关设计、开发及修改的理由和根据,以及算法程序预期达到的效果、目标及其范围)。

(4) 监督与测试算法程序。

① 算法程序是机械理财顾问所提供的任何投资意见的依据,机械理财顾问应对算法程式的运作及测试作出监督。

机械理财顾问应做到以下方面:第一,制订书面计划,详述对算法程序进行测试的范围及策略(包括测试计划的设计与落实、挑选测试个案、测试结果的处理及缺陷纠正程序);第二,制订保安措施,以侦测及防止在未经授权下使用算法程序的情况;第三,在应用及其后作出任何开发及/或修改前,对算法程序进行测试以评估有关方法(包括任何所作假设)是否合适,所输入的数据是否能够涵盖预期出现的各种情况,以及结果是否符合机械理财顾问的预期;第四,制订健全的政策与程序以监察和测试算法程序以及提供予客户的意见的合理性(例如所提供的机械理财建议应定期及以随机抽样的方式,由具备合适资格的人士测试,以确保所有适用的规定均获遵守);第五,有适当的政策与程序,让具备合适资格的人士管理、监督、检讨及在适合情况下修改算法程式(例如在出现市场或监管变动时);第六,以适当的技能、小心审慎和勤勉尽责的态度挑选及监督任何外判服务供应商,包括就开发、管理或拥有所用算法程序的任何第三方进行挑选及监督;第七,定期检讨意见,机械理财顾问对算法程序作出修改时,应安排具备合适资格的人士进行验证及其他适当测试,以确保所提供的意见的合理性;第八,在侦测到算法程序出现错误时即时采取措施纠正问题,以及制定监控措施,在有需要时暂停提供意见或服务。

(5) 充足资源。

① 机械理财顾问应确保有足够的且对技术、运作及算法程序(包括算法程序背后的理由根据、风险及规则)有充足专业知识和了解,以及会紧密参与算法程序的设计、开发与应用且持续监督算法程序的运作的员工。

② 机械理财顾问应向所有使用其机械理财工具的员工,提供足够的培训或测试。

③ 机械理财顾问应确保有充足的技术资源及最新的基础设施,以支援网上平台的妥善运作(包括因对所用算法程序作出修改而导致的任何系统要求)。

(6) 重新调整。

① 若机械理财顾问利用算法程序自动重新调整预设的标准投资组合,从而在一段时间内维持某个目标资产分配,便应确保已就自动重新调整制订有效的做法。

该等做法应包括(但不限于)以下事项:第一,一开始便清楚知会客户投资组合每隔一段时间便会自动重新调整(倘适用)以维持目标资产分配,以及(倘适用)可能会因上述重新调整而产生的额外成本;第二,向客户披露投资组合重新调整机制如何运作;第三,制定及维持各项政策与程序,以说明有关算法程序会怎样处理任何重大市场事件;第四,若对现有的算法程序作出可影响客户投资组合的重大更改,便应及时将有关更改清晰地知会相关客户。

② 若机械理财顾问让其客户可弹性选择不自动重新调整投资组合,便应告知客户选择不进行自动重新调整的潜在风险及后果。例如警告客户其根据机械理财顾问的建议而可能投资或已作投资的原有投资组合可能会因选择不进行自动重新调整而变得不再适合该客户,以及一经选择不进行自动重新调整,该客户便须改用不同的服务。

③ 在客户就选择不进行自动重新调整作出确认前,机械理财顾问应确保该客户已承认及确认其同意更改网上平台日后所提供的服务的范围

及条款。

(二)《降低及纾减与互联网交易相关的黑客入侵风险指引》[①]

互联网交易是指"通过持牌人或注册人以互联网为基础的交易设施向该持牌人或注册人传送交易指示的安排"。根据《降低及纾减与互联网交易相关的黑客入侵风险指引》(以下简称《黑客入侵风险指引》)"引言"部分的相关规则,该指引适用于从事互联网交易,并且就第一类、第二类、第三类和第九类活动获得香港证监会发牌或注册的人。对于智能投顾服务而言,平台运营者以互联网为基础的交易设施从投资者那里得到一定的指示安排,应该属于从事互联网交易,其从事的主要业务也很可能包括了第一类(证券交易)、第九类(提供资产管理)的受规管活动。因而,在香港从事智能投顾业务应当与《黑客入侵风险指引》相关。当然,这一文件并不存在法律效力,也不应被认为可以凌驾于任何法律、守则或其他监管规定的条文之上。然而,任何持牌人或注册人如果没有遵从这一指引的精神,则很可能对其适当人选资格造成负面影响。

《黑客入侵风险指引》规定了尤为具体的监控措施,且特别强调,相关的措施作为持牌人或注册人需要达到的最低标准,很可能能够降低或纾减与互联网交易相关的黑客入侵风险,但相关风险是无法被彻底消除的。

具体内容上,《黑客入侵风险指引》分为保护客户的互联网账户、基础设施安保管理、网络安保管理及监督这三个板块。第一板块是针对客户账户保护的具体措施,如客户登录账户时的双重认证、在客户通过账户进行某些操作后即时通知客户、数据加密、保护登录密码、网页超时监控等。第二板块对于如何设置安全的基础安保设施进行了详细规定,如只允许有需要的人士连接使用系统的相关政策和程序设计、对于系统和重要数据的备份、在事故发生时可以执行的应变计划以及保护关键系统组件的实体安保措施。第三板块则是对于网络安保的管理和监督措施,主要包括网络安保管理层的角色和责任、安保事故的报告、内部系统使用者网络

[①] 本部分内容主要归纳自文件《降低及纾减与互联网交易相关的黑客入侵风险指引》,载香港证监会官网,https://www.sfc.hk/-/media/TC/assets/components/codes/files-current/zh-hant/guidelines/guidelines-for-reducing-and-mitigating-hacking-risks-associated-with-internet-trading/guidelines-for-reducing-and-mitigating-hacking-risks-associated-with-internet-trading.pdf,最后访问日期:2022年12月1日。

安保意识的培训以及对客户发出的安保警示和提示。

(三)《证券及期货事务监察委员会持牌人或注册人操守准则》中与智能投顾密切相关的内容[1]

《证券及期货事务监察委员会持牌人或注册人操守准则》作为指引,在考虑持牌人或注册人是否符合适当人选测试、从而可以继续获得发牌或注册的时候发挥了重要作用。香港证监会非常重视持牌人或注册人必须是适当人选,因而本守则虽然无法律效力,但内容详实,涉及香港持牌人或注册人业务经营的方方面面,重要性不言而喻。

而且,从前文对于《平台指引》的梳理中可知,香港证监会在《平台指引》的"一般规定"章节特别强调,对于包括机械理财顾问在内的网上平台,《操守准则》等文件对于相关受规管活动的规范起到了非常重要的作用;且认为相应网上平台所需遵循的"操守规定"主要包括《操守准则》内的一般原则及进一步阐释一般原则的多项规定,其中的合适性规定尤为重要。因此,对于《操守准则》与智能投顾密切相关章节的重点梳理,对于理解香港智能投顾行业的监管体系有较为重要的意义。

1. 一般原则

一般原则是由香港证监会按照国际证券事务监察委员会组织(IOSCO)所制定及认可的原则,以及按照香港证监会认为对持牌人或注册人的业务经营至为重要的其他原则订立。这些一般原则与《平台指引》中的六项核心原则存在部分内容的相似性,如其中勤勉尽责、有关客户的资料等相关原则的内容,《平台指引》中管治、能力及资源原则在某种程度上也可以被看作是《操守准则》中的能力原则在网络平台这一领域的细节化要求。

表7-9 《证券及期货事务监察委员会持牌人或注册人操守准则》规定的一般原则

原则名称	具体内容
诚实及公平	持牌人或注册人在经营其业务时应以诚实、公平和维护客户最佳利益的态度行事及确保市场廉洁稳健。

---

[1] 本部分内容主要归纳自《证券及期货事务监察委员会持牌人或注册人操守准则》,载香港证监会官网,https://www.sfc.hk/-/media/TC/assets/components/codes/files-current/zh-hant/codes/code-of-conduct-for-persons-licensed-by-or-registered-with-the-securities-and-futures-commission/Code_of_conduct-Dec-2020_Chi.pdf,最后访问日期:2022年12月1日。

(续表)

原则名称	具体内容
勤勉尽责	持牌人或注册人在经营其业务时应以适当的技能、小心审慎和勤勉尽责的态度行事,以维护客户的最佳利益及确保市场廉洁稳健。
能力	持牌人或注册人应具备及有效地运用其所需的资源和程序,以便适当地进行其业务活动。
有关客户的资料	持牌人或注册人须因应其将会提供予客户的服务,向客户索取有关其财务状况、投资经验及投资目标的资料。
为客户提供资料	持牌人或注册人与客户进行交易时,应充分披露有关的重要资料。
利益冲突	持牌人或注册人应尽量避免利益冲突,而当无法避免时,应确保其客户得到公平的对待。
遵守法规	持牌人或注册人应遵守一切通用于其业务活动的监管规定,维护客户最佳利益及促进市场廉洁稳健。
客户资产	持牌人或注册人应确保客户的资产尽快及妥善地加以记账及获得充分的保障。
高级管理层的责任	持牌人或注册人的高级管理层应承担的首要责任,是确保商号能够维持适当的操守标准及遵守恰当的程序。在决定责任归于何人,及某人需承担何种程度的责任时,将须顾及该名人士在特定的业务操作上的表面或实际的权力,以及《操守准则》第1.3段①所提到的因素。

2. 有关客户的资料

根据《操守准则》的规定,持牌人或注册人应采取一切合理步骤,以确立其每位客户的真实和全部的身份、每位客户的财政状况、投资经验及投资目标。如客户并非亲自开立账户,则有关的开户程序应该以令人满意的方式进行,从而确保持牌人或注册人得以知悉该客户的身份,这一过程就是非常重要的"认识你的客户"。

"认识你的客户"这一程序要求持牌人或注册人为客户提供合理的建议。持牌人或注册人经考虑其所察觉的或经适当查证后理应察觉的关于该客户的数据后,在作出建议或招揽行为时应确保其向该客户作出的建

---

① 《操守准则》"1.3 本守则适用的人士"规定,虽然本守则适用于所有进行获发牌或注册进行有关受规管活动的持牌人或注册人,但证监会了解到就遵守本守则的若干层面而言,可能已超出代表的控制范围。因此,证监会在根据本守则而考虑代表的操守时,将会顾及他们在有关商号所负责的职务、可能履行的监督职责,以及其对该商号或受其监督人士未能遵守本守则一事的控制及知情程度。

议或招揽行为在所有情况下都是合理的。

3. 委托账户

对于能够自动调仓的智能投顾业务而言,关于全权委托账户的相关规定是非常重要的,《操守准则》中针对"委托账户"有专门的章节进行阐述,其内容包括委托账户的授权和操作,以及关于委托账户收益的披露。

在香港,持牌人或注册人为客户进行交易的情况有两种:

第一种是该持牌人或注册人在进行交易之前已经获得该客户或其以书面指定的人士特定的授权而进行交易。在这种情况下,持牌人、注册人或受雇于持牌人或注册人的人士应该向客户解释该授权的条款。某一客户如果向持牌人或注册人的雇员或代理人给予了授权,便应在授权书上注明该人是持牌人或注册人的雇员或代理人;持牌人或注册人也应该至少每年与客户确认其是否希望取消该项授权。为了更好地清楚说明相关情况,持牌人或注册人只需要在委托授权届满的日期之前通知客户并指明,除非客户在委托授权届满的日期前以书面通知取消有关授权,否则该项授权将会自动续期。

第二种是在进行交易之前该客户已经以书面形式授权持牌人、注册人或任何受雇于该持牌人或注册人的人士(本身亦必须为持牌人或注册人),即使在未有该客户特定授权的情况下,仍可为其进行交易。在这种情况下,如果某一持牌人或注册人已经获得了上述授权,便应在客户协议及持牌人或注册人的记录内,指明该等账户为"委托账户"。

机构内部对于委托账户也应该持有一个较为审慎、严谨的态度。《操守准则》规定:委托账户的开立应由高级管理层审批,且持牌人或注册人应执行内部监控程序,以确保委托账户的操作得到适当的监督。

最后,关于委托账户的收益披露方面,也存在两种情况。第一种情况是,委托账户在明确收取报酬的安排下获得了金钱收益或从交易中赚取了销售利润,这时应该披露具体的资料。如果持牌人或注册人及/或其任何有联系者就为客户进行投资产品的交易而从产品发行人处(直接或间接)明确地取得金钱收益(无论是否可在销售前或在销售时量化计算),该持牌人或注册人便应按投资产品的种类披露其及任何有联系者可取得的金钱收益的最高百分率;就无法量化计算的金钱收益而言,该持牌人或注册人亦应披露将会取得该等收益及该等收益的性质。如果持牌人或注册人无须承担市场风险,并就为客户从第三方购入投资产品或为客户向第三方销售投资产品赚取销售利润,该持牌人或注册人应按投资产品的种类,披露将可赚取的销售利润的最高百分率。在第二种情况下,委托账户在非明确收取报酬的安排下获得了金钱收益或非金钱收益,这时只需披露概括的资料,如只需披露将会获得利益、取得非金钱收益或非金钱收益的性质等。

4. 电子交易

(1) 关于"电子交易"的原则性规定。

这一章节适用于就在交易所上市或买卖的证券及期货合约进行电子交易或就并非在交易所上市或买卖的证券进行互联网交易的持牌人或注册人。

其中,"电子交易"是指以电子方式进行的证券及期货合约交易,包括互联网交易、直达市场安排及程式买卖。

"互联网交易"是指通过持牌人或注册人以互联网为基础的交易设施向该持牌人或注册人传送交易指示的安排。以互联网为基础的交易设施可通过电脑、流动装置或其他电子装置来接达。

"直达市场安排"是指持牌人或注册人向客户提供的入市途径,而客户可通过此途径直接或间接将交易指示传送至市场的对盘系统并按该持牌人或注册人的识别号码执行。

"程式买卖"是指由电脑根据一套旨在达成特定执行结果的预设规则而产生的交易活动。

《平台指引》第四章对于机械理财建议定义进行了限缩,也即认为香港狭义上的智能投顾服务(也即机械理财建议)是指由客户直接使用技术工具("技术接洽工具")向客户直接提供的理财建议;而且,可能涉及"重新调整"的环节设计,即机械理财建议服务的提供者可能利用算法程序自动重新调整预设的标准投资组合,从而在一段时间内维持某个目标资产分配。由此可知,香港的机械理财顾问很可能通过电子方式进行证券交易,应当属于本章节所规制的对象。而且,根据其具体的服务内容,可能涉及"互联网交易"和"程式买卖"这两种类型的电子交易。

针对所有"电子交易"的基础规定包括:第一,责任安排。持牌人或注册人对透过其电子交易系统①传送至市场的交易指示的结算和财务责任,根据适用的监管规定对监督其交易指示的政策、程序和监控措施负有责任。第二,管理监督安排。持牌人或注册人应有效管理及充分监督其使用或提供予客户使用的电子交易系统的设计、开发、应用及运作。第三,系统充足性要求。持牌人或注册人应确保其使用或提供给客户使用的电子交易系统的稳健性,包括该系统的可靠性、安全性及容量,并设有适当的应变措施。第四,备存记录要求。持牌人或注册人应备存或安排备存有关其电子交易系统的设计、开发、应用及运作的妥善记录。

涉及互联网交易及直达市场安排的特定规定包括:第一,风险管理要求。在提供互联网交易或直达市场安排服务时,持牌人或注册人必须确保所有客户交易指示均传送至该持牌人或注册人所使用的基础设施,并受到下述事项所限制:适当的自动化交易前风险管理监控措施;定期的交易后监察。也即对风险管理的要求是包含事前和事后的,是全覆盖的。第二,在客户方面,持牌人或注册人应为其直达市场安排服务订立对客户的基本要求,并在向客户提供直达市场安排服务前评估每名客户是否符合有关要求。

涉及程式买卖的特别规定包括:第一,持牌人或注册人应订立并实施有效的政策及程序,以确保参与设计及开发或获核准使用其程式买卖系统②及买卖程式的人士具备合适的资格。第二,程式买卖持牌人或注册人应确保其使用或提供予客户使用的程式买卖系统及买卖程式均经过充分测试,以确保它们按设计运作。第三,持牌人或注册人应设有经合理设计的监控措施,以确保其程式买卖系统及买卖程式的稳健性及其程式买卖系统及买卖程式以有利市场廉洁稳健的方式运作。

(2)关于"电子交易"的具体规定。

① 管理监督安排。

持牌人或注册人应就其使用或提供给客户使用的电子交易系统的运作订立并实施书面的内部政策及程序,以确保:有至少一名负责人员或主

---

① "电子交易系统"是指在进行电子交易时使用的系统,包括由公司内部或第三方服务提供者设计及开发的系统。

② "程式买卖系统"是指在进行程式买卖时使用的系统,包括由公司内部或第三方服务提供者设计及开发的系统。

管人员负责电子交易系统的整体管理及监督;在交易、风险及合规部门共同参与下制定正式的管治程序;设有清楚界定的汇报途径,将监督和汇报职责指派予合适的职员执行;订有管理监控措施及监督管制措施,用以管理与其本身或其客户使用电子交易系统相关的风险。持牌人或注册人应进行定期检视,以确保这些内部政策及程序能配合不断变化的市况及监管发展,并从速对任何已识别的不足之处作出纠正。持牌人或注册人应为其电子交易系统的设计、开发、应用及运作调配具备足够资格的职员、专才、技术设备及财政资源。

② 系统充足性要求。

在系统的监控上,持牌人或注册人应确保其使用或提供给客户使用的电子交易系统设有有效的监控措施,使其在有需要时可及时制止系统产生及向市场传送交易指示,取消市场上任何尚未执行的交易指示。

在系统的可靠性上,持牌人或注册人应确保其使用或提供给客户使用的电子交易系统及对系统的所有改动在应用前均经过测试,并定期进行检视,以确保系统及所有改动的可靠性;持牌人或注册人应从速向香港证监会汇报与其提供给客户使用的电子交易系统有关的任何重大的服务中断或其他重要问题。

在系统的安全性上,持牌人或注册人应采取充足及适当的安保监控措施,以保护其使用或提供予客户使用的电子交易系统免被滥用。保安监控措施应至少包括:可靠的技术,借以认证或核实系统使用者的身份及权限,确保只有获核准的有需要人士方可接触或使用系统;有效的技术,借以确保储存在系统内及在内部与外间网络之间传递的资料的保密性及完整性;适当的运作监控措施,借以防止及侦测未经授权的入侵、违反安保事件及对安全性的攻击;适当的步骤,借以提升系统使用者对使用系统时需采取安保预防措施的重要性的意识。

在系统的容量上,提供电子交易系统给其客户使用的持牌人或注册人应确保:定期监察电子交易系统的容量使用情况,并进行适当的容量规划,在进行容量规划时,持牌人或注册人应决定所需的备用容量水平,并就其备存记录;对电子交易系统的容量定期进行压力测试,以确定在不同的模拟市况下的系统表现,并以文件载明压力测试的结果及为解决压力测试发现的问题而采取行动;电子交易系统的容量足以处理在营业额及市场成交量方面任何可预见的增长;电子交易系统设有应变安排,以处理超出系统可处理容量的客户交易指示,通知客户有关安排,并确保向客户提供其他可用途径以执行交易指示。

在应变措施上,提供电子交易系统为其客户使用的持牌人或注册人应制定一份书面应变计划,以处理与电子交易系统有关的紧急情况及中断事故。应变计划至少应包括下列事项:第一,适当的后备设施,令持牌人或注册人可以在紧急情况下提供电子交易服务或其他执行交易指示的安排。第二,确保业务记录、客户及交易数据库、服务器及证明文件均在离线媒体存有备份的安排。在办公室以外地方的储存一般须设有妥善的安保措施。第三,由经过培训的员工处理客户及监管当局查询的计划。持牌人或注册人应确保定期测试用以处理潜在紧急情况及中断事故的应变计划,以及有关计划是可行及足够的。如系统出现重大延误或故障,持牌人或注册人应及时:确保有关的重大系统延误或故障得以纠正;通知客户重大系统延误或故障的原因或可能原因以及将会如何处理客户的交易指示。

③ 备存记录要求。

就电子交易系统而言,持牌人或注册人应备存或安排备存:有关其系统设计及开发(包括任何测试、检视、改动、升级或纠正)的全面文件;有关其系统风险管理监控措施的全面文件;其系统活动的稽查记录;有关其系统的所有重大系统延误或故障的事故报告。持牌人或注册人应保留或安排保留上述前两项文件,为期不少于电子交易系统停用后两年;上述后两项的稽查记录及事故报告,为期不少于两年。

如电子交易系统由第三方服务提供者提供给持牌人或注册人,该持牌人或注册人应与该服务提供者作出安排,以确保上述的记录在要求的期限内予以备存及保留。在回应香港证监会索取资料的要求时,由第三方服务提供者管有而且属于专有性质的资料,可由该服务提供者直接提供给证监会。

④ 涉及互联网交易及直达市场安排的特定规定。

在风险管理上,自动化交易前监控措施包括:第一,防止输入任何可能导致超额为每名客户或每个自营账户所订明的适当交易及信贷限额的交易指示;第二,限制持牌人或注册人的财务风险承担;第三,就输入可能是错误的交易指示向使用者发出警示,并防止输入错误的交易指示;第四,防止输入违反监管规定的交易指示。交易后监察包括:合理地识别出任何可能属操纵或违规性质的交易指示及交易。持牌人或注册人在识别出任何可疑的操纵或违规交易活动后,应及时采取步骤防止有关活动继续进行。

在客户上,持牌人或注册人应确保该使用直达市场安排服务的客户符合该持牌人或注册人所订立的基本要求,包括:该客户设有适当安排,以确保其使用者能熟练地及胜任地操作直达市场安排服务的系统;该客户理解并有能力符合适用的监管规定;该客户设有足够安排,以监察透过直达市场安排服务输入的交易指示。持牌人或注册人应不时根据当前市况评估对客户的基本要求。持牌人或注册人应定期评估该使用直达市场安排服务的客户是否继续符合对客户的基本要求。如持牌人或注册人允许其客户将直达市场安排服务再转授予另一人使用,该客户应为持牌人、注册人、海外证券或期货交易商或受到规管监督的海外银行。该持牌人或注册人及其客户应设有安排,以确保:该人的交易指示会通过该客户的系统,并受到适当的风险管理监控措施及监督管制措施所规限;该人符合该持牌人或注册人所订立的对客户的基本要求,而该客户与该人之间订有一份书面协议,列明再转授的直达市场安排服务的条款。

⑤ 程式买卖的特别规定。

在资格上,持牌人或注册人如使用内部开发的程式买卖系统或买卖程式,或提供其程式买卖系统或买卖程式给其客户使用,应确保其程式买卖系统及买卖程式的设计及开发工作是由具备足够资格及曾接受充足培训的人员提供支援,而该支援人员须了解在使用该程式买卖系统及该等买卖程式的过程中可能出现的合规及监管事宜。

持牌人或注册人应确保获核准使用其程式买卖系统的人士充分了解:该程式买卖系统及该等买卖程式的运作;在使用该程式买卖系统及该等买卖程式的过程中可能出现的合规及监管事宜。

如有需要,持牌人或注册人应向该人士提供有关下述方面的培训:第一,该程式买卖系统的使用及运作;第二,该程式买卖系统内包含的每一项买卖程式,包括:其交易特点及执行模式;对市场的潜在影响及对市场廉洁稳健构成的风险;按照监管规定,在某些市况下是否适宜使用某项买卖程式来执行某些交易指示。

持牌人或注册人应确保获核准使用其程式买卖系统的人士及时获悉有关其程式买卖系统及买卖程式在设计及开发方面的任何改变,并在有需要时获得有关该等改变的培训。持牌人或注册人应向获核准使用其程式买卖系统的人士提供有关操作其程式买卖系统的最新文件。该文件应载有对其程式买卖系统及买卖程式的运作、风险监控措施、监督管制措施及合规监控措施的解释。

在测试上,持牌人或注册人应确保其使用或提供给客户使用的程式买卖系统及买卖程式,以及日后的任何开发及改动,在应用前均经过充分测试,从而使其本身信任:该程式买卖系统及该等买卖程式将按设计运作;在设计及开发该程式买卖系统及该等买卖程式的过程中已考虑到可预见的极端市场情况、不同交易时段(例如竞价交易时段及持续交易时段)的特点、该程式买卖系统及该等买卖程式的应用将不会干扰市场公平有序的运作。

持牌人或注册人应确保对该程式买卖系统及该等买卖程式定期(每年不少于一次)进行检视及测试,以评估该程式买卖系统能否处理相当大的成交量,以及该等买卖程式能否在不干扰市场公平有序运作的情况下执行交易指示。此外,如程式买卖系统或买卖程式由第三方服务提供者提供予持牌人或注册人,持牌人或注册人应作出适当的尽职审查,以确保对该程式买卖系统或买卖程式所进行的测试符合相关规定。

在程序买卖的风险管理方面,持牌人或注册人应设有经合理设计的监控措施,以:监察及防止其程式买卖系统产生或传送至市场执行的可能是错误的或干扰市场公平有序的运作的交易指示;保护持牌人或注册人及其客户免于承受过高的财务风险。持牌人或注册人应对透过其程式买卖系统进行的交易活动(包括相关的交易指示)定期进行交易后检视,以识别任何:可疑的市场操纵或违规活动;须采取进一步的风险监控措施以应对市场事件或系统缺失(例如对市场造成的非预期影响)。持牌人或注册人在识别出任何可疑的市场操纵或违规交易活动后,应及时采取步骤防止有关活动继续进行。

在程序买卖记录的备存方面,持牌人或注册人应备存或安排备存有关其电子交易系统的设计、开发、应用及运作的妥善记录。持牌人或注册人应确保有关其程式买卖系统及买卖程式的设计及开发(包括任何改动)以文件载明并以书面方式记录。该文件应显示有关设计、开发及改动的理据,以及其预期达到的效果。这些记录应在持牌人或注册人的系统及程式停用后予以保留不少于两年。持牌人或注册人应确保其程式买卖系统及买卖程式就每项交易指示所顾及的所有参数的记录予以备存及保留不少于两年。持牌人或注册人应确保其检视及测试的记录(当中须列明测试结果的范围)予以备存及保留不少于两年。如程式买卖系统及/或买卖程式由第三方服务提供者提供给持牌人或注册人,该持牌人或注册人应与该服务提供者作出安排,以确保相关记录按该等段落所列明的期限予以备存及保留。在回应香港证监会索取资料的要求时,由第三方服务提供者管有;而属专有性质的资料,可由该服务提供者直接提供予香港证监会。

(四)其他文件

除以上梳理的文件外,根据《平台指引》"一般规定"这一章节的相关内容,还有部分其他文件,也与智能投顾业务存在一定的关联性。

1.《适用于证券及期货事务监察委员会持牌人或注册人的管理、监督及内部监控指引》

《适用于证券及期货事务监察委员会持牌人或注册人的管理、监督及内部监控指引》[1](以下简称《内部监控指引》)是关于持牌人及注册人如何组织、管理及运作其各自获发牌或注册进行的受规管活动,特别涉及它们是否设立了满意的内部监控和内部管理制度。主要目的是帮助持牌人及注册人能够有秩序且具有效率地经营其业务、保障客户的资产、保存完备的记录、确保其业务内部所使用的和对外公布的财务和其他数据都是可靠的并且遵守所适用的法规和监管规定。

2.《有关触发为客户提供合理适当建议的责任的〈常见问题〉》

《有关触发为客户提供合理适当建议的责任的〈常见问题〉》[2]主要涉

---

[1] 香港证监会:《适用于证券及期货事务监察委员会持牌人或注册人的管理、监督及内部监控指引》,载香港证监会官网 2003 年 4 月,https://www.sfc.hk/-/media/TC/assets/components/codes/files-current/zh-hant/guidelines/management-supervision-and-internal-control-guidelines-for-persons-licensed/management-supervision-and-internal-control-guidelines-for-persons-licensed.pdf,最后访问日期:2022 年 12 月 1 日。

[2] 香港证监会:《有关触发为客户提供合理适当建议的责任的〈常见问题〉》,载香港证监会官网,https://sc.sfc.hk/TuniS/www.sfc.hk/TC/faqs/intermediaries/supervision/Triggering-of-Suitability-Obligations/Triggering-of-Suitability-Obligations#0498D2D786F24477A7E33EBA2ECBF4CC,最后访问日期:2022 年 12 月 1 日。

及"为客户提供合理适当建议的责任"的触发问题,通过一般指引原则结合具体示例的方式,介绍了在什么情况下持牌人或注册人与客户就投资产品的互动沟通属于作出招揽或建议行为,从而触发为客户提供合理适当建议的责任。

这一部分内容与《平台指引》合适性规定触发问题有一定的重合性,《平台指引》中所提的"合适性规定"和本文件中所提的"为客户提供合理适当建议的责任"均由《操守准则》第5.2段而来,二者本质是相同的,表达的是持牌人或注册人所应该遵守的同样的责任。本文件包含的相关规定内容更具普适性,而《平台指引》中包含的相关规定内容则更具针对性,尤其是特别肯定了机械理财建议服务触发合适性责任的必然性。

此外,本文件还特别肯定了"为客户提供合理适当建议的责任"在提供委托账户服务时的适用性,详细阐释了持牌人或注册人如何在提供委托账户服务时遵守相应的责任要求。

3.《有关持牌人或注册人遵守为客户提供合理适当建议的责任的〈常见问题〉》

《有关持牌人或注册人遵守为客户提供合理适当建议的责任的〈常见问题〉》[①]同样与《操守准则》第5.2段所提及的"为客户提供合理适当建议的责任"(或称"合适性规定")有关,列明了注册人或持牌人在遵守现行的《操守准则》及《内部监控指引》时应该考虑的实际因素。

(1)持牌人或注册人在提供合理适当建议给客户时的责任。

持牌人或注册人应:认识他们的客户;了解向客户推介的投资产品(产品尽职审查);将每名客户的个人情况和向其推介的每项投资产品的风险回报状况进行配对,从而提供合理适当的建议;向客户提供所有重要的相关资料并协助他们作出有根据的投资决定;聘用胜任的职员及提供适当的培训;以文件载明及保留向每名客户作出的每项投资建议的理据。

(2)"认识你的客户"。

这一部分内容是对于上文已梳理的《操守准则》第5.1段"认识你的

---

① 香港证监会:《有关持牌人或注册人遵守为客户提供合理适当建议的责任的〈常见问题〉》,载香港证监会官网,https://sc.sfc.hk/TuniS/www.sfc.hk/TC/faqs/intermediaries/supervision/Compliance-with-Suitability-Obligations/Compliance-with-Suitability-Obligations#46586C8BCEEC4477BB9EA1C58BA518AC,最后访问日期:2022年12月1日。

客户"要求的具体拓展。根据《操守准则》第 5.1 段的"认识你的客户"要求，无论持牌人或注册人会否作出招揽行为或建议，均有责任向客户取得资料以厘定其财政状况、投资经验及投资目标。有关资料的例子包括：年度收入、速动资产或资产净值，以评估客户的财政状况；客户曾投资的投资产品种类，以及投资该等产品的期间，以评估客户的投资经验；投资目的（例如赚取收入或保本），以评估客户的投资目标。

（3）投资产品尽职调查。

持牌人或注册人不应向客户推介其本身不了解的投资产品。他们为每名客户挑选合适的投资产品时，应进行尽职审查。

在进行产品尽职审查时，除需了解投资产品的性质和风险程度外，持牌人或注册人可能还需要根据向客户提供的投资产品的性质，考虑市场及行业的风险、经济及政治环境、监管限制以及任何可能会直接或间接影响相关投资的风险回报及投资增长前景的因素。

持牌人或注册人应对本身的产品进行尽职审查，并在对所有适合和可合理地获得的相关资料进行公正和持平的评估后，对产品作出评估。由独立研究公司所发出的风险评级或由信贷评级机构所编配的信贷评级，只是进行产品尽职审查的其中一项考虑因素。

持牌人或注册人可根据投资产品的性质和风险程度，采纳相对称的做法来进行产品尽职审查及以文件记录尽职审查工作。

（4）使用电脑程序得出投资建议。

当持牌人或注册人使用电脑程序，把特定客户资料输入电脑，从而得出电脑程序产生之投资建议，用作协助客户作出投资决定时，他们也应遵守相关责任，应确保向客户提供合理适当的投资建议。持牌人或注册人应确保该电脑程序考虑到每名客户的所有相关资料，使用客观的标准把客户的个人情况跟合适的投资产品进行配对，从而得出合理适当的投资建议，并确保提供投资建议的过程是不偏不倚的。

（5）其他规定。

本文件关于"为客户提供合理适当建议的责任"的规定是全面而细致的，内容还包括：持牌人或注册人应如何评估客户对风险的态度；持牌人或注册人可如何向客户提供合理适当的建议；持牌人或注册人应如何制定为不同客户进行合适性评估的程序；持牌人或注册人可如何协助客户作出有根据的决定;持牌人或注册人应如何向投资知识或经验水平不同的客户,履行解释投资产品的特点及风险的责任;持牌人或注册人在拟备文件记录时应符合哪些标准;就服务性质及范围而言,持牌人或注册人应在客户协议书内订明什么;持牌人或注册人的高级管理层应采取什么行动。

四、香港地区智能投顾业务监管的总结

首先,香港地区对于金融科技浪潮的重视毋庸置疑。以香港证监会为例,其设置了金融科技联络办事处、金融科技小组,加强了监管机构对于金融科技项目的了解,也有助于其设计出针对金融科技的监管框架并拟定具体的监管文件。此外,香港地区监管沙盒的运作情况也较为良好,并不是一个高高在上的"空架子",其特点主要是监管机构的主导性、介入性较深,且"定制化"程度高,每一个项目进入沙盒的具体运作计划都由公司和监管机构共同商议定制,能够有效地帮助金融科技公司不断提升其经营业务的能力,并最终获得持牌或注册资格,良好、稳健地在市场中运营、发展。

其次,对于新兴的智能投顾业务而言,其整体的监管框架是以传统的法律规定为主要基底,辅之以补充发布的相关文件。香港证监会对于这一项业务最根本的把控主要在于其牌照的准入,这主要基于《证券及期货条例》这一法律要求,而香港原本的划分细致的牌照体系已经完全能够覆盖智能投顾业务所涉及的服务,从而对于相关平台从事的受规管活动进行基本的管理和控制。因此,就目前而言,香港并不需要特定的针对智能投顾业务颁布新的法律,适用原本的监管法规即可解决其准入门槛的根本问题。这也在一定程度上体现出,香港这种细致划分受规管活动、根据公司所需经营的业务申请相应牌照的单一牌照制度普适性强,能够较好地适应千变万化的金融产品和金融服务所提出的监管要求。此外,其他文件则主要是对于从事智能投顾业务所涉及的一些细节问题进行的全面阐释,主要包括《操守准则》及相关系列文件对于合适性规定的要求,以及《平台指引》中对于网络平台尤其是机械理财建议的针对性规定,这些文件都不具备法律效力,但涉及智能投顾业务的方方面面,如算法程序、委托账户、重新调整功能等。可以认为,香港地区对于智能投顾业务的监管体系已是较为充分、完备的。

对于香港地区的智能投顾行业监管体系进行解读,可以认为其具备以下特点:

第一,包含较多不具备法律效力的文件。这些文件虽然不具备法律效力,但被香港证监会所重视,任何持牌人或注册人如果没有遵从相关文件中的规定,则很可能对其适当人选资格造成负面影响。这种体系是非常巧妙的,颁布这些文件不需要完全经过颁布法律所需要的复杂严谨的程序,因而其也不能够凌驾于其他法律条文之上而存在,仅仅是作为一种"建议",其规定的全面性和对于适当人选资格测试的影响决定了这些文件的规范不至于"太松"或"太紧",能够较为良好地发挥其应有的作用,为相关持牌人或注册人的行为"兜底",同时不因为过于严格的监管打击相应公司经营业务,尤其是金融科技公司提供相关金融服务的积极性。

第二,监管措施的制定具备一定的原则性、普适性。例如,在《有关建议的〈网上分销及投资咨询平台指引〉咨询总结及有关适用于复杂产品的非网上销售规定的进一步咨询》中,香港证监会提到,其监管是以原则为本的;如在风险分析方面,平台运营者应自行拟订其风险分析及评价方法,并顾及定量及定质的因素,为了让公司可以弹性建立适合其业务模式的方法,证监会不宜订明标准的风险评估方法或提供风险评估及客户状况评价的标准模板。再例如,《黑客入侵风险指引》中也提及,该文件中的监管措施只是决定持牌人或注册人应该达到的最低标准,并不是完全详尽无遗漏的;《内部监控指引》也认为由于各公司的组织和法律构架、业务性质和范围都有重大差异,因而并没有完全适用于所有公司的内部监控措施和程序足以确保公司的内部监控是足够的,《内部监控指引》不必就有关的事宜作出巨细无遗的处理,每名持牌人或注册人的内部监控需要可能有所差别,因而需通过透彻地分析每家公司的个别构架和业务运作及需要,来确定其所需的内部监控。综上可知,这些文件主要是对于原则性、一般性规定以及一些基础的、较低的标准进行了规定,具备了一定的普适性,在具体运用于实际案例时,各个公司往往需要根据其实际情况在这些文件的基础上进行制度的安排。

第八章　从算法黑箱到算法治理

智能投顾运行的核心是算法。从数学的角度来定义算法，它是通过一系列步骤，用输入的数据得到输出的结果。基于不同的数字处理过程，使用不同算法的智能投顾平台会给出不同的投资建议，即算法差异是智能投顾平台形成差异化服务与横向产品竞争的根源所在。在算法时代，算法技术的广泛应用给社会生产效率带来了极大程度的提高。在算法赋能金融的同时，算法因其天然的专业性特质，逐渐生发出所谓的"算法权力"，并逐渐开始影响金融生活的方方面面。此外，对算法的监管成为了法律制度必须面对的一个全新话题。

第一节　算法黑箱与算法透明原则

算法的专业性是所有讨论的起点。科学技术发展到今天，智能算法也不断进化，从单纯的技术化"工具"逐步升级为不透明的、复杂的自主智能体。由于算法高度的专业性与复杂性，其可以通过特定的运算结构与遮蔽模块将运行内容与过程进行隐藏；同时非专业人士也很难在短时间内理解算法所采纳的处理逻辑（即俗称的"看不懂"）。在这种情况下，普通人（包括投资者、法律专业人士、金融专业人士等）无法通过外部观察理解算法的内部结构，数据输入与结果输出之间存在着他们无法洞悉的"隐层"，这种情况便被形象地比喻为"算法黑箱"。

一、算法透明原则

算法应用在广度和深度上的增加，不断强调着算法透明原则的重要地位。确立算法透明原则的基本原理与信息披露原则的逻辑是一致的：如果投资者能够搞明白算法想要做什么，打算怎么做，会产出何种预期结果，那么投资者与算法设计者之间的信息不对称将会被大大缓解，这不仅能够降低投资者面对算法的不安情绪，同样能够降低程序设计者操纵算法的可能，在一定程度上防止利益冲突。此外，强调算法透明原则能够进而增强算法决策的可责性，当算法出现失误或错误时，可以依据所披露的算法向算法设计者追责，从而为进一步的算法权力规制提供理论基础。

虽然学者们对于算法透明原则的认识存在不同程度的差异，众口众言，思路不一而足，但总的来说，目前学界对于算法透明原则还是有着普遍认同的最大公约数——针对算法的事前规制原则，要求算法的设计方或者使用方披露包括技术原理、输入数据、输出结果在内的算法要素。欧盟《一般数据保护条例》(General Data Protection Regulation)中，第13条第2款第(f)项、第14条第2款第(g)项、第15条第1款第(h)项均规定，控制者在获取个人数据时，应当向数据主体提供有关信息：(1) 数据画像；(2) 自动决策机制的逻辑程序及有关程序的有意义的信息；(3) 逻辑程序处理数据后，对数据主体的意义和预期影响，以保证自动决策机制的公正性和透明性。从整体流程上看，算法透明原则要求自动化程序将数据输入、运算过程、结果输出及结果影响条分缕析地打开给数据提供者看，将"阳光"这种"消毒剂"洒满整个算法过程。

帕斯奎尔教授(Frank Pasquale)对于算法透明的理解更为复杂而深入，他在不同的著述中，曾把算法透明理解为综合源代码公开、算法分析、算法审计等手段共同合力促成的"算法透明"。他的这种理解，当然给他的理论带来了更强的解释力，但是也由于对"算法透明"作了过于泛化的解释，反而在某种程度上模糊了算法透明与其他规制手段的边界。因此在本节的讨论中，依旧对"算法透明"作狭义解释。[①]

如果具体到智能投顾的实践中，则算法透明原则意味着在整个投顾流程中，平台应当对外明确披露：(1) 算法的数据来源并取得投资者授权，所搜集到的数据的用途（数据输入）；(2) 所使用的运算模型的主要逻辑、算法假设与重要参数，人工参与监管和管理的程度，以及通过收集到

---

① 参见汪雄：《算法社会中的法律沉思》，中国政法大学出版社2020年版，第150—157页。

的信息生成投资组合建议的过程(运算过程);(3)模型中存在的偏见及利益冲突,使用算法来管理客户账户所固有的特定风险,以及与算法相关的直接费用与间接费用(结果输出与结果影响)等内容。

二、算法透明原则的必要性与可行性分析

前文已述,算法透明原则的目的在于打开算法"黑箱",将算法运行的整个流程暴露给使用者与监管者,以保证算法的公平性。然而,在实践过程中,算法透明尤其是在商业领域的算法透明,可能会在必要性与可行性上遇到双重挑战。

(一)算法透明原则的必要性

"公开算法"听起来是一个成本较低且符合传统信息理论的选项,然而这仅仅存在于一个完美的市场假设中——在真实的交易市场上,"公开算法"并不足以实现"算法透明"的目的,其原因也很简单:从算法设计者对信息的公开到算法使用者对算法的理解,两者间横亘着一条名为"知识"的天堑,并且随着算法发展的日益深奥,这条鸿沟会越来越深刻,越来越难以跨越。在算法公开与算法可知之间,至少存在着如下三道障碍:披露对象的技术能力、算法的复杂化与机器学习、干扰性披露。[①]

第一,披露对象的技术能力。当算法的披露对象是非程序设计专业人士时,算法本身就是晦涩难懂、难以理解的。即便是具备一定知识水平与认知能力的人士,如果并非从事计算机编程行业,也很难说具备理解算法必需的技术知识基础。在智能投顾的语境中,普通投资者、普通投顾服务人员、律师甚至是法官或监管者,即使向他们披露算法代码和相关的技术细节,他们也很难明确投资咨询结论是如何给出的。虽然的确可以要求投顾机构针对算法流程给出简明化的说明解释,甚至可以要求投顾机构辅之以清晰的图像、动画、语音或视频介绍,然而其中可能会产生解释成本与理解偏差,甚至可能给程序设计者遮掩、掩饰或诡辩的空间。

第二,算法的复杂化与机器学习。事实上,即便是简单的算法,也存在不可知的情况,比如计算机领域著名的莱斯定理(Rice's Theorem),就证明了某类算法的不可知属性。随着技术的不断演进,算法分工的不断

---

① 参见汪雄:《算法社会中的法律沉思》,中国政法大学出版社2020年版,第164页。

精细以及实践对于算法需求的不断提升,大量算法变得越来越复杂。多组算法之间的模块交互也给算法解释带来了很大的难度。当然,我们可以要求算法编写者将算法系统模块化,并分别解释各子部分算法,随后将其整合成为一个完整的系统。具体到智能投顾的语境中,即为要求投顾机构对投资者的画像过程、投资产品的选取标准、提供投资建议时依靠的基本原则与计算方法、结果稳健性测试分别作出简明解释。然而,在很多情况下,复杂算法的应用和交互(譬如云计算)无法确保能够从多个模块解释的组合中,或者与其他算法的交互中,对算法进行准确解释。① 即随着算法的复杂程度与交互影响的提高,不仅投资者对于算法的理解更加困难,解释算法这件事情本身也变得更加困难。此外,正如上文所提到的,不断发展的机器学习技术,正在不断赋予智能机器人算法自我更新和自我学习功能。机器学习与传统算法程序不同,在接入互联网后,其计算过程更为智能、更动态。机器学习程序能够根据输入样本的更新和累积不断调整和优化自身参数。从这个角度上说,机器学习的动态运行会改变数据比较和组合的路径,给解释机器学习算法本身带来难度。② 举例来说,智能投顾的算法可能根据近期市场与行业发展动态拟合投资产品预期收益率,而拟合算法本身就是使用历史数据、经验与客户反馈推算出来的,是实时更新、不断优化的。即便解释了智能投顾的推荐投资产品组合的最初逻辑,随着投资市场的不断发展,整个算法都会进一步地依据市场动态变化。因此,除了极少数被严格控制的监督学习外,较难考察静态的源代码或者原始数据,无法用一种刻舟求剑的进路来推断机器学习算法的运算结果。也就是说,在具备机器学习的算法程序中,无论输入和输出的因果关系在表面上看起来多么清晰明确,当涉及动态运行和优化之后,都很难对此时此刻的因果关系进行确定的解释。③

第三,干扰性披露。之所以将这个问题放在最后,是因为干扰性披露不仅存在于算法披露之中,而且存在于常规信息披露之中。通过在有效

---

① Sendil K. Ethiraj, Daniel Levinthal, "Modularity and Innovation in Complex Systems," Vol. 50, No. 2, *Management Science*, 2004, pp.159-173.
② Richard A. Berk, *Statistical Learning from a Regression Perspective*, Springer, 2016.
③ Cary Coglianese, David Lehr, *Regulating by Robot: Administrative Decision Making in the Machine-Learning Era*, Social Science Electronic Publishing, 2017, Vol. 105, No. 5, pp.1147-1223.

信息内夹杂大量冗余信息，干扰性披露过多地占用了人类的"注意力"这一宝贵资源，从而妨碍对关键性数据与逻辑的解释。我们的社会早已进入"信息爆炸"时代。但是，信息只有被有效利用才能成为资源，无法被有效利用的信息不仅不能成为资源，还会白白浪费另一种更稀缺的资源，即人的注意力。因此，对特定的人、特定的任务而言，信息并不是越多越好。① 应当避免落入这样一个怪圈：投资者可以拥有一切"信息"，但事实上无法获取真正所需要的东西。同理，在算法中，解释的内容越多、解释的体系越复杂、披露的信息量越大，算法存在的缺陷与偏见就越容易被隐藏，正所谓"隐藏一滴水最好的位置是大海"。

综上所述，算法透明原则作为信息披露的一种，既有其作为算法的特殊披露问题，也存在信息披露中普遍存在的问题。虽然算法透明原则对智能投顾行业规范具有重要作用，但同时应当指出的是，单纯的算法透明原则并不能有效防范算法规制中的各种问题，其自身本就具有局限性，一味地强调算法透明并不能解决现有问题，可能还会给智能投顾行业带来算法趋同、商业秘密侵害等各种问题。

（二）算法透明原则的可行性

除却有效性存在疑问外，算法透明的可行性也存在争议。一方面，算法透明原则如果能够得以落实，无论是在外延还是内涵上，都与传统的透明原则有所不同。另一方面，比起传统自由主义的透明原则，算法透明原则蕴含着更大的内在张力和具体限制。②

算法透明原则完全落到实处后，可能产生的结果之一是被专业机构捕捉，并反作用于该算法之上。详言之，当算法的全部逻辑程序与逻辑判断能够被轻易获得后，专业的计算机程序人士可能会利用算法的权重参数或判断标准，又或者干脆钻算法的漏洞，以达到自身的目的，而使整个算法失去原有的考察、判断、设计目的。在智能投顾语境中，例如，如果投资咨询算法对备选投资产品的组成、风险性、预期收益、行业发展等情况

---

① 参见李志昌：《信息资源和注意力资源的关系——信息社会中的一个重要问题》，载《中国社会科学》1998年第2期。

② 参见沈伟伟：《算法透明原则的迷思——算法规制理论的批判》，载《环球法律评论》2019年第6期。

进行综合考量,那么"某些专业人士"可能会依据算法对各考察项的赋权比重或计算方式,让一些本不应该被考虑的产品进入到智能投顾选品视野中,又或者让一些本不应该排位靠前的产品在智能投顾选品过程中被优先考量。当然,另一种可能的情形是,投资者会根据智能投顾提供的客户画像逻辑,有针对性地调整自身回答,以尝试获取与自身财务状况或风险承受能力不相符,但收益更符合自身期望的"推荐"结果。

此外,另一个被经常提及的观点是算法透明原则可能会涉及对商业秘密的侵害。运算逻辑与数据处理过程是算法程序的核心,如果要求机构将这两部分完全进行披露,则可能被其他竞争对手抄袭、模仿。大部分算法程序属于程序设计者的智力成果,应当受到知识产权法的保护;在这种情况下,如果一味地强调算法透明,恐怕也不利于整体行业的创新发展。

三、重构智能投顾中的"算法透明原则"

算法透明原则有其优势也有其不足。尽管算法透明原则的必要性和可行性方面存在缺陷,但是其仍旧是打破算法设计者与算法使用者间不平等地位的重要武器。既然算法属于计算机科学,那么应当首先尝试从计算机科学的角度来考察算法透明原则。2017 年,美国计算机协会(Association for Computing Machinery)公布了《算法透明性与可责性说明》(Statement on Algorithmic Transparency and Accountability),公布了算法治理的七项原则。阅读其表述可以发现,算法专业人士对于算法透明原则,有着三点基本的认识:第一,算法本身的确存在设计者无法确切把控的部分,因此在设计的过程中,应当妥善记录训练过程。第二,即便算法存在超越设计者控制的可能性,但算法机构依旧应当对算法结果负责。即无论是算法复杂性或是机器学习,都不能够成为程序设计者的免责事由。第三,相比事前监管,在算法领域内,事后监管被认为是一种更高效也更可靠的方式。

表 8-1 算法透明与可责性原则

1. 知情原则（Awareness）	算法程序的所有者、设计者、编写者、操控者以及其他利益相关人士，应当明确意识到算法内可能隐含的歧视内容，以及歧视内容可能对个人及社会带来的潜在损害。
2. 救济（Access and Redress）	监管者应当鼓励落实相关机制，保证受到算法决策负面影响的个人或者组织，享有问责算法并获得救济的权利。
3. 可责性（Accountability）	算法机构应当对算法结果负责，即便他们不能解释为何算法给出了相应的结果。
4. 算法解释（Explanation）	我们鼓励使用算法决策的机构向大众解释算法程序步骤以及具体决策程序步骤（尤其当该算法面向社会公众时）。
5. 数据来源（Data Provenance）	算法设计者应当说明训练数据的采集方法、数据收集过程中可能包含的偏见。对于数据的公共监督应当是最有利于校正数据错误的途径。然而，考虑到对隐私以及商业秘密的保护，同时考虑避免算法披露后的恶性博弈，可以只对适格的、获得授权的个人进行选择性披露。
6. 审计（Auditability）	模型、算法、数据与决策过程应当被妥善记录，以便在产生可能的损害时，能够由相关机构进行复审。
7. 检验与测试（Validation and Testing）	机构应当使用有效的措施检验算法模型，并记录检验方法和检验数据。机构应当定期进行算法表现测试，以确认模型是否会产生偏见危害。鼓励机构将测试结果向公众进行公开。

由此可见，无论是法学家的感性分析还是计算机学家的专业观点，都在说明一个问题：事前的算法透明原则并非是万能的，其曲突徙薪、防患未然的效果是相当有限的。技术特点本身其实并没有那么重要，真正重要的是技术的应用方式以及这些应用所带来的、以权力配置为代表的社会关系变化。法律人在重构算法透明原则时，应当着重考量算法所引发的、以权力配置为代表的社会关系的变化，比如算法潜在的利益冲突，而不是把关注点放在算法的技术本质上，比如源代码是如何编写的，其技术是如何实现的。① 算法透明原则的合理定位，仍然应当是强调投资者对于服务机构以及将要接受的服务的知情权。因此，在强调算法透明原则时，监管应当将重心从算法本身的披露，转移到算法的可理解性上来。

---

① 参见沈伟伟：《算法透明原则的迷思——算法规制理论的批判》，载《环球法律评论》2019年第6期。

这就要求投顾机构在披露算法时,同时在披露方式与披露内容上进行改革。智能投顾机构应当以浅白、通俗易懂、简洁明了、轻松愉快的方式,向投资者重点展示整个投资顾问活动的基本运行逻辑,并着重强调算法中可能存在的风险,以及可能给投资者带来的损失。这样一方面能够确保投资者可以获取充分的重要信息以作出是否投资的决定,另一方面也能够巧妙地规避绝对算法透明可能给个人隐私与商业秘密带来的冲击。同时,监管应当秉持实用主义态度,重点强调与算法信息披露不当相关的事后监管。例如,当智能投顾机构疏于向投资者披露所使用的算法理论的潜在瑕疵或局限性、该算法程序内可能存在的利益冲突、隐藏费用等重大实质性内容时,或刻意将披露过程制作得烦琐、复杂、冗长,已经超越了普通投资者能够了解的范畴时,监管应当对涉事机构进行严肃处罚,以倒逼智能投顾机构不断完善算法披露机制。

第二节 算法权力的兴起与异化

大数据算法凭借其超强的计算与判断能力,以及平台化的广泛运用,在近年间快速成长为一种可以配置资源的新型社会力量。算法所具有的资源配置的能力,被形象地称为"算法权力"(algorithm power)。[1] 算法权力事实上也源自算法的"黑箱"特性:由于人类无法明确探知算法是依据何种基础、使用何种流程给出结论的,这就赋予了算法"决策者"的地位。尤其是随着算法认知属性与学习能力的增强,算法"工具"的特征趋向淡化,反而逐渐在应用实践中扮演起判断信息的真伪、指导人类行为的角色。[2] 由于算法的本质是数学,其终极形态是复杂的数字运算与逻辑,其本身代表的是绝对的技术理性,人们往往会基于"数学不会撒谎"的朴素观点,给予算法过高的信任程度,盲从于算法决策。智能投顾行业依托算法而发展,投资者也高度依赖算法结果,在这种前提下,如果算法权力借助机器优势与主体优势不断膨胀,则客户权利空间将不断受到挤压,投

---

[1] Nicholas Diakopoulos, "Algorithmic Accountability: Journalistic Investigation of Computational Power Structures," *Digital Journalism* (2014), Vol. 3(3), pp. 398-415.

[2] Caitlin Lustig, Bonnie Nardi, "Algorithmic Authority: The Case of Bitcoin," *IEEE* 2015.

资者将被迫处于劣势地位,合法权益也很难受到充分保障。

一、算法权力的兴起

算法权力来自算法的部分天然优势:机器优势、架构优势和嵌入优势。[①] 机器优势解释起来较为简单:人们设计算法,就是因为人类自身的注意力与计算能力,绝不足以在海量的数据中提取需要的信息。人类依靠算法替代自身劳动,同时在此过程中也将部分决策权让渡给了算法。架构优势则相对复杂,是指算法通过搭建复杂生态系统而获得的对人类行为的支配力量。申言之,算法搭建了一个"帝国",一旦客户同意了"客户须知",进入到特定算法搭建的框架内,则其将按照算法设定的顺序寻找或接纳信息,在算法设定的范围内进行活动,认知与行为模式也可能受到算法助推作用的影响。嵌入优势是指算法可以被结构性地嵌入到社会权力运行系统中,借助经济政治权力实时干预人的行为,从而对社会进行构建、引导和改造。凭借机器优势、架构优势与嵌入优势,同时又基于机器自主学习带来的人与算法在技术上的分离,算法逐渐摆脱了被人类控制的"工具"地位而产生权力化趋势。

二、算法极权

算法权力在形成后,一般会借助黑箱的掩护开始产生异化,以试图谋求更多的利益与控制权。无论是可能脱离人类控制的算法权力,抑或是在人类控制之下的算法权力,算法权力的这种异化均肇始于算法设计者基于单向逐利的自主行为。脱离人类控制的算法权力,其产生的原因是且仅可能是算法的固有缺陷,而该缺陷本是算法设计者之外的社会或个体可以弥补之不足;人类可控的算法权力则源于权利主体对算法的垄断性独享。因之,算法权力异化的根源,是且仅可能是以算法技术为前提,以利益为驱动的算法黑箱。[②] 针对算法异化后产生的此种逐渐确立权威并尽一切可能谋取利益与控制权的倾向,被称为"算法极权"倾向,也可以理解为算法的全面统治。

---

① 参见张凌寒:《算法权力的兴起、异化及法律规制》,载《法商研究》2019年第4期。
② 参见赵一丁、陈亮:《算法权力异化及法律规制》,载《云南社会科学》2021年第5期。

在商业领域,算法极权的表现比较直观,一般为价格歧视。算法权力利用机器优势与架构优势,通过对客户数据的收集与计算攫取高额利润,并可有效逃避现有法律体系的规制。在本书所讨论的智能投顾行业语境中,当投资者依赖智能投顾提供投资咨询信息时,智能投顾也以投资者自身的信息(数据)为原料,从中挖掘利润。当投资者点击"我已阅读客户知情手册并同意相应的隐私数据保护条款"之时,即与智能投顾签订了格式条款契约。这事实上是以让渡自身权利的形式,换取对智能投顾软件的使用权。接下来,投资者在浏览网页、购买商品、观看影音作品、搜寻资料的过程中,都会留下大量的数据信息。这些信息并非毫无用途,而恰好能够反映个体最真实的生存状况、性格特点、财务状态与财富观念。使用这些数据,智能投顾机构在建立更加立体丰富的"客户画像"以提高服务个性化程度的同时,也具备了对客户进行群体分类、价格歧视的"数据土壤"。尽管目前智能投顾行业尚处在发展阶段,典型的价格歧视案例尚未出现,然而根据经济学理论,能够预想到的是,一旦智能投顾机构寻找到了价格歧视的操作空间,那么根据商业机构的逐利性,其必然试图从中获取超额利润。例如,智能投顾机构发现特定客户对管理费用或交易费用不敏感,即为其推荐管理费用较高的投资产品(组合),并将费用较低的投资产品(组合)隐藏在其他产品之中;又或者对较为稳定的、忠诚度较高的投资者隐藏管理费用折扣、刻意提高这些客户的账户交易频率以赚取交易费用等。

除了价格歧视之外,另一种常见的商业算法极权现象是价格共谋。算法可以被用来进行价格共谋以榨取消费者剩余价值,即同一行业的商家可以使用一种动态定价算法使市场价格趋同,形成"中心式辐射的共谋场景",这不仅可以攫取高额利润,还可以有效躲避竞争法的规制。典型的做法是客户常用的同类别的软件(如旅游类)之间进行数据共享合作,使客户在不同平台上获取的产品报价基本相同。可以想见的是,当智能投顾平台发展到稳定阶段后,这种价格共谋的情形同样可能发生。各平台甚至可以方便地共享客户习惯、性格、资产状况等资料,为客户推送基本相同的投资建议并收取基本相同的管理费用。

更重要的是,算法极权可以同时驱动"监视资本主义"的兴起。监视资本主义,顾名思义,监视是其表征,资本主义才是其内在实质。监视资本主义的兴起不仅受大数据技术的直接驱动,还遵循资本本身的发展逻辑。资本是指能够带来价值增值的价值,在马克思看来,资本的根本逻辑在于价值增值,"生产剩余价值或赚钱,是这个生产方式的绝对规律"。为此,资本将会利用一切手段将全部要素(包括数据)转化为资本增值的要素。① 资本依然是技术时代的主题,不管技术再怎样飞跃,本质上它依然服务于资本。②

大数据技术的变革性发展及其蕴含的巨大商业价值,客观上为大规模系统性监视提供了更多新的可能性,并促动监视实践走向现代社会生活的中心地带。算法对人日常行为的预测、引导、调控,成为了产生高额利润和市场控制的方法,人反而在这一过程中沦为了数据的生产来源。然而应当注意的是,数据的价值只有被体验过,或者被理解才能获得普遍承认。也就是说,数据价值需要在一定的资本运作中才能得到体现。对客户而言,数据是操作的副产品,是无法变现的个人属性,然而对使用数据提供产品服务的企业而言,数据则是不可替代的资本。同时,公司用正常客户所理解的"服务"来交换他们的隐私,客户最多也就能察觉到个人数据被利用时的损害,不能真正如大公司一样将其变成增长财富的资本。③

具体来说,监视资本主义的兴起意味着,平台并不满足于以价格歧视的方式攫取投资者(消费者)剩余价值,而是将进一步地利用算法优势调整客户行为,使其符合自身利益,进而获得利润。④ 系统可能会向客户推荐选项非常有限的可选范围,而这些范围内的每一个选项,与其说是服务于客户的需求和利益,不如说更代表着控制系统的公司利益。在极端情况下,系统可能会为客户设置只有一个"可操作"选项的架构,以迫使客户作出与控制系统的公司利益相符的行为。此外,现代算法工具可以实现"超轻助推",比起显性的胁迫与拒绝,这种微妙的操纵和干预显得更为精

---

① 参见唐庆鹏:《大数据时代监视资本主义及其政治经济学批判》,载《当代世界与社会主义》2021 年第 5 期。
② Shoshana Zuboff, "Big Other: Surveillance Capitalism and the Prospects of an Information Civilization," Vol. 30, No. 1, *Journal of Information Technology*, 2015, pp. 75-89.
③ 参见陈本皓:《大数据与监视型资本主义》,载《开放时代》2020 年第 1 期。
④ 有关算法集权的进一步讨论,参考张凌寒:《算法权力的兴起、异化及法律规制》,载《法商研究》2019 年第 4 期。

妙，可谓是一种"行为改变技术"。算法在意识感知的雷达下运行，并且以动态和高度个性化的方式发生作用。① 例如，平台利用算法，内置默认"执行"而不是"忽略"的操作选项，或是针对性地向客户投放广告，以及设置相应的奖励或惩罚规则引导客户活动。客户不再是算法的服务对象，而是变成了平台通过算法进行盈利环节中的数据信息的生产者。简而言之，人从目的，变成了手段。

三、自动化偏见

"算法大大地提高了人类社会的生产协作效率，并逐渐渗透到社会生产、组织的方方面面。可以预见，未来通过移动互联网、工业互联网、智慧城市、智能机器人等人工智能技术与不断升级的现代通讯技术结合且相互连通形成万物互联网时，将会创造出庞大而快速的数据流，这些数据流在大数据、云计算、人工智能等技术的帮助下形成为'算法'，届时人类社会的资源配置将在很大程度上被程序化的'算法'所取代，一切抉择都听'算法'的，由'算法'说了算，出现明显的'算法崇拜'。"②

这样的表述并非完全的危言耸听，研究表明，人类极易受到"自动化偏见"的影响，盲目地给予算法决策过高的信任程度。并且由于算法能够以极低的成本渗透更多的受众，算法的影响范围也远远超出了普通人工决策的影响范围。

"自动化偏见"有其心理学上的成因。相比较计算机硬件，人类的精力与注意力资源显得极其有限，计算能力更是远远无法与程序相提并论。如果说在前信息时代，人类对于"自动化判断"尚心存疑虑，那么随着云平台、云计算、计算机深度学习等人工智能技术的发展，随着自动化判断在诸多领域和产业的成功应用，现阶段人类已经赋予了自动化判断极高的信任程度——例如，相比较老司机的经验，人们可能更相信地图软件给出的路况信息。这一现象在"数据为王"的领域可能更突出，毕竟人们普遍认为，数据"不会撒谎"，而同时数学代表了"绝对理性"，因此以数据为原

---

① Karen Yeung, "Hypernudge: Big Data as a Mode of Regulation by Design," *Information Communication & Society*, Vol.1, 2016, pp.1-19.
② 〔以色列〕尤瓦尔·赫拉利:《未来简史:从智人到智神》，林俊宏译，中信出版集团 2017 年版，第 351—353 页。

材料、以数学为处理过程的"算法",自然也有了"理性"的"光辉",有了"理性"为其结果做背书。另外一部分原因在于,算法使用的语言具有极强的专业性,这种"语言壁垒"在建造隔离投资者与算法工程师、投资者与金融从业者的城墙之时,也在无形之中维持着算法的神秘形象。如今,算法在机器视觉与语音识别(物理学)、神经网络(生物学)、区块链与量化投资(金融学)、勘探(地理学)等不同维度、不同学科的领域都取得了举世瞩目的成就,AlphaGo的胜利更是将人工智能推上新的神坛,当人们在面对这种既不熟悉又在其他领域充分证明了自身实力的事物时,产生盲目信任的情感也就不足为奇了。

已经有许多实验表明了人类在使用算法进行决策时,倾向于赋予算法过高的信任程度,并且信任程度随着问题难度的增加而不断增加。在一项由纽约城市大学商学院教授组织的测试中,800个被试者被告知,他们需要依据投资顾问的建议作出投资决策。A组投资者被告知,这些建议是由真人投资顾问提供的;B组投资者则被告知,这些建议是由自动化算法(AI)提供的。随后,这些被试者需要对他们自身对这些投资建议持有多少信心给出评估结果。实验发现,B组投资者相对于A组投资者,对于给定的投资建议信心更充足。换言之,人们认为算法的判断比人的判断更准确。在第二轮测试中,被试者被告知,上一轮的投资建议都较为失败,没有获得任何投资收益。在接下来的测试中,被试者需要重新评估投资顾问及投资顾问给出的结果,并选择是否继续使用该顾问。实验发现,被试者对于自动化算法顾问的信心,仍然高于对真人顾问的信心。[①] 在另一项心理学测试中,1500名测试者被要求观察一张印有"人群"的照片,同时他们需要选择,是经人工还是算法统计的这张图片中印刷的"人"的数量更接近正确答案。研究人员发现,在实验的过程中,图片中人群的分布越杂乱、人的数量越多(即问题越困难),被试人员越会倾向于认为算法统计的答案更接近正确答案。[②]

[①] Andy Chan, "You Trust the Algorithm More than The Human," Medium (October 6, 2019), accessed December 1, 2022, https://medium.com/swlh/you-trust-the-algorithm-more-than-the-human-4760f7213a0a.

[②] University of Georgia, "People May Trust Computers More than Humans," Science Daily (April 13, 2021), accessed December 1, 2022, https://www.sciencedaily.com/releases/2021/04/210413114040.htm.

第三节 算法歧视

前文论述了伴随算法专业性而来的部分问题,包括算法黑箱和算法极权。然而,除却算法专业性外,还应当意识到的是,算法并不是一种代表中立与客观的数学活动。恰恰相反的是,算法是由人编写出来的,其逻辑判断反映了程序编写者的意志决定。因此,算法总是蕴含着价值判断,总是与特定的价值立场相关。① 这种依据算法所实施的、直接或者间接的歧视行为,被称为算法歧视。

也许在大部分人的常识中,算法生成的自动化决策(包括依据机器学习作出的决策)是"完美"的,不像人类决策一样存在这样那样的问题与错误,例如疲劳或者个人偏见;并且相比人类作出的决策,算法决策不需要过多的检查。但事实上,算法决策,尤其是机器学习的算法,极易受到程序员、之前所作决策、客户以及社会偏见的影响,从而生成歧视性结果。事实上,机器学习算法歧视的持续性、系统性以及规模远非传统数字歧视可及。引发算法歧视的原因有很多,大致可以分为以下三类:②

第一,模拟。我们通常使用机器学习算法对特定数据进行分析,据此作出预测或者推荐。一方面,数值、变量、分类及判断标准可能是明确客观的,例如年龄、身高、收入等清晰的、可以测量的、几乎不存在争议的变量。另一方面,相当一部分数值、变量、分类与判断标准是主观的,这就给了算法工程师人为定义的空间。具体来说,对员工"上下班时间"可以进行明确的测量,但对于员工是否称职的判断,并没有任何明确的标准;对投资者的年度收入可以进行明确测量,但对于该投资者收入应当被归类于"中高低"哪一档,并没有明确的标准。在对这些包含价值判断特征的变量进行分类时,算法设计者(无论是金融专家还是计算机专家)的个体判断也被注入其中,而这种价值判断很可能带有偏见,由此带来算法

---

① 参见丁晓东:《算法与歧视:从美国教育平权案看算法伦理与法律解释》,载《中外法学》2017年第6期。

② 此处的论述,主要参考 Natalia Criado, Jose M. Such, *Digital Discrimination*, Oxford University Press, 2018。如果需要更多有关算法歧视的知识,推荐读者详细阅读本书籍,在此处不做过多的技术性陈述。同时请参见〔英〕凯伦·杨、马丁·洛奇编:《驯服算法:数字歧视与算法规制》,林少伟、唐林垚译,上海人民出版社2020年版,第89—102页。

歧视。

第二，训练。机器学习算法是依据含有过去决策的数据集来生成决策或预测的。向机器学习算法提供数据集有两种方式，分别为离线和在线。

在离线训练中，机器学习算法会经历一个学习阶段。在该阶段，算法会依据训练数据集的信息建立起预测模型。显然，数据集有以下表现的，算法系统就可能生成歧视性决策：(1) 反映出决策主体现有偏见。例如，只有具备特定特征的候选者能够中选。(2) 训练数据集不周延，未能充分代表变量群体。例如，数据集中不包含某一特定群体的信息，那么由于机器学习算法缺乏历史数据依据，则该算法对该群体所作的决策的准确度很可能存在严重瑕疵。(3) 过度代表特定群体。该表现与上一个表现刚好是两个极端。在这种情况下，特定群体可能会受到更多的"特殊照顾"，或者说更多的"监督"。(4) 反映出社会偏向。

在在线训练中，机器学习算法"一边学习，一边决策"，即通过不断地作出决策来修正自身的决策过程。尽管与离线训练相比，在线训练中数据不周延的情况有所缓解，决策树（Decision Tree）的调整也更及时，但这也并不能完全预防歧视的产生。一个很重要的原因是，"算法/决策"本身并不能分辨哪些判断属于歧视，反而可能会通过逻辑判断得出因果倒置的结论，单向增强了算法的歧视性（过拟合）。例如，在训练过程中，算法"发现"女性更容易从事低薪酬工作，女性求职者点击低薪酬工作广告的频率高于男性求职者，此时算法并不能够意识到歧视的存在，而是会强化算法规则，更多地向女性推荐低薪工作——毕竟在算法眼中，女性与低薪工作是的确存在因果关系的。

第三，使用。若在未拟定的情形中使用非歧视的机器学习算法，同样可能导致歧视。例如，算法本应当被使用在 A 群体上，但却被使用在了 B 群体上，就会产生不准确的结果，继而产生歧视。

目前学界所热议的"算法歧视"的重灾区，主要集中于智慧司法、广告推送、教育及职业公平等领域。更加之我国智能投顾本身"智能化"程度就不高，甚至市场上许多所谓的"智能投顾"，仅仅是相对优秀的基金投资策略组合推荐而已，所以算法歧视在智能投顾领域的表现尚不典型。但是，未雨应当绸缪。应当意识到，算法歧视这一现象，部分源于程序编写者的主观判断,部分也源于算法程序的固有缺陷:自动化决策能够以人类所不能企及的效率进行计算,但尚未学会自由、平等、公正等珍贵的普世的价值观念。算法通过学习现实生活进化自身,甚至可能已经接受了现实生活中种种不公。① 与蒙昧的歧视和腐败相比,"科学外衣"之下的不公正将更为可怕——人们会选择性地相信"科学结论",即便算法考察的是事物之间的相关性和盖然性,而非必然的因果关系——这就使得人们更容易遭受歧视以及自我选择受限。对算法歧视的监管应当进入到监管的视野,并且成为重要的法律议题。

第一,使用原则性条款禁止算法歧视。监管可以首先将新兴的法律问题进行解构,尽量将其纳入传统法律体系中。当遇上传统法律无法解决的、具体的问题时,再进行针对性规定。算法歧视仍旧属于歧视的一种,因此应当可以适用传统平等保护条款对平台使用者/消费者/投资者进行保护。从美国相关立法和各州司法实践来看,他们强调将算法歧视纳入传统法律框架进行规制,算法的设计者应当遵守平等保护消费者和公民免受歧视方面的现行法律。例如,美国政府规定,使用大数据和算法来进行决策时,应当符合《公平信用报告法》和《民权法案》的要求。此外,大数据分析与算法的自动化决策也需要遵循《宪法》第十四修正案的平等保护条款的要求。在具体的判决过程中,法院主要采用了分层审查,重点审查算法行为是否尊重了公民的平等权。② 这与美国对智能投顾的规制有异曲同工之妙:对智能投顾的监管整体沿用 1940 年《投资顾问法》之规定;在具体司法实践中,法院一般会首先审查投资顾问是否履行了信义义务,所使用的算法中是否存在违背信义义务的行为。

第二,重视算法歧视的事后救济。从算法歧视可规制的阶段来看,它同样包括事前与事后两个阶段。笔者认为,由于算法的专业性与复杂性不断增强,加之机器学习给算法结果增添的不确定性,对算法决策程序的前端的管控效果可能会越来越弱。因此,重视算法歧视的责任结果就成为了一种重要规制手段。或许有些学者会认为,事后救济是一种事后性的处理,其前瞻性及其对行业的指引效果与事前监管相比较弱。因此,法

---

① 参见林洹民:《个人对抗商业自动决策算法的私权设计》,载《清华法学》2020 年第 4 期。
② Mark Maccarthy, "Standards of Fairness for Disparate Impact Assessment of Big Data Algorithms," *SSRN Electronic Journal*, 2018.

律应当特别注重在算法歧视的孕育阶段对算法进行规制,强调事前风险的预防和控制以及管控决策程序设计的前端。① 然而应当意识到的是,法律对于技术的预测多习惯以"知识因果论"进行前提性预设,认为对技术知识认识越多,技术后果就预测得越准确。② 此外,法律预测本身建立在人类有限的认知基础之上,十分脆弱,容易出现误差。当以"知识因果论"为基础的法律预测与以自主学习为基础的算法技术发生碰撞时,转而选择以事后救济为主要控制措施或许是一种更为合适的、能够更好地平衡创新与风险的方式。为投资者提供充分的救济措施与通畅的救济渠道同样能够落实开发者责任,倒逼算法使用平台与算法编写者从代码源头减少歧视因素的介入。

第三,算法审查与评估。尽管法律对于算法的事前风险防范作用可能是有限的,但事后救济毕竟建立在投资者利益已经受到损害的基础之上,有较强的滞后特征,因此针对算法的审查与评估(事前规制)的价值依旧存在。诚然,可以要求由专业人士对算法的基础数据、参数变量、运行原理进行审查,但正如前文所述,算法的复杂性与机器学习的不确定性会严重削弱审查效果,使本就价格昂贵的专业审查在很大概率上流于形式。因此笔者认为,审查与评估的重点应当放在算法的结果之上。此过程可以交由专业人士进行,测试结果应当不存在明显的歧视倾向。

第四节 算法同质化

智能投顾算法的同质化,或被称为"算法趋同",可能会加剧金融顺周期性。算法趋同是指"同一应用领域的不同算法系统之间相互渗透、交叉演化,进而朝着实现相似功能或者输出相似结果的方向迈进的趋势"。算法本质上的演变逻辑与进化方向(朝着更高的解析粒度、计算深度、预测准度和决策效度迈进,从而作出精准预测,或通过顺应、反馈、微调、规训等方式实现算法预设目的),算法透明制度与算法标准制度的提升,都使

---

① 参见郑智航、徐昭曦:《大数据时代算法歧视的法律规制与司法审查——以美国法律实践为例》,载《比较法研究》2019 年第 4 期。
② 参见赵一丁、陈亮:《算法权力异化及法律规制》,载《云南社会科学》2021 年第 5 期。

算法趋同不再是空穴来风。① 顾名思义,智能投顾算法趋同,即表示智能投顾领域内不同平台提供的服务功能与咨询结果将越来越相似。

一个良性发展的证券投资市场应当是多元化、差异化的;市场判断也往往是基于统计学大数定律给出的。在传统投顾服务中,尽管投资顾问也会借助于数字化工具辅助进行分析,然而,不同投资顾问的市场经验、投资心得、策略选择、对市场风险的认知仍然是不同的,具有相对的个体特性。举例来说,活跃在我国基金投资领域的"大 V"或者主理人(类似投资顾问),他们的职业背景往往非常多元,有金融从业者、财经领域自媒体选手、自由职业的专业投资人等;教育基础也千差万别,有的出身于金融专业科班,也有的受训于理科、工科、人文社科等领域。这些"大 V"或者主理人对投资的理性认识与感性经验都不同,随之而来的个人偏好与投资方式必然不尽相似,或者可以说大相径庭。在一个均衡的市场上,保守型的投资顾问可能会建议投资者在波动上涨的行情中将资产套现,而激进型的投资顾问可能会建议投资者继续买入。又例如针对某一创新行业(譬如基因检测、自动驾驶),部分投资顾问可能认为整个行业未来将取得重大突破,因而建议投资者持续买入并长期持有;部分投资顾问可能认为该行业"讲故事"的水分远大于核心科技成分,并不建议投资者选择。当市场上同时存在卖出与买入的操作时,金融流动性与系统稳定性都能得到较好的保障。

然而,当自动化决策机制取代人类,提供市场操作建议并/或执行交易操作时,由于算法不具备"个人偏好"和"感性经验"等人类特质,其完全依据理性与逻辑进行数据分析和策略选择,一旦算法的内设参数和运行逻辑逐渐相似,那么产出趋同的投资建议(结果)也就不足为奇了。

至此,或许有细心的读者已经发现,前文中曾经论述过,算法责任应当穿透到运营机构的重要理论依据之一就是算法"依据人工输入的指令进行数据搜集,即便貌似给出了'结论',也只是依据人工预设的逻辑流程作出判断"。如果将该理论作为前置条件,那么仍然可以得出这种判断:即便自动化决策机制取代了人类思考,行使了部分决定权,其分析判断过

---

① 参见王怀勇、邓若翰:《算法趋同风险:理论证成与治理逻辑——基于金融市场的分析》,载《现代经济探讨》2021 年第 1 期。

程仍然是由程序编写者主观设计的,仍然会带有算法设计者或设计团队的强烈主观情绪与个人风格。不同知识背景与情绪特质的团队赋予了算法不同的模拟方法、设定参数与训练数集,从这方面看,自动化决策机制只是一个数字工具,工具的不同并不会从根本上减损由于投资顾问个体/团队专业判断差异与投资风格差别而带来的投资选择的多样性。

针对这种观点,需要提醒各位读者注意的是,自动化决策机制中匮乏的人类特质,可能很难仅仅从程序设计者在编写程序时注入的赋值与判断中补足。一方面,算法编写者在编写程序时,往往是在一个抽象的、缺乏具体语境(特定市场氛围与投资选择)的环境下作出各种判断决策。在这种情况下,经济学中的"理性人"假设将占据全部优势地位,编写者可能会设立与涨跌幅、成交量、股东人数等相关的特征量或者统计值作为目标函数,采用微积分、曲线拟合、迭代、统计分布、随机算法等数学工具模拟资产价格走向并辅助作出投资选择。在完全理性的设定下,求解问题的固定思路是较为有限的,因此可以想见的是,不同算法的核心差异也较为有限。而当自然人投资顾问在面对具体的市场波动向投资者提供建议时,顾问可参考的微量信息更为丰富,情绪与个性化判断在决策中的占比倾向更加显著,投资者对自身财务状况的更新反馈也更为及时,因此产生的投资判断与后续策略选择也会更加细腻多样。另一方面,数据库越庞大,机器学习的技能越深入,算法同步的特征可能就越明显。机器学习使算法能够在运行中不断获取新的知识与技能,重新组织已有知识结构以不断增强自身分析判断能力。

第五节 算法治理

在本章的第一节至第四节,笔者集中梳理了由算法技术的高度专业性而生发出的一系列问题。总结来说,算法的本质是技术,技术既无好坏,也非中立[①];而人类则是具备立场与偏见的,在使用算法技术时,可能将个人观点植入其中。算法透明原则,至少在目前来看,其可行性与必要性都依旧存在讨论空间。此外,放眼未来,如果算法权力借助机器优势与

---

① 参见〔美〕卢克·多梅尔:《算法时代:新经济的引擎》,胡小锐、钟毅译,中信出版集团2016年版,第138页。

主体优势不断膨胀,则未来投资者权利空间将被迫不断压缩。从投资者保护与金融风险防控的角度出发,笔者认为,对智能投顾中的算法活动展开监管与治理已经具备了足够的正当性。在本节内容中,笔者将首先介绍并评述我国现行智能投顾算法治理相关规则,随后结合境外算法治理的相关经验,给出有关我国算法治理体系建设与完善的相关建议。

一、智能投顾中算法治理的必要性

(一) 现行规则的分析

1. 缺乏针对算法直接性的监管规则

在本书的开端,笔者介绍过智能投顾的出现与发展得益于大数据、人工智能、机器学习等技术的高速进步及其在金融实践中的落地运用;而这些新兴技术在智能投顾的服务流程中具体发挥作用时,都需要通过算法这个载体和工具。如前所述,智能投顾中的算法应用既存在自动化决策机制所固有的一系列普遍性问题,也暴露出投资算法的同质化、"顾问"特质匮乏等智能投顾领域中的特殊性问题。然而,我国目前并未对智能投顾中的算法制定针对性的监管规则。

具体而言,首先,2018年出台的《关于规范金融机构资产管理业务的指导意见》(简称"资管新规")第23条涉及人工智能算法相关内容。该条要求金融机构运用人工智能技术开展资产管理业务时需要遵守投资者适当性等一般规定,应当向金融监督管理部门报备人工智能模型的主要参数以及资产配置的主要逻辑,并原则性地规定金融机构应当避免算法同质化加剧投资行为的顺周期性等。① 然而有观点指出,该第23条只是区

---

① 《关于规范金融机构资产管理业务的指导意见》第23条规定:运用人工智能技术开展投资顾问业务应当取得投资顾问资质,非金融机构不得借助智能投资顾问超范围经营或者变相开展资产管理业务。

金融机构运用人工智能技术开展资产管理业务应当严格遵守本意见有关投资者适当性、投资范围、信息披露、风险隔离等一般规定,不得借助人工智能业务夸大宣传资产管理产品或者误导投资者。金融机构应当向金融监督管理部门报备人工智能模型的主要参数以及资产配置的主要逻辑,为投资者单独设立智能管理账户,充分提示人工智能算法的固有缺陷和使用风险,明晰交易流程,强化留痕管理,严格监控智能管理账户的交易头寸、风险限额、交易种类、价格权限等。金融机构因违法违规或者管理不当造成投资者损失的,应当依法承担损害赔偿责任。

金融机构应当根据不同产品投资策略研发对应的人工智能算法或者程序化交易,避免算法同质化加剧投资行为的顺周期性,并针对由此可能引发的市场波动风险制定应对预案。因算法同质化、编程设计错误、对数据利用深度不够等人工智能算法模型缺陷或者系统异常,导致羊群效应,影响金融市场稳定运行的,金融机构应当及时采取人工干预措施,强制调整或者终止人工智能业务。

分了投资建议型智能投顾和运用人工智能进行资产配置的资产管理产品,在对全权委托型智能投顾的规制方面存在空白。① 在监管实践中,尽管我国现行的智能基金投顾呈现出"资管产品化"的特征,但主流观点仍然将基金投顾视为一种"服务"而非"资管产品",基金投顾被定位为投资咨询业务而非资产管理业务,因此上述条款对于智能投顾平台而言并不适用。

其次,中国证监会于 2019 年 10 月发布的《关于做好公开募集证券投资基金投资顾问业务试点工作的通知》拉开了我国基金投顾试点改革的帷幕。该通知中并未对算法相关问题作出专门性的规定,取而代之的是,其中第 8 条要求提供基金投资顾问服务的机构在公司层面建立专门的投资决策委员会,建立基金产品的备选库制度,并且要求基金投资组合策略的产生应当由试点机构集中、统一实施,基金投资组合策略的具体产品品种、数量的确定及调整应当由投资决策委员会审议等。尽管该通知全篇未直接涉及算法问题,但考虑到智能投顾机构或多或少会利用人工智能算法来辅助建立基金产品的备选库、生成或调整基金投资组合策略,上述条款事实上也能间接地起到一定的算法监管的效果。具体而言,该通知的思路体现为通过要求建立投资决策委员会并由委员会审核基金投资组合策略等措施,以实现最终由人工来把关和兜底,进而避开正面回应智能投顾机构在服务过程中是否使用算法、应当如何使用算法等算法监管的难题。从这个角度来看,《公募投顾业务试点通知》其实是将算法的"结果"作为监管的切入点,要求建立投资决策委员会等措施意味着算法的运算结果不能单独、直接作为基金产品备选库与基金投资组合策略之产生或调整的依据,因此上述规范所针对的对象可以理解为智能投顾机构应当如何运用算法所输出的结果。相应地,《公募投顾业务试点通知》所试图避开的即为算法的运算"过程",其并未针对算法提出直接的要求或监管措施。

总而言之,尽管智能投顾中的算法应用可能酝酿着一系列潜在风险,但我国目前并未对智能投顾中的算法制定针对性的监管规则。"资管新规"第 23 条涉及人工智能算法相关内容,但由于智能投顾被视为投资咨

---

① 参见钟维:《中国式智能投顾:规制路径与方案选择》,载《中国人民大学学报》2020 年第 3 期。

询业务而非资产管理产品,因此不受该条款的约束。2019年《公募投顾业务试点通知》作为我国基金投顾试点改革的奠基性规范文件,通过要求人工兜底的方式迂回解决算法监管问题,呈现出重视算法运行结果、避开算法运行过程的思路;尽管其未对算法作出专门性规定,但事实上也间接地发挥了一定的算法监管的作用。

2. 现行规则的合理性

如前所述,我国目前并未对智能投顾中的算法制定针对性的监管规则,但这种做法并不是因为忽略或轻视了智能投顾中的算法所可能引发的问题。事实上,在我国目前智能基金投顾的实际服务过程中,人工智能算法的"智能性"相对较低,算法所发挥的实际作用相对有限。在这样的背景下,我国采取的监管思路符合金融实践的特征,具有一定的合理性。

(1)我国智能投顾中算法的重要性相对有限,通过与美国智能投顾的对比分析,可以看出这可能有以下几方面的原因。首先,我国的智能投顾实为智能基金投顾,其投资标的为主动管理型基金,因此构建投资组合的难度更大、对智能投顾主动管理能力的要求更高。因为在挑选主动管理型基金时,不仅需要关注基金的收益率、波动率、回撤情况等定量指标,还需要评估基金经理的投资风格、投资能力等难以用数据量化的、存在一定不确定性的定性内容。其次,我国资本市场的数据容量有限、数据质量不佳,进一步限制了算法的训练和应用。对比之下,美国智能投顾的主要投资标的为ETF,主要通过股债平衡、行业轮动、地域分散等方式降低风险、提高效率,而且数据的质量相对较高,因此可以更大程度地依赖算法辅助投资组合的构建。

(2)我国智能基金投顾呈现出"资管产品化"的特征,智能投顾服务提供者仅需事先构建好数量并不算多的若干个投资组合,再根据客户测评的结果推荐给客户即可。这种特征在智能投顾的服务过程中进一步体现为:其一,服务的个性化有限,客户并不能对特定的投资组合进行调整或修改;其二,后续调仓主要为组合优化调仓(即从投资组合中增加或剔除基金产品,从而根据市场的形势对投资组合进行优化),而非再平衡调仓(即投资组合内不同资产的比例由于市场的波动偏离了原有的设定,从而调整不同资产的比例实现不同类资产之间的再平衡)。概言之,投资组合数量较少、客户无法个性化调整及以组合优化为主的调仓方式,都意味着即使无需算法,人工亦可完成相应任务;即便算法参与,其实际发挥的作用也相对有限。对比之下,美国智能投顾虽然也是事先构建若干投资组合,但一方面,其提供的可选的投资组合数量繁多(如 Wealthfront 将客户分为 20 个不同的风险等级并提供相应的投资组合);另一方面,其通常允许客户在推荐的投资组合的基础上进行个性化的调整。因此,投资组合数量庞杂且需要满足投资者的个性化需求,进而突显了算法的必要性与重要性。此外,在美国智能投顾以 ETF 为主要投资标的的前提下,其后续调仓多为再平衡调仓而非组合优化调仓,而这同样需要依赖于算法的帮助。

(3) 由于美国的税收法律制度(特别是个人所得税体系)颇具特色,美国智能投顾通常还会把为投资者进行税收规划作为其增值服务,包括税收亏损收割及税收优化组合设计等,而这些服务环节恰好是人工智能算法大展身手的重要环节之一。对比之下,由于我国的税收法律制度并不支持智能投顾平台向客户提供此类的附加功能与增值服务,因此算法也就无此用武之地。

(二)算法治理的需要

由于投资标的主要为主动管理型基金、智能基金投顾呈现"资管产品化"的特征以及缺乏支持税收亏损收割服务等个性化增值功能的外部制度环境等原因,我国智能基金投顾实践中人工智能算法的"智能性"相对较低,算法所发挥的实际作用相对有限。因此,尽管我国目前缺乏针对算法直接性的监管规则,这在我国智能基金投顾实践的背景下仍具有一定的合理性。但是,通过要求人工兜底的方式迂回解决算法监管问题终究不是长久之计,以算法运行结果作为监管切入点并且试图避开直面算法运行过程中潜在问题的思路存在一定的局限性。在智能投顾的语境下,强化算法监管规则、完善算法治理体系存在其必要性和正当性。

首先,2019 年《公募投顾业务试点通知》第 8 条要求基金投资组合策略的产生应当由试点机构集中、统一实施,基金投资组合策略的具体产品品种、数量的确定及调整应当由投资决策委员会审议等。但是,通过要求人工兜底的方式迂回解决算法监管问题的有效性值得质疑。这是因为算法的本质是数学运算与逻辑推演,代表着绝对的技术理性,而人们往往会因此而给予算法过高的信任,对算法自动化决策的结果缺乏足够的质疑精神。更进一步地来看,智能算法基于其不透明性和自主性正在逐步脱离工具化的范畴,其通过数据自主学习生成决策,逐步在应用中反客为主,甚至作为算法权力指导人类行为和决定信息真实性,算法权力正成为一种新兴的技术权力。[①] 所以,在智能投顾平台构建或调整投资组合策略时,人工从业者可能会过度信赖算法决策的结果,对算法运行结果缺乏足够的挑战精神,不敢推翻算法的自动化决策,甚至将算法视为权威并转而怀疑、否定自身的专业判断。在这样的情形下,所谓的人工参与、人工兜底存在被架空的风险,《公募投顾业务试点通知》第 8 条的要求在实际中将沦为形式。

其次,智能投顾中的算法被用以跟踪、分析市场行情,建构、调整投资组合,如果算法出现错误或故障,其可能给使用智能投顾服务的大量客户造成大规模的损失。随着经济社会的发展,风险损害愈发体现出不可控制性和社会公共性[②],而智能投顾中算法的运算结果与广大投资者的切身利益密切相关,其错误或故障可能引发难以计量的损失,尤为体现出这种风险损害不可控制性和社会公共性的特点。对此,作为"风险防控法"[③]并以"风险—规制"[④]为基本范式的经济法自然责无旁贷,应当针对算法的特点、围绕算法运行过程的各个环节,对症下药,提出相应的风险防控方案与规制措施。

更进一步地,由于不同智能投顾平台各自都在不同程度上使用算法,算法错误或故障的风险还可能形成传染之势,导致风险进一步被放大。例如,算法驱动的交易策略可能会导致投资行为具有同向性和顺周期性,加剧市场的波动和不稳定性;又如,某一个算法的错误可能导致市场上出现大量异常交易行为,而不断跟踪、分析市场行情的其他算法又可能基于该等异常交易行为生成不准确的数据或作出不理性的判断,进而导致错误进一步被放大和传递。概言之,尽管目前智能投顾中算法的作用仍然

---

① 参见张凌寒:《算法权力的兴起、异化及法律规制》,载《法商研究》2019 年第 4 期。
② 参见刘水林:《风险社会大规模损害责任法的范式重构——从侵权赔偿到成本分担》,载《法学研究》2014 年第 3 期。
③ 参见张守文:《当代中国经济法理论的新视域》,中国人民大学出版社 2018 年版,第 174—175 页。
④ 参见单飞跃:《中国经济法学 40 年:理论周期与认知范式》,收录于《改革开放 40 年中国经济法学研究的回顾和展望笔谈》,载《现代法学》2019 年第 1 期。

有限,但大量算法之间"牵一发而动全身"的特点仍不可忽视。从这个角度来看,以算法为代表的金融科技中的系统性风险其实并非源于"太大而不能倒",而是"太多连接而不能倒"。①

最后,2019年《公募投顾业务试点通知》第8条以算法运算结果为监管切入点并强化人工责任,但却忽略了在算法运行的其他各个环节中对算法加以规范,特别是完善智能投顾平台内部算法治理机制的重要性。一方面,完善智能投顾内部治理机制、在算法运行的各个环节施加相应的监管要求,才能更好地全流程防控算法的风险。例如,澳大利亚就通过强化智能投顾经理人制度、要求充实技术人员配备等措施,不断完善智能投顾平台内部治理机制,由此实现对智能投顾中算法的有效治理。另一方面,在算法运行的全流程为智能投顾平台围绕算法施加不同的披露义务、合规性测试义务或监督义务等,既是落实和贯彻其作为投资顾问之信义义务的应有之义②,也可以进一步增强和正当化智能投顾平台为算法错误或故障承担其应负的赔偿责任的可责性。这是因为,算法所引发的一大法律难题就在于责任机制仍不完善,传统的产品责任规则存在局限性,算法设计者责任、算法应用开发者责任、算法客户责任、算法应用平台责任应当如何分配仍缺乏清晰的总体原则。③ 当金融机构使用人工智能算法提供金融服务时,主流观点一般认为人工智能算法的故障或错误不能成为金融机构的挡箭牌,金融机构仍应就投资者的损失承担其应负的赔偿责任④,但背后的原理似乎尚不够清晰。就此,强化智能投顾平台内部算法治理的要求,可以为智能投顾平台最终应承担的损失赔偿提供更强的正

---

① 参见许多奇:《互联网金融风险的社会特性与监管创新》,载《法学研究》2018年第5期。
② 参见刘文、蒋昇洋:《智能投顾的信义义务:中国实践和制度重塑》,载《河北法学》2021年第12期。
③ 参见苏宇:《算法规制的谱系》,载《中国法学》2020年第3期。
④ 例如前述"资管新规"第23条规定:"金融机构运用人工智能技术开展资产管理业务应当严格遵守本意见有关投资者适当性、投资范围、信息披露、风险隔离等一般性规定,不得借助人工智能业务夸大宣传资产管理产品或者误导投资者。金融机构应当向金融监督管理部门报备人工智能模型的主要参数以及资产配置的主要逻辑,为投资者单独设立智能管理账户,充分提示人工智能算法的固有缺陷和使用风险,明晰交易流程,强化留痕管理,严格监控智能管理账户的交易头寸、风险限额、交易种类、价格权限等。金融机构因违法违规或者管理不当造成投资者损失的,应当依法承担损害赔偿责任。"

当性与可责性。

二、算法治理的境外经验

（一）针对金融科技中算法的普遍要求

在本书的开端，笔者介绍过智能投顾源起于金融与科技的结合，是金融科技浪潮的重要组成部分。金融科技的一大重要特征即为人工智能算法在金融业务活动中的广泛普及与运用。由国际清算银行和巴塞尔银行监管委员会共同设立的国际金融稳定研究院（Financial Stability Institute）所开展的研究调查显示，针对金融机构对于人工智能算法日益增多的使用和逐渐上升的依赖，许多国家与地区发布了指导性的、不具备实质约束力的原则或指南，旨在鼓励金融机构以道德的、负责任的方式来审慎地运用人工智能算法和机器学习技术。

例如，新加坡发布了相关指南，提出金融行业在使用人工智能技术时需要符合四大原则：公平（Fairness）、道德（Ethics）、问责制（Accountability）以及透明度（Transparency），合称"FEAT"。[1] 又如，荷兰发布了指导性意见，提出金融行业在使用人工智能技术时需要符合的原则包括：稳固（Soundness）、问责制（Accountability）、公平（Fairness）、道德（Ethics）、专业技能（Skills）和透明度（Transparency），合称"SAFEST"。[2] 再如，我国香港特别行政区针对银行对人工智能技术的使用提出了针对性、高标准的指导性意见和原则性要求。[3]

---

[1] Monetary Authority of Singapore, "Principles to Promote Fairness, Ethics, Accountability and Transparency (FEAT) in the Use of Artificial Intelligence and Data Analytics in Singapore's Financial Sector," MAS, accessed December 1, 2022, https://www.mas.gov.sg/~/media/MAS/News%20and%20Publications/Monographs%20and%20Information%20Papers/FEAT%20Principles%20Final.pdf.

[2] Nederlandsche Bank, "General Principles for the Use of Artificial Intelligence in the Financial Sector," DNB, accessed December 1, 2022, https://www.dnb.nl/media/voffsric/general-principles-for-the-use-of-artificial-intelligence-in-the-financial-sector.pdf.

[3] HKIMR, "Artificial Intelligence in Banking: The Changing Landscape in Compliance and Supervision," AOF (August 2020), accessed December 1, 2022, https://www.aof.org.hk/docs/default-source/hkimr/applied-research-report/airep.pdf.

表 8-2　新加坡、荷兰和中国香港地区针对金融领域中人工智能运用的指导性原则

新加坡 (2018)	荷兰 (2019)	香港特别行政区 (2019)
公平性 • 合理性 • 准确性 • 无偏见 道德性 问责制 • 内部的 • 外部的 透明度	公平性 道德性 问责制 透明度 稳健性 专业性	治理 • 董事会和高管需要为 AI 应用程序的运行结果担责 应用设计与开发 • 具备足够的专业知识 • 确保人工智能应用具有适当的可解释性 • 使用高质量的数据 • 进行严格的模型验证 • 确保人工智能应用的可审计性 • 对第三方供应商实施有效的管理和监督 • 符合道德规范，公平，且透明 持续的监测和维护 • 进行定期审查和持续监测 • 遵守数据保护要求 • 实施有效的网络安全措施 • 风险缓解和应急计划 消费者保护 • 注重治理和问责 • 公平、透明和披露 • 数据隐私保护

（二）针对智能投顾中算法的特殊要求

部分国家对智能投顾中的算法提出了针对性的特殊监管要求，下面以美国和澳大利亚为例作简要介绍。

美国对智能投顾的监管主要依靠其完善的信息披露制度。美国证券交易委员会发布的《智能投顾监管指南》中详细规定了算法披露规则；美国金融业监管局发布的《关于数字投资建议的报告》(Report on Digital Investment Advice)中指出了算法监管的重要性；美国马萨诸塞州证券监管部门在《政策声明：使用第三方服务的州注册投资顾问》(Policy Statement: State-Registered Investment Advisers' Use of Third-Party Robo-Advisers)中，针对使用外包算法(由第三方机构提供的算法)的投资顾问提出了更加详尽的要求。具体而言，对智能投顾算法及相关信息的披露应当包含以下几个方面：其一，披露算法本身的相关内容。例如，美国证券交易委员会指出智能投顾运营人需披露算法函数、算法的理论

假设、算法的固有风险和缺陷。其二,披露参与算法的研发、管理的第三方信息。例如,美国证券交易委员会要求智能投顾主动披露存在利益冲突的第三方机构。其三,马萨诸塞州的监管机构还要求智能投顾披露算法外包服务商的背景信息等。[①]

澳大利亚未建立详尽的信息披露体系,但其在智能投顾内部治理机制方面颇具特色。具体而言,澳大利亚证券投资委员会(ASIC)提出的要求包括:其一,强化智能投顾经理人制度,智能投顾运营人需要具备保持提供其所涵盖的金融服务的竞争力,至少配备一名对智能投顾业务运营负直接责任的经理人,该经理人应当确保知道产品核心算法的基本情况,同时 ASIC 对经理人的任职资格、学历要求、工作经验等都提出了较为具体的标准与要求。其二,充实技术人员配备,智能投顾应在其业务团队中至少配备一名熟悉算法的理论基础以及具体计算机编码的风控人员。其三,具备完善的技术资源,智能投顾需具有可靠的技术资源维护客户记录和数据完整性,同时保护客户秘密和其他重要信息。其四,构建恰当的风险管理系统,智能投顾应设计恰当的系统设计文件,明确算法目的、设计与范围;建立文件化测试策略,用以解释算法的测试范围;加强对交易留痕处理的有效控制与检测,对算法进行持续性的更新与审查;建立恰当的内部合规程序以确保风险管理系统的有序进行。其五,建立专业责任强制保险制度(PI 保险),要求智能投顾运营者为客户办理专业强制责任保险,进一步加强对于投资者的保护,将由于算法缺陷所导致的损失等归入保险赔偿范围。[②]

三、完善算法治理体系的相关建议

我国目前缺乏针对智能投顾中算法的专门性监管要求,然而从长远来看,强化算法监管规则、完善算法治理体系存在必要性和正当性。借鉴境外关于算法治理的相关经验,结合我国智能投顾的具体情况,未来我国可以考虑从以下几个方面完善智能投顾中的算法治理体系。

---

① 参见郭雳:《智能投顾开展的制度去障与法律助推》,载《政法论坛》2019 年第 3 期。关于美国智能投顾业的监管经验,详见第七章第一节。

② 参见同上文,详见第七章第二节。

(一)完善信息披露与算法备案制度

1. 向客户进行信息披露

智能算法不断进化,从单纯的技术化"工具"逐步升级为不透明的、复杂的自主智能体,进而形成所谓的"算法黑箱"。在智能投顾的语境下,智能投顾平台所使用的算法对于投资者的选择至关重要,"算法黑箱"可能侵害投资者的知情权等合法权益,进而给投资者造成损失。只有智能投顾平台以恰当的方式就算法的关键信息向客户进行真实、准确、全面的披露,才能让投资者对该智能投顾所采用的算法规则、调仓逻辑及其固有缺陷和风险有一个基本的认识和了解,从而辅助投资者作出更符合其自身利益的投资决策。所以,完善算法治理的一个重要内容即完善信息披露标准,要求智能投顾平台就其所使用的算法向客户进行披露与说明。

首先,就信息披露的内容而言,智能投顾平台所披露的应当是关于算法的概括说明而非算法代码本身。过高的信息披露标准一方面可能会侵犯智能投顾运营平台本身的商业秘密或导致不同机构之间算法的恶性博弈,另一方面也欠缺足够的可行性,因为算法黑箱部分是由算法的技术性特征造成而非人为刻意保持造成。所以,信息披露的内容和标准应当适度,在保证智能投顾运营平台正常展业、智能投顾算法有效运作、防范算法潜在风险以及保障智能投顾客户知情权等考量因素之间维系平衡。

具体而言,应当披露的关于算法的说明包括:算法的假设和限制、算法的逻辑、算法的种类、算法的功能、算法的设计者、算法的风险、算法的重大变化等。[①] 这些关于算法应当披露的内容总体上可以根据其功能分为两类:一是算法规则的普及性信息与运作机制,例如算法所涉及的投资组合自动配比的基本原则、事后调仓的具体触发规则、事后重新平衡优化投资组合的基本原则和基本方法等;二是关于算法的风险性信息,包括美国证券交易委员会要求智能投顾运营平台向投资者揭示用于管理客户账户的算法的前提性假设以及该算法的局限性、算法的固有风险、可能导致智能投顾推翻原始算法的任何情况以及智能投顾如何使用从客户收集的

[①] 参见徐凤:《人工智能算法黑箱的法律规制——以智能投顾为例展开》,载《东方法学》2019年第6期。

信息来生成推荐的投资组合及有何限制等。① 此外,对于参与开发、管理智能投顾算法或拥有算法所有权的第三方信息,智能投顾平台亦应进行充分的披露,并对可能产生的任何利益冲突加以解释和说明。②

其次,就信息披露的格式要求而言,可以借鉴上市公司信息披露的经验,由监管机构主导形成智能投顾算法规则和风险信息的固定的内容和格式要求,由此既可以实现信息披露内容的全面性与格式的统一性,也可以让投资者更好地对不同智能投顾产品进行了解和比较,更充分地保障其知情权。必要时,可以引入可视化的展示方式,采用更加便于理解的方式向投资者对算法进行解释说明与风险揭示。③ 此外,考虑到智能投顾线上运行的特点,可以考虑统一采用强制页面弹窗的形式进行告知和披露,并在页面顶端应当注明"为全面了解本款智能投顾产品的算法规则、潜在风险和其他重要事项,投资者应当仔细阅读本页面全文"等类似重要提示。④

最后,上述信息披露要求应当贯穿智能投顾服务的全流程。对于任何可能影响客户投资组合的算法代码进行的变更,智能投顾运营平台都应当向客户及时、准确、完整地进行披露。

2. 向监管机构进行登记备案

算法应用登记是目前使用最为广泛的算法治理手段之一。"资管新规"第 23 条要求运用人工智能技术开展资产管理业务的金融机构"应当向金融监督管理部门报备人工智能模型的主要参数以及资产配置的主要逻辑",即为一例。算法应用及相关信息的登记、备案与留存可以促使智能投顾运营平台更加谨慎地开发和使用算法;也有助于监管机构及时了解情况、发现风险,促使其更好地掌握前沿的技术,理解和评估算法的运作规则与潜在风险,进而改善和提高监管机构的监管能力。此外,算法登记与备案还便于追溯算法应用所造成的法律责任。⑤ 所以,完善智能投

---

① SEC, Guidance Update: Robo-Advisers, p. 3, SEC (February 2017), accessed December 1, 2022, https://www.sec.gov/investment/im-guidance-2017-02.pdf.
② 参见李文莉、杨玥捷:《智能投顾的法律风险及监管建议》,载《法学》2017 年第 8 期。
③ 参见郭雳:《智能投顾开展的制度去障与法律助推》,载《政法论坛》2019 年第 3 期。
④ 参见刘文、蒋昇洋:《智能投顾的信义义务:中国实践和制度重塑》,载《河北法学》2021 年第 12 期。
⑤ 参见苏宇:《算法规制的谱系》,载《中国法学》2020 年第 3 期。

顾中算法的治理体系，可以考虑要求智能投顾运营平台向监管机构就算法的关键信息进行登记与备案。

（二）强化智能投顾内部算法治理机制

前述澳大利亚对于智能投顾中算法的监管经验证明，强化智能投顾内部围绕算法的合规体系、风险控制体系等，对防范算法风险、实现算法的有效治理具有重要作用。

首先，在算法实际投入使用之前，智能投顾运营机构应对算法的合规性、有效性进行事先评估测试。智能投顾运营平台应当对其所采纳的程序算法进行严格的监督管理和测试，至少能够确保算法程序的输出结果与输入信息的预期一致。① 在审查的具体内容和要求方面，美国金融业监管局对通过数字化工具进行投资建议的公司所提出的事前审查要求值得参考，包括：评估算法及其前提假设是否适合于该项工作任务；充分了解将要使用的输入数据；对输出结果进行测试，以评价其是否符合公司的原始期望；等等。②

其次，智能投顾运营平台必须设置相应的专门内部组织或充实技术人员的配备。例如，《关于做好公开募集证券投资基金投资顾问业务试点工作的通知》第 8 条已经要求智能投顾运营平台设置投资决策委员会，可以在此基础上要求投资决策委员会中必须配备一名熟悉算法的理论基础以及具体计算机编码的技术型风控人员，并要求投资决策委员会作为一个整体对智能投顾算法的开发和实施、针对第三方开发的算法系统开展的尽职调查、评估算法的运用场景与输出结果等事项承担监督责任。此外，还可以考虑借鉴澳大利亚的经验，构建智能投顾经理人制度，要求智能投顾运营人配备对智能投顾业务运营负直接责任、知晓智能投顾核心算法基本情况的经理人，并且由监管机构对该等经理人的任职资格、学历要求、工作经验等提出相应的标准和要求。

最后，在上述基础上，要求智能投顾运营平台在内部构建一个结构

---

① 参见刘文、蒋昇洋：《智能投顾的信义义务：中国实践和制度重塑》，载《河北法学》2021年第 12 期。

② See Financial Industry Regulatory Authority, "Report on Digital Investment Advice," p. 4-5, FINRA（March 2016），accessed December 1，2022，https://www.finra.org/sites/default/files/digital-investment-advice-report.pdf.

化、系统化的用以识别、评估和管理算法风险的风险管理程序,持续监控并定期测试算法是否符合技术规定和法律规定。① 例如,应当要求智能投顾运营平台对算法的稳定性进行持续性审查,评估算法所依赖的模型是否随着市场和其他条件的发展变化而依然保持适当性,定期测试算法输出的结果是否符合预期;若有修改之必要,应及时按照既定程序依法合规地对算法进行修改,并及时、准确地向投资者进行披露,向监管机构进行重新备案等。又如,应当要求智能投顾运营平台采用适当的流程来管理对算法的任何调整与修改,包括设置安全措施以监控和防止未经授权而访问算法。此外,智能投顾平台还必须做好留痕工作,控制、监控和保存过去一定时间内对算法所做的任何更改、检测、更新、终止记录等。②

(三)探索算法审查机制

有观点指出,智能投顾面临的法律困境与挑战之一,即为智能投顾业务在主体资质上存在一定的不确定性,因为机器人及其背后的算法程序显然不可能去参加证券从业考试,而是否需要以及如何构建一个针对算法的"从业资格考试",目前法律仍是空白。③

就此,随着未来技术的进一步发展与监管能力的不断增强,可以考虑探索算法审查机制,对算法是否适合特定的投资目标、是否符合客户预期、是否具备稳健性与有效性等关键指标进行测试和评估,为算法设置一场针对性的"考试",只有通过审查与测试的算法才能投入使用。例如,2016年8月,韩国金融委员会出台了"机器人投顾测试床的基本运行方案",通过三阶段的审核程序检验机器人投顾平台的实际运营情况,测试算法的稳定性、收益性和整体系统的安全性。换言之,可以通过评测智能投顾系统的知识图谱来判断它是否具备"从业资格";智能投顾应该是可以被"评测的",只有检测合格的智能投顾才能进入市场,从事服务。④

算法审查机制背后所体现的理念实际上是对"监管科技"的探索与应

---

① 参见李文莉、杨玥捷:《智能投顾的法律风险及监管建议》,载《法学》2017年第8期。
② 参见赵吟:《智能投顾的功能定位与监管进路》,载《法学杂志》2020年第1期。
③ 参见郭雳、赵继尧:《智能投顾发展的法律挑战及其应对》,载《证券市场导报》2018年第6期。
④ 参见姜海燕、吴长凤:《机器人投顾领跑资管创新》,载《清华金融评论》2016年第12期。

用。所谓"监管科技"（regtech）是"监管"（regulation）与"科技"（technology）的合成词。Regtech 一词最早于 2015 年出现在英国政府科学办公室关于金融科技的研究报告[①]中，并随后在全球监管讨论中逐渐被普遍接受。金融稳定研究院（FSI）于 2018 年 7 月发布的报告将监管科技分为"数据收集"和"数据分析"两大类，并概述了监管科技的运用场景与监管作用。[②] 算法治理难题的根源在于新兴的科技对传统的法学理论与监管实践造成了冲击，但技术、算法等不仅仅是监管风险的来源，更逐渐成为监管变革的机遇，快速发展的金融科技催生了监管科技的出现。因此，完善智能投顾中的算法治理体系时，应当以科技驱动型的监管思路应对新技术发展对于金融监管的挑战，采用与金融科技发展相匹配的科技驱动型监管模式回应金融科技监管的特殊性，在条件成熟的情况下应及时采纳行业内最先进的科技进行监管，以此降低监管成本、提高监管效率。[③] 探索算法审查机制，就是对该种科技驱动型的监管思路的一种践行与尝试。

（四）尝试"监管沙盒"

对智能投顾中算法的法律规范，往往面临着发展与规范的平衡问题，给监管机构带来了"监管时点"的两难选择：监管过早、过严，可能会扼杀金融创新；监管过晚、过松，可能会演变为大面积的风险。[④] 正是出于这样的需求和考虑，"监管沙盒"的概念应运而生。

英国将沙盒理念引入金融监管领域，创制了"监管沙盒"的概念，也是

[①] Government Office for Science, "FinTech Futures: the UK As a World Leader in Financial Technologies," Chapter 6 RegTech: The Future of Financial Regulation (March 2015), accessed December 1, 2022, https://assets.publishing.service.gov.uk/government/uploads/system/uploads/attachment_data/file/413095/gs-15-3-fintech-futures.pdf.

[②] Dirk Broeders and Jermy Prenio, *Innovative Technology in Financial Supervision (Suptech)—the Experience of Early Users*, FSI Insights on policy implementation No 9, BIS (July 2018), accessed December 1, 2022, https://www.bis.org/fsi/publ/insights9.pdf. 中文翻译参见何海锋、银丹妮、刘元兴：《监管科技（Suptech）：内涵、运用与发展趋势研究》，载《金融监管研究》2018 年第 10 期。

[③] 参见杨东：《监管科技：金融科技的监管挑战与维度建构》，载《中国社会科学》2018 年第 5 期。

[④] See Nathan Cortez, "Regulating Disruptive Innovation," 29 *Berkeley Technology Law Journal*, Vol.29, 2014, pp.201-206. 转引自周仲飞、李敬伟：《金融科技背景下金融监管范式的转变》，载《法学研究》2018 年第 5 期。

世界上首个推行监管沙盒的国家。监管沙盒为可能具有破坏性和众多风险的金融创新提供一个安全的测试环境和监管试验区。"监管沙盒提供一个不受当下金融监管体制监管的'安全港',在这个微型的真实市场内,准入的公司可在其中对自身的金融创新产品、服务和模式等进行试验,及时发现该金融创新的缺陷与风险,继而寻求解决方案。同时,监管者也可通过此测试展开风险评估,决定是否允许该金融创新正式进入市场推广,是否需要调整甚至改变金融监管规则。"[1]

所以,在未来完善智能投顾中的算法治理体系时,可以考虑尝试"监管沙盒"的进路。一方面,这能够为新兴的技术或算法提供一个暂时不受束缚的"安全区",以便智能投顾运营机构不断尝试、完善;另一方面,监管部门也可以借此机会展开风险评估,进而最终决定是否允许创新技术或算法进入市场。由此,"监管沙盒"的引入不仅是为金融科技的发展设置了"保护区",也为监管机构的政策拟定、风险测评创建了"观察区"。研究设立中国版的"监管沙盒",把智能投顾纳入其中,将更好地试行金融科技的包容性监管,实现金融创新与监管的兼顾平衡。此外,"监管沙盒"进路所折射的是监管理念的变迁,即强调从"监管限制产品或服务"的被动监管到"产品或服务引领监管"的主动监管;同时,在评估过程中应特别重视信息反馈机制,需要适时调整规则。而这种更加适应金融科技特点的金融监管理念的渗透与落实,同样是不断完善算法治理体系的过程中必不可少的一部分。

---

[1] 柴瑞娟:《监管沙箱的域外经验及其启示》,载《法学》2017年第8期。

第九章　智能投顾的信义义务

　　智能投顾以其低门槛、低费用、高效率的特征,弥补了自然人在提供金融建议方面的局限性,使得传统业态下只能为高净值客户所享有的投顾服务得以面向更为广泛的投资群体,有效满足了广大长尾客户的理财需求,丰富了普惠金融的内容,为社会创造了巨大的价值。但与此同时,智能投顾的风险也不容忽视:在客户端,与传统投顾的目标客户群相比,智能投顾的受众往往在金融知识和投资经验上比较匮乏,自我保护能力不足,更加依赖于智能投顾给出的投资建议,受到侵害后能够寻求的救济也非常有限①;同时,由于受众广泛,不仅金融市场传统的市场风险和流动性风险得到扩散,从而具有引发系统性金融风险的可能,投资顾问的欺诈等侵犯投资者利益的行为也会产生更大的伤害半径,危害金融市场的健康发展。而在顾问端,尽管算法驱动的投资顾问能够实现"全天候服务",但在缺乏人工参与的情况下,智能投顾与投资者的实质性接触有限,对投资者的了解难言充分;"算法黑箱"的存在加剧了投资顾问与投资者之间的信息不对称,使得利益侵害行为更为隐蔽。此外,与传统投顾相比,智能投顾还面临着黑客攻击、网络瘫痪、算法缺陷、个人信息泄露等因互联网技术的介入而带来的风险。② 由此可见,在金融建议可获得性提升的同时,客户的利益也变得更容易受到侵害,对此必须采取有效的制度设计,在对智能投顾的积极效应进行引导的同时,尽可能阻却其消极作用的发生。

　　在这一背景下,信义义务作为规制传统投资顾问的重要抓手,能否适

---

① 参见李文莉、杨玥捷:《智能投顾的法律风险及监管建议》,载《法学》2017 年第 8 期。
② 参见李晴:《智能投顾的风险分析及法律规制路径》,载《南方金融》2017 年第 4 期。

用以及如何适用于智能投顾自然是一项重要的议题,本章拟对此展开研究,具体结构如下:第一节介绍信义义务的基本理论,讨论其来源、理论基础和内涵;第二节将信义义务的主体范围聚焦至投资顾问,以美国为例梳理投资顾问信义义务的内容,经纪商—交易商作为投资顾问之外另一重要的投资建议提供主体,其应当向零售客户承担的义务也逐渐与投资顾问趋同;第三节介绍智能投顾的出现对传统投资顾问信义义务的冲击,并讨论应如何更新信义义务框架以应对这些挑战,以期为智能投顾的有效监管提供参考与借鉴。

第一节 信义义务基本理论

一、信义义务的产生

信义义务(fiduciary duty)起源于英国衡平法,最初是衡平法用来作为一方违反他人对他的信任(trust)或信赖(confidence)而侵害他人利益时的一种救济手段,信义义务从其起源之时就与信托密不可分。① 最早的信托是为规避法律制度而设计的,属于普通法上的"脱法行为",但衡平法院基于公平、正义和良心,从其作为"良心之法"的基本理念出发,运用其自由裁量权将受托人背信弃义、谋取私利的行为认定为非法,从而承认了信托的合法性。随着案件的积累,在信托领域,受托人的行为标准出现了统一的趋势,构成了信义义务的雏形,1726 年的 Keech v. Sandford 案②被认为在真正意义上奠定了现代信义义务的基本内涵。

在审理案件的过程中,衡平法院也逐渐发现,在许多与信托相似的法

---

① 参见姚朝兵:《美国信托法中的谨慎投资人规则研究》,法律出版社 2016 年版,第 49 页。
② 25 E. R. 223; Hicks, "The Remedial Principle of Keech v. Sandford Reconsidered," *Cambridge L. J.*, Vol. 69, 2010, p. 287. 在该案中,某人将自己对某市场的租赁权以信托的方式遗赠给了某个受托人,受益人为一未成年人。在租赁到期后,由于出租人拒绝续签租赁合同,受托人以自身名义与出租人签订合同成为了新的承租人,并因租赁该市场而获益。尽管从合同的视角来看,出租人不愿意与受益人订立租赁合同的意愿是明确的,因此受托人以自己的名义订立租赁合同并获取利益是合理的。但法院认为,从信托关系来看,受托人的一切行为均应以维护受益人利益为目的,即便其成为承租人亦是如此。而为了促使受托人为了受益人的利益续约,受托人不得作为承租人这一原则应当得到严格贯彻。法院最终判决受托人将承租人地位让渡给受益人,赔偿租赁所造成的损失,其因租赁所获利润也应归属于受益人所有。

律关系中也存在一方当事人需要以自己的名义为另一方利益行事的要求,这些法律关系同样需要衡平法院加以调整。因而,信义义务逐渐被推广至与信托类似的领域中。起初,法官仍以 trust、confidence 等来描述它们的基本特征,或将其称为"准信托"(quasi-trust)或"与信托相似的法律关系"(trust-like relationship)。而随着 trust 这一词汇成为具有确定含义的正式术语,为了避免用语上的混乱与不便,fiduciary 一词随之被用来描述这些具有信任性质但不属于严格意义上的信托的情形。类似信托的受托人(又称"受信人")开始被称为(fiduciary),它们所需承担的义务则被称为信义义务"fiduciary duty"。根据《布莱克法律词典》的定义,fiduciary 是指"一个被要求在其与另一个人的关系中的所有事情上为另一个人的利益行事的人;对另一个人负有善意、信任、信赖或诚实义务的人"。相应地,fiduciary duty 则被定义为"受信人(fiduciary)对受益人(beneficiary)所负有的最大善意、信任、信赖及诚实的义务,以及对另一个人最高程度的正直和忠实并为该人的最大利益行事的义务"。①

二、信义义务存在的基础:信义关系

尽管信义义务起初从信托中衍生,但经过衡平法的不断扩展,已超越信托关系并作为后者的上位概念独立存在。英美法对于信义义务的共识是:信义义务存在于信义关系(fiduciary relationship)之中并由受信人对受益人承担,若受信人违反信义义务,则受益人将获得针对受信人的救济权。②

时至今日,信义关系种类丰富,已普遍适用于现有法律制度之中。学界普遍以是否有法律明文规定为依据,将信义关系区分为"法定的信义关系"(又称"身份型信义关系",status-based fiduciary relationship)和"推定的信义关系"(又称"事实型信义关系",fact-based fiduciary relationship)。法定的信义关系是指法律明文规定当事人之间的关系适用衡平法上的信义关系,除信托关系之外,还适用于公司董事与公司之间、合伙人之间、律

---

① See Bryan A. Garner eds., *Black's Law Dictionary* (9th ed), Saint Paul: Thomson West, 2009, pp. 581, 702.
② Paul B. Mile, "A Theory of Fiduciary Liability," *McGill Law Journal*, Vol. 56, No. 2, 2011, p. 237.

师与客户之间、医生与病患之间等众多领域。推定的信义关系是指在无法律明文规定的情况下,一方当事人基于对另一方当事人的信赖而将自己置于易受伤害的地位时,法官根据衡平法"公平正义"理念,通过拟制、推定技术,寻找掩盖在形形色色现实关系面纱下的信义本质,裁决双方当事人之间存在信义关系,①Keech v. Sandford 案即是推定的信义关系的典型代表。由此可见,信义关系是一个开放的系统,任何法律关系,只要符合信义关系的认定标准就可以被纳入其中。②

围绕信义关系的认定标准和构成要件,学者们提出了包括合同理论、财产理论、信赖理论、公共政策理论、不平等理论、权力和自由裁量理论以及重要资源理论在内的诸多观点。③ 但有学者指出,其中的大多数理论均试图从信义义务某一方面的特征或者负有信义义务的部分主体的共同特征出发来进行定义,具有片面性。④ 对此,我国学者在对前述理论进行归纳和总结的基础上提出的"四要件说",较好地实现了"全面性"的要求⑤,笔者将其重新定义为:"信赖""替代""权力(或自由裁量权)"和"脆弱性"。

信赖是委托人和受托人建立法律关系的前提,在《朗文法律词典》之中,信义关系即被用来指代包含信任的一类关系,譬如信托之中受托人与受益人之间的关系。⑥ 尽管有学者指出,在当事人受到保护的意义上,其真正信任的是法律而非相对方,⑦但事实上,只要当事人在行为与不行为之间、不同相对方之间尚有选择的余地,当事人作出的选择之中就必然包含对相对方的信赖,此时对法律的信赖便不能完全替代对相对方的信

---

① 参见汪其昌:《信义关系:金融服务者与金融消费者关系的另一视角》,载《上海经济研究》2011年第6期。
② 参见朱圆:《论信义法的基本范畴及其在我国民法典中的引入》,载《环球法律评论》2016年第2期。
③ 参见范世乾:《信义义务的概念》,载《湖北大学学报(哲学社会科学版)》2012年第1期。
④ 参见倪受彬、张艳蓉:《证券投资咨询机构的信义义务研究》,载《社会科学》2014年第10期。
⑤ 参见郭雳、彭雨晨:《新发展格局下资管业务管理人信义义务研究》,载《江汉论坛》2021年第7期。
⑥ See Oxford Dictionary of Law, 5th ed., Oxford University Press, 2003, p.201.
⑦ 参见范世乾:《信义义务的概念》,载《湖北大学学报(哲学社会科学版)》2012年第1期。

赖①,因此,"高度信赖"之中更强调对于人的信赖。

替代是法律关系建立的起点,所谓"替代"是指由于委托人或受益人因特定原因无法或不愿自行管理财产或事务,而寻求由受托人代为完成。

自由裁量权(或权力)的存在使得受托人滥用权力损害受益人的利益成为可能,因此也被普遍认为是信义关系的核心构成要素。②

但仅仅存在权力滥用的风险仍是不足够的,如果受益人可以通过自助、合同、法规或其他方式保护自己免受权力滥用的损害,那么信义义务也没有存在的必要。③ 因此,仅在受托人所具有的权力和自由裁量权过大,而委托人无法对其实现有效控制的情形之下,也即委托人的利益具有脆弱性而无法实现自我保护时,信义义务才有存在的必要,因此,脆弱性必然构成信义关系的一项重要特征。

三、信义义务的内涵

信义义务主要包括两方面内容:忠实义务和注意义务。

(一)忠实义务

忠实义务(duty of loyalty)是信义义务最为重要和核心的内容。在信义义务发端的信托领域,忠实义务的内涵包括两个方面:一是受托人必须以受益人的利益为唯一利益(sole interest),在此目的之下从事一切信托活动;二是受托人不得将自己置于与受益人利益冲突的位置。二者分别从积极和消极的角度对受托人提出了行为要求。

在积极义务层面,传统上为了保护受托人的利益,"唯一利益"标准被严格遵守,即便受益人的利益无损或甚至得到提升,只要有违"唯一利益",受托人就将违反忠实义务,Keech v. Sandford 案中法官指出的"受托人或许是这个世界上唯一一个不适合承租市场的人"就是对"唯一利益"标准的生动诠释。然而在实践中,"唯一利益"规则的例外情形开始逐

---

① 参见倪受彬、张艳蓉:《证券投资咨询机构的信义义务研究》,载《社会科学》2014年第10期。
② See Matthew Harding, "Trust and Fiduciary Law," *Oxford Journal of Legal Studies*, Vol. 33, No. 1, 2013, p. 86.
③ Tamar Frankel, "Fiduciary Law," *California Law Review*, Vol. 71, No. 3, 1983, p. 825.

渐出现并被法院认可,包括存在委托人的授权、受益人同意等,兰贝恩教授研究并归纳出了这些例外情形的理由:受托人的行为尽管不符合唯一利益,但却符合受益人的最大利益,即法院采取了"最佳利益"标准。① 随着商事交易日趋复杂化,现实中的利益冲突或利益重叠现象并不鲜见,法律制度完备性的提升也使得受托人对权力的滥用更容易被识别,固守唯一利益标准的需求不断降低,"最佳利益"逐渐取代"唯一利益"成为主流标准。虽然美国《统一信托法典》第 8 章第 802 条忠实义务第 a 款规定"受托人应为了受益人的唯一利益管理信托",似乎仍在坚持传统的唯一利益说,但结合该法第 105 条规定可知,该规则仅为一项缺省条款,当事人可以通过另行约定而无需遵守唯一利益规则。此外,该条 b 款在赋予受益人对存在利益冲突的交易的撤销权的同时,还列举了例外情形,将部分违反唯一利益但符合最佳利益标准的场景排除在外,实际上是将唯一利益标准和最佳利益标准进行了结合。②

(二) 注意义务

注意义务(duty of care)又被称为勤勉义务(duty of diligence)、谨慎义务(duty of prudence),要求受托人以一个合理的谨慎的人在相似情形下所应表现的谨慎、勤勉和技能履行其职责。与忠实义务不同,注意义务是否属于信义义务存在争议,与忠实义务作为信义义务区别于其他义务的核心特征不同,注意义务还被应用于其他义务领域,如用于英美侵权法上对是否构成过失及过失程度的判断。一般而言,英国法上的信义义务仅包含忠实义务,尽管受托人也需要承担注意义务,但其仅在判断受托人是否构成侵权法上的过失时启用。信义义务可划分为忠实义务和注意义务则是美国学者的基本共识,一般认为我国的做法更接近于美国。③

第二节 投资顾问的信义义务

投资顾问作为信义义务的承担主体,在信义义务的构成要件及内涵

---

① John H. Langbein, "Questioning the Trust Law Duty of Loyalty: Sole Interest or Best Interest?" *Yale Law Journal*, Vol. 114, No. 5, 2005, pp. 963-980.
② 参见徐化耿:《信义义务研究》,清华大学出版社 2021 年版,第 33—35 页。
③ 参见姚朝兵:《美国信托法中的谨慎投资人规则研究》,法律出版社 2016 年版,第 57—58 页。

上存在具体细化的要求,美国在此领域具有较为深厚的立法及司法经验,本节将以美国为例梳理投资顾问信义义务的主要内容。除此之外,经纪商—交易商作为区别于投资顾问的投资建议提供主体,其所应承担的义务与投资顾问的信义义务之间的区别也呈现出逐渐消解的局面。可以认为,在零售领域,经纪商—交易商与投资顾问的义务标准已经基本实现了统一。

一、投资顾问承担信义义务的理论基础

(一)信义关系的构成要件分析

投资顾问的业务模式是通过为投资者提供投资建议,从而直接或间接获取咨询费用。① 笔者认为,这一业务模式满足前文提出的四项构成要件,具体分析如下:

尽管投资顾问与投资者之间是平等自愿的合同自由关系,但由于投资活动具有较强的专业性,投资顾问所具备的金融专业知识与技能以及在与投资者不断地接触中获取的个人信息使得投资者对其产生了高度信赖,进而允许其替代自己完成投资决策。若投资顾问同时具有对账户的自由裁量权,开展全权委托服务,毫无疑问应当满足权力的委托这一构成要件;而即便在"仅提供投资建议、不代客理财"的非全权委托账户服务之中,由于投资顾问关系之下前述信赖的特殊性,投资者往往会遵循投资顾问给出的建议进行投资,即投资顾问实质上仍能够实现对客户账户的有效控制。② 尽管可以通过简单地计算收益率水平来衡量投资活动本身的效益,但由于收益率受到多种因素的共同作用,出于人的有限理性,无法在事先签订的投顾合同中对收益率水平进行约定,亦无法穷尽其他违约情形;投资者出于信息、知识和经验方面的欠缺也很可能无法预期全部的法律风险,投资顾问合同因此属于不完备契约,投资者容易被动地接受投

---

① 参见《证券、期货投资咨询管理暂行办法》第2条;美国1940年《投资顾问法》第202条a款第11项。

② 也有学者指出,虽然此种情况下投资者能够自行决定是否接受证券投资顾问提供的投资建议——即使投资顾问提供了错误的投资建议,只要投资者不依照该建议行事,在结果上也并无影响,但法律不能存在侥幸心理,寄希望于投资者自身的理性,而且事实上投资者的理性也往往是难以依靠的,因此对仅辅助决策的投资顾问,也应当成立受信义务。参见甘培忠、周淳:《证券投资顾问受信义务研究》,载《法律适用》2012年第10期。

资顾问行为的后果,无法实现自我保护,其利益存在脆弱性。因此,理论上投资顾问与投资者之间的关系满足信义关系的四个要件,投资顾问应对投资者承担信义义务。

(二)投资顾问信义义务的建立

尽管美国 1940 年《投资顾问法》未对投资顾问明确施加"受信人"和"信义义务"等用词,但美国法院通过一系列判决,明确了投资顾问的受信人地位。SEC v. Capital Gains Research Bureau, Inc. 一案(以下简称"Capital Gains 案")是投资顾问信义义务规则生成的开端。在该案中,一名注册投资顾问在推荐其客户买入证券进行长期投资前不久为自己的账户购买该证券,并在证券价格上涨后立即出售实现获利(该做法在交易中俗称为"剥头皮")。

美国证券交易委员会(SEC)提起诉讼的依据是《投资顾问法》第 206 条,该条本是一个类似于 1934 年《证券交易法》第 10b 条的一般性反欺诈条款,禁止投资顾问从事任何欺诈、欺骗或操纵性的行为。① 从该案的原意上看,它主要解决的也是投资顾问领域中的欺诈认定问题。法院认为,尽管"剥头皮"的行为并不构成普通法意义上的欺诈,但法院在详细考察了《投资顾问法》的立法材料后指出,国会在制定《投资顾问法》时意图使投资顾问与客户之间存在更为密切的关系,让缺乏经验的后者能够对前者产生高度信任。为了与此保持一致,第 206 条下"欺诈"的含义必须比普通法意义上更广泛,投资顾问应像其他受托人一样具有明确的义务,包括"最大限度的诚信和全面、公平地披露所有重要事实",以及"合理谨慎地避免误导……"客户。尽管法院在该案中并未将这种明确的义务称为"投资顾问的信义义务",但最高法院的后续判决作出了这样的解读。在 1979 年的 Transamerica Mortgage Advisors, Inc. v. Lewis 一案中,最高法院指出:"正如我们此前的认知,第 206 条设定了规制投资顾问行为

---

① 美国 1940 年《投资顾问法》第 206 条规定:"任何投资顾问均不得借助于邮寄方式或者任何商业手段及设施,直接或者间接地从事下列行为:(1)实施任何策略、计划或者伎俩来欺骗客户或者预期客户;(2)从事任何构成对客户或者预期客户欺骗或者欺诈的交易、实践以及业务;(3)充任自营账户的委托人,故意向客户出售证券或者从客户那里买入证券,或者担任该客户之外其他人的经纪人,故意实施与该客户账户的买卖行为,并且在进行这些交易前没有向该客户书面披露其身份并且获取该客户的同意……(4)从事任何欺骗性、欺诈性或者操纵性的行为、实践或者业务。"

的'联邦信义标准'""的确,《投资顾问法》的立法历史毫无疑问地表明国会意在施加可执行的信义义务。"由此可见,美国投资顾问与客户之间存在着法定的信义关系。

我国学者则普遍认为《证券投资顾问业务暂行规定》吸收了美国证券立法与司法实践中的有益经验,为投资顾问服务机构确立了信义义务体系,其中第4条"谨慎、审慎"和第5条"忠实客户利益"的表述分别对应信义义务之下的注意义务和忠实义务。

(三)高度信赖:个性化要素的考量

考虑到我国对投资顾问的监管现状,尤其是基金投顾试点的推行以及对基金组合规范措施的展开,在介绍投资顾问的信义义务的具体内涵之前,笔者认为有必要进一步对前述四项构成要件中的"高度信赖"加以解读。

1. 信义关系中的信赖

"信赖"本身是抽象、宽泛的,而成立信义关系所需的信赖须符合两项要求:其一,这种信赖必须具有"特定性",即施以信赖和获取信任的两方能够确立彼此的身份;其二,这种信赖应当先于行为产生。[1] 将前述两点要求应用于投资顾问领域,则意味着只有具备"个性化要素"的投资顾问才有承担信义义务的合理基础。

所谓"个性化要素",是指投资顾问在与投资者不断接触的基础上,结合其专业信息为投资者提供量身定制的投资方案。[2] 在该过程中,投资者对投资顾问产生信赖,不仅是对投资顾问的专业能力的认可,更源自投资顾问对其个人需求、投资偏好和财产状况等个人信息的掌握。"特定性"要求的身份确认是双向的,而投资者的个人信息则是投资顾问确认其身份的重要依据。如果投资建议在投资顾问尚不了解投资者的背景下就已产生,那么提出投资建议这一行为便是在建立信赖之前完成的,亦不符合前述第二项要求的内容。因此,证券分析师不应被置于受信义务人的

---

[1] 参见倪受彬、张艳蓉:《证券投资咨询机构的信义义务研究》,载《社会科学》2014年第10期。

[2] 参见钟维:《中国式智能投顾:本源、异化与信义义务规制》,载《社会科学》2020年第4期。

角色①；向不特定公众发布投资建议的其他主体，例如互联网、电视、平面媒体上所充斥着的财经专栏作家、"名嘴"、荐股大 V 等，尽管其建议亦能够对投资者的判断和决策产生重大影响，但由于投资者对其并不存在特定的信任，同样不满足信义关系中的信赖要素。

2. 境外对个性化要素的认可

仅应对具备"个性化要素"的投资顾问施加信义义务也是境外的共识。在美国的 Lowe v. SEC② 一案（以下简称"Lowe 案"）中，尽管《投资顾问法》对于投资顾问的定义并未突出其个性化因素，但最高法院多数意见指出，国会对投资顾问立法并对其业务进行规制的基础是投资顾问与客户之间的信义关系（fiduciary relationship），投资顾问可能滥用客户对其的信赖，损害客户利益。而这种信赖来源于密切的个人联系和保密关系，因此《投资顾问法》所试图规制的投资顾问业务应当是提供个人性建议（personalized investment advice）的投资顾问行为，而非所有提供证券投资建议的行为。③ 尽管这种直接将提供非个人性投资建议的行为排除在投资顾问定义之外的做法，可能导致此类行为中包含的欺诈无法适用《投资顾问法》的反欺诈条款加以调整，留下了一片"监管真空"，削弱了对投资者的保护，因而遭到了学界的批评。④ 后续 SEC v. Park 等部分案件也并未沿用 Lowe 案多数意见的思路，而是回归分析《投资顾问法》第 202 条第 a 款第 11 项的排除条款是否成立以决定当事人是否应受到《投资顾问法》的管辖的思路。但也不可否认 Lowe 案的重要理论价值：明确了信义关系之"信赖"的内涵，并将投资顾问与投资者之间的个体化关系作为判断信赖能否成立的基本要素。

与美国不同，澳大利亚则更进一步，在立法上即对投资建议进行分类。投资顾问提供的金融服务在澳大利亚公司法中被界定为"提供金融

---

① 参见甘培忠、周淳：《证券投资顾问受信义务研究》，载《法律适用》2012 年第 10 期。
② 该案案情是，Lowe 资产管理公司在被禁止从事投资顾问业务后，仍与其他三个公司发行投资通讯，向订阅客户提供股票图表分析服务（stock-chart service），主要出版物如《Lowe 投资和金融通讯》包含对证券市场和黄金市场的宏观分析、对市场指标和投资策略的评论以及对某些具体股票和黄金的购买、出售和持有的建议。美国证券交易委员会对其提起诉讼，指控其提供股票投资建议的行为违反《投资顾问法》。
③ 参见彭冰：《从 Lowe 案看美国对投资顾问的界定》，载《证券法苑》2009 年第 1 期。
④ See Robert Kry, "Once in Doubt," *Yale Law Journal*, Vol. 110, 2001, p. 725.

产品建议",后者又可进一步被区分为个人建议(personal advice)与一般建议(general advice)。所谓个人建议,是指在考虑到客户的(单一或多重)投资目标、财务状况及具体需求的情况下,向其提供或推介(包括通过电子化方式)的金融产品建议。如果建议提供者的行为使得客户能够合理地预期其进行了前述考量,则无论这种考量是否实际实施,相关建议都会被视为个人建议;一般建议则是指除了个人建议之外的其他金融产品建议。①澳大利亚虽然并未采用"信义义务"的表述,但其在2012年6月开展的未来金融建议改革中所引入的最佳利益责任及其相关义务已经基本符合信义义务的内涵,不过前述义务仅适用于"向零售客户提供个人建议"的情形。通过对金融产品建议的进一步分类,并仅赋予个人建议的提供者以受信人地位,澳大利亚在成功为信义关系注入了个性化要素的同时,有效避免了美国投资顾问领域出现的监管困境。

3. 将基金组合模式划归基金投顾的再思考

从信义关系的视角重新审视基金投顾试点推出之前的基金组合模式,能够发现,尽管"推荐式"和"货架式"基金组合模式同样依托基金销售牌照展业,且其中全部的基金组合均由主理人事先构建,在构建的过程中并不考虑具体的真实投资者的个人情况,而是以主理人拟定的、具有特定投资目标和风险偏好的假想投资者们作为参考依据;但"推荐式"中仍需要通过问卷了解投资者从而向其推荐适合的投资组合,这一过程以推荐的投资组合符合投资者的个人情况作为目标,为最终的投资建议注入了个性化要素。尽管如本书第三章所述,这种个性化程度尚且无法达到"千人千面"的颗粒度,但对投资者个人情况"考量并不充分"与"并未进行考量"间还是存在本质差别的。

相比之下,"货架式"则完全交由投资者自行作出决定,由于诸如TT

---

① See Regulatory Guide 255: Providing Digital Financial Product Advice to Retail Clients, 26-27, ASIC (August 2016), accessed December 1, 2022, https://download.asic.gov.au/media/0ylptfow/rg255-published-29-june-2021.pdf. 不过,澳大利亚证券与投资委员会(ASIC)特别指出,即便在拥有投资者个人信息的情形下,建议提供者仍然可以向投资者提供一般建议,ASIC不会仅仅因为建议提供者拥有投资者的某些个人信息就将其提供的建议视为个人建议。See Regulatory Guide 244: Giving Information, General Advice and Scaled Advice, 46-47, ASIC (December 2012), accessed December 1, 2022, https://download.asic.gov.au/media/tkqi11il/rg244-published-13-december-2012-20211208.pdf.

基金等第三方基金销售平台上可跟投的基金组合数量极为丰富,平台并不会向投资者进行主动推荐,因此投资者不会合理预期其中的任何一个基金组合是主理人根据其需求构建的。投资者无论是与基金组合的主理人还是基金销售平台之间都不存在信义关系层面上的信赖,法律应要求其自担风险。

因此理论上,将原有的"货架式"基金组合模式也纳入基金投顾的范畴,要求其与"推荐式"基金组合模式一同接受严格的市场准入限制,[①]并承担"遵守客户利益优先原则,诚实守信、谨慎勤勉地为客户提供服务"[②]的信义义务并不符合信义关系之内在逻辑。当然,由于基金投顾品牌运营的投资组合数量相对有限,为投资者提供的个性化水平较低,相对成熟的投资者在允许自行选择的"货架式"基金组合模式中反倒能够选择更适合自己的投资建议。此外,由于以公募基金为投资标的、并以人工操作调仓的基金投顾业务往往调仓频率非常有限,基金投顾业务相比于基金组合业务所附加的代客理财功能并不具备显著的价值。上述诸多原因导致在基金投顾试点推出之后的相当一段时间内,基金投顾模式未能取代原有的"推荐式"和"货架式"基金组合模式,基金投顾模式事实上与基金组合模式(无论是"推荐式"还是"货架式")之间存在紧密的替代关系。[③] 因此,笔者理解关停基金组合或许是出于对"正牌"基金投顾业务的保护和鼓励,但目前对"货架式"和"推荐式"基金组合模式所采取的一刀切式的限制措施,属于对投资者的过度保护,反而不利于市场的效率提升和良性发展。

对此,应当考虑于适当的时机为"货架式"基金组合模式"松绑"。例如,可以考虑在"基金投顾"的定义中增加"个性化因素",从而将"货架式"基金组合业务排除在受监管范围之外。但投资顾问的定义本身并不必然

---

① 例如,根据《证券基金投资咨询业务管理暂行办法(征求意见稿)》第8条的规定,申请从事基金投顾业务的机构其净资产不得低于1亿元。
② 参见《关于做好公开募集证券投资基金投资顾问业务试点工作的通知》第4条。
③ 数据显示,截至2020年12月5日,TT基金、蛋卷基金的基金组合数量分别达到161个、172个,而YM基金某慢平台上仅机构主理人管理的组合就有528只,而此时距离基金投顾业务试点的推出已一年有余。参见西部证券研究报告:《基金投顾业务快速推进,互联网基金组合"元年"开启》,2020年12月10日,https://research.szltech.com/wp-content/uploads/2021/05/20201210-西部证券—西部证券互联网基金组合年度专题:基金投顾业务快速推进,互联网基金组合"元年"开启.pdf,最后访问日期:2022年12月1日。

需要与个性化要素联系在一起,采用澳大利亚的规制模式,将基金投资组合建议细分为"一般建议"和"个人建议",对其分别设置不同的业务规范也可以实现前述目标。

二、投资顾问信义义务的内涵

在 Capital Gains 案之后的一系列判例中,美国投资顾问信义义务的内涵被不断深化,但相关规则较为零散。2019 年 7 月,为了重申、厘清《投资顾问法》第 206 条下投资顾问对其客户的信义义务,美国证券交易委员会经过一年多时间的征求公众意见,发布了释令《关于投资顾问行为标准的解释》(Commission Interpretation Regarding Standard of Conduct for Investment Advisers),又称《最终解释》(Final Interpretation)①,综合判例法、立法史、学术文献、美国证监会先前的释令和其他法律渊源,对投资顾问的信义义务,包括注意义务、忠实义务以及相应的行为标准进行了综合梳理与全面解读。②

《最终解释》指出,根据《投资顾问法》,投资顾问对其客户承担信义义务,包括忠实义务与注意义务,二者的结合意味着投资顾问在任何时刻都应为投资者的"最佳利益"行事,③而不能将自身利益置于客户利益之上。在具体对忠实义务与注意义务的内容展开介绍之前,有必要首先对信义义务所适用的范围进行说明。

(一)投资顾问信义义务的适用范围

尽管投资顾问事实上能够为不同类型的投资者提供内容广泛的服务,这意味着投资顾问与投资者之间的关系并非千篇一律,二者可以通过

---

① "Commission Interpretation Regarding Standard of Conduct for Investment Advisers," Investment Advisers Act Release No. 5248, SEC (July 12, 2019), accessed December 1, 2022, https://www.sec.gov/rules/interp/2019/ia-5248.pdf.

② 鉴于《最终解释》具备较强的时效性,笔者将以之为蓝本对投资顾问信义义务的内涵展开介绍。相关内容的翻译参考了中国证券投资基金业协会:《美国证监会全面解读投资顾问信义义务与行为标注及其启示》,2019 年 11 月,载《声音》2019 年第 28 期,Voice of AMAC, https://www.amac.org.cn/researchstatistics/publication/cbwxhsy/201911/P020191231763786375651.pdf, 最后访问日期:2022 年 12 月 1 日。

③ SEC, *Amendments to Form ADV*, Investment Advisers Act Release No. 3060, SEC (July 28, 2010), accessed December 1, 2022, https://www.sec.gov/rules/final/2010/ia-3060.pdf. "Under the Advisers Act, an adviser is a fiduciary whose duty is to serve the best interests of its clients, which includes an obligation not to subrogate clients' interests to its own …"

协议明确投资顾问的服务范围并对其权力加以限制,实现对信义关系的"刻画",但这一过程必须包含充分且公平的披露与知情同意。尽管不同类型的信义关系指向了信义义务范围上的差异,例如,向零售客户提供全权委托账户服务的投资顾问与向投资公司提供建议的投资顾问所承担的义务自然会有较大的不同;但由于信义义务作为一种原则性规定,具备较强的灵活性,美国证券交易委员会(SEC)认为其能够作为有效标准应用于各类信义关系之中。①

不过,尽管投资顾问信义义务的适用范围可以依据协议调整,但信义规则作为一项默认规则,不可被整体放弃。投资顾问的"受托人地位"本身不得被放弃的原因在于,投资顾问的信义义务来自于《投资顾问法》第206条,而《投资顾问法》第215条第a款规定:"任何要求放弃符合本法的规定或依据本法制定或签发的规则、规章或命令的约束性条件、协议或条款均为无效。"因此,宽泛地解除投资顾问信义义务的豁免条款(hedge clause),包括投资顾问将不作为受托人行事的声明、对一切利益冲突的全面放弃,或者对《投资顾问法》规定的任何具体义务的免除,都应被视为违反《投资顾问法》而无效,并无需考虑客户的类型。进一步地,豁免条款甚至很难被认定为符合《投资顾问法》第206条反欺诈条款,由于客户针对投资顾问违反信义义务行为提起诉讼的权利不可消灭,豁免条款误导客户使其认为已无法行使相应的权利,本身就应构成一项欺诈。

此外,在投资顾问的行为方面,信义义务适用于整个顾问—客户关系而不仅限于证券买卖领域。例如,SEC在2003年10月发布的释令《投资顾问的代理投票》中指出,投资顾问在代理其客户行使投票权时,也应适用信义义务规则。② 在2015年关于Timbervest, LLC, et al. 一案的释令中,SEC认为:"一旦投资顾问关系形成,《投资顾问法》就不允许在任何与投资顾问关系相关的投资交易中欺诈客户,滥用此种信义关系。"③

---

① SEC在《最终解释》中提出,为了能够保持这种灵活性,SEC并不意图将其中的内容固定为具体规则,即信义义务仍然将是"基于原则"的。
② SEC, Proxy Voting by Investment Advisers, Investment Advisers Act Release No. 2106, SEC (March 10, 2003), accessed December 1, 2022, https://www.sec.gov/rules/final/ia-2106.htm.
③ SEC, Investment Advisers Act Release No. 4179, SEC (September 17, 2015), accessed December 1, 2022, https://www.sec.gov/litigation/opinions/2015/ia-4197.pdf.

（二）投资顾问的忠实义务

忠实义务要求投资顾问"应以客户最大利益行事，不得将自己的利益置于客户的利益之上"。① 投资顾问必须全面、公正地向客户披露与顾问关系有关的所有重大事实。其核心在于，投资顾问"必须消除，或至少通过充分和公平的披露，揭示所有可能导致其有意无意提供不公正建议的利益冲突。"因此，有学者指出，忠实义务的内涵在广义上就是利益冲突问题。②

其一，《投资顾问法》第 206 条第 3 款对投资顾问和客户之间的两种交易行为进行了限制。一是投资顾问利用自己的账户与客户进行交易，即自我交易（principal trade）；二是投资顾问在其管理的不同账户之间进行交易，即对盘交易（agency cross trade）。《投资顾问法》规定，投资顾问在向客户进行充分的相关信息披露并取得客户许可之前，严禁从事这两种交易。具体而言，投资顾问所应披露的不仅是其在交易中的身份，还应包含基于该交易取得的利益。SEC 为自我交易设置了更为严格的披露要求，投资顾问必须就每笔交易进行披露并取得同意；③而对于对盘交易则允许投资顾问事先书面披露并取得客户的概括性同意，并就每笔交易向客户发送书面确认书。④

其二，至于何为"充分和公平的披露"，《最终解释》给出了两点标准：一是应当有适当程度的具体性，足够明确和详细，使得客户能够做出知情决定。前述适当程度取决于客户的性质、服务的范围以及具体重大事实和利益冲突的性质等。例如，对于某些复杂的利益冲突，考虑到机构客户比零售客户的理解能力更强，对机构客户而言充分公平的披露方式可能无法满足针对零售客户的披露要求。二是应当披露在分配投资机会中进行的考量。在投资机会分配的问题上，投资顾问可能面临自身利益与客户利益的冲突以及客户之间的利益冲突，投资顾问必须以客户能够理解

---

① SEC, Proxy Voting by Investment Advisers, Investment Advisers Act Release No. 2106, SEC (March 10, 2003), accessed December 1, 2022, https://www.sec.gov/rules/final/ia-2106.htm.
② 参见邓峰：《普通公司法》，中国人民大学出版社 2009 年版，第 359 页。
③ See Opinion of Director of Trading and Exchange Division, Investment Advisers Act Release No. 40 (February 5, 1945).
④ 参见李文莉、杨玥捷：《智能投顾的信义义务》，载《人工智能法学研究》2018 年第 1 期。

的方式向其说明利益冲突的性质和重要性,并取得客户的知情同意。对于受到利益冲突的性质、程度或客户理解能力的制约、无法实现"充分和公平"之目标的情形,投资顾问必须首先"消除"或"充分缓解"利益冲突,使得充分公平的披露和知情同意成为可能。

由此可见,证券法主要基于"信息披露"而非"绩效标准"来调整利益冲突,即判断投资顾问是否履行了忠实义务的标准在于其在提供服务的过程中是否向投资者披露了所有对投资建议有实质性影响的信息,而不问投资结果是否达到了投资者的预期投资目标。[①] 因此,忠实义务允许投资顾问在事先进行信息披露的情况下从投资者的交易中获利,即美国对于投资顾问采取的是"最佳利益"标准,其背后的合理性在于允许利益冲突的存在可能更符合投资者的利益;但为确保投资者能作出"明智"的选择,必须严格执行披露要求,使得客户对利益冲突有充分的了解,而"已按照客户最佳利益的要求行事"不得作为未能披露利益冲突的豁免理由。[②] 在 Monetta Financial Services, Inc. v. SEC 一案中,Monetta 公司作为投资顾问将一些 IPO 项目中具有较高投资价值的股票分配给其基金投资者和基金托管人,但未将这一事实向投资者进行披露。法院认为,尽管没有证据表明 Monetta 公司分配股票的行为是不公平的,但由于将部分股票分配给基金托管人即意味着投资者能够得到的分配减少,利益受损,因此 Monetta 公司该等未披露的行为违反了《投资顾问法》第 206 条,不符合忠实义务的要求。[③]

美国投资顾问进行重大事实及利益冲突披露的主要方式是向 SEC 递交 ADV 表格(Form ADV),该表必须每年进行更新,若出现重大变化则需要立即更新。Form ADV 具体包括两部分:第一部分为一张可以勾选的格式化表格,披露投资顾问的业务、权益结构、客户、员工等内容,

---

[①] 参见赵吟、马汉祥:《证券投资智能化冲击:信义义务的再认识》,载《人工智能法学研究》2019 年第 1 期。

[②] Megan Ji, "Are Robots Good Fiduciaries? Regulating Robo-Advisors Under the Investment Advisers Act of 1940," *Columbia Law Review*, Vol. 117, No. 6, 2017, pp. 1554-1555.

[③] Monetta Financial Services, Inc. v. SEC, 390 F. 3d 952 (7th Cir. 2004). 在该案中,Monetta 公司考虑到上述基金托管人有权决定其能否继续担任投资顾问,从而在未进行充分披露的前提下向基金托管人分配了股票。

SEC会使用该等信息来准备和实施监管和审查计划；第二部分则由说明书(brochure)及其补充材料(supplements)组成。在说明书中，投资顾问须对18项内容进行详细披露，主要涉及投资顾问作为受托人必须向客户披露的利益冲突，相关内容包括顾问业务、收费情况、分析方法、投资策略和损失风险等；投资顾问还应在说明书的补充材料中披露实际向客户提供顾问服务的个人的教育背景、纪律事件、其他业务活动等信息，说明书及补充材料需在签订投资顾问合同之时或之前向投资者交付。此外，向零售投资者提供服务的投资顾问还需额外准备一份"关系摘要"，其具体内容与第二部分类似，但应以通俗易懂、简明扼要的方式呈现，便于投资者对不同服务机构进行比较。除投资顾问外，经纪商—交易商也需要向零售投资者提供该文件，帮助零售投资者了解投资顾问与经纪商—交易商之间的差异也是"关系摘要"的重要价值之一。①

（三）投资顾问的注意义务

对于资产管理服务下受托人的注意义务，广为接受和执行的标准来自于1992年美国法律学会在第三次重述信托法时通过的《统一谨慎投资者法》(Uniform Prudent Investor Act，UPIA)。该法要求受托人应像一个谨慎的投资者那样，在管理信托财产和将该项财产用于投资时，对信托的目的、条款、分配要求以及信托的其他方面加以考虑，为了达到这一标准，受托人应当具有相当的注意、技能及谨慎。② 具体到投资顾问领域，注意义务可被进一步区分为"最佳执行义务"与"最佳建议义务"。

1. 最佳执行义务

最佳执行义务要求投资顾问以维护投资者的最佳利益为准则，为投资者选择适宜的证券经纪商来执行具体的证券交易，保证投资者在每笔交易中的总费用或收益在特定情形下是最优的。

为了实现对投资顾问服务的最佳执行，投资顾问在挑选证券经纪商时，必须对其经纪服务的整体范围和质量进行充分考虑。具体而言，必须

---

① SEC, "Investor Bulletin: Form ADV—Investment Adviser Brochure and Brochure Supplement," SEC (June 24, 2016 published; August 28, 2020 updated), accessed December 1, 2022, https://www.investor.gov/introduction-investing/general-resources/news-alerts/alerts-bulletins/investor-bulletins-71.

② Uniform Prudent Investor Act §2. 有关该法的内容概览，可参见张淳:《〈美国统一谨慎投资人法〉评析》，载《法学杂志》2003年第5期。

对证券经纪商的研究价值、交易执行能力、收费情况、责任承担能力以及对投资顾问的回应等与证券交易执行效果密切相关的信息予以收集和分析。可见,"最佳执行"是一个综合性评价标准,最低的佣金成本并不构成决定性因素。值得注意的是,《投资顾问法》并不禁止投资顾问使用关联经纪执行客户交易,但如前所述,由于可能涉及利益冲突,投资顾问应当进行充分公正的披露并取得客户的知情同意。

在首次选定证券经纪商后,投资顾问在协议约定的期限内仍应对其执行证券交易的"质量"进行定期、系统的评估①,并根据交易的收益表现及时作出调整,尽可能地实现投资者利益的最大化。

2. 最佳建议义务

最佳建议义务要求投资顾问必须提供符合客户最佳利益的投资建议。为了实现这一目标,投资顾问应当在合理探寻客户的目标以及合理调查投资的基础上,合理地相信其建议符合客户的最佳利益,并持续对建议进行必要的更新。

首先,投资顾问必须对客户的投资目标有合理的理解。对于零售客户而言,投资顾问应当对其进行全面的客户画像,充分了解其财务状况、财务成熟度、投资经验与财务目标等。

其次,投资顾问还必须对投资本身进行合理调查,确保其投资建议并非基于重大不准确或不完整的信息而作出。除了潜在投资产品或策略的投资目标、特点、流动性、风险和潜在收益、波动性等方面,SEC 特别指出与投资建议相关的成本也是调查的重要因素之一。②

在此基础上,投资顾问必须合理相信其投资建议是基于其理解的客户目标作出的,符合客户的最佳利益——须结合投资顾问提供并管理的投资组合与客户的目标加以评估。

最后,最佳建议义务是一项持续性义务,投资顾问在一定期限内应以符合客户最大利益的频率持续提供建议。具体而言,投资顾问一般需要定期对零售客户的客户画像进行更新,以使其对客户目标的理解与实际

---

① Interpretive Release Concerning Scope of Section 28(e) of the Securities Exchange Act of 1934, Exchange Act Release No. 23170, 51 Fed. Reg. 16004, 16011 (April 23, 1986).

② 尽管如此,最佳建议义务并不要求投资顾问推荐成本最低的投资产品或策略,相对地,投资顾问建议客户投资成本最低的投资产品或策略也不能被当然视为履行了最佳利益义务。

情况相一致,当发生重大变更从而可能对客户的财务状况产生实质性影响时也应当即刻触发重新评估义务。前述重大变更既包括外部环境,例如相关税率的修改或新税种的出台造成的客户未来可支配收入的变动;也包括个人情况,如结婚或遗产继承等,但后者应以投资顾问对该等信息构成明知为限。另一方面,投资顾问还应对投资本身的市场表现进行监控。若投资顾问所理解的客户目标发生了实质性变化,或现有投资组合的风险状况产生较大波动,使得原先提供的投资建议偏离客户的最佳利益,投资顾问应当及时调整投资建议(也即提出新的投资建议),并帮助客户完成调仓等操作。① 前述期限、频率取决于投资顾问与客户之间的协议约定。若投资顾问仅向客户提供一次性财务规划,则其无需承担上述持续性评估义务。

"提供符合客户最佳利益的投资建议"的最佳建议义务是美国证券交易委员会在《最终解释》中首次采取的表述,此前中外学者普遍将投资顾问所应承担的注意义务总结为"适当建议义务"(或"适当性义务")和"最佳执行义务"。② 事实上,在注册投资顾问(Registered Investment Advisers)之外,美国的经纪商—交易商③在代理或直接与投资者进行证券交易的过程中往往也会提供相关的投资建议。尽管联邦法院根据《投资顾问法》第206条发展出了针对投资顾问的信义义务,但由于《投资顾问法》第202a条第11款第C项将经纪商—交易商排除在投资顾问的范畴之外,因此经纪商—交易商起初并不被视为受托人,而仅受到适当性义务的规制,投资顾问的"适当性义务"即来源于此。但随着经纪商—交易商在商业模式和角色上的不断转变,学界和实务界逐渐倾向于将其与投

---

① 在 Capital Gains 案中,法院就提出了"持续性"要求,认为投资顾问的基本功能包括"向客户提供基于个人的有效、公平且持续的关于其投资健全管理的建议"。有学者将其总结为"建议的持续性和个性化特质"。参见〔美〕路易斯·罗思、乔尔·赛里格曼:《美国证券监管法基础》,张璐等译,法律出版社 2008 年版,第 660 页。

② See James S. Wrona, "The Best of Both Worlds: A Fact-Based Analysis of the Legal Obligations of Investment Advisers and Broker-Dealers and a Framework for Enhanced Investor Protection," *The Business Lawyer*, Vol. 68, No. 1, 2012, pp. 12-14;国内学者观点可参见倪受彬、张艳蓉:《证券投资咨询机构的信义义务研究》,载《社会科学》2014 年第 10 期;郑佳宁:《论智能投顾运营者的民事责任——以信义义务为中心的展开》,载《法学杂志》2018 年第 10 期。

③ "经纪商—代理商"(broker-dealers),也称"经纪商",是《多德—弗兰克华尔街改革与消费者保护法案》中的正式用语。其中,经纪商是指代表客户进行买卖的代理人,交易商则直接与其客户进行交易。

资顾问的规制框架相融合。对这部分历史的介绍,尤其是对适当建议义务与最佳建议义务、信义义务之间关系的分析,有助于加深对美国投资顾问行业监管的理解。

(四)经纪商—交易商的"信义义务"——二分规制格局的形成与消解

1. 经纪商—交易商的行为规范:适当性义务

适当性义务最初由 1938 年成立的全美证券交易商协会(NASD)提出,起初旨在规范柜台市场上的证券推荐行为①,其适用范围随着美国证券交易委员会颁布的指令与监管措施而不断得到扩展,并得到了包括纽约证券交易所(NYSE)在内的几乎所有主要证券交易所的采纳②。次贷危机后,美国对 NASD 和 NYSE 进行整合成立了美国金融业监管局(FINRA),后者吸收了 NASD 和 NYSE 的适当性相关规则并转化为 FINRA Rule 2111("适当性")及 FINRA Rule 2090("了解你的客户")。

根据 Rule 2111,适当性义务包含三项具体因素:其一是合理根据适当性规则(reasonable basis suitability);其二是客户特定适当性规则(customer specific suitability);其三是数量适当性规则(quantitative suitability)。合理根据适当性规则也被称为"了解证券"规则,要求证券公司在向投资者推荐证券时已对证券有了相当的认识、作过详细的调查因而有了合理的推荐依据。客户特定适当性规则也被称为"了解客户"规则,要求证券公司在向投资者推荐证券时,不仅要了解其所推荐的证券,还要确保所推荐的证券符合该特定投资者的个人状况和投资目的,因此证券公司通常需要了解投资者的投资目标、投资经验等因素。如果说"了解证券"和"了解客户"是适当性义务中"质"的要求,数量适当性规则则是"量"的要求,其是指证券公司不应利用投资者账户从事不适当的频繁交易,目的是避免过度交易行为。③

2. 经纪商—交易商与投资顾问二分规制格局的形成

(1)二分规制格局的合理性探析。

美国"经纪商—交易商承担适当性义务,投资顾问承担信义义务"的

---

① 1938 年的《公平交易实践规则》(The Rule of Fair Practice)第 3 条第 2 款规定:"协会会员推荐客户买、卖或交换任何证券时,必须有合理的依据相信其推荐是与客户所披露的情况相适应的,这些情况包括客户持有的其他证券、财务状况及需求。"

② 例如,NYSE 制定的《纽交所规则》第 405 条提出的"了解客户"规则。

③ 参见武俊桥:《证券市场投资者适当性原则初探》,载《证券法苑》2010 年第 3 卷。

二分规制格局,从二者商业模式上的区别来看,确实具备相当的合理性:尽管经纪商—交易商与投资顾问都会为客户开设账户、执行交易、推荐证券并收取报酬,但投资顾问的收费模式是"基于费用"的,即在服务存续期间,必然有费用的产生,不以有无交易为标准,具体收费模式通常包括按资产价值的一定比例或按固定费用等;而经纪商的收费模式则是"基于交易"的,具体金额通常取决于交易规模,即"没有交易就没有佣金"。①

因此,投资顾问的收入来自于对投资者提供的咨询和资产管理服务,与投资者之间具备某种长期的关系,其背后是投资者对其专业性的信任;而经纪商对投资者的推荐通常仅限于单次的证券交易,无法事先假定客户对其存在某种信任或依赖,因而不符合信义关系的第一项认定标准。

为了给适当性规则提供合理依据,学界发展出了"招牌理论"(shingle theory)以弥补经纪商—交易商责任理论的空缺。招牌理论要求经纪商一旦"挂出自己的招牌"(Hanging out a Shingle),就可以被视为默示地承担作为专业机构的应尽义务,具体而言就是向客户推荐适合于客户的产品。②

(2)经纪商—交易商与投资顾问的区分。

不过,《投资顾问法》第 202a 条第 11 款第 C 项并非将所有经纪商—交易商都排除在投资顾问的范畴之外,只有"仅在正常业务中附带提供建议,且并未因此获得特别报酬"的经纪商—交易商才能够取得豁免。其中包含两项标准:一是其推荐证券的行为是否仅附属于其业务(solely incidental to the practice),二是是否收取"特别报酬"。

对于第一项标准的含义,美国证券交易委员会在 1978 年即提出,当经纪商—交易商的业务几乎全部由全权账户管理组成时,则是投资顾问。2005 年,美国证券交易委员会进一步在规则第 202a 条第 11 款第 1(b)项中规定了不构成"附属性"的情况,包括:① 与客户单独签订合同或对提供的咨询服务单独收取费用;② 对公众普遍自称为财务规划商或提供财务规划服务,或向客户交付财务计划或财务规划服务;③ 对外自称为财务顾问等身份;④ 全权委托账户管理;⑤ 经纪商为一个或一个以上的投

---

① 参见刘力帆:《美国投资者适当性规则修订溯因》,载《金融法苑》2020 年第 3 辑。
② 参见王锐:《金融机构的适当性义务研究》,法律出版社 2017 年版,第 69 页。

资组合管理人实施证券交易。① 因此,若经纪商—交易商提供的服务是全权委托账户服务,其就应被视为"投资顾问",并对投资者承担信义义务。因为全权委托账户中包含的自由裁量权本身即意味着投资者对其产生了信赖,且客户无法对账户进行有效监督,此时信义义务便作为保护投资者"脆弱性"的替代机制予以介入。②

在公布前述规则的同一份公告中,美国证券交易委员会取消了"特殊报酬"标准③,即对于收取基于资产的费用或固定费用的经纪商,只要其投资建议满足"附属性"要求,并符合特定信息披露义务标准,亦可排除《投资顾问法》的适用。④

3. 二分规制格局下的义务对比

在经纪商—交易商与投资顾问的二分规制格局下,二者所应承担义务的严格程度上有较大差别,具体可从自我交易、利益冲突披露及适当性义务三个方面加以分析:

(1)自我交易。

如前所述,投资顾问的自我交易受到严格限制,投资顾问必须就每一笔交易单独取得客户的同意,客户的概括性豁免(blanket waiver)应被视为无效⑤;而经纪商—交易商则不受此类限制,"定期从自己的账户向投资者出售证券"本身就是其日常业务的一部分。⑥

(2)利益冲突披露。

在利益冲突的披露方面,尽管经纪商—交易商未能披露利益冲突的行为在理论上也可能触发 1934 年《证券交易法》第 10b 条反欺诈条款以及美国证券交易委员会据此制定的第 10b 条第 5 项规则下的责任,但其

---

① 参见〔美〕路易斯·罗思、乔尔·赛里格曼:《美国证券监管法基础》,张璐等译,法律出版社 2008 年版,第 654 页。
② Arthur B. Laby, "Fiduciary Obligations of Broker-Dealers and Investment Advisers," *Villanova Law Review*, Vol. 55, 2010, pp. 723-726.
③ 参见甘培忠、周淳:《证券投资顾问受信义务研究》,载《法律适用》2012 年第 10 期。
④ Certain Broker-Dealers Deemed Not to Be Investment Advisers, Exchange Act Release No. 51,523, Investment Advisers Act Release No. 2376 (April 19, 2005).
⑤ See Opinion of Director of Trading and Exchange Division, Investment Advisers Act Release No. 40 (February 5, 1945).
⑥ Arthur B. Laby, "Fiduciary Obligations of Broker-Dealers and Investment Advisers", *Villanova Law Review*, Vol. 55, 2010, p. 731.

仅限于存在"主观故意"的情形,《投资顾问法》第 206 条第 2 款的适用则不要求证明主观故意,亦不要求证明存在实际损害。① 在一系列案件中,共同基金公司向经纪商—交易商支付费用作为回报,以换取经纪商在销售时给予相关基金以优待(例如突出展示),但未能将该等安排披露给投资者,投资者因而起诉其违反《证券交易法》第 10b 条反欺诈条款以及第 10b 条第 5 项规则。法院认为,经纪商取得补偿的安排既不属于重大事项,亦没有法令或规则要求其披露,因此并不构成欺诈。② 而在投资顾问忠实义务的要求下,类似的利益冲突应属于必须披露的重大事项。

(3) 适当性义务。

美国证券交易委员会曾于 1994 年发布 1406 号释令《投资顾问所提供服务的适当性,相关顾问客户的托管账户报告》③,提出增加一个规则建议,即投资顾问的适当建议义务,认为其构成信义义务的一部分,并指出美国证券交易委员会已通过一系列处罚措施实现了对于该义务的规制。④ 该规则建议中的适当性义务包括询问义务(Duty To Inquire)、给予适当建议的义务(Duty To Give Only Suitable Advice)与记录留存(Recordkeeping)三个方面。尽管该规则建议最终没有被付诸实施,但美国证券交易委员会指出其反映的是其对投资顾问在《投资顾问法》下现有义务的理解。从文本内容上看,适当建议义务的要求与经纪商—交易商所应承担的适当性义务基本一致,其核心均为要求金融中介了解客户、了解产品,并向客户提供适当的建议。

---

① "Congress, in empowering the courts to enjoin any practice which operates 'as a fraud or deceit' upon a client, did not intend to require proof of intent to injure and actual injury to the client." See SEC v. Capital Gains Research Bureau, Inc., 375 U. S. 180, 194 (1963).

② In re Merrill Lynch Investment Management Funds Securities Litigation, 434 F. Supp. 2d 233, 237 (S.D.N.Y. 2006).

③ Suitability of Investment Advice Provided by Investment Advisers; Custodial Account Statements for Certain Advisory Clients, Investment Advisers Act Release No. 1406, Brightlinesolutions (March 22, 1994), accessed December 1, 2022, http://www.brightlinesolutions.com/files/Plaze/Release%20IA-1406%20Suitability.pdf.

④ 如在 1965 年的 In re Shearson Hammill 案中,投资机构完全不考虑客户具体的经济状况和财富管理的实际需求,向包括老人和儿童在内的客户推荐了具有投机性质的证券;在 1989 年的 In re George Sein Lin 案中,投资顾问将低风险偏好客户的资金擅自投向了风险较高的无备兑认购期权(uncovered options),证监会对前述投资顾问均进行了非常严厉的处罚,See in re Shearson, Hammill & Co., 42 S.E.C. 811 (1965), p. 28, Advisers Act Release No. 1174 (19 June 1989).

但如《最终解释》所述,投资顾问实际上应承担"最佳建议义务",这是比适当建议义务更高的要求。① 举例而言,对于原本仅负有适当性义务的经纪商—交易商,其在向客户提供金融产品时,只需满足客户的工具和目标(means and goals)即可,若客户想为退休而投资,经纪商可以提供其可负担得起的任何组合或数量的股票、债券、年金保险或共同基金,"合适"并不意味着唯一;相比之下,遵循最佳利益要求的投资顾问则必须进一步考虑特定的客户最好投资于一种或数种互助基金,以及具体投资于哪只互助基金的问题。② 因此,理论上在最佳建议义务下,投资顾问只能提供一项建议,并合理相信其符合投资者最大利益。尽管如此,由于投资收益受到多种因素的影响,事后决定一项投资建议在当时是否最符合客户最大利益几乎是不可能完成的任务。考虑到不同投资顾问的能力和投资理念上的差异,不可能存在客观上的最佳建议,因此最佳建议义务更大程度上应属于一种宣示与引导。适当性义务或适当建议义务是注意义务之下的最佳建议义务的内在要求,换言之,若投资顾问违反适当性义务,则必然违反最佳建议义务的要求。

由此可见,美国金融业监管局 Rule 2111 对适当性义务的表述在内容上仅包括注意义务,而不包括忠实义务。经纪商—交易商的适当性义务仅要求推荐的交易符合客户的目的和需求,并不排斥为自己的利益而推荐相关交易③,甚至无需对此种情形下的利益冲突予以披露。

4. 经纪商—交易商与投资顾问二分规制格局的消解

尽管美国证券交易委员会不断通过出台规则,试图厘清经纪商—交易商与投资顾问之间的界限,但这种努力在前者商业模式转型的浪潮中变得愈发艰难。1975 年美国废止固定经纪佣金制度后,证券业竞争加剧,直接促使经纪商从依靠经纪通道服务模式向客户需求导向服务模式转变;拓展投资顾问牌照下的资产管理、账户管理、理财规划等业务和服

---

① 《最终解释》亦指出,最佳建议义务包含适当建议义务。投资顾问提供的投资建议只有适合于客户,才能符合其最大利益。

② Nathaniel P. Graham, "Brokers, Advisors, and the Fiduciary Standard," SSRN (October 2, 2015), https://papers.ssrn.com/sol3/papers.cfm?abstract_id=2668888,转引自邢会强:《金融机构的信义义务与适合性原则》,载《人大法律评论》2016 年第 3 期。

③ 参见刘燕、楼建波:《金融衍生交易法律问题的分析框架:跨越金融部门法的界限》,载《金融服务法评论》2012 年总第 3 卷。

务,成为美国经纪商客户服务转型的基本路径①,体现了经纪商与投资顾问的融合趋势。越来越多的经纪商开始同时注册为投资顾问,以获得投资顾问项下的稳定收入。②

在《投资顾问法》立法时,由于大部分经纪商都以执行交易作为主要业务和收入来源,向投资者提供的建议十分有限,因此将经纪商排除在投资顾问之外存在相当的合理性。但随着科技的进步,执行交易的成本大大降低,因此经纪商的主要功能已经实现了从执行交易到提供投资建议的转变,某种程度上,执行交易反而成为了提供建议的"附加服务"③,二分规制格局已然不符合现实要求,其判断标准也具有较大的模糊性,尤其给零售投资者带来了很大的困惑。④ 美国证券交易委员会自身也意识到了这一问题,并指出部分情形下,与投资顾问受到同等信赖的经纪商——交易商应当承担信义义务。⑤

在金融危机后,2010年颁布的《多德—弗兰克华尔街改革和消费者保护法案》第913条要求美国证券交易委员会研究在向零售客户提供个人化的证券投资建议时,经纪商和投资顾问受监管的标准是否存在实质上的差别。美国证券交易委员会于2011年1月发布研究报告,建议对零售客户提供个人化证券投资建议的经纪商与投资顾问建立统一的信义义务标准。⑥ 最终,美国证券交易委员会于2019年6月公布了规范经

---

① 参见孟繁永:《美国证券投资顾问服务市场发展及借鉴》,载《证券市场导报》2012年第10期。

② Melanie L. Fein, "Brokers and Investment Advisers Standards of Conduct: Suitability vs. Fiduciary Duty," SSRN (August 31, 2010), https://ssrn.com/abstract=1682089. 转引自刘力帆:《美国投资者适当性规则修订溯因》,载《金融法苑》2020年第3辑。

③ Arthur B. Laby, "Fiduciary Obligations of Broker-Dealers and Investment Advisers," *Vollanova Law Review*, Vol. 55, 2010, pp. 733-736.

④ 例如,在Infogroup的一项调查中,34%的被调查投资者认为股票经纪人的主要业务是提供建议,66%认为股票经纪人对客户负有信义责任。See James J. Angel, Douglas M. McCabe, "Ethical Standards for Stockbrokers: Fiduciary or Suitability?" *Journal of Business Ethics*, Vol. 115, 2013, p. 183.

⑤ Certain Broker-Dealers Deemed Not to Be Investment Advisers, Exchange Act Release No. 51, 523, Investment Advisers Act Release No. 2376 (April 19, 2005).

⑥ Barry R. Temkin, Michael R. Koblenz, "New Suitability and Fiduciary Standards for Financial Advisors Under the Dodd Frank Wall Street Reform and Consumer Protection Act," *Securities Arbitration Commentator*, Vol. 21, 2011, p. 2010.

纪商向零售投资者推荐证券行为的最佳利益规则(Reg BI)[①],具体包括一般义务(general obligation)和四项构成义务(component obligation)。一般义务要求经纪商在推荐证券时为零售投资者的最佳利益行事,而一般义务仅在经纪商履行四项构成义务时才能得到满足。四项构成义务分别为信息披露义务、勤勉义务、避免利益冲突义务及合规义务。

考虑到经纪商与投资顾问的商业模式仍然存在差别,美国证券交易委员会并未采用信义义务的表述,因此最佳利益规则实际是在既有的二分规制格局之下并行设立的第三条标准。但从具体内容上来看,最佳利益规则已经达到了与投资顾问信义义务相当的高度,从而在零售领域,经纪商—交易商与投资顾问的义务标准已经基本实现了统一。

第三节 智能投顾的冲击与投资顾问信义义务的更新

尽管智能投顾中所引入的人工智能技术对投资顾问行业的传统服务模式进行了革新,但这并未改变其投顾服务的本质,因此智能投顾理应承担传统投资顾问所应承担的信义义务。美国证券交易委员会于2017年2月发布的《智能投顾监管指南》中明确指出,与所有注册投资顾问一样,智能投顾受到《投资顾问法》下信义义务的约束。[②]《最终解释》在论及投资顾问信义义务的适用范围时也明确,信义义务的相关规定应适用于智能投顾。

然而由于原有投资顾问的信义义务框架是以人工投资顾问为基础创设的,此种服务模式上的更新为现有框架提出了诸多挑战,学界和实务界围绕着智能投顾能否满足信义义务要求以及如何构建针对智能投顾的信义义务标准展开了广泛的讨论。本书将在接下来逐一分析智能投顾对投资顾问信义义务产生的冲击,并试图给出回应,为投资顾问信义义务框架

---

① SEC,"Regulation Best Interest: The Broker-Dealer Standard of Conduct," SEC (September 10, 2019), accessed December 1, 2022, https://www.sec.gov/rules/final/2019/34-86031.pdf.

② SEC,"IM Guidance Update: Robo-Advisers," SEC (February 2017), p.2, accessed December 1, 2022, https://www.sec.gov/investment/im-guidance-2017-02.pdf.

的完善提供理论支持。首先,笔者将对现阶段智能投顾的业务模式进行回顾,总结其与传统投资顾问服务上的差别,这是分析的前提和基础;在此基础上,再从信义义务的主体、忠实义务和注意义务三个方面分别展开分析。

一、再谈智能投顾的业务模式——对现有流程的澄清

在本书第一章第二节,笔者曾根据美国金融业监管局《关于数字化投资建议的报告》中对于数字化建议工具的描述,总结出了理想状态下智能投顾服务的五项服务流程,分别为:(1)客户分析与画像描摹;(2)大类资产配置与投资组合选择;(3)交易执行;(4)投资组合动态调整与再平衡;(5)其他附加服务,如税负管理和投资组合分析等。

然而,上述流程中(1)与(2)的顺序具备一定的误导性,可能引发不符合智能投顾服务现状的理解,例如智能投顾首先会通过调查问卷了解投资者的投资偏好和风险容忍度等信息,完成客户画像,进而根据客户画像的结果寻找适合配置的大类资产及相应具体的投资标的,最终构建符合客户需求的投资组合,即客户的投资组合是由程序"实时"构建的。这几乎可以认为程序完全替代了传统投资顾问服务流程中的人工顾问,这对该程序的智能性要求极高,其应已完全具备一个人工投资顾问的知识水平和思维能力。

不过如果仔细考察用词即可发现,(2)中的表述是投资组合的"选择"而非"构建",一词之差实际上反映了智能投顾目前的实际运作模式。具体而言,更为清晰的流程应当是:第一,大类资产配置与投资组合构建;第二,客户分析与画像描摹;第三,投资组合匹配。

例如,Betterment会预先确定可投资的大类资产范围,如美国大盘股、新兴市场股票、美国市政债券等,并以相关指数为基准,选取与基准之间"摩擦"最小的ETF作为代表构建底层资产池。接下来,Betterment会在不同的风险水平上,利用资本资产定价模型和效用函数理论,从底层资产池中选择ETF并将其按照一定的比例进行组合,试图在每一个目标风险水平上获取最大回报,由此产生了101个"标准"的投资组合,分别与代表着不同风险水平和投资目标的"客户画像"相对应。这些组合在客户填写问卷之前就已经内置于程序之中,并通过客户画像的结果与客户实现

匹配,程序进而会将匹配的投资组合推荐给客户。① 美国另一家领先的独立智能投顾企业 Wealthfront 则通过客户对调查问卷的反馈为其进行综合风险评分,分值范围在 0.5(最厌恶风险)至 10.0(最能承受风险)之间,并以 0.5 为增量,这意味着所有客户将对应 20 种综合风险评分,并被匹配到 20 个投资组合之一。

因此,与其说是为客户"量身定制"了投资组合,目前的智能投顾充其量只能算是为客户"量身匹配"了预先构建包装好的投资组合。② 当然,算法仍然可以参与到大类资产配置与投资组合构建的过程之中,尤其是对于绩效相对可预测、较少受到主动管理者决策相关风险影响的 ETF 而言,对适当的金融模型和假设进行模拟的算法对于投资组合的构建具有重要意义。具有相似投资目标的客户通常会收到相同的投资建议,并往往在其账户中持有相同或相似的投资③,智能投顾无法给出真正定制化(truly bespoke)的建议。④

当然,对于长尾客户而言,真正"千人千面""定制化"的建议未必被市场所需要,短期内无论是技术成本还是合规成本都过高。不过,为了向客户提供更多的灵活度,如 Betterment 和 Wealthfront 均允许客户在推荐的投资组合基础上对内部的资产配比进行微调或对当前的 ETF 进行替换,但此种方式受到我国基金投顾相关政策的严格限制。

不过,相比于大类资产配置与投资组合构建的结果尚且有机会进行"人工审核",算法对于投资者分析、资产再平衡以及税收亏损收割等功能的执行则具有"实时性",确保相关算法设计得当对于现阶段的智能投顾

---

① See "The Betterment Portfolio Strategy," Betterment, accessed December 1, 2022, https://www.betterment.com/resources/betterment-portfolio-strategy? hsCtaTracking = 06a04694-076a-49e1-881a-8f0160f75480%7C1052b590-8907-4f04-8c4d-ba1105750f3d.

② Financial Industry Regulatory Authority, "Report on Digital Investment Advice," FINRA (March 2016), p.6, accessed December 1, 2022, https://www.finra.org/sites/default/files/digital-investment-advice-report.pdf.

③ Melanie L. Fein, "Robo Advisors: A Closer Look," SSRN (June 30, 2015), accessed December 1, 2022, https://papers.ssrn.com/sol3/papers.cfm? abstract_id=2658701, p.2.

④ See "Can Robo Advisers Replace Human Financial Advisers," *Wall Street Journal* (February 28, 2016), accessed December 1, 2022, https://www.wsj.com/articles/can-robo-advisers-replace-human-financial-advisers-1456715553.

而言仍具有重要意义。①

智能投顾：投资顾问还是投资公司？

智能投顾的"千人多面"而非"千人千面"的特性也引发了美国学者关于其是否应注册为投资公司的争论。

投资顾问与投资公司是美国资产管理业务的两个重要主体。其中,投资公司是资产管理的主要载体,包括共同基金和 ETF 都需要以投资公司的形式运营。投资顾问则负责进行资产管理的实际操作,其客户范围包括机构、集合投资者和个人三大类,投资顾问既可以"一对一"服务于单一的机构投资者或个人投资者,也可以"一对多"服务于集合投资者,后者以投资公司为主。②

在业务模式上,部分投资顾问仅提供投资建议,大部分投资顾问在提供投资建议后,还会代客户作出投资决策、开展账户管理服务,并以全权委托账户管理为主③,这也是智能投顾所普遍采用的经营方式。由于为大量小额投资的客户所进行的全权委托投资顾问服务已经具备了投资公司的雏形,美国证券交易委员会为此颁布了 3a-4 规则,为经营全权委托账户服务的投资顾问提供豁免注册为投资公司的安全港规则。

如果投资顾问提供的全权委托账户管理服务满足以下五项要求,即可豁免注册为投资公司,具体包括:(1) 基于每个客户的财务状况和投资目标对其账户进行管理,且管理必须符合客户对账户管理提出的合理限制;(2) 开设账户时必须从客户处获取充足的信息,以便能够为客户提供个性化的投资建议;定期与客户取得联系,确认其财务状况或投资目标是否发生变化,以及是否希望对账户施加新的限制或修改现有限制;为客户就前述事项的主动联系提供方式;熟

---

① 当然,鉴于投资组合构建过程由算法完成,缺少后续人工监督的情况,对于该算法开发的监督仍然非常重要。

② 参见黄辉:《资产管理的法理基础与运行模式——美国经验及对中国的启示》,载《环球法律评论》2019 年第 5 期。

③ IAA, *2015 Evolution Revolution*, A Profile of the Investment Adviser Profession, p. 6.

悉客户账户及其管理的人员能够合理地为客户提供咨询;(3) 客户有权对其账户的管理施加合理的限制;(4) 至少每季度向客户提供一份说明,描述其中涉及的所有活动;(5) 对于账户中的所有证券和基金,客户保留与其在投资咨询服务方案外持有的证券和资金相同的权利。[1]

对于智能投顾能否满足前述要求,质疑主要集中于前述第(1)条、第(2)条和第(3)条。具体而言,(1)投资组合并非实时构建,因此投资目标和风险水平相似的投资者往往会获得相同的投资建议,从而并非基于每个客户的财务状况进行管理;(2) 由于智能投顾只能通过线上问卷的形式收集客户信息,对客户的了解难言充分;(3) 纯智能投顾服务中不存在人工顾问的参与,因而无法就账户相关问题提供有效咨询。[2]

对此,《智能投顾监管指南》亦指出,智能投顾应当考虑其组织和运行是否涉及其他联邦证券法规,尤其是《投资公司法》3a-4 规则的适用问题,并鼓励存在相关疑问的智能投顾运营商主动向其提出咨询以获得进一步的指导。[3] 鉴于美国证券交易委员会在 3a-4 规则之下主要关注的是投资账户是否真正独立,而非为了投资目的而集中[4],因此,笔者认为由于智能投顾仍在试图为每个客户的账户提供个性化的投资建议,被认定为投资公司的风险较低。尽管个性化程度不足,问卷形式的信息收集亦未能够充分,但这是受限于现阶段人工智能发展水平的结果,与一支共同基金的形态而言仍存有本质差别,将其归入投资公司的范畴也不利于对金融创新的鼓励。

---

[1] 17 C. F. R. § 270. 3a-4.
[2] Melanie L. Fein, "Robo Advisors: A Closer Look," SSRN (June 30, 2015), accessed December 1, 2022, https://papers.ssrn.com/sol3/papers.cfm? abstract_id=2658701, pp. 29-31.
[3] SEC, IM Guidance Update: Robo-Advisers, p. 2, SEC (February 2017), accessed December 1, 2022, https://www.sec.gov/investment/im-guidance-2017-02.pdf.
[4] John Lightbourne, "Algorithms & Fiduciaries: Existing and Proposed Regulatory Approaches to Artificially Intelligent Financial Planners," *Duke Law Journal*, Vol. 67, 2017, p. 670.

二、智能投顾信义义务的主体判定

现有业务模式下投资建议个性化程度的不足,意味着智能投顾尚处于弱人工智能阶段,仅能在获取客户信息的基础上,基于预置的投资分析模型匹配相应的投资组合作为投资建议,尚不具备独立思考与深度学习的能力。因此,在现阶段应当采纳客体说,拒绝赋予智能投顾以民事主体资格①,并确定其他的自然人或机构作为信义义务的主体以避免义务失灵问题。

现阶段智能投顾服务提供过程中的参与主体,主要包括向投资者提供智能投顾服务的金融机构,即运营者;以及智能投顾机器人的研发者,具体包括提供投资分析模型的金融从业者以及将该模型转化为算法的程序设计者。② 研发者之中的金融从业者通常也隶属于运营者,部分金融机构还拥有独立的技术部门,可自行实现模型向算法的转化。

(一) 智能投顾运营者

如前文第四章第三节所述,对于智能投顾运营者是否应当承担信义义务,学界普遍援引电子代理人(Electronic Agent)领域内的长臂规则予以肯定。③ 根据美国《统一电子交易法》的规定,电子代理人是指一种在无人审查或行为的情况下,能够独立地进行某种行为或对电子信息等内容进行回应的计算器程序或其他自动化工具。如果一个人使用电子代理人作出真实的意思表示,则无论其是否被使用者所知晓或预览,该电子代理人的行为都应当归属于使用者。④ 这种由使用者承担电子代理人行为的规则就是长臂规则。我国学者提出的合同法上的自动售货机责任理论亦有类似内涵:"自动售货机按照预设的方式行事,该行为被直接视为设置者的行为,由此产生的法律后果直接由销售方承担。"⑤ 在长臂规则的

---

① 参见郑佳宁:《论智能投顾运营者的民事责任——以信义义务为中心的展开》,载《法学杂志》2018年第10期。
② 参见高丝敏:《智能投资顾问模式中的主体识别和义务设定》,载《法学研究》2018年第5期。
③ 参见潘振野:《智能投顾模式下投资者保护制度的完善——以信义义务为中心》,载《南方金融》2020年第2期。
④ See Uniform Computer Information Transactions Act, § 112(b).
⑤ 参见崔国斌:《加框链接的著作权法规制》,载《政治与法律》2014年第5期。

指引下,智能投顾机器人可被视为运营者的"长臂",运营者虽然未与投资者面对面接触,但借助智能投顾机器人的"长臂"了解其需求,进而根据预先设定的模型对其需求进行分析,最终给出投资建议。智能投顾机器人与投资者之间的互动可以被视为是运营者影响力的延伸。

在长臂规则的类推适用之外,更为直接的思考方式是,运营者与投资者之间的关系是否满足信义关系的构成要件。一方面,由于现阶段智能投顾机器人更多以"工具"的形式出现,接受智能投顾服务的投资者普遍将运营者视为投资顾问服务的实际提供人,信赖的是运营者所具备的金融专业能力与技术水平,信义关系的要件不难满足。另一方面,各国法规中普遍要求运营者具备投资顾问资质,属于投资顾问机构,将智能投顾机器人与其运营者之间的关系与传统投资顾问服务中人工顾问与投资顾问机构之间的关系进行类比,亦可得出运营者应当承担信义义务的结论。在 Michael D. Green v. Morningstar, Inc. 一案中,原告认为智能投顾机器人具有建议其选择昂贵的投资项目的倾向,选择的被告即是智能投顾运营者。

(二)智能投顾研发者

在研发者之中,应将金融从业者视为受托人,承担信义义务;而程序设计者仅是受托人的辅助人,不承担信义义务。

虽然从表面上看,智能投顾机器人完全基于算法提供投顾服务,不受研发者的控制。但考虑算法生成的过程,金融从业者首先会根据一系列市场特征假设条件以及现代投资组合理论等专业知识搭建投资分析模型,只要向该模型中输入投资者的具体情况和市场数据,就能得出适合于投资者的投资组合[①],这是一种对自然人投资顾问提供服务的模式化;接下来,由程序设计者通过技术将其搭建的投资分析模型转化为算法内置于智能投顾机器人中,从而实现前述模式的自动化提供。尽管程序研发的时点早于投顾服务的实际提供时点,但算法本身构成对自然人投资顾问提供服务的一种模拟,投顾行为在研发时即实现了"前置"化。

尽管金融从业者与程序设计者均能对智能投顾提供的投资建议的质

---

① 尽管目前给出的投资组合并非由算法根据投资者输入的信息实时构建,而是对投资组合的选择。

量产生重大影响,但智能投顾的核心内容,包括市场特征假设、重要参数、资产配置逻辑等完全来自于金融从业者,因此其所具备的金融知识、市场判断和职业伦理等会直接影响投资顾问服务的质量。相比之下,程序设计者的角色则具有一定的"中立性",处于辅助地位。

从信义关系的视角来看,投资者所实际信任的是投资分析模型本身,即信任的是模型搭建者的专业能力,而非模型的表现形式——算法。因此,研发者之中仅模型搭建者应当承担对投资者的信义义务,而由于其构建投资分析模型的时间和受众与传统人工投资顾问有所不同,其信义义务的具体内容也应当有所调整;对程序设计者则没有必要以信义义务规制,但其应当满足从事算法开发的基本资质要求,并承担算法设计本身的过失责任。[①]

三、智能投顾的忠实义务

(一)智能投顾中的利益冲突

如前所述,忠实义务的核心是解决利益冲突问题,传统的投资顾问服务中存在着两层利益冲突:一是人工投资顾问与投资者之间的利益冲突,例如前者可能因收取银行的回扣而推荐客户购买相应的理财产品;二是投资顾问机构与投资者之间的利益冲突。

在智能投顾中,人工投资顾问被智能投顾机器人所取代,机器人严格根据算法提供投资顾问服务,不会受到佣金激励、个人关系等因素的诱惑,进而消除了第一层利益冲突;[②]但投资顾问机构,即智能投顾运营者与投资者之间的利益冲突仍然存在,具体包括服务与产品两个层面的冲突。

1. 服务层面的利益冲突

在提供投资建议之外,智能投顾运营商通常需要选取关联或第三方经纪商进行交易的执行,从而产生利益共同体或利益输送关系。

例如,Betterment 的智能投顾服务由旗下的折扣经纪商 Betterment

---

① 参见高丝敏:《智能投资顾问模式中的主体识别和义务设定》,载《法学研究》2018 年第 5 期。

② 需要指出,这一结论针对的是纯智能投顾服务的情形,对于混合投顾例如先锋基金的 VPAS,由于其中仍包含人工顾问的参与,第一层利益冲突并未被完全消除。

Securities 提供经纪业务支持,后者根据 Betterment 的指令执行投顾账户所涉及的所有交易,而不允许客户自行选择其他经纪商,这在 Betterment 公司向美国证券交易委员会提供的 Form ADV 中有明确披露。① 尽管 Betterment 采取打包收费的模式,即投资者在缴纳 0.25% 的管理费外,无需额外就交易的执行支付佣金,但由于其掌握的多个投顾账户与非投顾账户之间可能产生内部交叉交易,其不公允条件容易造成投资者之间的利益冲突,美国证券交易委员会也曾对交叉交易中投资顾问不合理偏向一方客户的行为予以处罚。② 而 Betterment Securities 在执行交易之外,还可能作为自营商(dealer)从买卖价差之中获利,其有动力以低价买入并以高价卖出,影响投资者的投资回报。

仅有注册投资顾问牌照而缺乏经纪商牌照的智能投顾运营者需要与外部经纪商展开合作,由其保管资产并执行交易指令,运营者可能会向外部经纪商收取费用。例如,某米 RA 的理财协议中不允许客户指定经纪商,并要求客户同意其可能向与提供投资顾问服务相关的第三方收取费用,这笔费用可能最终会向客户转嫁,造成客户利益损失。

2. 产品层面的利益冲突

智能投顾向投资者推荐其关联方或向其进行利益输送的第三方所提供的产品可能引发产品层面的利益冲突,这对于传统金融机构而言尤为普遍。

以嘉信理财的纯智能投顾服务 SIP 为例,尽管其对外宣称"0 服务费率",但如第二章所述,其仍能够通过三种方式取得盈利:第一,SIP 投资组合中配置了诸多嘉信 ETF 产品,客户承担的 ETF 管理费用实际上构成 SIP 的收入,因此 SIP 可能倾向于尽可能多地配置嘉信 ETF 产品,而这可能与客户的利益相左;第二,SIP 会为客户配置一定的现金比例,区间为 6%—30%,这部分现金会转移到嘉信银行的存款之中,这使得该银行能够以更高的利率对外贷款,从贷款利率和存款利率之间的差值中获

---

① See "Betterment Wrap Fee Brochure," Betterment (September 1, 2021), accessed December 1, 2022, https://files.adviserinfo.sec.gov/IAPD/Content/Common/crd_iapd_Brochure.aspx?BRCHR_VRSN_ID=725675.

② In the matter of David A. King, Investment Advisers Act Release No. 1391.

利,但对于客户而言,这种较高的现金头寸在一定程度上会拖累组合的收益①;第三,对于投资组合中配置的非嘉信 ETF 产品,SIP 也会通过关联经纪商 ETF OneSource 投资平台收取交易执行费。② 过高的现金头寸配置以及在费用方面具有误导性的宣传也引发了公众的强烈不满③,为此,SIP 开始执行一种"名义计算"(nominal calculation)机制,并将嘉信理财从关联商服务中获得的收入限制在 0.30%,同时将超出部分退还给客户或抵扣账户管理费用,从而使得 SIP 费用水平与其他类似的智能投顾服务保持一致。④ 这虽然在一定程度上缓解了前述利益冲突,但并未从根本上消除其推荐自有产品的激励。2021 年 7 月美国证券交易委员会发布一份文件⑤称,其正在对嘉信就 SIP 相关的历史性披露的合规性展开调查,后者将面临一笔将近 2 亿美元的罚款⑥。一些投资者组成的群体也于同年 9 月在位于加州北部的地区法院针对嘉信提起集体诉讼,指控 SIP 使得投资者的投资组合过度集中于现金,增加其经纪公司的收入。起诉书称:虽然嘉信确实未向其零售投资者客户收取与 SIP 计划有关的投顾费用,但该服务并非"任何人都可以免费使用"。⑦

美国智能投顾领域另一家领先的传统金融机构先锋基金面临着同样的问题,其混合投顾服务 VPAS 及纯智能投顾服务 VDAS 的底层资产完

---

① 根据 Raymond James 的估计,SIP 的客户可能会放弃约 0.75%的利润。See Megan Ji,"Are Robots Good Fiduciaries? Regulating Robo-Advisors Under the Investment Advisers Act of 1940," *Columbia Law Review*, Vol. 117, No. 6, 2017, p. 1575.

② 而对投资组合中配置的嘉信 ETF 产品则不收取交易执行费用。

③ See Kathleen Pender, "Schwab Raises Eyebrows, New Issues with Robo-investment Tool," SFGate (March 9, 2015), accessed December 1, 2022, https://www.sfgate.com/business/networth/article/Schwab-raises-eyebrows-new-issues-with-6119963.php.

④ See Charles Schwab & Co., Inc. "Schwab Intelligent Portfolios Solution Disclosure Brochure," Charles Schwab, accessed December 1, 2022, https://www.schwab.com/resource/schwab-intelligent-portfolios-solutions-disclosure-brochure.

⑤ See SEC, "Form 8-k of The Charles Schwab Corporation, No. 1-9700," SEC (July 1, 2021), accessed December 1, 2022, https://www.sec.gov/Archives/edgar/data/316709/000031670921000053/schw-20210701.htm.

⑥ "Charles Schwab Faces $200m Hit over SEC Robo Advisor Investigation," Finextra (July 7, 2021), accessed December 1, 2022, https://www.finextra.com/newsarticle/38407/charles-schwab-faces-200m-hit-over-sec-robo-advisor-investigation.

⑦ Jake Martin, "Schwab Hit With Class Action Claim Over Robo Cash Sweeps," *Advisorhub* (September 1, 2021), accessed December 1, 2022, https://www.advisorhub.com/schwab-hit-with-class-action-claim-over-robo-cash-sweeps/.

全由自有 ETF 组成,投资者同样需要缴纳管理费。而在我国现有基金投顾的模式下,由于基金管理公司同时作为基金产品的提供者以及客户购买基金产品的投资建议者①,此种产品层面的利益冲突也极为普遍。

传统金融机构还可能向独立的智能投顾运营商进行利益输送,以换取在构建投资组合时对其产品的优先考虑,此时智能投顾运营商表面上客观地为投资者提供了个性化的咨询服务,实际上却构成了金融产品销售方的投资顾问。

此外,尽管目前大部分智能投顾机器人的金融从业者由运营商自行委派,但不排除部分运营商将其外包或引入第三方金融机构合作开发的场景,对此还应关注投资者与外部研发者之间产生的利益冲突。

(二)算法对利益冲突问题的加剧

尽管存在上述诸多利益冲突,但应当意识到这些利益冲突的形式均非智能投顾所特有,长久以来这些问题也一直在通过"信息披露"加以解决。例如,使用关联经纪商完成交易的执行也是传统投资顾问所采取的惯常模式,《投资顾问法》并不禁止投资顾问使用关联经纪商执行客户交易,只要投资顾问向投资者披露了该类交易中存在的所有利益冲突事实、总体经纪费用并取得投资者书面许可,这种交易仍是被允许的。② 因此,仅就服务层面而言,智能投顾并未对原有信义义务体系产生冲击。

然而,智能投顾引入的"算法黑箱"则加剧了产品层面的利益冲突。算法是由人类编码设计的,其背后隐含着研发者的意志,且这种意志极可能受到运营者的影响。技术本身是中立的,但设计算法的人未必具有中立性,算法可能被设计成为智能投顾运营者及其关联方的利益服务,但由于其非公开性和复杂性,投资者面临着理解与监督的困境。

在传统投顾中,投资者尚可向人工顾问询问给出相关投资建议的理由,要求后者将其分析的过程以简单、易于理解的方式进行告知,并通过持续的互动加深理解。但在智能投顾服务之下,前述分析并得出结论的

---

① 参见钟维:《中国式智能投顾:本源、异化与信义义务规制》,载《社会科学》2020 年第 4 期。如第三章所述,基金公司提供的部分策略仅仅从自有产品中进行筛选,例如 JS 基金旗下的部分策略目前仅投资于 JS 基金旗下产品。

② Interpretation of Section 206(3) of the Investment Advisers Act of 1940, Investment Advisers Act Release No.1732, SEC (July 17, 1998), accessed December 1, 2022, https://www.sec.gov/rules/interp/ia-1732.htm.

过程完全由算法实现,且受限于投资者自身能力的不足,简单地将算法予以披露无法有效解释其运行过程和操作原理,投资者还难以通过咨询的方式进一步获取信息,因而只能被动地接受智能投顾给出的投资建议。智能投顾的运营者和研发者有动力在算法层面对可能具有利益冲突的投资建议进行"合理包装",例如通过调整模型中的某些参数或对推荐产品选项的特殊排列,使得对自身有利的产品(包括自营产品及与其存在利益输送关系的金融机构提供的产品)更容易得到选择,而在外观上仍可以保持"中立"。

这种藏匿于算法背后的利益冲突不仅更加难以被识别和监督,还具有更大的影响范围:传统投顾服务下,通常仅有部分人工顾问提供的建议会受到不当利益的驱使,即便某一机构下的所有人工顾问都受到相同水平的不当激励,也会因人而异地产生不同的表现形式;而智能投顾的利益冲突由于内置于算法之中,会"一体化"地应用于所有账户,产生更为广泛且确定的影响。考虑到智能投顾潜在客户群体的数量级别,以及其在金融知识和能力上的欠缺,解决智能投顾的利益冲突问题刻不容缓。

(三) 对忠实义务认识的完善——刺破"算法黑箱"

事实上,智能投顾对于算法的应用不仅加剧了利益冲突问题,还对"重大事实"的范围进行了扩展。具体而言,人工顾问的教育背景、服务经验等信息是投资者决定是否接受传统投资顾问服务的重要考量因素,然而智能投顾中的算法部分替代了人工顾问的功能,与算法相关的信息自然也应构成投资者需要了解的"重大事实"。因此,智能投顾模式下的忠实义务应当针对算法作出合理的调整,增强智能投顾运作的透明度,强化对算法本身及其中暗含的利益冲突进行充分披露的义务,确保算法的设计符合投资者最佳利益原则,"算法透明"有着相当的必要性。

然而,如前所述,算法本质上是具有商业秘密属性的智力财产[①],是智能投顾运营商的核心竞争力之一,一旦要求其公之于众,则可能造成商业秘密的泄露而使其丧失技术竞争优势,不利于鼓励金融创新。由此可见,在算法透明的问题上存在着保护投资者与鼓励金融创新两个目标的

[①] 参见张凌寒:《风险防范下算法的监管路径研究》,载《交大法学》2018年第4期。实践中有金融机构以算法属于商业秘密为由进行抗辩,如在美国 State v. Loomis 一案中,算法的开发商就以算法为商业秘密为由拒绝公开,See State v. Loomis, 881N. W. 2d749 (Wis. 2016).

冲突,因此算法的透明只能是相对的透明,算法的披露也只能是有限的披露,"披露什么""怎么披露"构成智能投顾忠实义务的核心内容,二者均应以保护投资者利益为必要作为限度。

就"披露什么"而言,首先,应以不对外披露算法的源代码及具体编程公式为原则。一方面,算法的源代码本身非常复杂,且不断迭代升级,甚至不可追溯,事实上无法予以披露;另一方面,源代码是专业术语,并不能被绝大部分投资者所理解,这种披露本身缺乏实质性意义。不过需要注意,该原则仅在事前适用,在投资者认为智能投顾存在利益冲突并损害其投资利益的情形下,法律应要求智能投顾运营商证明整个算法设计中不含有任何导致利益偏颇或损害投资利益的相关参数。① 若算法中包含会引发利益冲突的参数,使得投资组合的输出结果偏向于某些金融产品,那么运营者有义务解释原因,并且需要将输出的结果与未选择的类似产品的优劣进行对比。

其次,应当披露算法的简要说明,包括与算法相关的信息以及对算法的评价。前者包括算法函数、算法的假设及其限制(例如若该算法是基于现代投资组合理论,需披露该理论的假设条件与其局限性)、参与算法研发和管理的第三方机构信息、运营者对算法的监管措施、人工参与度以及算法背后的投资逻辑(即智能投顾如何通过收集的信息来生成推荐的投资组合)等。对算法的评价则主要涉及通过算法向客户提供服务所固有的特定风险,包括智能投顾可能在紧张的市场条件下停止交易或采取其他临时防御措施②;算法可能在不考虑市场条件的情况下重新平衡客户账户;算法可能无法解决市场状况长期变化等。

在此基础上,智能投顾的忠实义务应重点关注运营者对算法在特定情形下可能产生的利益偏离风险,算法中暗含的可能引发直接或间接利益冲突情形的披露,并遵循真实、准确与全面三点要求:

第一,有关准确性,美国证券交易委员会发布的《智能投顾监管指南》要求披露智能投顾直接向客户收取的所有费用以及客户可能直接或间接

---

① 参见赵吟、马汉祥:《证券投资智能化冲击:信义义务的再认识》,载《人工智能法学研究》2019年第1期。
② 例如,Betterment坚持在交易日的前30分钟内不进行交易,以保护投资者不受市场颠簸的影响。在英国公投脱欧时,Betterment直到中午才开始交易而没有通知散户投资者。

承担的任何其他费用,避免出现嘉信理财 SIP 服务中宣传自身"零费率"、但事实上其能够通过向投资者收取嘉信 ETF 的管理费以及用客户的现金资产提供高息贷款等方式间接获利的情形。

第二,必须格外重视智能投顾利益冲突披露的全面性。当存在第三方研发者的情形下,运营商应明确披露第三方参与研发的情况以及其中的利益分配格局。《智能投顾监管指南》要求智能投顾披露算法的版权信息,披露任何参与算法研发、管理的第三方机构的信息,并披露在该算法中是否存在利益冲突——例如当第三方以优惠价格向智能投顾公司提供算法研发服务时,该算法是否将诱导客户购买该第三方从中获取回扣/推广费用的金融产品。有学者建议,智能投顾运营商应当披露投资者在管理费之外还需向其承担的"隐藏佣金"(shadow commission),并展示不存在相关利益冲突时投资者的期望收益与当前收益的对比情况,二者分别代表了运营商的"收获"以及投资者的"损失",以解释相关利益冲突对投资决策以及投资回报的实际影响。①

第三,信息披露应当以合理的方式作出,所谓合理是指使投资者易于获取和理解。鉴于智能投顾的客户相比于传统投顾的客户在金融知识和投资经验上更为欠缺,在披露时应更加具体,通过更通俗易懂的语言帮助投资者理解投资顾问的商业模式和利益冲突,以便其在此基础上决定同意或拒绝接受服务。在披露方式上,智能投顾应充分利用其电子化平台,采用互动式文本或网络弹窗等方式,确保投资者不会错过重要信息。

四、智能投顾的注意义务

(一)对智能投顾目前局限性的批评及其回应

尽管智能投顾对算法的使用加剧了传统投顾中的利益冲突问题,但学界普遍认为可以通过加强信息披露的方式予以解决。相比之下,在注意义务领域则产生了诸多批评的声音,包括智能投顾无法提供足够个性

---

① Megan Ji, "Are Robots Good Fiduciaries? Regulating Robo-Advisors Under the Investment Advisers Act of 1940," *Columbia Law Review*, Vol. 117, No. 6, 2017, pp. 1581-1582.

化的投资建议①,甚至认为其本质上即无法成为合格的"受托人"等。② 笔者认为,这些批评主要是对智能投顾能否满足"适当建议义务"的质疑,其根源在于缺少人工参与的智能投顾在"了解客户"方面的局限性。

1. 智能投顾在"了解客户"方面的局限性

智能投顾对投资者的客户画像机制存在缺陷。具体而言,不同于传统投资顾问模式下由自然人与投资者面对面接触获取信息,智能投顾只能通过问卷形式了解客户,导致信息的有限性、测评结果的随机性及信息的静态性。

(1) 信息的有限性。

信息的有限性是指智能投顾仅能收集到既有问卷的问题中所包含的信息,问卷本身的内容与形式也极其有限,从而使得客户画像并不全面。例如,Betterment坚持"投资目标"导向,除投资目标外,仅需了解年龄、职业、收入和资产水平等信息就为客户生成投资组合。在国内,尽管部分智能投顾平台遵循官方模板③设计了测评问卷,但这些模板原本适用于人工顾问提供的服务,具有灵活性,因为人工顾问可以行使其自主权,在面对面咨询的过程中根据投资者的反馈追加或删减问题,进行深入的尽职调查,从而获得客户更准确的投资目标、经济状况等信息。此外,人工顾问能够从投资者对自身状况的描述中提炼出对其投资目标具有重大影响的信息,例如若客户提到"自己将在未来12个月后继承一笔资产"或"我最近需要照顾一位生病的家人",人工顾问能够敏锐地从其中捕捉到前述事项对客户未来现金需求的影响。④ 然而智能投顾显然不具有此种人类的感知力,智能投顾的问卷只能收集标准化的答案,无法收集并难以理解

---

① Melanie L. Fein, "Robo Advisors: A Closer Look," SSRN (June 30, 2015), accessed December 1, 2022, https://papers.ssrn.com/sol3/papers.cfm? abstract_id=2658701.
② 例如,马萨诸塞州在其政策声明中称:"完全自动化的智能投顾,由于其典型的结构,可能本质上就无法作为受托人行事。"See Massachusetts Securities Division, "Policy Statement: Robo-Advisers and State Investment Adviser Registration" (April 3, 2017), accessed December 1, 2022, https://archives.lib.state.ma.us/bitstream/handle/2452/668782/ocn979423429.pdf?sequence=1&isAllowed=y.
③ 例如中国证券业协会于2017年6月发布的《证券经营机构投资者适当性管理实施指引(试行)》。
④ Tara Siegel Bernard, "The Pros and Cons of Using a Robot as an Investment Adviser," N.Y. TIMES (April 29, 2016), accessed December 1, 2022, https://www.nytimes.com/2016/04/30/your-money/the-pros-and-cons-of-using-a-robot-as-an-investment-adviser.html.

投资者的非标化信息,后者只能在人工顾问的辅助下,即在混合投顾模式中完成。

由于问卷形式缺乏弹性,只能与投资者进行有限的互动,而其本应具备更完备的设计。然而目前存在的问题包括:其一,过分关注收入而忽略费用与支出,如不询问投资者的支出情况,不考虑客户的纳税情况,不对投资者的负债进行细化与量化等;其二,普遍不对客户的账外资产进行调查,而客户的账外资产恰恰关涉到其整体财务状况,从而直接影响智能投顾向其提供个性化、适合的投资建议的能力,无法满足《统一谨慎投资法》第2条对于"整体投资"的要求。①

(2)测评结果的随机性。

缺乏互动还可能造成测评结果的随机性。智能投顾只能被动地依赖投资者对若干个选择题作出的答案,投资者在回答这些问题时,可能会被情绪、心态、投资目标以及当前资产状况等因素影响,导致在不同时间对完全相同的问卷给出截然不同的答案。相比之下,人工顾问则可以根据其对投资者状态的观察,在适当情形下要求投资者确认答案的有效性。

(3)信息的静态性。

信息的静态性是指智能投顾对投资者适当性评估的持续性不足,投资者在接受风险评估后,其个人状况很可能随时间发生变化,甚至可能从风险厌恶者转变为风险偏好者,而智能投顾通常无法及时更新客户信息,导致其客户画像具有"滞后性"。

因此,智能投顾对客户的了解是"肤浅"的,也只能提供"肤浅"的建议。对此,其普遍声称并不提供个人财务规划服务(individual financial planning services),只能根据"计划"管理投资者的账户,并要求投资者自行考察推荐的投资是否符合自身的投资需求与目标,即由投资者本人而非智能投顾为其最大利益行事。②

---

① 《统一谨慎投资法》第2条b款规定:"受托人关于个别资产的投资和管理的决定必须放在投资组合的整体之下并作为整个投资策略的一部分进行评价,而不是进行单独评价。"
② Melanie L. Fein, "Robo Advisors: A Closer Look," SSRN (June 30, 2015), accessed December 1, 2022, https://papers.ssrn.com/sol3/papers.cfm? abstract_id=2658701, pp. 24-25.

2. 对"局限性"的回应

虽然无法否认上述问题的存在,但必须明确,此种局限性结论很大程度上是将现有的智能投顾与人工投顾,且是一个理想的人工投顾进行对比所得出的。或许智能投顾无法提供与一个理想的人工顾问所能提供的建议同等水平的个性化投资建议,但这本身并不构成对信义义务的违反,事实上也并非所有的人工顾问都能达到"理想的人工顾问"标准。

从另一个角度看,智能投顾也并非"一无是处",例如其在自动再平衡及税收亏损收割方面的效率优于人工顾问,较少受到情感和认知偏误的影响,更重要的是其远低于人工顾问服务的价格。当然,笔者在此处并不意图进一步对智能投顾与人工投顾的优劣对比展开讨论,这个问题似乎更应交由金融学或经济学的研究完成。[①] 但至少对于智能投顾能否满足注意义务要求的判断,不应当以一个理想人工顾问的水平来衡量,而应当探寻《投资顾问法》的"最低标准"。

以美国为例,尽管如前文所述,美国证券交易委员会对投资顾问提出了"适当建议义务"与"最佳执行义务"两项要求,但其条款的"宣示"意义明显,美国证券交易委员会在执法实践中并未对其内容予以严格执行,并希望客户自行评估投资顾问是否具备管理资产的能力。具体而言,联邦层面对投资顾问几乎没有准入要求,[②] 美国证券交易委员会针对适当建议义务的执法实践几乎仅仅针对明显且严重违反义务的情形[③];而对于最佳执行义务,美国证券交易委员会通常也仅处罚为自身利益而未能实现最佳执行的违反忠实义务的行为。

同时,如《最终解释》所述,信义义务的灵活性意味着其原则导向性,

[①] Megan Ji, "Are Robots Good Fiduciaries? Regulating Robo-Advisors Under the Investment Advisers Act of 1940," *Columbia Law Review*, Vol. 117, No. 6, 2017, p. 1564.

[②] Roberta S. Karmel, "The Challenge of Fiduciary Regulation: The Investment Advisors Act After Seventy-Five Years," *Brooklyn Journal of Corporate, Financial & Commercial Law*, Vol. 10, Iss. 2, p. 405 (2016).

[③] 例如在1965年的In re Shearson Hammill一案中,投资机构完全不考虑客户具体的经济状况和财富管理的实际需求,向客户推荐了具有投机性质的证券,客户群体中甚至包括老年人与儿童。See In re Shearson, Hammill &. Co., 42 S. E. C. 811 (1965), p. 28. 又如在In re David A. King and King Capital Corp.一案中,投资顾问向退休客户等风险承担力较弱的客户推荐了风险很高的投资产品组合,其中包括第一抵押固定收益产品、第二抵押固定收益产品以及第三抵押固定收益产品。See In re David A. King and King Capital Corp., Investment Advisers Act Rel. No. 1391 (November 9, 1993).

并不依赖于僵硬的规则。投资顾问与客户之间具体的信义关系可以通过协议加以塑造,但必须以充分公平的披露和知情同意为前提。Frankel教授观察到普通法下信义义务的边界可以被修改的五个条件:(1)委托人具有能够适当进入合同关系的独立意志;(2)委托人对利益冲突(如存在)有充分的了解;(3)受托人应将变更通知委托人;(4)变更内容对于委托人而言是公平的;(5)委托人对变更表示明确且清晰的同意。[1] 对于智能投顾而言,如果其能够明确通过协议将服务范围告知投资者并取得后者的同意,就并不被要求必须考虑个人的完整情况从而提供"整体财务规划"。事实上,虽然客户得到的服务范围受到了限制,但其支付的对价也相较于"理想的人工顾问"有了明显的降低,这正是公平对价的体现。对于学者指出的智能投顾无法抵御市场失灵的局限性[2],在这一视角下也能够得到理想的解决,因为投资者在相应的信义关系中显然也并未期待这一功能的实现。

(二)局限性警示与问卷机制完善

"了解客户"方面的不足是处于弱人工智能阶段的智能投顾所不可避免的,我们不应对其科技抱有不切实际的幻想,而应当首先肯定其不足之处的合理性,并通过具体制度设计降低其可能在金融市场中引发的风险。对此应当采取两方面措施:其一,要求智能投顾向投资者充分披露并说明其局限性的内容,将不适合接受服务的客户排除在外,并着力于投资者教育,进行"局限性警示";其二,在筛选和教育投资者的基础上,要求智能投顾完善问卷机制的设计,加深对"合格"投资者的了解,实现"问卷完善"。

1. 局限性警示

智能投顾应当清楚地描述其投资顾问服务以及投资建议的范围。《智能投顾监管指南》要求智能投顾不得误导客户,例如暗示智能投顾正在提供全面的财务计划,但事实上并未考虑客户的税收情况或债务义务;投资建议仅针对特定的目标,如支付大笔购买或大学费用,而不考虑客户

---

[1] Tamar Frankel, *Fiduciary Law*, Oxford University Press, 2011.
[2] 例如,当投资环境受到政策波动引发市场失灵时,智能投顾无法像人工顾问一样陪伴、安抚投资者,并对其行为进行合理指引,避免其因恐慌作出错误的投资决策。See Melanie L. Fein, "Robo Advisors: A Closer Look," SSRN (June 30, 2015), accessed December 1, 2022, https://papers.ssrn.com/sol3/papers.cfm? abstract_id=2658701, p. 5.

更为广泛的财务状况。

ASIC 则明确指出所有的建议都是范围有限的,为此不仅期望智能投顾运营商向客户解释建议的类别与范围[①],还应要求客户主动证明其所寻求的建议在智能投顾所能提供的范围之内,否则需通过分类与过滤机制,将其排除在服务范围之外。例如,若智能投顾并未将客户是否有抵押贷款设定为考量因素,运营者被期望能够明确告知客户"我们没有考虑你是否有抵押贷款",并询问其"是否愿意听从如何偿还贷款的建议?"如果客户给出了肯定答复,则不应再向其提供投资顾问服务。

除了为智能投顾运营商设置义务之外,还应从根本上注重投资者教育,加深投资者对于智能投顾局限性的理解。例如美国证券交易委员会与美国金融业监管局发布的《自动投资工具的风险警示》中提醒投资者注意智能投顾的五项风险,其中就包括智能投顾产品的局限性、产品对客户信息的依赖性,并指出智能投顾的输出结果可能因无法评估客户的所有具体情况而与客户的需求不匹配。美国证券交易委员会投资者教育和宣传办公室于 2017 年发布的《关于智能投顾的投资者公告》在对智能投顾服务进行介绍的同时,也提示了投资者在线问卷调查信息具有局限性,因此在接受服务时不应盲目信任智能投顾的技术因素,而应将实际投资需求以及智能投顾对自身的了解程度纳入考量。

2. 问卷机制完善

考虑到智能投顾无法像人工顾问一样与投资者进行充分互动,建议从内容、形式和动态性三个方面提升问卷机制的合理性。

(1) 完善问卷内容。

在内容方面,智能投顾应考虑调查问卷所设置的问题是否科学、完整,确保从投资者的回答中可以提取充分的信息,使其生成的投资建议与每一位投资者的实际情况相符合。在询问投资者的基本信息之外,智能投顾应尽可能对投资者持有的其他投资情况、财务状况及需求、纳税情况、投资知识与经验、投资目标、投资周期、流动性需求以及风险容忍度等进行全面了解。其中风险容忍度包括客观风险容忍度(即风险承担能力)

[①] 例如,说明智能投顾仅能为客户构建 ETF 的投资组合,无法为其是否应当使用现有资金偿还债务、投资于养老金或构建现金储备提供建议。

和主观风险容忍度(即风险承担意愿)两种形式,客观风险容忍度可以通过投资者的投资目标以及历史投资种类得以评估,而主观风险容忍度往往与投资者的情感状态甚至是固有性格相关,相关问题的设置应当符合心理测量学的标准。

尽管投顾服务水平可以部分通过投资组合的表现反映,但不同投资理念与认识无法简单地用正确与错误、优秀或平庸来描述,对应地,投资顾问对投资者具体情况的关注重点自然也有所不同。因此,或许不能要求所有智能投顾采取统一的问卷形式(更何况这样可能造成严重的羊群效应),但至少监管机关和行业协会应当提供相比于传统投资顾问的问卷而言更为详细和深入的问卷模板和标准供智能投顾运营者参考。

(2)调整问卷形式。

智能投顾还应在形式上尽可能充分与客户进行互动,具体包括向客户进行额外提示,对客户提供的信息进行必要的审查与核验,并对客户回答中的矛盾加以识别。

第一,运营者应考虑调查问卷中的问题是否足够清楚,并在必要时向客户进行额外的提示,在此过程中可以考虑运用交互式文本和弹窗等功能。

第二,平台应提示客户如实提供信息并对真实性、准确性与完整性负责,同时设置针对客户信息的审查机制,避免风险测评的结果完全取决于客户的单向选择。若客户提供的信息不完整,智能投顾应当告知其无法确认风险容忍度,必要时由人工顾问介入,要求其补充相关资料,若其仍拒绝提供,由此产生的后果由客户承担;信息的真实性与准确性可以借助算法等人工智能手段加以鉴别,若客户提供的信息不真实或不准确,而智能投顾平台已尽到足够的审查义务后仍然未能辨别,从而根据不恰当的客户画像给出不适合的投资建议时,也应由有过错的客户承担这一责任。

第三,运营者还应制定针对客户回答前后存在矛盾时的处理机制。例如,当客户的回答前后不一致或内部逻辑相矛盾时对其进行提醒,建议其重新审视自己的答案,必要时还应由专业的人工顾问通过电话、视频等即时通信手段与投资者进行交流,保障智能投顾能够从问卷中有效提炼出对投资建议有效且可靠的信息。

（3）确保客户画像的时效性。

智能投顾运营者还应设计持续的信息追踪系统，为投资者更新信息提供途径。既可由平台定期向投资者推送消息提醒，也可由人工顾问直接联系投资者询问自身财务状况、投资目标等是否有变化，保证随时更新投资者信息，并据此调整对于客户的投资建议和资产配置计划。运营者还应当履行留痕处理义务，对客户的风险测评记录及更新信息予以留存，并设定合理的数据保存期限；由于智能投顾主要通过线上途径进行投资者适当性测评，其应当比传统人工投资顾问更容易实现留痕要求。

需要强调，尽管前述建议中多次提及人工顾问的加入，但其仅应被视为一种"选项"。尽管人工顾问的加入能够以人类的温度平衡机器的冷酷，①利用"混合交互"模式加深对客户的了解，提升投资建议的个性化程度②，但这同时也意味着成本的提升，对于已经充分了解并接受智能投顾局限性的客户而言，并非一项必要条件。

（三）构建针对智能投顾的胜任性评价体系

如前所述，投资者对于投资顾问的信赖既来自于投资顾问对其信息的掌握，也来自于其专业知识和能力，即投资顾问的"胜任性"。传统投资顾问的"胜任性"作为一项市场准入标准，原则上不应被纳入信义义务之下予以探讨，然而由于在智能投顾视野下，投顾行为在研发时被"前置"，研发者中的金融从业者应就其研发行为向接受投顾服务的投资者承担信义义务，因此对研发过程的结果，即智能投顾的程序的要求，可以在信义义务的章节下展开分析。

尽管美国在未对投资顾问设置市场准入门槛的基础上，也未对智能投顾施加特殊要求，但美国作为资本市场较为发达的国家，其投资者也具备相对成熟的投资理念，因此，其制度经验不能为我国完全借鉴。

目前，智能投顾的胜任性无法适用传统投资顾问的标准予以评价。传统投资顾问模式通常要求人工顾问经过职业化的培训，通过专门的职业资格考试取得职业资质，并定期注册以保证其满足胜任性要求。根据

---

① 参见潘振野：《智能投顾模式下投资者保护制度的完善——以信义义务为中心》，载《南方金融》2020年第2期。

② 例如，先锋基金提供的VPAS会以线上问卷和电话会议相结合的方式进行客户画像，并会在人工顾问与客户进行的第二次电话会议中说明最终的投资计划报告。

我国的相关规定,国内证券投资咨询人员必须满足通过中国证券业协会组织的3项考试、具有一定的工作年限、具备中国国籍等一定的客观条件。智能投顾机器人及其背后的算法程序显然无法参加现有的证券从业资格考试,也不可能符合国籍、工作经验等要求。

虽然现阶段我国智能投顾之下的程序主要完成"匹配"功能,智能化程度较低①,对于算法审查的要求并不高,我国基金投顾的相关规则也并未将重点置于算法设计之上。但在技术发展助推之下,未来无论是程序内部的决策过程还是程序输出的投资建议都将变得更为复杂,智能投顾可能由现有的"预先构建组合"+"程序完成匹配"模式向"预先配置资产池"+"程序构建组合"转化,达到"千人千面"的理想状态,其中算法的参与度将显著得到提高。如果不能设定明确标准以保证智能投顾的胜任性,就可能出现大批披着"智能外衣"的投资机构,打着人工智能的旗号向投资者提供质量低下的投资建议,违背注意义务的要求,损害投资者利益。因此,在注意义务的最后一部分,笔者将展望未来,探讨如何构建针对智能投顾的胜任性评价体系。

1. 构建"双管齐下"的胜任性评价体系

对基于算法给出投资建议的智能投顾,其胜任性要求应体现为算法的有效性。算法的有效性是指算法能够根据外部输入的数据,包括客户信息数据和行业数据,给出适合特定投资者的投资建议,实现其预期的投资目标。这一方面要求算法所模拟的投资分析模型具有合理性,即算法背后的各项参数、假设前提、投资模式和运算方法等与现实情况相符;另一方面还要求算法本身与投资分析模型具有"匹配性",即算法不存在技术缺陷,不会因编码错误等客观的原因导致智能投顾机器人无法按照金融从业者给出的投资分析模型为投资者提供服务。

从制度设计上看,既要明确智能投顾服务"内部"(包括研发者与运营者)所应承担的合规义务,还要在"外部"即监管层面要求运营商对算法的相关信息进行充分披露,建立完整的监督与测试框架,双管齐下保证算法

---

① 但在美国智能投顾中除了"匹配"功能之外,算法还具有执行投资组合的再平衡和税收亏损收割的功能,而我国的税收政策之下并没有税收亏损收割服务的空间。而在投资组合的后续管理方面,以公募基金为主要投资标的的基金投顾运营商主要进行"组合优化调仓"而非"再平衡调仓",前者一般由金融机构内部的专业人士完成。

的有效性。

2. 算法的内部合规

（1）研发者的算法开发。

如前文所述，金融从业者对投资者负有信义义务，应当确保投资分析模型的合理性。然而，由于其提供的投资分析模型与传统投资顾问提供的投资建议在受众和时间上不同，因此其应当承担的注意义务内容也应与传统投资顾问有所不同。自然人投资顾问通过与投资者一对一的接触和互动了解投资者需求，进而给出投资建议，这一过程具有"针对性"与"实时性"；而金融从业者在设计投资分析模型时，只能基于对未来投资者的特征、需求以及市场环境特征的预测，其行为模式由"一对一"变为了"一对多"，本身更应具有"普适性"和"前置性"，并通过后续的客户画像实现传统投资顾问的"针对性"。传统投资顾问的注意义务要求其应实现一个足够谨慎的投资顾问在面对同样的投资者和同样的市场环境时应当进行的调查和询问，以及在给出建议时所进行的审慎考量；而对于智能投顾而言，这种注意义务的要求发生了改变，模型搭建者应合理设计投资分析模型中的假设前提、投资模式及运算方法等，以尽可能全面地反映未知的不同投资者的特征和市场情况，全面性和反映性成为具体判断金融从业者是否实现了注意义务的重要标准。①

而对于外部程序设计者而言，由于其不承担信义义务，智能投顾运营者应进行仔细挑选并通过具体合同义务来规范其行为。ASIC 期望智能投顾运营者采取适当的措施，选择具备相应的算法开发资质、计算机技能及谨慎态度的外包服务商，与其探讨合规要求，并持续监督其工作表现，确保算法本身不存在缺陷。② 针对运营商算法研发服务外包的情况，监管层面可以要求算法开发设计人员进行注册，通过准入限制确保外包服务商具备基本的资质和能力，有效降低算法本身存在缺陷的可能性。

（2）运营者的算法治理。

在算法研发完成后，运营者应在将智能投顾提供给投资者之前对算法进行审查，并在服务开始后对算法进行持续"治理"，确保智能投顾满足

---

① 参见高丝敏：《智能投资顾问模式中的主体识别和义务设定》，载《法学研究》2018 年第 5 期。

② RG 255.67-69.

胜任性要求。为此,运营商内部必须配备具有相关技能与知识的人员,对算法背后投资分析模型的"有效性"以及算法本身的"匹配性"负责。当发现算法无法满足胜任性要求时,运营者应及时暂停服务,并赔偿投资者因此遭受的损失。

例如,美国金融业监管局要求运营商在向客户提供服务前,对算法与投资分析模型的一致性进行评估,这是对算法"匹配性"的要求。① ASIC要求运营商履行人力资源方面的合规义务:具体而言,运营商应确保其内部有两类人员,第一类为技术人员,其能够充分理解智能投顾所使用的技术及算法,懂得算法背后的原理、风险和规则,以确保算法本身不存在缺陷。ASIC要求运营商定期对算法进行测试,鼓励其制作系统的算法设计文档和书面测试文件、遵循预先设定的流程进行测试、留存测试记录,并在市场和法律环境发生变化从而可能影响算法的时效性时,及时进行算法测试与更新。第二类为金融从业人员,其应对算法给出的数字化建议进行定期审查,包括建议的质量及合规性等,从而一体化地判断投资分析模型是否合理以及算法是否具备"匹配性"。前述算法测试以及建议审查的频率和强度均应由智能投顾的业务性质、规模和复杂程度等因素决定,在服务初期及算法发生变化时,应对算法测试和建议审查加大力度。② 如果发现算法或建议本身存在问题,运营者应在该问题得到解决前暂停服务,识别曾因此接受了不当建议的投资者并采取有效的补救措施。除此之外,由于智能投顾由算法生成投资建议,无法适用《公司法》针对自然人顾问提出的"培训与能力标准",ASIC要求运营商至少拥有一名满足该标准的责任经理人,对前述技术人员和金融从业人员的工作负责。③

3. 算法的外部监督

(1) 算法的透明。

披露是信任的核心,披露本身就构成一种外部监督。笔者在智能投顾的忠实义务部分阐述了算法的相对透明,并详细说明了"披露什么"以

---

① Financial Industry Regulatory Authority, "Report on Digital Investment Advice," p. 3, FINRA (March 2016), accessed December 1, 2022, https://www.finra.org/sites/default/files/digital-investment-advice-report.pdf.
② RG 255.60-63.
③ RG 255.53.

及"怎么披露",尽管随后篇幅更侧重于利益冲突这一方面,但应当明确对于算法的披露同样也是确保算法"有效性"的重要举措。

而在公开披露之外,有学者指出算法透明还可以通过备案或注册等替代方法实现。① "备案说"认为运营商应向监管部门或自律组织备案其智能投顾的算法逻辑或参数,备案内容不向社会公开而仅为监管机构或自律组织所知悉。我国"资管新规"第23条即要求"金融机构应当向金融监督管理部门报备人工智能模型的主要参数以及资产配置的主要逻辑"。监管部门应对算法进行大致分类并采取适当的措施避免算法泄露引发的算法同质化风险及羊群效应,运营商则在算法进行重大修改后有重新提交备案的义务。② 算法的备案在量化交易或高频交易领域已是常规做法,除有助于促进运营商谨慎地运用和监控算法外,备案还有利于监管机构掌握和理解前沿技术,提升其监管能力。

(2) 算法的外部审查。

尽管算法的公开与备案等具备一定的监督效果,但它们作为信息规制手段属于形式性规制工具,需要与实质性规制工具结合才能更全面地实现对投资者权益的保护。③ 目前,由监管机关对算法的有效性进行审查或要求智能投顾参加"从业资格考试"等均是可行的做法。

美国金融业监管局在《关于数字化投资建议的报告》中提出了针对算法有效性的两步审查框架,包括初步审查(Initial Reviews)与持续审查(Ongoing Reviews)两个步骤。初步审查要求评估算法背后的投资逻辑,例如相关的假设是否与其目标相契合。具体而言,监管者应了解模型中包含的数据输入,并测试输出的结果是否与运营商的期望相一致。持续审查则重点关注原有模型能否适应持续变化的市场等外部环境,通过定期测试判断初步审查中的"一致性"是否仍然有效。④ 两步审查框架同样

---

① 参见徐凤:《人工智能算法黑箱的法律规制——以智能投顾为例展开》,载《东方法学》2019年第6期。

② 参见姜海燕、吴长凤:《智能投顾的发展现状及监管建议》,载《证券市场导报》2016年第12期。

③ 参见徐凤:《人工智能算法黑箱的法律规制——以智能投顾为例展开》,载《东方法学》2019年第6期。

④ Financial Industry Regulatory Authority,"Report on Digital Investment Advice," p. 8, FINRA(March 2016), accessed December 1, 2022, https://www.finra.org/sites/default/files/digital-investment-advice-report.pdf.

可以被运用于运营者对算法的内部治理,具体做法为应当任命专员负责自动化投资工具的审查;而有效的内部治理,例如 ASIC 对算法测试提出的"事先计划"与"事后记录"等要求,能够为监管机构的算法审查提供便利,降低审查成本。①

针对无法适用传统投资顾问的标准对智能投顾的胜任性予以评价的问题,亦可以考虑针对智能投顾设置"从业资格考试",且相关方案已在韩国得到了实践,相关内容可参见本书第八章内容。

---

① RG 255.73.

结　　语

　　智能投顾是金融与科技相结合的经典产物。其自诞生之初，便镌有"智能、客观、普惠、便捷"的深刻烙印。随着我国财富管理市场的快速膨胀，智能投顾在我国的蓬勃发展既是金融行业的一个发展机遇，也是普通投资者尝试财富管理活动的适宜入口。

　　智能投顾的发展在我国数经变迁，其业务模式在传承中不断创新。最初的智能投顾以基金组合模式为主流，主要为投资者提供资产配置建议，囿于"全权委托禁止"的束缚不能展开代客理财服务，总是难以摆脱"半智能、伪智能"的帽子。2019年《关于做好公开募集证券投资基金投资顾问业务试点工作的通知》出台后，合格的公募基金机构得以接受客户，按照规定开展代客理财业务；智能投顾机构抓住革新窗口，以"基金"为突破点，以基金投顾业务为依托，实现向"真智能投顾"的不断靠拢。

　　事实上，从我国资本市场的一贯实践中看，"投资顾问"相较于"资产管理"业务，无论是在业务体量、市场资源、行业力量，还是在政策支持、制度助推等方面，均处于明显劣势。为此，相比于美国而言，我国智能投顾的行业发展意义更加深刻、深远。我国投资顾问行业以狭窄的证券业为立足点，全权委托的限制从根本上遏制了投资顾问行业发展动能，一直以来泥沙俱下、乱象丛生。"智能投顾"在我国以基金产品为依托快速发育，又乘着2019年《公募投顾业务试点通知》的东风扶摇直上，这无疑为处于停滞阶段的整个投资顾问行业带来了全新的生机。当然，智能投顾在我国的发展也绝非一帆风顺，整个行业在与监管的博弈中对抗、妥协、发展，同时面临诸多亟待解决的法律问题。时至今日，我国智能投顾以"全权委托型投资顾问"为法律定位,施行"类资管产品"的商业模式。这固然与目前我国的资本市场大环境以及投资者素养较为契合,且能基本满足时下目标长尾客户的金融需求,但长远来看,该模式是否会因其固有缺陷而难以实现全方位、可持续的发展,仍有待学界的审视与实践的证明。

主要术语翻译、缩略语目录

algorithm power,算法权力
APRA,澳大利亚审慎监管局
ASIC,Australian Securities & Investments Commission,澳大利亚证券投资委员会
AuM,asset under management,总资产规模
automated investment tool,自动化投资工具
capital market line,资本市场线
CFP,certified financial planner,注册金融理财师
client-facing tools,面向客户的工具
Conduct of Business Sourcebook,《商业行为资源手册》
cost-to-hold,持有成本
cost-to-trade,交易成本
CSA,Canadian Securities Administrators,加拿大证券管理委员会
digital investment advice,数字化投资建议
efficient frontier,有效前沿
ERS,enhanced regulatory sandbox,加强版监管沙盒
ETF,exchange traded fund,交易型开放式指数基金

factor investing,因子投资
FDIC,美国联邦存款保险公司
Financial Stability Board,金融稳定理事会
FINRA,Financial Industry Regulatory Authority,美国金融业监管局
FinTech,金融科技
flexible portfolio,灵活投资组合
FSG,financial service guide,金融服务指南
goal-based portfolio,目标型投资组合
individual taxable account,个人应税账户
Investment Company Institute,投资公司协会
JSDA,Japan Securities Dealers Association,日本证券业协会
KYC,Know Your Customer,了解你的客户
market portfolio,市场组合
MAS,Monetary Authority of Singapore,新加坡金融管理局
MDA,managed discretionary account,全权委托账户
NARS,non-axiomatic reasoning system,非公理化推理系统
PDS,product disclosure statement,产品

披露声明

PI 保险，professional indemnity insurance，专业赔偿保险

professional-facing tools，面向专业人士的工具

REITs，real estate investment trusts，房地产投资信托基金

retirement savings calculator，退休储蓄计算器

risk parity，风险平价

robo-advisers，智能投顾

SEC，Securities and Exchange Commission，美国证券交易委员会

smart rebalancing，资产再平衡服务

SOA，statement of advice，建议声明

socially responsible investors，社会责任投资者

TACO，total annual cost of ownership，年度总拥有成本

tax loss harvesting，税收亏损收割

tax optimized portfolio design，税收优化组合设计

tax-advantaged investing，税收优惠投资

taxmin lot selling，最小税负售出

traditional individual retirement account，传统个人退休金账户，传统 IRA

US direct indexing，美国直接指数编制

《ASIC 公司（MDA 服务）文书 2016/968》，《MDA 立法文书》

《关于规范金融机构资产管理业务的指导意见》，《资管新规》

《关于做好公开募集证券投资基金投资顾问业务试点工作的通知》（中国证券监督管理委员会机构部函〔2019〕2515 号），《公募投顾业务试点通知》

《降低及纾减与互联网交易相关的黑客入侵风险指引》，《黑客入侵风险指引》

《适用于证券及期货事务监察委员会持牌人或注册人的管理、监督及内部监控指引》，《内部监控指引》

《网上分销及投资咨询平台指引》，《平台指引》

《证券基金投资咨询业务管理办法（征求意见稿）》，《投资咨询业务管理办法（征求意见稿）》

《证券及期货事务监察委员会持牌人或注册人操守准则》，《操守准则》

澳大利亚金融服务牌照，"AFS 牌照"

创新科技署，创科署

金融科技许可豁免，金融科技豁免/监管沙盒豁免

香港保险业监管局，香港保监局

香港金融管理局，香港金管局

香港证券及期货实务监察委员会，香港证监会

词汇索引

401(k)账户　37,39,194

ETF/交易型开放式指数基金　6,19—20,22—28,33—39,42—47,55—60,66,98—102,112,298,382—385,389—391

FOF　89,91,116,170,182—186

纯智能投顾　20—21,29—30,54—56,60,97—98,114,389,390

大类资产配置　7—8,28,56,128,137,382—383

大数据　1—6,75,84,118,139,162,173,192,329—333,337

底层资产　28,34—35,52,55,83,382,390

风险承受能力　10,13,25,28,43,51,53,56,94,106—112,153,170,191,195,208—209,258—259

风险偏好　4,8,65,68,89,96,106,110—111,139,151,153,170,172,366,396

风险平价　5,10,46—47

管理型基金投资顾问　17,24,25,52,71,73,83,87,140,144,154,176,343,344

《关于规范金融机构资产管理业务的指导意见》("资管新规")　16—17,64,145,184—190,341,346,405

《关于做好公开募集证券投资基金投资顾问业务试点工作的通知》(中国证券监督管理委员会机构部函〔2019〕2515号)(《公募投顾业务试点通知》)　16,17,64,73—77,83,99,113,131—136,140—144,154,157,167,177,182,185—190,342,346,352,367

混合投顾模式　20,29,396

货架式基金组合模式　68—69,151—154,166,168

基金投资组合　17,70,73,78,99,155,158,168,170,172,182—183,189,342,344

监管沙盒　221—222,226,244,248—250,253,272,275—278,286—292,320,354—355

交易执行　7—8,12,15—16,84—85,128,179,229,252,269,284,293,298,373,382,390

金融科技　1—4,88,93,122,127,154,221,222,242—246,266,278—280,286—292,320,346—347,354—355

金融科技豁免　222,247—252

金融稳定理事会　2

客户画像　3,4,7,10,12,14,31,43,52,56,84—85,95,97,106,111—112,121—123,200,331,373,382,395—396,400—401,403

类资管产品　177—178,181—184,186—192

利益冲突　4,25,34,138,176,194,196,198—199,201,209—210,212,229,234—237,257—258,260,295,301,309,323—324,328—329,351,360—361,369—373,377—379,388—394,398

全权委托禁止　8,17—18,67,131—136,140—141,144—145,159,163,164,169

全权委托型投资顾问　180,185,190—192

全权委托型账户　8,15,131,180

适当性义务　374—375,378—379

数字经济　2

税收亏损收割　9,18,35,37,40,46,55,57,100,191,212,344,383,397

税收优化组合　9,191,344

算法黑箱　322,330,335,350,356,391—392

算法可责性　323,327—328

算法歧视　335—338

算法权力　219,323,329—331,340,345

算法同质化　187,338,405

算法透明　322—329,338,340,392,405

算法治理　327,341,344,346—347,349—355,403

投顾费率　22,25,27—28,31,38,51,55,60,87,94

投后服务　86

投资标的　6,8,15,17,20,22,24,26,28,31,34,39,42,52,57,65,73—74,76,83,97,99—100,157,164,177,271,343—344,367,382

投资策略　3,5—6,10,20,22,25,32,36,48,66,85,87,90,93,97,99,106,114,116,138,154—155,168,171,173,181,183,187—188,192,223,239,258,372

投资门槛　3,10,14,19,23,37,47,51,55,58,60,67,71,87,95,192

投资目标　7,31,33,53,59,65,86,92,94,95,106,112,119,129,151,170,179,183,192,195,199—200,223,258,271,302—303,319,353,366,371,373,375,382—385,395—396,399—401

投资者保护　71,161,170,258

投资咨询机构　105,119,131,132,134—135,137—138,141,143,145,147,149,151,156,164,174—175,182

投资咨询领域　16,150

投资组合再平衡　12,16,33,40,53

投资组合选择　7,8,11,12,35,382

推荐式基金组合模式　68,69,72,151,153—154,157,166—170

现代投资组合理论　3—6,10,47,209,387,393

长尾客户/长尾人群　10,20,24,28,87,104,111,113—114,152,154,171,186,191—192,356,383,408

账户类型　32,44

《证券、期货投资咨询管理暂行办法》(证委发〔1997〕96号)　16,132,145,156,159

《证券法》　16—17,131—133,141,150,164,176,196

《证券基金投资咨询业务管理办法(征求意见稿)》《投资咨询业务管理办法(征求意见稿)》　17,73—74,140,145,152,159,171,174,175,182

《证券投资顾问业务暂行规定》(中国证券监督管理委员会公告〔2020〕66号)　16,

132,151,364

忠实义务 4,211,360,361,364,368,370—371,378—379,382,388,392—393,397,404

主动管理型基金 24—25,52,71,343—344

注意义务 216,219,360—361,364,368,372,374,379,382,394,397,402—403

资产再平衡 37,191,383

参 考 文 献

一、著作

[1] 邓峰:《普通公司法》,中国人民大学出版社 2009 年版.
[2] 方卫华:《中介组织研究》,社会科学文献出版社 2007 年版.
[3] 高岚:《日本投资信托及投资法人法律制度研究》,云南大学出版社 2007 年版.
[4] 郭强主编:《中国资产管理:法律和监管的路径》,中国政法大学出版社 2015 年版.
[5] 郭文英、徐明主编:《投服研究(第 1 辑·2018 年)》,法律出版社 2018 年版.
[6] 林义相:《金融资产管理》,北京大学出版社 1995 年版.
[7] 吕楠楠:《证券市场中介机构角色冲突论》,社会科学文献出版社 2022 年版.
[8] 中国人民大学信托与基金研究所:《中国基金业发展报告 1991—2003》,中国经济出版社 2004 年版.
[9] 吴弘:《证券法教程》(第二版),北京大学出版社 2017 年版.
[10] 吴晓灵、邓寰乐等:《资管大时代:中国资管市场未来改革与发展趋势》,中信出版集团 2020 年版.
[11] 邢会强等:《智能投顾时代的崛起——智能投顾法律问题研究》,中国金融出版社 2020 年版.
[12] 阎敏主编:《投资银行学》(第四版),科学出版社 2021 年版.
[13] 中国证券监督管理委员会组织编译:《欧盟金融工具市场指令(中英文对照本)》,法律出版社 2010 年版.
[14] 中国证券监督管理委员会组织编译:《美国〈1940 年投资顾问法〉及相关证券交易委员会规则与规章(中英文对照本)》,法律出版社 2015 年版.
[15] 朱锦清:《证券法学》(第五版),北京大学出版社 2022 年版.
[16] 朱大明、陈宇:《日本金融体制商品交易法要论》,法律出版社 2017 年版.
[17] 〔德〕伯恩·魏德士:《法理学》,丁晓春、吴越译,法律出版社 2013 年版.
[18] 〔美〕兹维·博迪、罗伯特·C.默顿、戴维·L.克利顿:《金融学》(第 2 版),曹辉、

曹音译,中国人民大学出版社 2018 年版.
[19]〔美〕塔玛·弗兰科:《信义法原理》,肖宇译,法律出版社 2021 年版.
[20]〔美〕弗雷德里克·S. 米什金:《货币金融学》(第 11 版),郑艳文、荆国勇译,中国人民大学出版社 2016 年版.
[21]〔美〕罗伯特·考特、托马斯·尤伦:《法和经济学》(第六版),史晋川、董雪兵等译,史晋川审校,格致出版社、上海三联书店、上海人民出版社 2012 年版.
[22]〔美〕约翰·C.科菲:《看门人机制:市场中介与公司治理》,黄辉、王长河等译,北京大学出版社 2011 年版.
[23] Akerlof, George A. and Shiller, Robert J., *Animal Spirits: How Human Psychology Drives the Economy, and Why it Matters for Global Capitalism*, New Jersy: Princeton University Press, 2009.
[24] Coffee, John and Sale, Hillary A., *Securities Regulation: Cases and Materials*, New York: Thomson Reuters/Foundation Press, 2009.
[25] Frankel, Tamar and Laby, Arthur B., *The Regulation of Money Managers: Mutual Funds and Advisers*, New York: Wolters Kluwer, 2016.
[26] Smith, Lawrence E., *Common Stocks as Long-Term Investments*, Medina University Press International, 2012.
[27] Macharg, Marcia L. and Berman, Kenneth J., *International Survey of Investment Adviser Regulation*, Alphen aan den Rijn: Kluwer Law International, 2012.
[28] Rogers, Everett M., *The Diffusion of Innovations*, New York: The Free Press, 1995.
[29] Taylor, Michael W., "*Twin Peaks*": *A Regulatory Structure for the New Century*, London: Center for the Study of Financial Innovation, 1995.

二、期刊

[1] 曹凤岐:《改革和完善中国金融监管体系》,载《北京大学学报(哲学社会科学版)》2009 年第 4 期.
[2] 戴叙贤:《美国投资顾问模式对国内财富管理的启示及建议——以美国〈投资顾问法〉为视角》,载《银行家》2020 年第 12 期.
[3] 戴中亮:《委托代理理论述评》,载《商业研究》2004 年第 19 期.
[4] 范世乾:《信义义务的概念》,载《湖北大学学报(哲学社会科学版)》2012 年第 1 期.
[5] 方宇菲:《证券智能投顾市场准入制度构建》,载《上海法学研究》2019 年第 9 卷.
[6] 甘培忠、周淳:《证券投资顾问受信义务研究》,载《法律适用》2012 年第 10 期.

[7] 高尚民:《审理证券、期货、国债市场中委托理财案件的若干法律问题》,载《人民司法》2006 年第 6 期.

[8] 高丝敏:《智能投资顾问模式中的主体识别和义务设定》,载《法学研究》2018 年第 5 期.

[9] 公丕祥:《国际化与本土化:法制现代化的时代挑战》,载《法学研究》1997 年第 1 期.

[10] 郭雳:《智能投顾开展的制度去障与法律助推》,载《政法论坛》2019 年第 3 期.

[11] 郭雳:《证券市场中介机构的法律职责配置》,载《南京农业大学学报(社会科学版)》2011 年第 1 期.

[12] 郭雳、赵继尧:《智能投顾发展的法律挑战及其应对》,载《证券市场导报》2018 年第 6 期.

[13] 黄辉:《中国金融监管体制改革的逻辑与路径:国际经验与本土选择》,载《法学家》2019 年第 3 期.

[14] 黄辉:《资产管理的法理基础与运行模式——美国经验及对中国的启示》,载《环球法律评论》2019 年第 5 期.

[15] 姜海燕、吴长凤:《智能投顾的发展现状及监管建议》,载《证券市场导报》2016 年第 12 期.

[16] 劳东燕:《也谈本土资源与法律多元——对本土资源论的一些思考》,载《华东政法学院学报》2000 年第 3 期.

[17] 李晴:《智能投顾的风险分析及法律规制路径》,载《南方金融》2017 年第 4 期.

[18] 李晴:《互联网证券智能化方向:智能投顾的法律关系、风险与监管》,载《上海金融》2016 年第 11 期.

[19] 李群星:《信托的法律性质与基本理念》,载《法学研究》2000 年第 3 期.

[20] 李文莉、杨玥捷:《智能投顾的法律风险及监管建议》,载《法学》2017 年第 8 期.

[21] 李延振、徐茂龙:《关于推进证券投资咨询制度变革的若干思考》,载《证券市场导报》2010 年第 1 期.

[22] 廖大颖:《论证券市场与投资人自己责任制度》,载《法学丛刊》2000 年第 178 期.

[23] 廖凡:《钢丝上的平衡:美国证券信息披露体系的演变》,载《法学》2003 年第 4 期.

[24] 廖凡:《竞争、冲突与协调——金融混业监管模式的选择》,载《北京大学学报(哲学社会科学版)》2008 年第 3 期.

[25] 刘燕:《大资管"上位法"之究问》,载《清华金融评论》2018 年第 4 期.

[26] 刘燕、邹星光:《信托与大资管的关系——日本实践的启示》,载《证券法苑》2021 年第 3 期.

[27] 刘力帆:《美国投资者适当性规则修订溯因》,载《金融法苑》2020 年第 3 辑.

[28] 刘旭光:《商业银行个人理财业务的风险管理》,载《中国金融》2005 年第 24 期.
[29] 刘有贵、蒋年云:《委托代理理论述评》,载《学术界》2006 年第 1 期.
[30] 刘志云、史欣媛:《论证券市场中介机构"看门人"角色的理性归位》,载《现代法学》2017 年第 4 期。
[31] 楼建波、姜雪莲:《信义义务的法理研究——兼论大陆法系国家信托法与其他法律中信义义务规则的互动》,载《社会科学》2017 年第 1 期.
[32] 孟繁永:《美国证券投资顾问服务市场发展及借鉴》,载《证券市场导报》2012 年第 10 期.
[33] 倪受彬、张艳蓉:《证券投资咨询机构的信义义务研究》,载《社会科学》2014 年第 10 期.
[34] 潘冠羽:《智能投顾模式下对信义义务的重构》,载《公共财政研究》2019 年第 3 期.
[35] 潘修平、王卫国:《商业银行理财产品若干法律问题探讨》,载《现代法学》2009 年第 4 期.
[36] 彭冰:《从 Lowe 案看美国对投资顾问的界定》,载《证券法苑》2009 年第 1 期.
[37] 沈朝晖:《证券投资咨询行业升级?两阶牌照与法制改革》,载《证券市场导报》2017 年第 12 期.
[38] 孙清云、赵艳群:《国内传统金融机构智能投顾业务发展探讨——以摩羯智投为例》,载《国际金融》2017 年第 9 期.
[39] 王靖琳:《金融消费者保护职能及我国金融监管制度的完善》,载《福建金融》2006 年第 3 期.
[40] 吴弘、徐振:《投资基金的法理基础辨析》,载《政治与法律》2009 年第 7 期
[41] 吴晓灵、邓寰乐:《"资管大时代"下资管业务的异化与发展建议》,载《清华金融评论》2021 年第 1 期.
[42] 吴烨、叶林:《"智能投顾"的本质及规制路径》,载《法学杂志》2018 年第 5 期.
[43] 夏晓燕:《境外证券投资顾问业务的发展模式、运作机制及启示》,载《中国证券期货》2013 年第 5 期.
[44] 邢会强:《我国〈证券法〉上证券概念的扩大及其边界》,载《中国法学》2019 年第 1 期.
[45] 邢会强、银丹妮:《智能投顾信息披露法律制度的构建》,载《西北工业大学学报(社会科学版)》2019 年第 1 期.
[46] 邢会强:《资本市场看门人理论在我国的适用困境及其克服》,载《政法论坛》2022 年第 6 期.
[47] 杨东:《互联网金融风险规制路径》,载《中国法学》2015 年第 3 期.
[48] 杨东、武雨佳:《智能投顾中投资者适当性制度研究》,载《国家检察官学院学报》

2019 年第 2 期.

[49] 杨松、张永亮:《金融科技监管的路径转换与中国选择》,载《法学》2017 年第 8 期.

[50] 袁森英:《我国证券智能投顾运营商市场准入制度的构建》,载《西南政法大学学报》2018 年第 3 期.

[51] 张守文:《经济法的立法路径选择》,载《现代法学》2023 年第 1 期.

[52] 张守文:《经济法责任理论之拓补》,载《中国法学》2003 年第 4 期.

[53] 张艺瀛、鲁亚威:《看门人机制:论上市中介机构之归位尽责》,载《经贸实践》2017 第 16 期.

[54] 赵吟、马汉祥:《证券投资智能化冲击:信义义务的再认识》,载《人工智能法学研究》2019 年第 1 期.

[55] 钟维:《中国式智能投顾:本源、异化与信义义务规制》,载《社会科学》2020 年第 4 期.

[56] 钟维:《中国式智能投顾:规制路径与方案选择》,载《中国人民大学学报》2020 年第 3 期.

[57] 中国证券业协会证券分析师、投资顾问与首席经济学家委员会专题研究小组:《美国、中国香港证券投资咨询业务发展现状及经验借鉴》,载《创新与发展:中国证券业 2019 年论文集》,第 969—986 页.

[58] 朱圆:《论信义法的基本范畴及其在我国民法典中的引入》,载《环球法律评论》2016 年第 2 期.

[59] 庄玉友:《日本金融商品交易法述评》,载《证券市场导报》2008 年第 5 期.

[60] 〔日〕山崎史朗:《投資顧問業の今後のあり方——証券取引審議会報告書の概要(上)》,载《金融法務事情》1985 年第 1108 號.

[61] Angel, James J. and McCabe, Douglas. , "Ethical Standards for Stockbrokers: Fiduciary or Suitability?" *Journal of Business Ethics*, 2013, 115(1): 183-193.

[62] Barber, Brad M. Lee, Yi-Tsung. Liu and Yu-Jane et al. , "Just How Much Do Individual Investors Lose by Trading?" *The Review of Financial Studies*, 2008, 22(2): 609-632.

[63] Benartzi, Shlomo and Thaler, Richard H. , "Naive Diversification Strategies in Defined Contribution Saving Plans," *American Economic Review*, 2001, 91(1): 79-98.

[64] Bergstresser, Daniel, Chalmers, John and Tufano, Peter, "Assessing the Costs and Benefits of Brokers in the Mutual Fund Industry," *Review of Financial Studies*, 2009, 22(10): 4129-4156.

[65] Black, Barbara, "Brokers and Advisers-What's in a Name," *Fordham Journal*

of Corporate & Financial Law, 2005, 11: 31-56.

[66] Blume, Marshall E. and Friend, Irwin, "The asset structure of individual portfolios and some implications for utility functions," *Journal of Finance*, 1975, 30(2): 585-603.

[67] Booth, James and Smith, Richard, "Capital Raising, Underwriting and the Certification Process," *Journal of Financial Economics*, 1986, 15(1&2): 261-281

[68] Brammer, Stephen and Millington, Andrew, "Corporate Reputation and Philanthropy: An Empirical Analysis," *Journal of Business Ethics*, 2005, 61(1): 29-44.

[69] Burlingame, Lori and Jackson, Howell E., "Kickbacks or Compensation: The Case of Yield Spread Premiums," *Stanford Journal of Law, Business, and Finance*, 2009, 12(2): 289-361.

[70] Calcagno, Riccardo, "Monticone, Chiara, Financial literacy and the demand for financial advice," *Journal of Bank Finance*, 2015, 50: 363-380.

[71] Christoffersen, Susan E. K. and Musto, David K., "Demand Curves and the Pricing of Money Management," *The Review of Financial Studies*, 2002, 15(5): 1499-1524.

[72] Dagan, Hanoch and Hannes, Sharon, "Managing Our Money: The Law of Financial Fiduciaries As a private Law Institution," *Tel Aviv University Law Faculty Papers*, 2013, 174: 91-122.

[73] Dahlman, Carl, "The Problem of Externality," *The Journal of Law & Economics*, 1979, 22(1): 141-162.

[74] Darby, Michael R. and Karni, Edi, "Free Competition and the Optimal Amount of Fraud," *The Journal of Law and Economics*, 1973, 16: 67-88.

[75] Das, Tapon K. and Teng Bing-Sheng, "The Risk-Based View of Trust: A Conceptual Framework," *Journal of Business and Psychology*, 2004, 19(1): 85-116.

[76] Davis, Gerald, "The Rise and Fall of Finance and the End of the Society of Organizations," *Academy of Management Perspectives*, 2009, 23(3): 27-44.

[77] DeMott, Deborah A., "Beyond Metaphor: An Analysis of Fiduciary Obligation," *Duke Law Journal*, 1988, 1988(5): 879-924.

[78] Dunn, Fred, "Proper use of an investment advisor," *Resource News*, 1987, 11(6): 20-21.

[79] Edwards, Benjamin P., "The Rise of Automated Investment Advice: Can

Robo-Advisers Rescue the Retail Market," *Chicago-Kent Law Review*, 2018, 93(1): 97-111.

[80] Eriksen, Kristoffer W., Fest, Sebastian and Kvaloy, Ola. et. al., "Fair advice," *Journal of Banking & Finance*, 2022, 143(1): 1-37.

[81] Fama, Eugene, "Efficient Capital Market: A Review of Theory and Empirical Work," *Journal of Finance*, 1970, 25: 382-417.

[82] Frankel, Tamar, "Fiduciary Law," *California Law review*, 1983, 71: 795-827.

[83] Golec, Joseph, "Empirical Tests of a Principal-Agent Model of the Investor-Investment Advisor Relationship," *Journal of Financial and Quantitative Analysis*, 1992, 27(1): 81-95.

[84] Gold, Andrew S., "Trust and Advice," *Fiduciaries and Trust*, 2020, 20: 35-54.

[85] Guo, Li, "Regulating Investment Robo-Advisors in China: Problems and Prospects," *European Business Organization Law Review*, 2020, 21(1): 69-99.

[86] Hackethal, Andreas, Haliassos, Michael and Jappelli, Tullio, "Financial advisors: A case of babysitters?" *Journal of Banking & Finance*, 2012, 36(2): 509-524.

[87] Hinchman, Edward S., "Advising as Inviting to Trust," *Canadian Journal of Philosophy*, 2005, 35(3): 355-385.

[88] Hortaçsu, Ali and Syverson, Chad, "Product Differentiation, Search Costs, and Competition in the Mutual Fund Industry: A Case Study of S&P 500 Index Funds," *The Quarterly Journal of Economics*, 2004, 119(2): 403-456.

[89] Inderst, Roman, "Consumer Protection and the Role of Advice in the Market for Retail Financial Services," *Journal of Institutional and Theoretical Economics*, 2011, 167(1): 4-21.

[90] Inderst, Roman and Ottaviani, Marco, "Misselling through Agents," *The American Economic Review*, 2009, 99(3): 883-908.

[91] Ji, Megan. "Are Robots Good Fiduciaries? Regulating Robo-Advisors Under the Investment Advisers Act of 1940," *Columbia Law Review*, 2017, 117(6): 1543-1584.

[92] Koebel, James T., "Trust and the Investment Adviser Industry: Congress' Failure To Realize FINRA's Potential To Restore Investor Confidence," *Seton Hall Legis. Journal*, 2010, 35(1): 1-34.

[93] Karmel, Roberta S., "Is the shingle theory dead?" *Washington and Lee Law Review*, 1995, 52(4): 1274-1297.

[94] Kry, Robert, "Once in Doubt," *Yale Law Journal*, 2001, 110(4): 725-732.

[95] La Porta, Rafael, Lopez-de-Silanes, Florencio and Shleifer, Andrei et al., "Legal Determinants of External Finance," *The Journal of Finance*, 1997, 52(3): 1131-1150.

[96] La Porta, Rafael, Lopez-de-Silanes, Florencio and Shleifer, Andrei et al., "Law and Finance," *Journal of Political Economy*, 1998, 106(6): 1113-1155.

[97] La Porta, Rafael, Lopez-de-Silanes, Florencio and Shleifer, Andrei et al., "Agency Problems and Dividend Policies Around the World," *The Journal of Finance*, 2000, 55(1): 1-33.

[98] La Porta, Rafael, Lopez-de-Silanes, Florencio and Shleifer, Andrei et al., "What works in Securities Laws?" *Journal of Finance*, 2022, 61(1): 1-32.

[99] Laby, Arthur B., "Advisors as Fiduciaries," *Florida Law Review*, 2020, 72(5): 953-1022.

[100] Laby, Arthur B., "Differentiating Gatekeepers," *Brooklyn Journal of Corporate*, 2006, 1(1):119-164.

[101] Laby, Arthur B., "Fiduciary Obligations of Broker—Dealers and Investment Advisers," *Villanova Law Review*, 2010, 55(3): 701-742.

[102] Laby, Arthur B., "Reforming the Regulation of Broker—Dealers and Investment Advisers," *The Business Lawyer*, 2010, 65(2): 395-440.

[103] Laby, Arthur B., "Selling Advice and Creating Expectations: Why Brokers Should be Fiduciaries," *Washington Law Review*, 2012, 87(3): 707-776.

[104] Lazaro, Christine, "The Future of Financial Advice: Eliminating the False Distinction between Brokers and Investment Advisers," *St. John's Law Review*, 2013, 87(2&3): 381-414.

[105] Lightbourne, John, "Algorithms & Fiduciaries: Existing and Proposed Regulatory Approaches to Artificially Intelligent Financial Planners," *Duke Law Journal*, 2017, 67(3): 651-679.

[106] Lovitch, Fred B., "The Investment Advisers Act of 1940—Who Is an Investment Adviser," *University of Kansas Law Review*, 1975, 24(1): 67-104.

[107] Lu, Xiaomeng, Zhang, Yong and Zhang, Yixing et al., "Can investment advisors promote rational investment? Evidence from micro-data in China," *Economic Modelling*, 2020, 86(1): 251-263.

[108] Ma, Linlin, Tang, Yuehua and Gómez, Juan-Pedro, "Portfolio Manager Compensation in the U. S. Mutual Fund Industry," *Corporate Governance & Economics Journal*, 2019, 74(2): 587-638.

[109] Macharg, Marcia L. and Clark, Barton B., "Regulating Investment Advisers: An International Survey (part Ⅰ)," *The Investment Lawyer*, 1999, 6(5): 1-3.

[110] Macharg, Marcia L. and Clark, Barton B., "Regulating Investment Advisers: An International Survey (part Ⅱ)," *The Investment Lawyer*, 1999, 6(6): 4-8.

[111] Madrian, Brigitte C. and Shea, Dennis F., "The Power of Suggestion: Inertia in 401(k) Participation and Savings Behavior," *The Quarterly Journal of Economics*, 2001, 116(4): 1149-1187.

[112] Malmendier, Ulrike and Shanthikumar, Devin, "Are Small Investors Naive About Incentives," *Journal of Financial Economics*, 2007, 85(2): 457-489.

[113] Markham, Jerry W., "For Whom the Bell Tolls: The Demise of Exchange Trading Floors and the Growth of ECNs," *The Journal of Corporation Law*, 2008, 33: 865.

[114] Markowitz, Harry, "Portfolio Selection," *The Journal of Finance*, 1952, 7(1): 71-92.

[115] Miler, Paul B., "The Fiduciary Relationship," *Philosophical Foundations of Fiduciary Law*, 2013: 1-48.

[116] Mile, Paul B., "A Theory of Fiduciary Liability," *McGill Law Journal*, 2011, 56(2): 235-288.

[117] Mitchell, Catherine, "Leading a Life of its Own? The Roles of Reasonable Expectation in Contract Law," *Oxford Journal of Legal Studies*, 2003, 23(4): 639-665.

[118] North, Douglass C., "Institutions," *Journal of Economic Perspectives*, 1991, 5(1): 97-112.

[119] O'Connor, Sean M., "Be Careful What You Wish for: How Accountants and Congress Created the Problem of Auditor Independence," *Boston College Law Review*, 2004, 45: 741-827.

[120] O'Donoghue, Ted and Rabin, Matthew, "Doing It Now or Later," *American Economic Review*, 1999, 89(1): 103-124.

[121] Paetzold, Falko, Busch, Timo and Chesney, Marc, "More than money: exploring the role of investment advisors for sustainable investing," *Annals in*

Social Responsibility, 2015, 1(1): 195-223.

[122] Puri, Manju, "Commercial Banks as Underwriters: Implications for the Going Public Process," *Journal of Financial Economics*, 1999, 54(2): 133-163.

[123] Ribstein, Larry E., "Law V. Trust," *Boston University Law Review*, 2001, 81(3): 553-590.

[124] Rao, Hayagreeva, "The Social Construction of Reputation: Certification Contests, Legitimation, and the Survival of Organizations in the American Automobile Industry: 1895-1912," *Strategic Management Journal*, 1994, 15(1): 29-44.

[125] Rotman, Lennar I., "Fiduciary Doctrine: A Concept in Need of Understanding," *Alberta Law Review*, 1996, 34(4): 821-852.

[126] Schiffman, Howard, "The Relationship between the Investment Advisor and the Mutual Fund: Too Close for Comfort," *Fordham Law Review*, 1976, 45(1): 183-201.

[127] Sharpe, William F., "Capital Asset Prices: A Theory of Market Equilibrium under Conditions of Risk," *The Journal of Finance*, 1964, 19(3): 425-442.

[128] Stevens, Paul S. and Tyle, Craig S., "Mutual Funds, Investment Advisers, and the National Securities Markets Improvement Act," *The Business Lawyer*, 1997, 52(2): 419-478.

[129] Swan, George Steven, "The Law and Economics of Interprofessional Frontier Skirmishing: Financial Planning Association v. Securities and Exchange Commission," *Miami Business Law Review*, 2007, 16:75-138.

[130] Tapia, Waldo and Yermo, Juan, "Implications of Behavioural Economics for Mandatory Individual Account Pension Systems," *OECD Working Papers on Insurance and Private Pensions*, 2007, 11: 1-28.

[131] Tertilt, Michael and Scholz, Peter, "To Advise, or Not to Advise-How Robo Advisors Evaluate the Risk of Private Investors," *Journal of Wealth Management*, 2018, 21(2):70-84.

[132] Tevis, Gregory, "Distinction between a Financial Planner, Investment Advisor and Broker/Dealer," *Colorado Lawyer*, 1986, 15(2): 211-215.

[133] Van Nieuwerburgh, Stijin and Veldkamp, Laura, "Information acquisition and under- diversification," *Review of Economic Study*, 2010, 77(2): 779- 805.

[134] Van Rooij, Maarten, Lusardi, Annamaria and Alessie, Rob, "Financial literacy and stock market participation," *Journal of Finance and Economic*,

2011,101(2):449-472.

[135] Weinrib, Ernest J., "The Fiduciary Obligation," *University of Toronto Law Journal*, 1975, 25(1):1-22.

[136] Williamson, Oliver E., "Calculativeness, Trust, and Economic Organization," *Journal of Law and Economics*, 1993, 36(2):453-486.

[137] Williamson, Oliver E., "Transaction Cost Economics: Governance of Contractual Relations," *Journal of Law and Economics*, 1979, 22(2):233-261.

三、网络参考资料

[1] 21世纪经济报道:《〈中国基金投顾蓝皮书 2022〉发布:客户研究、市场分析、趋势研判等全方位引导基金投顾行业长远发展》,21世纪经济网,2022年1月26日,http://www.21jingji.com/article/20220126/ddb0043bdecdb0cad41e9138bf562a68.html,2022年2月1日访问。

[2] 蔡鹏程:《银行集体下架智能投顾产品,为何成了"鸡肋"?》,钛媒体,2022年6月30日,https://www.tmtpost.com/6163342.html,2022年12月31日访问。

[3] 曹雯璟:《券商加速"收编"基金大V》,中国基金报,2022年8月8日,https://www.chnfund.com/view-paper?file=https%3A%2F%2Fwww.chnfund.com%2Fupload%2Fpaper%2F2022-08-08%2FA0620220808C.pdf,2022年12月31日访问。

[4] 方丽、陆慧婧:《规范基金投资建议活动 各大平台暂停基金组合跟投》,中国基金报,2021年11月8日,https://www.chnfund.com/article/AR202111070254413 40,2022年12月31日访问。

[5] 李惠敏、万宇:《基金投资建议活动迎规范整改》,中国证券报·中证网,2021年11月3日,https://www.cs.com.cn/tzjj/jjdt/202111/t20211103_6216321.html,2022年12月31日访问。

[6] 中国证券监督管理委员会江苏监管局:《关于证券期货经营机构与互联网企业合作开展业务自查整改的通知》,http://www.csrc.gov.cn/jiangsu/c103564/c1237865/content.shtml,2022年12月31日访问。

[7] 中国证券监督管理委员会山西监管局:《智能投顾销售基金涉嫌违规,证监会严查》,http://www.csrc.gov.cn/pub/shanxi/xxfw/tzzsyd/jczs/201704/t20170413_315054.htm,2022年12月31日访问。

[8] 中国证券监督管理委员会陕西监管局:《警惕"智能投顾"非法投资咨询陷阱》,资料来源:http://www.csrc.gov.cn/shaanxi/c105610/c1305761/content.shtml,

2022年12月31日访问.

[9] ASIC, "Regulatory Guide 244: Giving information, general advice and scaled advice," December 13, 2012, accessed December 31, 2022, https://download.asic.gov.au/media/tkqi11il/rg244-published-13-december-2012-20211208.pdf.

[10] Cullen, Terri, "Small Investors Face Shifting Choices," The Wall Street Journal, August 8, 2004, accessed December 31, 2022, https://www.southcoasttoday.com/story/business/2004/08/08/small-investors-face-shifting-choices/50442468007/.

[11] U.S. Department of the Treasury, "Financial Regulatory Reform: A New Foundation," October 8, 2009, accessed December 31, 2022, https://fraser.stlouisfed.org/files/docs/historical/fct/treasury_finregreform_20090617.pdf?utm_source=direct_download.

[12] Healy, Robert E., "Statement of Commissioner Robert E. Healy before subcommittee of Committee on Banking and Currency on Wagner-Lea Act, S. 3580, to regulate investment trusts and investment companies," SEC.gov, April 2, 1940, accessed March 12, 2023, https://www.sec.gov/news/speech/1940/040240healy.pdf.

[13] Horn, Joshua. and Shah, Amit, "Guidance on Conflicts of Interest for Investment Advisers", Practice Compliance and Risk Management for the Securities Industry, 2015, accessed December 31, 2022, https://foxrothschild.gjassets.com/content/uploads/2015/05/Horn-Guidance-on-Conflicts-of-Interests-for-Investment-Advisers-February-2015.pdf.

[14] Huxley, Stephen J. and Kim, John Y., "The Short-Term Nature of Robo Portfolios," VettaFi, September 12, 2016, accessed December 31, 2022, http://www.advisorperspectives.com/articles/2016/09/12/the-short-term-nature-of-robo-portfolios.

[15] SEC, "2021 Examination Priorities," March 3, 2021, accessed December 31, 2022, https://www.sec.gov/files/2021-exam-priorities.pdf.

[16] SEC, "Certain Broker-Dealers Deemed not To Be Investment advisers," 1999, accessed December 31, 2022, https://www.sec.gov/rules/final/34-51523.pdf.

[17] SEC, "Commission Interpretation Regarding Standard of Conduct for Investment Advisers," June 5, 2019, accessed March 12, 2023, https://www.sec.gov/rules/interp/2019/ia-5248.pdf.

[18] SEC, "Feeley & Willcox Asset Management Corp. and Michael J. Feeley," July

12，2003，accessed March 12，2023，https://www.sec.gov/litigation/opinions/33-8303.htm.

[19] SEC，"Proxy Voting by Investment Advisers," January 31，2003，accessed March 12，2023，https://www.sec.gov/rules/final/ia-2106.htm.

[20] SEC，"Regulation Best Interest: The Broker-Dealer Standard of Conduct," July 12，2019，accessed December 31，2022，https://www.sec.gov/rules/final/2019/34-86031.pdf.

[21] SEC，"Study on Investment Advisers and Broker-Dealers: As Required by Section 913 of the Dodd-Frank Wall Street Reform and Consumer Protection Act," January 2011，accessed at December 31，2022，https://www.sec.gov/news/studies/2011/913studyfinal.pdf.

[22] Tully，Daniel P.，O'Hara，Thomas E. and Buffet，Warren E. et al.，"Report of the Committee on Compensation Practice," SEC，April 10，1995，accessed December 31，2022，https://www.sec.gov/news/studies/bkrcomp.txt.

四、统计数据与研究报告

[1] 国家统计局:《2021年国民经济和社会发展统计公报》(2022).

[2] 海通证券:《基金投顾系列(一):全球投顾发展史》(2020).

[3] 海通证券:《基金投顾系列:国内基金投顾业务现状全梳理》(2021).

[4] 海通证券:《基金投顾系列:海外投顾代表之 Fidelity、Vanguard、Charles Schwab》(2020).

[5] 华创证券:《智能投顾深度:得场景者得天下》(2017).

[6] 华经产业研究院:《2022—2027年中国基金投顾行业市场全景评估及发展战略规划报告》(2022).

[7] 华泰证券研究报告:《金融行业专题研究:从富达基金看海外资产管理创新变革》(2022).

[8] 麦肯锡:《未来十年全球财富管理和私人银行的趋势及制胜战略》,《中国金融业 CEO 季刊》(2021年春季刊).

[9] 倪以理:《全速数字化:构建财富管理新护城河》,载《中国金融业 CEO 季刊》2021年秋季刊.

[10] 平安证券:《匹配需求,化繁为简——智能投顾专题报告》(2021).

[11] 且慢(盈米基金旗下个人理财服务平台)产品库及论坛信息.

[12] 曲向军,周宁人等:《未来十年全球财富管理和私人银行的趋势及制胜战略》,载《中国金融业 CEO 季刊》(2021 年春季刊).

[13] 西南财经大学:《2017 中国家庭金融调查数据》

[14] 腾讯金融研究院,中欧财富:《基金投顾业务平台化发展研究报告》(2021).

[15] 兴业证券:《智能投顾:技术为镐,蓝海掘金》(2019).

[16] 银行业理财登记托管中心:《中国银行业理财市场年度报告(2021 年)》(2022).

[17] 中国财富管理 50 人论坛:"经济高质量发展与中国特色金融发展之路"(2022).

[18] 中国家庭金融调查与研究中心数据库.

[19] 中国证券投资基金业协会:《美国证监会全面解读投资顾问信义义务与行为标注及其启示》(2019).

[20] 中国证监会:《证券投资咨询机构名录 2022》(2022).

[21] 中国证券业协会:《中国证券业发展报告 2019》(2020).

[22] 中银国际证券:《2018 年美国证券经纪业务专题分析报告》(2018).

[23] Adele, Atkinson, "Evidence of Impact: An Overview of Financial Education Evaluations," Personal Finance Research Centre University of Bristol, 2008, accessed December 31, 2022, https://www.bristol.ac.uk/media-library/sites/geography/migrated/documents/pfrc0810.pdf.

[24] Andrea, Finney and Elaine, Kempson, "Consumer Purchasing and Outcomes Survey," Personal Finance Research Centre University of Bristol, 2008, accessed December 31, 2022, http://www.bristol.ac.uk/media-library/sites/geography/migrated/documents/pfrc0809.pdf.

[25] Investment Adviser Association, "Investment Adviser Industry Snapshot," 2022, accessed December 31, 2022, https://investmentadviser.org/wp-content/uploads/2022/06/Snapshot2022.pdf.

[26] Lusardi, Annamaria and Mitchel, Olivia S., "Financial Literacy and Retirement Planning: New Evidence from the Rand American

Life Panel," CFS Working Paper No. 2007/33, 2007, accessed December 31, 2022, https://nbn-resolving.de/urn:nbn:de:hebis:30-51363.

[27] Mullainathan, Sendhil, Noeth, Markus and Schoar, Antoinette, "The market for Financial advice: An Audit Study," 2011, accessed December 31, 2022, http://www.econ.yale.edu/~shiller/behfin/2011-04-11/Mullainathan.pdf.

后　　记

经历疫情，本书的出版是对整个研究团队在艰苦条件下执着求知、协力探索的一个记录。北京大学法学院数届由我指导的多位研究生同学投入到这项工作中。赵继尧主要参与了资料收集和初步分析，曾令萱(第一章、第七章部分)、周宫炜(第二、三、九章)、张欣然(第四、五、六、八章)协助我完成有关章节的撰写，尤其是张欣然还协助我完成了书稿统合，发挥了关键作用。姜王豪在后期对部分章节内容做了较大的修改更新。雷雨鑫、陈睿毅对全书进行了细致的校对完善。

于我而言，本书是对自己以往研究的拓展、反思、修正与深化。更重要的，在研究写作过程中我深切感受到年轻学子们的巨大热忱和聪明才智，他们表现出的领悟力、创造力和总结把握力，常常令我惊叹。通过智能投顾这个小切口，我们重新审视证券投资咨询行业和金融科技领域的过往和未来，也领悟到本土化的自主知识并不会从天而降，而是在发现真实问题并尝试有效地回答问题中，在真切掌握与细致洞察中国现实情况下，在全面了解全球性普遍规律和各法域特色做法的基础上生长出来的。

特别让我感到欣喜的是，在参与本书的工作中我的一些研究生发现自己的兴趣，确定并开展了各自的延伸研究。因此书中第五章关于我国监管历史的总结，第六章关于"类资管产品"监管模式的阐述、关于安全港规则的讨论，以及团队汇总的数据或自制的图表，亦有部分内容在其相关作品中体现或引用。在此一并说明并致谢！

志攀恩师在许多场合深情回忆过芮沐先生、陆卓明先生对他的指导和影响，在本书序言中他又为自己学生的努力送上热情鼓励。同样地，看着如今这批二十多岁的青年学子们秉持认真负责的态度接续思辨求索、传承学术，我的心中也充满了作为教育者的自豪与憧憬。

哈佛大学 William Alford 教授、斯坦福大学 Curtis Milhaupt 教授、华盛顿大学 Jane Winn 教授、不列颠哥伦比亚大学崔威教授、新加坡国立大学林琳教授、香港城市大学王江雨教授、中国社科院陈洁教授、中国政法大学李爱君教授、华东政法大学李文莉教授、清华大学高丝敏教授和沈朝晖教授、西南政法大学侯东德教授、中国人民大学郭锐教授和钟维教授、北京大学张守文教授等，全国人大、最高人民法院、中国证监会、中央党校、中国证券业协会、中国证券投资基金业协会、中国上市公司协会、上海证券交易所、深圳证券交易所、北京证券交易所、北京金融法院、上海金融法院以及诸多市场和研究机构，分享了宝贵经验、意见及建议，特别是对本人的调研工作给予了帮助。这些师友、同仁和机构的慷慨支持为我的科研及教学提供了强大动力。

就此问题开展研究的一些阶段性成果曾以论文形式在 *European Business Organization Law Review*、《政法论坛》《比较法研究》《证券市场导报》等期刊发表，在世界各地举办的多个论坛和会议中作过研讨，也曾获得校内外多项奖教/科研项目的表彰资助。感谢这些刊物、编辑、匿名审稿人、会议主办者和设奖/项单位的勉励。

北京大学出版社的钱玥老师、冯益娜老师对本书的编辑工作细致入微，不辞劳苦，体现了很高的专业精神，令我感动和受教。

感谢北京大学法学院，三十多年一路走来，在此间跟师长、同事、学生们请教交流，相互关心帮助，非常幸运。感谢父母、家人和朋友，给予我持续的温暖、爱护与支持！

郭雳

2023 年劳动节于北京大学陈明楼